薛志荣 ◎ 编著

酒店产品创新理论与实践

中国旅游出版社

目　录

第（一）章

酒店经营战略

在当今竞争激烈的酒店业中，制定和执行明智的经营战略成为取得成功的关键。随着全球旅游业的蓬勃发展和消费者期望的不断演变，酒店经营者不仅需要满足顾客基本的住宿需求，还必须在不断变化的市场环境中找到突破口。本章将重点阐述酒店经营战略的相关内容，主要包括酒店经营战略的概念、酒店经营战略决策、酒店经营思想与理念等方面，旨在揭示酒店经营战略的总体情况。

第一节　酒店经营战略的概念和内容

一、战略与经营战略

（一）战略与战略管理

战略一词源自古代，最初被分解为"战"与"略"两部分。其中，"战"指战斗和战争，"略"指筹略、策略、计划。这一概念起初为军事领域所借用，描述了指导战争全局的计划与策略。在英语中，战略"Strategy"源自希腊词汇"Strategos"，原义为"将军"，强调了指挥军队、战胜对手的艺术与科学。《辞海》（第七版）将战略泛指为在社会政治、经济、文化、科技以及外交等领域中涉及全局、高层次、长远问题的筹划与指导。而明茨博格（H. Mintzberg）则借用市场学中的"4Ps"（即产品、价格、地点、促销）提出五个不同维度来

定义战略，即计划（Plan）、计谋（Ploy）、模式（Pattern）、定位（Position）以及观念（Perspective），即 5P 模型。他强调战略涵盖定位、观念、计谋 / 手段、计划与模式等多重要素。具体而言：

（1）战略被视为一种计谋（Ploy），重点强调旨在威胁与克服竞争对手的谋略与策略。这个层面直接借用了军事战略的思想，将其运用于企业管理中。

（2）战略被理解为一种计划（Plan），强调有意识、正式且预测性的行动方案。在此视角下，计划先行，行动随后展开。

（3）战略被解释为一种模式（Pattern），侧重强调一段时期内一系列行动的模式。这种模式不一定需要正式计划或明确目标的支持，但体现了企业行动的一贯性。

（4）战略被视为一种定位（Position），突出企业在所处环境中积极寻找有利于生存与发展的位置。这个概念强调企业在选择环境和竞争对手时具有积极主动性，需要充分运用企业的资源与能力，从而在激烈竞争中找到有利的立足点。

（5）战略被认为是一种观念（Perspective），主要指植根于企业内部，存在于企业主要管理者头脑中的世界观与方式。这种观念来源于企业过去的经验与经历，逐渐凝结为固定思维模式，成为企业的"性格"。一旦确立，这种"性格"将深深根植于企业成员的思维，构成企业文化的重要组成部分。

借助以上与战略相关的阐释，本书主张战略管理涵盖企业使命，基于外部环境和内部条件设定战略目标，展开谋划以确保目标的实现，依靠内在能力将谋划和决策付诸实施，并在实施过程中进行动态控制。

（二）经营战略

经营战略主要指企业在面对动态变化与严峻挑战的环境下，为实现长期的生存和不断的发展而进行的全面谋划。这一战略构想是企业战略思维的集中表达，涵盖了企业经营范围的科学界定，同时也作为规划（计划）制订的基础。更为具体地说，经营战略在确保企业使命的前提下，充分借助环境中蕴含的各类机遇，并积极创造新机遇，明确企业与环境的互动关系，界定企业业务范围、发展方向以及竞争策略，合理地调整组织结构，有效分配企业的各项资源。就其制定要求而言，经营战略体现为对现行和未来环境进行机会和威胁的评估，对企业现状进行优势和劣势的审视，从而确定整体的、长期的企业目标，并制订和选择能够实现这些目标的行动方案。

企业经营战略可以按其层次、态势、战略层次等几方面进行分类。

1. 按企业经营决策层次分类

企业经营战略是一个复杂的系统，可以分解为不同层次的子系统。一般而言，企业经营战略包括三个层次：第一层次是公司级战略，第二层次是事业部级战略，第三层次是职能级战略。公司在制定总体战略时要考虑下一层次的情况，而下一层次的战略应服从和体现上一层次的战略意图。

2. 按企业经营态势分类

根据企业所处的环境以及环境的未来发展趋势而确定的企业总的行动方向，其主要有三种基本类型。

（1）稳定战略。按照不同情况又分为：①无变化战略，即按原定方向和模式经营，不作重大调整；②利润战略，即在已取得的市场优势基础上，力图在短期获得更多的利润；③暂停战略，即为了巩固已有的优势，暂时放慢发展速度。

（2）发展战略。具体包括：①垂直一体化战略，即在原有经营领域的基础上，分别从前向或后向开拓发展；②水平一体化战略，即在技术经济性质类似的经营领域内，横向扩大发展；③多角化战略，即向完全不同于原有的经营领域扩大发展。

（3）紧缩战略。又称"撤退战略"，主要包括：①削减战略，即逐步减少生产或收回资金，但不完全放弃，以等待时机；②放弃战略，即对无法挽回的产品等经营领域予以转让，收回资金另作他图；③清算战略，即企业无力扭亏增盈，濒临破产时予以清算，整体转让。

3. 按战略层次分类

按照战略层次分为总体战略和职能战略两大类。

（1）总体战略，是指企业在对内外环境进行深入调查研究的基础上，对市场需求、竞争状况等主要因素进行综合分析后，所确定的统率和指导企业全局和长远发展的谋划和方略。

（2）职能战略，又称为分战略，是指管理者为特定的职能活动、业务流程

或业务领域内的重要（职能）部门所制定的战略规划，如研究开发战略、采购战略、生产运营战略、市场营销战略、财务投资战略、人力资源战略、公关战略等。

二、酒店经营战略

在酒店经营中，为了酒店的长远发展和生存的目的，根据环境的变化以及酒店的能力，分配酒店资源并制定酒店经营目标、方向和实施步骤的过程叫作酒店经营战略。制定关系酒店全局和长远发展的战略规划，是酒店最高经营者的根本任务。

酒店经营战略关注以下决策内容：

（1）酒店应该怎样满足客户的需求？

（2）酒店应该努力开发哪几类内在资源，使其成为长期成功的基础？

（3）酒店的活动应该达到何种专业化程度？

（4）酒店是否应该为了在某些目标方面做得更出色而牺牲另外一些目标？

（5）酒店的规模应以多大为宜？应该在何时进行扩张或收缩？

（6）酒店扩张规模时应该对何种技术进行投资？

（7）酒店应该将资源置于何处？应该如何将资源融入组织结构之中？

（8）酒店应该承担哪些工作？应该将哪些工作外包给其他企业？

（9）酒店应该如何组织其产品和服务的开发与创新？

（10）酒店应如何评价自身的社会地位？如何评估酒店的社会美誉度？

（11）酒店应如何对客源市场进行细分并进行价格定位？

（12）酒店应如何建设核心竞争能力？

任何经营战略决策都应以本酒店的实际情况为依据，苦练内功，适应外部环境，结合酒店目标，制定方向正确的短、中、长期战略，通过合理的执行措施提供令顾客满意甚至超出期望的服务产品。当然，任何经营战略的目的也是使得酒店提升竞争力，在市场上持续提供具有竞争力的产品。因此，酒店在采取经营战略时，往往采取以下几种基本战略。

（一）低成本战略

低成本战略亦称成本领先战略（Overall Cost Leadership），这一战略的核心思想在于，酒店通过在内部强化成本管控，持续地在相对较长的时间内保持着产品成本在同业中的领先地位。将低成本作为主要竞争手段，酒店可以有效吸引对价格敏感的顾客，以此在竞争激烈的市场环境中获得显著优势，同时实现高于行业平均水平的利润。从酒店的视角来看，低成本战略体现为多方面的实践与措施。

（1）成本效益优化：酒店通过深入剖析运营流程，精细化管理各项成本，包括人工、物料、设备等，以实现成本效益的最大化。通过提升效率、降低浪费，酒店能够降低生产成本，从而在市场中保持竞争力。

（2）供应链协同：酒店与供应商建立紧密的合作伙伴关系，优化供应链管理，从而获得更有竞争力的采购价格和供应条件。合理调整库存，减少库存积压，降低库存成本，进一步支持低成本战略的实施。

（3）高效运营模式：酒店通过引入信息技术、自动化设备等手段，提高运营效率。自助办理、智能控制等技术应用，不仅增加了客户体验，还降低了人力成本，有助于实现低成本战略的目标。

（4）精简管理结构：酒店可以考虑简化组织结构，优化管理层次，减少不必要的人力和行政开支。灵活的管理模式能够提高决策效率，降低管理成本，为低成本战略提供支持。

（5）特价推广与套餐定制：为满足价格敏感客人的需求，酒店可以推出特价房、特价套餐等优惠方案，从而吸引更多的客人入住。此类策略不仅有助于提高入住率，还能够提升客户忠诚度。

低成本战略的成功在于持续不断地寻找并创造成本效益优势，从而在市场竞争中保持酒店的竞争力。通过巧妙平衡成本控制与顾客价值，酒店可以实现可持续发展，并在行业中获取超越平均水平的利润。

（二）差异化战略

差异化战略（Differentiation Strategy）是指酒店为了使产品有别于竞争对手、形成差异，而突出一种或数种特征，借此胜过竞争对手的一种战略。这种战略的核心目标是创造出顾客认为有价值的独特体验，从而吸引更多顾客并保持他们的忠诚度。酒店差异化战略的实施涉及多个方面，其中一些关键要素包括：

（1）独特的客房主题与装饰：酒店可以通过设计独特的客房主题和装饰，为客人提供与众不同的入住体验。无论是现代艺术风格、传统文化元素，还是奢华主题，这些差异化的设计将赋予酒店独特的品牌形象，吸引对这些特点感兴趣的客人。

（2）特色餐饮与美食体验：酒店可以通过独特的餐饮概念、创新的菜单和精心设计的用餐环境，为客人提供与众不同的美食体验。特色餐厅、主题晚宴以及定制化的食品选项都有助于吸引食客前来品尝独特的菜肴。

（3）定制化服务与活动：为了满足不同客户的需求，酒店可以提供定制化的服务和活动。例如，组织专属的文化体验活动、主题派对或庆典，使客人在酒店的每次互动中都感受到独特的专属服务。

（4）高科技与创新体验：酒店可以利用最新的科技和创新设施，为客人提供独特的住宿体验。智能客房控制、虚拟现实体验、数字导览等技术应用，不仅增加了客人的互动体验，还提升了酒店的现代感与吸引力。

（5）社会责任与环保倡导：酒店可以通过积极参与社会责任活动、推行环保倡导以及支持当地社区，赋予酒店独特的社会形象。这种差异化战略将吸引那些重视企业社会责任的顾客，为酒店赢得信任与尊重。

在实施差异化战略时，酒店需要深入了解客人的需求、竞争对手优势，并建立与之匹配的特点。通过差异化战略的精心设计与执行，酒店能够在激烈竞争中脱颖而出，赢得更多顾客的认可与支持。

（三）聚焦战略

聚焦战略，又称重点集中战略、集中化战略、专一经营战略、小市场战略。聚焦战略与其他两个竞争战略相比，由于集中和聚焦，使"小而精""小而专""小而强""小而大""小而特"成为可能。这种战略对于酒店业的成功发展具有深远影响，其核心在于深度洞察市场需求，聚焦服务创新，并以独特的方式提供客户价值。酒店行业中，聚焦战略的实践具有多个方面的特点和优势。

（1）专业化服务定位：聚焦战略使酒店能够针对特定市场细分的顾客需求，提供更为专业化的服务。例如，经济型酒店专注于为价格敏感客人提供高性价比的住宿体验，通过优化基础设施和服务流程，达到对特定顾客群的精准满足。

（2）差异化竞争优势：聚焦战略使酒店能够在特定市场细分中形成独特的差异化竞争优势。通过专注于特定特色或服务，酒店能够吸引那些对这些特点感兴趣的客人，并在激烈竞争中脱颖而出。

（3）资源优化和效率提升：聚焦战略使酒店能够更有效地管理资源，将有限的资源和精力集中在特定领域，从而提高运营效率。酒店可以精心规划资源分配，优化人员培训，提升服务水平，为特定市场细分提供更有竞争力的产品与体验。

（4）顾客忠诚度和口碑传播：聚焦战略有助于培养顾客忠诚度和积极口碑。通过在特定市场细分中提供一贯的高质量服务，酒店能够赢得客人的信任和满意，进而促使客人持续选择酒店并向其他人推荐。

（5）市场深度挖掘：聚焦战略使酒店能够深度挖掘特定市场细分的需求，不断创新和拓展服务内容。酒店可以更好地了解客户的偏好和需求，及时调整经营策略，保持竞争力。

综上所述，酒店聚焦战略是一种有针对性的经营策略，通过专注于特定市场细分，为酒店创造出深度差异化和竞争优势。在不断变化的市场环境中，聚焦战略将帮助酒店实现长期的成功和可持续发展。

第二节　酒店经营战略决策

一、酒店经营战略决策原则

（一）市场导向原则

掌握规律、把握趋势，企业才能在市场竞争中立于不败之地。行业趋势发生改变，战略必须调整。区域获得政府政策支持，企业战略必须改变。如西部开发政策的公布、国家边境政策的调整、上海自贸试验区的成立、外国政府对中国市场的开放等都是企业战略调整的契机。企业原有市场区域的萎缩或增长也需要进行战略调整。企业竞争力取决于企业整合内外资源的能力。战略决策

就是一个选择取舍的过程。因此，酒店经营要以市场需求为中心，以市场需求为导向，开拓市场、服务市场、稳住市场、把握市场。

1. 开拓市场

开拓市场，争取客源，才能使酒店效益实现成为可能，也是酒店拥有持续生命力的重要前提。

（1）酒店应更新营销与服务理念。目前，酒店业的竞争已经从价格竞争、质量竞争过渡到了文化竞争。服务理念要随之变更，从顾客的角度出发考虑问题，从"请顾客小心"变为"小心为顾客"；缩短客我距离，从"顾客是上帝"变为提倡"与顾客交朋友"；凸显差别策略，从标准化服务转变为标准化服务与个性化服务相结合。

（2）酒店应制定科学的市场策略。在充分调查市场状况、科学评估的基础上，针对细分客源市场，进行合理的市场定位，体现酒店特色，才能保证酒店的特定客源和市场定位。比如北京京伦酒店以日本顾客为主要客源，北京建国酒店以欧美顾客为主要客源，两家酒店虽同在长安街一侧，仅一墙之隔，但目标客源划分明确，互不干扰。市场策略包括价格策略与服务策略，酒店经营由价格竞争进入质量竞争阶段，准确的价格定位是基础，个性服务、细微服务、超值服务是未来发展的方向。

2. 服务市场

酒店要想经营得出色，首先要从自身下功夫，达到相应的星级要求。

（1）培养人才。在知识经济时代，酒店间的竞争归根结底表现为人才的竞争，这就要求酒店必须高度重视人才储备与管理，以充分实现人才价值。只有这样，才能不断提高酒店的效益，以求在激烈的市场竞争中立于不败之地。目前，我国酒店行业普遍存在招人才难，留人才更难等系列问题。将酒店的发展目标与个人目标相结合，培养并留住技术过硬的专业人才，拥有相对稳定的基层管理人员，培养一支过硬的营销队伍，是酒店"练好内功""服务市场"的重要组成部分。

（2）硬件投入。酒店有其评定标准，只有达到一定的硬件要求，才能被评定为星级酒店。新建酒店要求设施设备齐全，装修豪华。而在经营了一段时间之后，往往面临着设备老化、装修陈旧过时的问题。此时，要求酒店加强日常维护，增加用于硬件购置与改造的资金。

3. 稳住市场

对已争取到的客源，要采用灵活、适当的方法，让其成为酒店的回头客、忠诚客。

（1）强化营销力度，做到老顾客不丢，新顾客不断。除传统的广告宣传、公关活动之外，可采用渠道多元、层次丰富的营销方法。如建立餐饮部与康乐部完善的客史档案，并增设公关经理职位，定期回访重要客户以保住优质客源市场。又如利用节假日、庆典纪念日，举办联谊活动以搞好与企业客户的关系。

（2）以"礼奉于外，爱护于内"为酒店的生命基点。员工是内部市场，员工忠诚是酒店经营的基石。先有满意的员工，才有满意的顾客。酒店应将"爱护员工"切实贯彻到实际工作中。如重视员工的工作状态，改善工资待遇，增进上下级沟通等。

（3）要学会"爱"的销售艺术。谁拥有了顾客，谁就拥有了经济效益。顾客要靠什么来争取？靠"爱"！对一个成功的酒店经营者来说，爱是一种能力，是一种态度，是一门需要修养和努力的艺术。"爱"的基础是给予、关心、责任感、尊重和了解。只有对客人投入了情感，奉献了"爱"，酒店才会赢得回头客。

4. 把握市场

面对瞬息万变的市场，只有灵活应变、主动出击、多角度，开拓才能稳操胜券。同时，还要与主管职能部门关系融洽，配合默契。

（1）以"变"应"变"，经营决策先人一步。创新是酒店经营的生命线，应以"酒店之变"应"市场之变"，争取主动。如厨师队伍要保证有两种以上菜系的组合，每个菜系的厨师每个月都有几道菜品更新，创菜品新意，让酒店的常客能够百吃不厌。

【福建中旅饭店管理集团的酒店亲子产品创新】

福建中旅饭店管理集团根据需求侧变化，结合新消费观，针对放开的"二胎"市场推出酒店亲子系列产品，涵盖客房、主题布置、餐饮产品等多个环节

（图 1.1、1.2）。

图 1.1　小黄鸭主题客房

图 1.2　小黄鸭布丁与小恐龙巧克力

（2）以"质"留"客"。酒店要想获得持续的生命力和竞争力，在同行业中拥有较高知名度，在民众中拥有良好口碑，酒店服务质量很关键。

1984 年，时值里根总统莅临中国访问，北京长城酒店的管理层与公关团队敏锐洞察到了难得的公共关系推广和市场开拓机遇。他们迅速制订了精密而周详的公关计划，旨在充分利用这一时机，将美国总统的光临视作对酒店声誉和未来发展的巨大促进。虽然当时酒店尚未完全竣工，服务设施亦未尽善尽美，然而公关团队不畏困难，日夜辛勤努力。他们积极引导美国大使馆代表团进行酒店参观，详细介绍各项服务设施，并同时热情接待了数百名外国记者。对这些记者，他们不仅提供了必要的资料和通信设备，还协助其采访需求，始终以至诚至信的态度满足各类需求。

经过多方协调和努力，公关团队终于成功争取到了在长城酒店举办里根总统答谢宴会的难得机会。1984年4月28日，来自世界各地的500多名记者齐聚长城酒店，宴会氛围热烈。正当宴会进行之际，电传打字机的嗒嗒声不断响起，将一条条消息迅速传送至全球："美国总统里根今天在中国长城酒店举行答谢宴会……"通过当天的电视节目，数以亿计的国内外观众得以饱览长城酒店壮丽的景象，其声誉迅速传遍海内外。随后，越来越多的外国宾客选择入住长城酒店，此时酒店的名声已声震四方。据统计，自里根总统答谢宴会后的最初两年内，酒店超过70%的客源来自美国。

又如泉州刺桐酒店，在20世纪90年代中期因经营不善不得不进行领导班子调整。经过一段时间的内部改革和精心策划，他们进行了多种方案的比较与评估。最终，由总经理亲自领导全体员工，通过报刊和电台郑重向社会做出承诺：如因卫生质量不佳导致客户不满，酒店将赔偿50元；若出现服务态度差劣，酒店将赔偿怠慢费200元；另外，若顾客在点菜后12分钟内未上第一道菜，酒店将赔偿50元；等等。这一承诺立即引起广泛反响，酒店餐厅几乎每日座无虚席。不到半年的时间，酒店实现了由亏损转盈的良好效果。

这两个案例生动地展示了酒店行业中积极借助公共关系和公关策略，通过精心计划和承诺，赢得了难得的宣传和市场机遇。这些经验彰显了公关的力量，以及策略性的市场营销在推动酒店业务成功上的关键作用。

（二）效益优先原则

酒店是一个经济组织，以营利为目的。效益原则是酒店战略决策的根本原则，在经营活动中要确保每一项决策都能给酒店带来最大的经济利益。没有效益，酒店就没有生存的基本条件和发展的动力。没有效益，酒店的经营将成为空谈。任何一个谋求发展的酒店都应将效益原则定为日常经营管理中的首要原则。

（三）全局思维原则

酒店经营者在做出战略决策时要有全局的观念，并追求总体效果最大化。有时候，酒店会得到一些眼前利益，但这些利益很可能会损害到酒店长远发展；或者酒店集团中某一酒店的利益会侵害到集团中其他成员的利益，此时酒店经营者应权衡利弊，统揽全局，争取使做出的决策获得最大的总体利益。另

外，酒店在其发展过程中还应注意相关者利益，只有厘清理顺各种利益关系，才能为酒店发展创造一个良好的发展环境。

（四）规范发展原则

酒店的战略决策不能随便制定，要经过慎重的分析，运用科学的方法并按照相应的程序来进行。一般要经过了解问题、分析问题、提出方案、评定方案、选择满意方案、执行方案等六个过程来确定战略决策，并在决策执行中动态反馈、适时调整。

（五）创新发展原则

酒店的经营战略要创新，要与时俱进。产品要走"人无我有，人有我优，人优我特"的道路，要秉承创新的原则。墨守成规只能是死路一条。2007 年，魏小安在《中国酒店业的新起点》中明确指出：酒店业是一个固定资产逐年折旧、劳动密集型的行业，相比于知识密集型和以创新作为核心竞争力的企业，要实现年年创新，既没有可能，也没有必要。但是如果酒店业把创新理解为一个历史的积累过程，而不是一个节点，那么每一点微小的进步都可以理解为一个创新。

1.创新来源于实践

创新，作为酒店业务发展的推动力量，其源泉常常根植于实践的深厚土壤。值得特别关注的是，理论上的创新必须经受实践的严格检验。无论何种创新，都需要在持续的实践过程中逐步发酵、演化，方能显现出其真正的价值。可以说，创新是经验的结晶，是在不断积累与实践的基础上逐步显现的成果。因此，实践成为了创新过程中不可或缺的关键环节。

【酒店餐饮产品创新】

（1）婚宴产品创新：1993 年，福建建福大厦组建职工铜管乐队，并在婚宴大堂门口进行列队演奏，迎接婚宴宾客。新郎新娘进场后，铜管乐队演奏《婚礼进行曲》，为婚宴营造氛围。铜管乐队一经推出，直接带火了建福大厦婚宴市场。整个建福大赛婚宴市场一年只空缺 4 场，一年仅婚宴宴会营收就达到 1800 万元。

（2）早餐产品创新：20 世纪 90 年代的福建泉州，各酒店所提供的早餐，仅仅是为入住顾客提供饮食，果腹而已。而泉州的大小私营企业的老板们每天晚上大多"泡"在公关应酬中，无暇读报或收看电视新闻。1994 年，泉州建福大厦开始提供全国首创的新闻自助早茶服务，为每一桌用餐的客人提供当天出版的《泉州晚报》，并打出广告"欲知天下事，请到'建福'来"，引起了广泛关注。此外，建福大厦针对泉州私企客户多、忙于各类事务、无暇观看央视《新闻联播》的情况，便提前录制好《新闻联播》，并在第二天早晨 7 点在自助早餐摊滚动播放。《中国新闻出版报》将此条消息刊登在头版之后，整个泉州轰动了，人们争相到建福大厦去吃早餐，使得建福大厦的"新闻自助早茶"成为一个品牌，从此建福大厦名声大振，不仅早茶生意增加，还带旺了全酒店的餐饮，整个酒店从亏损 1200 万元直接转为盈利 1700 万元，提高了整个酒店的社会知名度。

2. 创新需要对话

在酒店经营领域，创新成为推动行业发展的不可或缺的引擎。然而，这种创新不仅仅是来自高层管理层，更源于每一位员工的思想和见解。酒店经营者应当以开放的心态，积极倾听并采纳员工的意见，将员工视作创新的重要源泉。这一点不仅在酒店业务中体现出深远意义，也在人类历史进程中显现出普遍规律。回顾人类文明的发展，众多进步和创新都在文化的碰撞、交流和对话中蓬勃发展。酒店经营者同样应时刻保持与员工的对话，倾听员工内心的思想和见解，通过与员工的思想碰撞，引发创意的火花，从而不断获得灵感并推动酒店业务的创新发展。

3. 创新需要包容

"酒店应该为差异而感到高兴"，千篇一律、千人一面是可悲的，需要允许多元性的蓬勃发展。在酒店经营过程中，员工对管理者提出疑问，甚至提出与经营理念不同的意见，并不是令人担忧的情况。相反，这种多样性的观点反映了员工的积极参与和关注，有助于挑战既有框架，寻求创新和改进。酒店经营管理应当秉持民主集中制的原则，即在集中领导下充分尊重个体差异，鼓励各级员工自由表达自己的见解。只有在这样的氛围下，才能够培养包容的文化，鼓励员工在安全、开放的环境中提出建设性的批评和建议。倡导包容不仅

有助于培养积极的创新氛围，也能够加强团队的凝聚力和协同效应。在一个包容的文化氛围中，员工更愿意分享自己的知识和经验，共同寻求解决问题的方法，从而推动酒店的持续创新和发展。

4.创新是灵感的触动

创新，作为推动酒店业务发展的核心动力，常常是由灵感所引发。正如俗话所言，"熟能生巧"，一线员工在长时间的实际操作中积累了丰富的经验和技能，这种高熟练度常常成为激发灵感的源泉。这种灵感不仅在问题解决中涌现出来，更是一种催化剂，促使员工产生新的思维模式和创意方案。实际上，思维的转变远比单一方法的更新更为重要，它能够在竞争激烈的市场中赋予酒店独特的竞争优势。

5.创新需要文化艺术

酒店间的竞争方式发生多次转变，从价格竞争到质量竞争，如今进入了文化竞争的阶段。企业经营离不开文化艺术的渗透，酒店业尤其如此。文化竞争讲究的是差异化，而实现差异化的重要方法就是创新。酒店经营当中，运用文化艺术来创新对于吸引客户是相当有效的。比如针对婚宴之中老中青三代都参与的特殊性，成立专门的酒店乐队，按三个年龄层次顾客的不同兴趣特点，选择相应的三个不同时期的优秀歌曲，编成连奏曲在酒店演出，招徕顾客。

6.创新需要围绕核心竞争力

核心竞争能力要求创新行为要有价值且罕见、有潜力且不易被模仿。有价值就是说酒店经营一定要让顾客感到物有所值，即要有顾客让渡价值，甚至是超值的享受；罕见是指酒店的产品要让顾客感到新鲜罕见，且该产品的质量让其他酒店很难做到；有潜力指的是产品可以加强酒店的盈利能力；不可模仿的要点在于使得竞争对手在短时间内无法模仿出相似或者相同的产品。离开了核心竞争力的创新，只能是昙花一现，酒店无法拥有持久且具有竞争力的生命力。

二、战略决策选择

近年来国内经济持续发展，投资规模扩大，对外贸易增多，国民经济各部门都有一定程度的发展。旅游产业是发展最快的产业之一，而旅游业适度超前的发展战略也使得新建酒店如雨后春笋般涌现（图 1.3）。

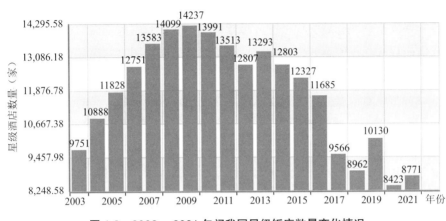

图 1.3　2003—2021 年间我国星级饭店数量变化情况

由图 1.3 可知，我国酒店业处于波动发展状态，酒店业规模基本维持在10000 家上下波动。根据文化和旅游部数据显示，截至 2023 年 8 月 1 日，全国共有 820 家五星级酒店，其分布情况如表 1.1 所示。由表 1.1 可知，广东、浙江、江苏、上海等地区为我国五星级酒店的聚集区。

表 1.1　2023 年全国五星级酒店分布情况　　　　　　　　单位：家

省份	数量	省份	数量	省份	数量	省份	数量
北京	58	天津	12	河北	28	山西	13
内蒙古	12	辽宁	22	吉林	3	黑龙江	6
上海	61	江苏	74	浙江	84	安徽	23
福建	47	江西	20	山东	38	河南	21
湖北	23	湖南	20	广东	93	广西	16
海南	23	重庆	28	四川	32	贵州	9
云南	16	西藏	3	陕西	17	甘肃	2
青海	3	新疆	13				

即使受新冠肺炎疫情影响，我国酒店数量仍旧处于较高水平。疫情放开后，酒店业竞争更加激烈，这就要求酒店经营者认清形势，制定出适合本酒店

的战略决策。对于酒店而言，通常会采取以下几种经营战略。

（一）发展战略

发展战略是现有酒店积极扩大经营规模，或在原有范围内增加接待能力与产品供应数量，投资新的事业领域，或是通过酒店集团之间的联合与兼并，以促进酒店不断发展的一种战略。酒店发展战略有如下几种。

（1）密集型发展战略，旨在通过充分挖掘现有产品和市场潜力，实现持续自我发展。这一策略强调酒店深入了解自身核心竞争优势，不断完善和创新现有产品，以满足不断变化的客户需求。通过对市场细分的精准定位和差异化服务，酒店能够实现更高的顾客忠诚度和市场份额，为可持续发展奠定坚实基础。

（2）一体化发展战略，其核心思想在于充分利用酒店在产品、技术和市场等领域的优势，根据物资流动的方向进行全方位的拓展。在这一战略指导下，酒店不仅要在现有领域保持优势，还要不断拓展新的业务领域，实现跨界融合和价值链的延伸。这将使酒店能够更好地满足多样化的客户需求，提高资源利用效率，实现更广阔的市场影响力。

（3）多元化发展战略是为酒店在市场竞争中获取持续优势而采取的重要策略之一。通过进一步拓展到与酒店业务联系不直接的领域，酒店能够降低单一业务风险，实现多元化的收入来源。这可以包括在酒店内推出不同主题的餐饮和娱乐服务，甚至扩展到相关产业如健康养生、会议展览等领域。多元化发展战略将帮助酒店建立更稳定的经营基础，适应市场的不断变化，从而在竞争中保持强劲的竞争力。

（二）稳定战略

稳定战略，是在酒店处于对产品、技术、市场等方面均采取维持现状时期的一种战略。酒店既不准备开拓新的市场，也不准备扩大经营规模。这一般是由于酒店外部环境相对稳定，且经营状况相对良好，没有必要改变现状，或者是酒店已经为扩大经营投入了大量资金，正处于着重整合内部资源以提高效率与效益的阶段。这一战略的核心是在现有的基础上，加强管理，提高质量，以增加酒店的经营效益。酒店采取这一战略，是要在一定时期内积极培育优势，创造发展条件，并不会长久地维持在这一阶段。

（三）紧缩战略

紧缩战略，又称为防御战略，是在酒店经营严重滑坡的一定时期内，缩小规模或压缩经营项目，甚至取消某些服务项目的一种战略。其一般适用于下列情况：第一，经济大环境不景气，酒店行业处于发展停滞和萧条状态。第二，酒店的某些项目或者是产品已经从成熟期进入衰退期，市场需求大幅下降。第三，酒店受到强有力的竞争对手的威胁和挑战，无法抵挡。第四，酒店某些产品缺乏优势，无法降低成本、提高质量。需要注意的是，取消酒店的某些经营项目是万不得已的下策，通常情况下只要紧缩规模即可。

1. 转变战略

按照产品生命周期理论，任何产品或服务项目在市场中都要经历进入、成长、成熟和衰退等四个阶段。当产品或服务项目进入衰退阶段或陷入危机境地时，酒店可以主动采取转变战略。转变战略的实施对象，是仍有生存和发展的潜力且值得挽救的经营事业。转变战略的目的是使实施对象适应市场竞争环境。

2. 撤退战略

战略撤退能够保存酒店的实力，等待恰当的时机再出击。一般的方法有：出卖部分资产、控制支出、消减广告费用、裁员等。酒店资产的消减不仅是为了增加现金来源、摆脱亏损的经营事业，更是为了通过资金的筹集来加强和巩固保留下来的业务的优势。

【泉州某酒店从餐饮和客房"撤退"】

泉州市某三星级酒店，餐饮部、客房部连年亏损，但是康乐部门的KTV项目效益喜人。酒店将部分餐饮包厢和客房改造成为KTV包厢，减少了餐饮与客房的亏损，增加了酒店整体的盈利能力。

3. 清理战略

酒店由于无力清偿债务，通过出售或转让酒店的全部资产以偿还债务，或停止酒店的全部经营活动从而结束酒店的生命的做法称为清理战略。清理又分为自动清理和强制清理。前者由股东决定，后者由法院强制执行。对于毫无盈

利希望的酒店，早期清理比被迫破产更有利于股东的利益，继续经营只能耗尽酒店资源而没有任何好处。清理战略的极致是破产，虽然破产是最糟糕的市场退出方式，但当酒店处于债务缠身、无法推开之际，却也不失为"金蝉脱壳"之策。

第三节　酒店经营思想与理念

一、典型的酒店经营思想与理念

（一）品牌思想与竞争理念

品牌是技术、信誉、实力，是一个企业的生命，是企业无形资产的核心，是未来市场竞争的制高点。没有知名品牌是很难把企业做大做强的。品牌与酒店资本的关系就像是鸡与蛋的关系：资本是鸡，品牌是蛋。资本催生了品牌，品牌又积累了资本。然而，我国酒店及酒店集团普遍缺乏树立品牌、塑造品牌、宣传品牌的意识。当面对拥有强大资本的国外酒店集团的挑战时，很多酒店管理者才意识到品牌在市场竞争中所起的重要作用。而进行品牌建设，实施品牌战略，则是国内酒店重要的发展区域。目前，部分酒店还停留在低层次的价格竞争层面，却不重视自身管理机制改善和服务质量提升。品牌建设要以顾客的满意度、忠诚度和酒店的美誉度为核心，通过顾客满意的最大化来实现市场份额的最大化，把酒店从粗放式的价格战引向以核心竞争力为基础的价值战。

核心竞争力是企业延续竞争优势的源泉。从本质上讲，核心竞争力是一个企业超越竞争对手的能力。核心竞争力的基本特征是：无须依赖其他能力便可发挥作用的独立性，短时期内竞争对手难以有效模仿的不可模仿性，酒店的其他能力无法与之相提并论的不可替代性，能持久发挥作用的持久性，应用能力可延伸的延展性。

酒店要在市场竞争中战胜对手，赢得竞争优势并获取丰厚的利润，就必须拥有自己的核心竞争力。然而，构建一个酒店或酒店集团的核心竞争力不是一朝一夕的事情，而需要长期的积累。它是一个比较复杂的系统工程，需要通过有效的途径，并整合各种资源才能实现。酒店构建核心竞争力的关键在于在经营的过程中要培育出不同于竞争对手的独特能力，只有这样才可能具有持续发展的能力。而从战略上来说，酒店必须对核心竞争力的构建优先投资。

在市场竞争异常激烈的今天，培育核心竞争力对于酒店来说是至关重要的。当一个酒店把竞争力培育成为核心竞争力，那么任凭竞争对手再强大，酒店也能在资源的占有上具有一种类似于"垄断"的地位，能够获取长期超额利润而具有持久的竞争优势，从而从整体实力上战胜竞争对手。

（二）主次思想与系统理念

酒店的营业时间是全天候、24小时的，但通常酒店计算当天营业额是从早餐开始，这使得有些酒店经营者形成程式化的经营思路（图1.4）。

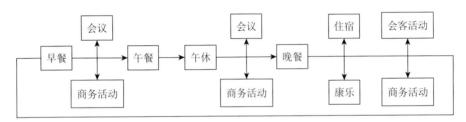

图1.4　酒店典型的经营流程

这样的经营思路，特点不鲜明，没有经营的重点和针对性。而采用"以餐饮为核心"的经营思想（图1.5），就会取得完全不一样的效果。

"民以食为天"，无论顾客在酒店消费的类型是住宿、娱乐、购物还是会议，都离不了餐饮活动。反之，如果酒店餐饮项目出众，吸引顾客到酒店消费，则顾客很有可能继续消费其他项目，如购物和娱乐，甚至推荐商务客户入住酒店举行商务会议。

图1.5　"以餐饮为核心"的酒店经营思想

酒店的建设要讲究"大而全""小而精"。从顾客心理角度出发，能够在住宿酒店获得服务项目，顾客是不会舍近求远去其他地方消费的，这也能显著降低消费成本。

如图 1.6 所示的酒店经营思想，很好地诠释了"以餐饮为龙头"的理念。

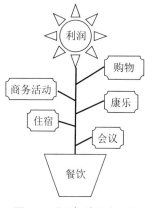

酒店从餐饮中汲取最初的力量，带动会议、住宿、购物、康乐等各个部门，并通过各部门的通力合作，进行"光合作用"，最终开出美丽的利润之花。

图 1.6 "以餐饮为龙头"的酒店经营思想

酒店提供自餐饮开始的一条龙服务，还有其时间上的考虑。一般性的聚会、宴请都是在晚上举行，晚餐为一天之中最重要的正餐。顾客在享用晚餐之后，往往会在酒店继续享受康乐服务（KTV、桑拿、按摩等）。当娱乐活动进行到深夜，而顾客又为了玩得尽兴而饮用了酒精饮料，为了安全起见，大多数顾客都会选择继续住宿在酒店，并在第二天早餐后离去。这是一个良性循环，由餐饮作为龙头来带动酒店中盈利项目的运行。

（三）人本思想与公仆理念

1. "顾客第一"的人本思想

酒店业是服务性的行业，服务业的从业人员要有服务意识。服务于谁？或者说谁在寻求服务？答案是顾客。那么顾客又是哪类人？

（1）顾客是购买产品的人。顾客有需求才会购买服务产品，提供顾客需要的产品是酒店最优先要解决的问题。如何想顾客之所想，急顾客之所急，开发并提供顾客最需要的产品是一门学问。

（2）顾客是寻求服务的人。酒店的特殊性在于所提供的产品是服务。服务"Service"一词来自拉丁语的"Servitium"，指代奴隶的侍奉。可见，"服务"的本质含有侍奉或差使之意。顾客入住酒店或消费其他酒店产品，需要的就是享受服务。

（3）顾客是酒店真正的老板。酒店的收入来自顾客的消费，顾客是酒店的老板，也是酒店的衣食父母，尊重顾客要像尊重酒店的老板一样。

（4）顾客是酒店的客人。"宾至如归"作为中国古代旅馆最早的服务观念源于西周时期，并伴随着古代旅馆的发展而在礼貌待客、圆满回答客人问题、迎合客俗、超常规服务等方面得到体现和发展，成为中国宾馆、酒店的服务格言并延续至今。既然顾客是酒店的客人，就不能令客人感到生疏。特别是在顾客出错时要殷勤服务，不使顾客感到尴尬。

【泉州华侨大厦为顾客提供的细心服务】

泉州华侨大厦始终心系顾客，一切以便利顾客为首要考虑。如将衣柜内的鞋筐外移到房间合适位置，筐内增设一把鞋拔，并配备木质小板凳，方便顾客换鞋及擦鞋服务，贴心实用。这一小创举、小细节，增加了鞋筐功能及使用率。客人入住期间，客房摆放手写的气温提示卡（图1.7），令人倍感温馨。每间住客可自由选择喜欢的一种饮品，赠送同款三包；同时，房间还赠送菊花茶、薄荷糖及冰糖（图1.8）。此外，酒店针对泉州多雨季，续住客湿衣物不易晾干的情况，提供轻巧、安全、可移动的衣物烘干器。

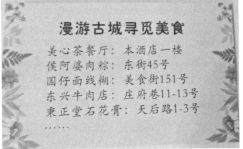

图1.7 "顾客第一"的暖心客房小卡片

图1.8 "顾客第一"的细节服务

2. "员工第一"的公仆理念

在一家酒店里,如果经理能够在工作中成功、有效地发挥员工的技能,员工就会满意而愉快地工作,自然就会把满意和愉快带给顾客。员工满意是21世纪酒店"竞争优势"的根本所在。保证员工满意的方法有许多,比如酒店通过创办员工文化之家,组建职工艺术团,组织员工阅读书报、练习健美、学习外语,以及总经理每月一堂的现代酒店管理课和每年一次智力竞赛活动,都可以在酒店内部营造和睦、进取、敬业、热情的工作氛围,鼓励员工树立争当优秀员工和主人翁的意识。酒店应提倡在规范服务的前提下,让员工与顾客交朋友,使员工由标准化服务转变为标准化服务与个性化服务相结合。个性化的服务大大增强了顾客对酒店和员工的亲近感,同时保证了"顾客第一"与"员工第一"。

【泉州华侨大厦全面贯彻"员工第一"的理念】

泉州华侨大厦始终将"员工第一"理念贯彻于经营管理等各个方面与环节。总经理亲自为春节未返乡员工递送新年贺卡,送上新年祝福(图1.9)。此外,在日常工作中,酒店积极倡导和贯彻管理层与一线员工积极互动(图1.10)。

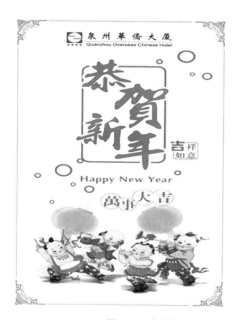
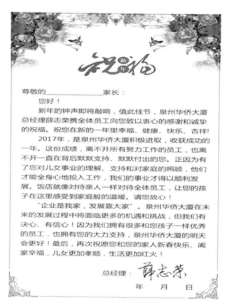

图 1.9 泉州华侨大厦为未返乡员工递送新年祝福

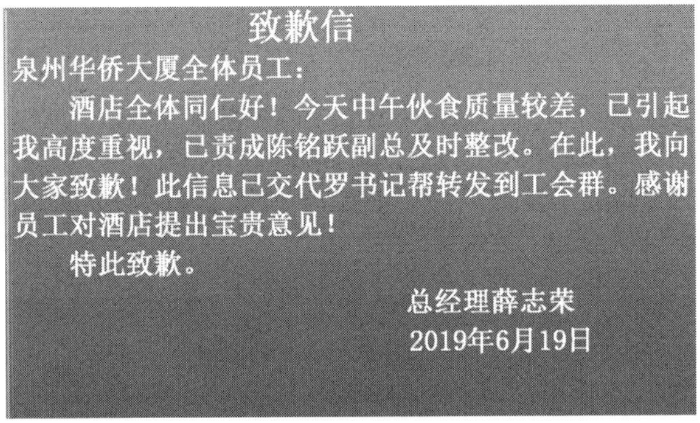

致歉信

泉州华侨大厦全体员工：

酒店全体同仁好！今天中午伙食质量较差，已引起我高度重视，已责成陈铭跃副总及时整改。在此，我向大家致歉！此信息已交代罗书记帮转发到工会群。感谢员工对酒店提出宝贵意见！

特此致歉。

总经理薛志荣

2019年6月19日

图 1.10　泉州华侨大厦总经理给全体员工的致歉信

（四）节约思想与内控理念

在阐述"节约成本就是创造利润"这一经营理念之前，可以先测算一下酒店经营成本。对于我国的高星级酒店，餐饮经营的毛利率一般为 45%，扣除 14% 的员工工资与福利、5%~7% 的水电费用等日常消耗、11%~13% 的税收（不同区域可能存在一定差异）、2‰ 的破损率，另外支付酒店每年提取的 6%~8% 的固定折旧。这样酒店的净利润只有 3%~9%。节约 1% 的成本，就是创造了 10% 以上的利润！

1. 酒店成本控制战略的原则

美国有一句谚语，"更快、更好、更省——只能三选其二"。在酒店经营中就是如此，快、好与省往往是鱼与熊掌不可得兼。如何寻找成本与服务质量的平衡点尤为关键。酒店业成本控制并非单纯地压低成本，为了科学、合理地做好成本控制工作，还须把握以下基本原则。

（1）质量保证原则。成本控制的总目标是降低成本，从而增强酒店竞争力，但必须保证酒店产品质量不受损失。顾客满意是酒店经营管理的宗旨，不能违背这一客观规律。

（2）全员全程原则。酒店成本控制战略是一个系统工程，涉及酒店全体员工和各个部门，涉及酒店产品生产作业的全过程。成本控制要充分调动每个员工的积极性，在酒店作业链的每个环节控制好成本。

就具体酒店管理实践而言，大部分酒店财务部工作人员都是在办公室完成审单、审核和签单等一系列工作。按照全员全程原则，财务部可以每天轮流选

派一名工作人员到生产经营现场参与物品验收，这能够有效改变只签单不实际检查货物产品、规格等一系列问题，这样能够起到有效的成本控制效果。

2. 职能部门成本控制战略

（1）餐饮成本控制战略。应该将酒店餐饮部作为一个成本控制战略单位来看待，其是与酒店企业总体战略目标紧密相连、息息相关的一个战略单位。餐饮部传统的成本控制责、权、利不对等，餐饮部制作、销售餐饮产品，却没有材料来源的决策权，只有材料耗量的控制权，从成本动因理论角度来讲，这是成本控制中一个重大的漏洞，需要进行思路调整。餐饮部直接创造营业收入，却没有餐饮产品定价权和营销决策权，而这两者从作业成本理论角度讲是非常重要的。

①原料成本控制。食品原料成本是餐饮部的主要成本动出，一般包括主料成本、辅料成本和调料成本。餐饮食品原料成本的高低主要决定于采购单价和采购量、消耗量等几个基本因素。因此，食品原料成本控制也就主要集中在食品原料的采购过程和消耗过程之中。食品原料采购是餐饮部成本控制的第一环节，应遵循质量达标、物美价廉、合理批量、减少损耗的原则。餐饮部成本控制的第二环节，就是食品原料的使用成本控制。厨房要填写好消耗原料单，尽量合理使用原料，建立厨师长日报和月报食品成本制度。

②活劳动成本控制。餐饮部服务活劳动成本控制主要指针对餐饮部员工用工数量和工资率的控制问题，前者包括员工在餐饮部经营过程中用于餐饮生产和经营的工作时量和人数，后者则主要是指餐饮部职工工资总额与工时总额的比率。因此，餐饮部服务活劳动的成本控制实际上就在工作时量、工作人数、工作总额等具体经营操作的控制方面。

（2）客房成本控制战略。酒店客房成本是指酒店在一个时间段内客房接待服务过程中发生的各项成本费用的总和，包括了酒店客房的物化劳动和客房服务的活劳动两个基本方面的成本费用。从理论上分析，客房成本控制战略方法可以包括预算控制法、标准成本控制法和客房主要消耗指标控制法等。在酒店实际操作过程中，用得比较多的相对来说是前面两种。

①预算控制法。酒店客房成本预算控制法就是科学、合理地编制客房经营管理的各项预算，确定目标成本、消耗定额等费用的开支限额，进行成本控制

的方法。这里隐含的一个前提条件就是有科学、合理的预算指标，因此应用此法进行成本控制的一个关键环节就是确定预算指标。

②标准成本控制法。标准成本控制法就是以酒店备营业项目的标准成本作为成本控制的参照依据，之后再把实际成本率与标准成本率进行比较，找出差距进行纠正偏差的成本控制方法。如果前者低于后者，则说明酒店控制比较好，反之则较差。另外，还需要对客房部门的设备物资验收、使用、报废进行把关，这也是加强客房成本控制的好策略。

（3）人力资源成本控制战略。作为稀缺性资源，人力资源是现代酒店业企业竞争的一个重要因素，对其收益的获得和成本的控制自然成为企业重要的战略思想，必须与企业总体战略相吻合。既然人力资源成本一般由获取成本、开发成本、使用成本、保障成本和离职成本构成，那么人力资源成本的控制也就可以从这些方面入手考虑。

①酒店人力资源获取成本控制。酒店人力资源获取成本，主要是指酒店为获得所需人力资源而在包括招聘、甄选、录用和安置等过程中所发生的成本费用。因此，酒店人力资源成本控制战略的首要环节，就是对涉及酒店为获得人力资源上述各环节的成本控制。在人力资源获取成本控制方面，酒店可以采取内部选拔和租赁员工等策略加以控制。大量酒店都面临招工难的困扰，酒店经营管理可以提倡"一岗多能"，把岗位的"独角戏"演变成为"大合唱"。如可以对保安进行一岗多能训练，让其具备充当行李生、门童、为客人进行停车／挪车服务的能力。

②酒店人力资源开发成本控制。酒店人力资源开发成本，主要是发生在酒店对已经获得的初始（原始）人力资源为提高服务水平和工作效率而进行的培训开发付出的成本费用，主要包括职前上岗培训成本、岗位培训成本和脱产培训成本等。针对酒店人力资源开发动因引起的成本，首先，酒店可以考虑做好人力资源开发需求调查，确定酒店需要对哪些人在哪些方面进行培训，做到开发培训有的放矢。其次，要根据酒店部门具体工作的要求选择好合适的开发培训方法。最后，对已经开展的开发培训工作进行效果评估，找出成功和不足之处，为下一阶段人力资源开发培训提供必要的参考依据。

③酒店人力资源使用成本控制。酒店人力资源在正常使用过程中发生的成

本，如维持成本、奖励成本和调剂成本等，称为酒店人力资源使用成本。维持成本是维持酒店正常营业过程中的劳动力报酬，诸如工资、津贴、红利等形式，而奖励成本主要是指对酒店员工的正强化和负强化成本，如表扬、奖金、批评、警告、降职等成本。酒店人力资源调剂成本主要是一种起到调剂正常工作"润滑油"作用而发生的成本，如员工娱乐文体活动、业余社团活动、改善酒店工作氛围等支付的成本费用。酒店人力资源使用成本控制战略思想的核心是正确、合理地确定员工的薪酬标准，需要设计一套合理的业绩评估方案和业绩优劣分配方案。酒店经营管理实践中，城市商务酒店在人力资源使用时，可以尝试一线部门按照满编的80%进行定岗，景区景点周边的酒店可以按照满编的60%设置岗位。

④酒店人力资源离职成本控制。酒店人力资源离职成本主要是由于员工离开酒店而产生的包括离职补偿成本、离职低效成本、空职成本等在内的成本费用。

（五）精准思想与市场理念

精准思想与市场理念主要是指酒店应根据市场需求、市场变化以及市场态势制定精准的酒店产品定价与市场定位，其主要内容包括以下几项。

1. 酒店的定价战略

（1）降价。降价的目标自然是要增加销售总量，适用于酒店整体经营环境不好时。为了能够吸引更多的宾客到酒店消费，增加人气，适当的降价是必要的。根据收益管理原则，酒店收支平衡点一般是在客房入住率60%左右。如果住房率在60%以下，可以每次按照5%比例予以下调。

（2）涨价。酒店对自己的产品涨价，并非真的想通过提高价格多得利润，而是希望通过个别产品的涨价所带来的轰动效应来促进其他产品的销售。这也是酒店涨价应变中常用的策略。如果住房率在60%以上，可以每次按照5%比例予以上浮。

（3）降低成本。成本决定了价格，在酒店的经营处于盈亏平衡点时，成本的控制就能带来利润的增加，降低成本是酒店在危难之时转变战略的最佳选择。

（4）组合定价。价格是商品价格的货币表现，商品价格的高低取决于商品价值的大小。不管价格如何变化，都不应背离价值太远。从总的趋势上看，价格和价值总是趋于一致的。但是，酒店在制订产品价格时，应根据市场对产品需求的旺季、淡季、量大、量小之别，根据宾客消费层次的高低等，随机应变。

【东来顺的定价策略】

北京的老字号"东来顺"酒店的老板丁德山，是根据宾客支付能力不同而采用价格应变吸引顾客的高手。丁德山 1903 年在北京东安市场摆了一个饮食摊，贩卖豆汁、年糕等廉价饮食。到 1942 年，东来顺已成为北京首屈一指的清真酒店，建起了三层高的楼房，并在楼上设了雅座。但即使如此，楼下东厅仍保留可容纳十余名顾客同时就餐的"大板凳"。所谓"大板凳"，是当时饮食摊的传统：不设座椅，几名顾客同坐一条长凳上吃饭，食案也比普通饭桌要矮。这里饮食简单，但经济实惠，比一般饭馆价廉物美。饺子和馅饼肉多、油大；饼、面和廉价炒菜，分量多，质量好。为什么这里的东西这么"便宜"呢？原来这儿所卖的东西除面食外，肉和料几乎全是楼上雅座的下脚料，都已计算过成本了，即使看起来价格便宜，实际上却是已"涨"过价了。而雅间里的顾客支付能力强，注重饭菜的质量、味道，对价格的高低则不太计较，所以丁德山把这里供应的饭菜价格定得高些。以涮羊肉为例，雅座上的羊肉每斤要卖两斤羊肉的价钱。这样一来，东来顺用不同的价格迎合了不同层次顾客的需要，获得了这些顾客的称赞。

2. 酒店的定位战略

美国著名营销专家艾·里斯（Al Ries）与杰克·特劳特（Jack Trout）提出的定位理论：定位不是你对产品要做的事。定位是酒店对预期客户要做的事。换句话说，酒店要在预期客户的头脑里给产品定位，确保产品在预期客户头脑里占据一个真正有价值的地位。酒店的定位战略主要内容包括形象定位和产品定位。

（1）酒店形象定位。酒店的形象定位就是确定酒店究竟以哪种形象面对目标市场，其中包括酒店的视觉形象和心理形象，又包括酒店的建筑外观，酒店

的名称、标志（店徽）、标准字体、标准颜色等。心理形象包括酒店的档次和星级等。

（2）酒店产品定位。酒店的产品定位是指酒店为宾客提供什么样的产品，通过产品的定位可以明确酒店自己的位置和目的，以及找到自己的经营特色和范围。可通过以下几个方面对酒店产品进行分析：①酒店类型；②酒店规模；③酒店的服务标准；④酒店地理位置。

二、新时期酒店经营思想与理念的转变

随着新冠肺炎疫情的冲击以及国内外经济形势的变化，新时期酒店经营思想与理念需要进行调整与变革。本书认为酒店经营理念与思想需要朝"调结构、转方式、做特色、保品质"方向调整。

（一）调结构

过去很长一段时间，公款消费直接或间接地影响到了酒店的市场结构和经营模式。理性、科学的市场结构被很多酒店有意或无意忽略，出现了过度依赖公款消费的状况，这在经济欠发达的市、县一级的高星级酒店更为明显。酒店良好的经营依赖于良好的宏观经济环境，但随着新冠肺炎疫情的冲击以及中央八项规定的推行，酒店必须要在经营方面调结构、谋转型。

首先，调整客源结构，找准市场定位，使市场需求理性回归。通过认真细致的分析，公务消费需求虽受到削减，但商务市场消费依然正常，业务洽谈会、招商会、企业订货会、新产品推介会、各行各业的培训及商务宴请还是常态化进行。因此，高星级酒店应积极开发商务市场，抓好老客户的回头率，开发电子商务预订系统，建立更多的客源信息渠道；应做商务客人的"家外之家"、商务途中的办公基地，客人商务活动中的好秘书和好管家。同时，满足一般散客、旅游团队、当地居民及家庭消费的需求。

其次，调整产品结构，以适应高、中、低档不同的需求。比如，在客房产品方面，推出高、中、低档不同价位的房型；在餐饮方面，降低门槛，推出大众消费、家庭消费的菜品，引导和激发消费者的欲望，将美食与时尚结合，美味与实惠结合，取消包厢费和服务费；在康乐方面，取消包厢最低消费，开展消费积分奖励活动。

【泉州华侨大厦的大众化、市民化早餐】

泉州华侨大厦推出大众消费、家庭消费的菜品（图1.11），引导和激发消费者的欲望。在自助早餐厅LED屏滚动播放泉州美食文化，早餐提供各种风味闽南美食（如面线糊、安海菜粿、元宵圆、牛肉羹、猪血汤、花生汤、满煎糕、糍粑……），让客人在品尝传统美食的同时，了解到泉州美食文化，唤起海外游子们对家乡的眷恋，感受大厦人那份用心服务所融入的亲情和温馨，体现了"华侨之家"。客人反响热烈，给予满满的赞赏。

图1.11 泉州华侨大厦的大众化、在地化早餐

最后，优化营收结构。营收的组成主要是客房和餐饮。客房固定投入主要是硬件设施设备和客用品，变动成本很低，人工、水、电、气和日常消费品占营业收入的比重很少，利润率可达65%~70%。餐饮则不同，餐饮用工多，原材料和能耗成本高，出品具有不可控性，管理难度明显大于客房，如果成本控制得好，利润仅为10%~15%，如果管理不当，控制不好，仅可保本，甚至亏损。因此，酒店应高度重视营收结构的合理性，实现与众不同的亮点和卖点。

（二）转方式

一是改变过去酒店主要接待行政性、商务性、高档外宾团队的理念和做

法，打消顾客对高星级酒店高消费的"顾虑"，吸引普通散客和当地居民及家庭消费。比如，每天拿出少量客房，实行低价销售，吸引客人抢房，推出 10 元起价的菜肴或免费赠送菜肴吸引客人用餐。

【泉州华侨大厦的营养套餐】

泉州华侨大厦改变过去酒店主要接待行政性、商务性、高档外宾团队的理念和做法，着重吸引普通散客和当地居民及家庭消费，针对上班族、家宴、祭祀等不同消费群体的需求，推出"便民美食小铺"系列，提供不同价位、不同档次的外卖菜肴、套餐产品及易拉罐盒饭，备受市民欢迎。泉州电视台《新闻广角》栏目还对此进行了报道，增加了社会美誉度。

二是推出"引导式"和"体验式"消费项目。可根据客人在酒店住房、用餐消费积分，赠送康乐项目消费券或兑换相应的奖品。对外地客人，可赠送当地旅游景区门票；对本地客人，可开展刷卡打折优惠活动；婚宴送婚房，达到多少消费金额或多少桌宴席赠送客房或康乐项目消费券。

三是抓好节庆营销。可抓好元旦、春节、情人节等节庆活动的营销和促销，吸引当地的居民和家庭消费。

四是与当地或外地旅行社联营。对旅游团队客人给予价格优惠，接纳散客及自驾游客人。

五是外包和取消一些经营项目。对于"微利润""零利润"和"负利润"的经营项目实行外包或取消。比如美容美发中心、健身房、游泳池、票务中心等经营项目，外包或取消。

六是发展外接业务。很多高星级酒店都配有设施设备完善的洗衣房，酒店可外接当地一些小酒店和旅馆的布草洗涤业务，部门可以按比例提成，个人可以按加班考勤分红，实现酒店、部门、员工三方受益。

七是灵活定价。比如会议室，变动成本较低，易于管理，不可储存，当天不出售就失去了当天的价值。因此，会议室的价格可根据主办方的不同预算，制订上下浮动的价格，尽量多租出去，提高使用率，增加酒店营业收入。

（三）做特色

当前，酒店应积极把握市场动态，实行"差异化"的经营战略，开发和经营有自己特色和亮点或竞争力强的产品。

一是营销方面，开展各种有影响的营销和促销活动。对当地党政机关、社会团体、事业单位、国有企业和民营企业等的各种会议或各项活动、重要客户，酒店营销部的客户经理应实行跟踪服务，及时了解客人的需求，发现问题及时解决。对重点客户要定期走访，了解需求，掌握信息。节假日，可发短信问候或赠送有纪念意义的小礼品，推行消费积分奖励，达到一定积分，赠送餐饮消费券，或赠送 KTV 包厢一次，或赠送标间或套房一次；可推出子夜 1 点到 8 点的低价房，或午休房、钟点房，提高出租率，增加酒店营业收入。

二是客房服务方面，在坚持"客到、茶到、毛巾到"的基础上，提高服务附加值。如为每位客人赠送水果、送上欢迎信，实行网络全覆盖；为住店客人提供衣服免费熨烫服务；为长住客人、重要客人、常住客人、文艺或体育明星、新婚夫妇等在客房摆放本人相片；为带小孩的客人提供婴儿看护服务；根据客人的习惯提供不同的枕头；对标准双人房的水杯、茶杯、面巾、浴巾、小方巾、牙刷、口杯、拖鞋等客用品配置两种不同颜色，便于客人识别使用；在套房里面设置咖啡机，并为顾客免费提供咖啡、面膜等。员工在服务过程中还应注意与客人加强沟通，进行情感交流，提供亲情化和个性化服务，将服务做细、做精、做到极致，使客人满意和惊喜。

三是餐饮方面，做好向大众化、平民化消费转型的选择。如在菜品种类和菜品价格的设计上，平利菜宜占菜品的 70%，高利菜占 20%，暴利菜占 10% 左右；对于婚宴产品，应利用场地大、技术力量雄厚、服务规范的特点和优势，策划和推出高、中、低档宴席。可根据婚宴桌数多少赠送不同数量的客房或 KTV 包厢，或足浴、按摩、健身等康乐消费券；或是策划举办拍婚纱照、购买糖果及礼品、布置新婚房、迎亲、接送亲朋好友、主持婚礼、办婚宴等有特色的一条龙婚庆活动，使客人省心、省时、省事。酒店还应抓好私人宴请产品。比如，开发生日宴、寿宴、小孩满月宴或百日宴、升学宴、晋升宴、亲朋好友聚会宴、同学聚会宴等，可根据不同的人群赠送有纪念意义的礼品。此外，要想方设法吸引散客和家庭用餐，推出适合散客和家庭消费的平价菜品，

充分利用中餐厅或零点餐厅的经营空间，提高上座率或翻台率。推出地方特色小吃也是一个可取之策。地方小吃价格低则 6~8 元一份，高则 15~20 元一份，因为有地方特色、价格不贵，很受客人青睐。还可利用节假日和淡季邀请营养师和养生专家到酒店办讲座，组织不同人群参加听讲；适时举办美食节，挖掘和吸收有特色的地方菜、家常菜，吸引本地居民消费。

【泉州华侨大厦开发的年夜饭礼袋和大盆菜】

新冠肺炎疫情期间，泉州华侨大厦创新餐饮产品。针对疫情有所逆袭，酒店果断推出年夜饭礼袋和大盆菜（图 1.12），受到消费者的青睐。此外，春节期间，酒店推出"居家团圆宴"附赠器皿，提供专车派送，服务到家。

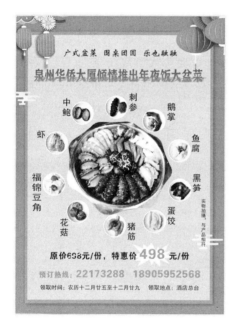

图 1.12　泉州华侨大厦开发的年夜饭礼袋和大盆菜

（四）保品质

经营酒店需要情商、人脉、智慧，但本质是品质，是产品品质、服务品质。客房、餐饮、康乐、会议及商场等设施设备，餐饮菜品、面点的精心制作和优良的质量及口味，亲情化、个性化、定制化等服务的精细到位，都是产品品质、服务品质的有形展示。

比如，客房微型酒吧服务、洗衣服务、餐饮的送餐服务，大堂吧的一杯咖啡、一杯茶等服务，创收虽然不高，但体现了酒店的经营、管理、服务理念，是品质的有形体现。高星级酒店不能因为目前经营滑坡、效益不佳就随意降低客房床上用品、客用品和餐饮菜肴出品等酒店产品的档次及质量；不能为了降低人力资源成本，就随意降低服务要求。比如，要求客房部每个员工一天清洁整理20间标准客房，要求餐饮部1个员工负责3个包厢，这样的服务客人肯定不会满意。

■ 本章小结

本章深入探讨了酒店经营战略的核心要素与关键概念，为读者呈现了酒店行业内关于经营方向与决策的重要指导原则。此外，本章围绕酒店经营战略的概念、内容以及决策过程进行了深入剖析，展示了在当今竞争激烈的市场环境中，制定与执行恰如其分的经营战略对于酒店业取得成功的不可或缺性。以下是本章各部分的具体内容要点和总结。

第一节回顾了酒店经营战略的概念和内容。探讨了酒店经营战略的核心概念和内容，从不同的角度剖析了企业经营战略的类型、酒店经营战略所关注的内容以及其多样化的类型。通过分析酒店经营战略的核心要素，明确了酒店经营战略的主要内容，强调了经营战略在酒店业中的重要性。

第二节分析了酒店经营战略决策。主要内容包括酒店经营战略决策原则、战略决策选择等。通过分析这些原则和实际案例，酒店经营者可以更好地理解战略决策的重要性和实践方法。有效的战略决策不仅能够引导酒店朝着正确的方向发展，还能够在激烈的竞争中脱颖而出，取得长期的商业成功。

第三节聚焦于酒店经营思想与理念。主要内容包括典型的酒店经营思想与理念、新时期酒店经营思想与理念的转变等。通过深入探讨酒店经营思想，读者可以更好地理解酒店业务的使命与愿景，从而在制定战略方向时保持一致性与可持续性。此外，在不断变化的市场环境中，酒店经营者

需要保持开放的心态，不断创新和调整经营策略，以适应新的挑战和机遇，实现酒店业的可持续发展。

综上所述，本章的内容为酒店经营者提供了全面的指导和思路，帮助他们更好地制定和执行酒店经营战略，实现业务的成功和可持续发展。通过理论分析和实际案例，读者也可以更深入地了解酒店经营战略的重要性，以及如何在实际操作中将其落地。

酒店客房经营策略与创新

酒店是以建筑物为凭借，通过为顾客提供住宿和饮食等服务而取得经营收入的旅游企业。虽然现代酒店设施日趋丰富，功能日渐完善，但满足顾客住宿需求仍是其最根本且最重要的使命。客房作为酒店的核心组成部分，不仅为酒店带来显著的营业收入，而且对其他部门运营活动也具有推动作用，在酒店经营的全过程中占据尤为重要的地位。

顾客入住酒店期间，绝大部分时间会在客房度过。客房的清洁卫生程度、装饰布置的美观程度、设施物品的齐全程度、服务人员的热情周到程度，以及服务项目的完备性，都直接影响着顾客的入住体验。因此，客房服务质量的高低对衡量整个酒店的服务品质以及维护酒店声誉至关重要。为了满足顾客的需求并实现客房经营收入的增长，酒店可以采取以下几点客房经营策略，创新客房服务，为顾客提供高质量的入住体验。

第一节　客房之"暖"的经营与创新

随着社会的持续发展，住宿服务产品不断升级和改进，以更好地适应市场和顾客的需求。从最初只提供简单的住宿设施，逐渐转变为提供全面的配套性服务，再到完善背景音乐、客房装饰等软硬环境。然而，尽管住宿服务产品的形态不断变化，顾客对其内在服务需求却始终保持稳定，对服务中所包含的情感交流需求甚至有着日益增强的趋势。他们渴望消除心理上的陌生感，渴望在

住宿过程中获得温馨与宾至如归的体验。这种"家"的感觉不仅包括客房内设施的齐备，如香皂、牙具、吹风机、电视等，让客人在使用时体验到家一般的便利。同时，它还蕴含更深层次的情感，即客人在酒店中感受到亲切、温暖以及人情味。

一、客房之"暖"的概念与重要性

"暖"，即温暖、温馨，宾至如归。客房之"暖"是指酒店在客房服务中为客人提供温馨、舒适的体验和服务，以增加客人的满意度和忠诚度。

广州白天鹅宾馆之所以在国内外享有极高声誉，原因在于酒店将服务的精益求精和浓厚的人情味相结合，让客人在酒店感受到家的氛围。在该酒店入住的客人，无论走到哪里，都能遇到热情的服务人员，他们会熟稔地称呼客人的姓氏和职务，就像家人一样亲切。酒店对客人的关心非常细致，甚至清楚了解他们的爱好、习惯以及生日，使得客人在精神和物质上得到双重的满足。这种贴心关怀让客人倍感温暖，离店时产生依依惜别之情，继而成为酒店的忠实回头客。

客房之"暖"的重要性体现在创造温馨、舒适的住宿环境，让客人在酒店内感受到宾至如归的温暖氛围。具体包括以下方面。

（一）提升客房氛围与舒适感

客房之"暖"作为酒店服务的核心内容之一，直接影响着客人的住宿体验。在温馨宜人的客房环境中，客人可以感受到家一般的温暖和舒适，从而更好地放松身心，减轻旅途疲劳。通过选择柔和的照明、舒适的家具、温暖的色调和精心设计的装饰，酒店可以创造出令人愉悦的客房空间，使客人入住时感到宁静和放松。

（二）增强品牌形象与竞争力

客房之"暖"不仅是一种舒适体验，更是酒店品牌形象的体现。在现代竞争激烈的酒店市场中，提供独特而舒适的住宿环境，能使酒店在众多竞争者中脱颖而出。客人愿意选择那些能够为他们带来温馨与关怀的酒店，而这也正是客房之"暖"所能够传达的信息。通过将温暖与舒适融入酒店每一个细节，酒店可以提升其品牌形象和竞争力，吸引更多客人入住。

（三）塑造品牌价值与传播力

客房之"暖"可以满足客人基本需求，还可以超越预期，创造出非凡住宿体验。在温馨而体贴的服务下，客人往往会感到被重视和关心，从而增强其满意度。一位满意的客人更有可能成为酒店忠实顾客，甚至会在社交媒体上积极分享自己的愉悦经历，从而为酒店带来有价值的口碑传播。客房之"暖"作为顾客满意度的重要组成部分，直接影响着酒店的口碑和再次入住率，为酒店的长期可持续发展奠定了坚实基础。

二、客房之"暖"的创新方向

酒店在实现这种"暖"的营造上，可以着重从以下几个方面着手。

（一）优化客房环境：营造舒适温暖的住宿体验

良好的客房环境在酒店业中起着至关重要的作用，它能为客人提供舒适惬意的住宿体验，带来美的享受和愉悦感。在优化客房环境方面，不仅需要从硬件设施到软件服务进行综合考虑，而且还应注重以下几个方面。

1. 采　光

在客房短暂的入住时光里，对于那些钟爱阳光的客人而言，一抹明媚的光芒便是如沐春风，如润心甘雨。光影交融的情境，将房间装点成一幅温暖的画卷（图 2.1、2.2）。这样的用心，定会成就客人入住时的愉悦感受，留下珍贵回忆。因此，在追逐舒适与美好的征途上，酒店应尽其所能，悉心呵护每一位贵宾。在日出之初，或是黄昏余晖里，为客人预留下那最灿烂的一抹光彩、那一缕闪耀的暖意。

图 2.1　晨曦中的酒店客房　　　　图 2.2　黄昏下的酒店客房

2. 温度与湿度

在人体体温调节机能得以最优调和的环境中，可以使人感受到舒适和愉快。现代酒店在追求卓越服务品质的同时，必须维持适宜的空气温度与湿度，以确保宾客身心健康。一般而言，合适的室内温度如夏季应保持在 24~26℃，冬季则以 16~20℃为宜。在这样的温度环境下，客人能够得到最舒适的居住体验。此外，湿度亦是维持舒适氛围不可或缺的因素。在夏季，湿度通常保持在 30%~70% 之间，冬季则为 30%~50%。恰到好处的湿度，将为客房带来宜人的湿润氛围。圣弗朗西斯威斯汀联合广场酒店（The Westin St. Francis）采用了智能化控制系统，让客人可以自由调节客房温度和湿度。同时，酒店还额外准备了热毛巾、温暖的饮品等，让客人感受到家的温馨。

3. 色　彩

客房舒适程度在很大程度上取决于视觉愉悦感，而视觉愉悦主要体现在色彩的感知上。因此，客房色彩对客人的心理起着重要影响。和谐的色彩能为人带来温暖感觉，如暖色调显得柔和亲切，冷色调则呈现出稳重冷静氛围。在客房经营过程中，善用色彩这一杠杆，营造室内氛围，调节和优化空间环境，是至关重要的。

例如，对于缺乏阳光或阴暗的房间，选择暖色调能增添温暖感觉（图2.3）；而对于阳光充足的房间或炎热地区，多采用冷色调，营造凉爽宜人的气息（图2.4）。透过色彩变幻，客房内的气氛得以多变而富有趣味，为每位宾客带来独特体验。因此，酒店经营者应根据房间差异，精心选择合适的色彩搭配方案。

图2.3　暖色调酒店客房　　　　图2.4　冷色调酒店客房

4.装　饰

不同国家、经济水平、文化素养的客人对客房氛围有着不同要求。总体而言，每位客人都期待客房能够符合日常生活习惯和水准，走进客房就如同回到家中一样方便舒适、轻松愉悦。因此，客房在设计时必须综合考虑客人多元需求，创造出既舒适又独具特色的居住空间。此外，客房内装饰要注意整体格调统一、色彩协调和式样美观。通过巧妙的装饰，可以在客房中营造出西式风情或者具有民族特色的氛围，从而满足不同客人的多样心理需求。客房装饰是创造温馨氛围的关键要素。精心布局和合理配色能为客人带来宜人的居住感，而高雅的艺术装饰和家具选择，则能进一步提升客房的品质和格调。

【泉州华侨大厦的亲子房装饰】

泉州华侨大厦注重提升客人的居住感、氛围感。针对近年来火爆的亲子游市场，酒店推出亲子主题客房（图2.5），细化床、环境、洗漱用品等各要素的亲子主题布置，赢得广大亲子顾客的好评。

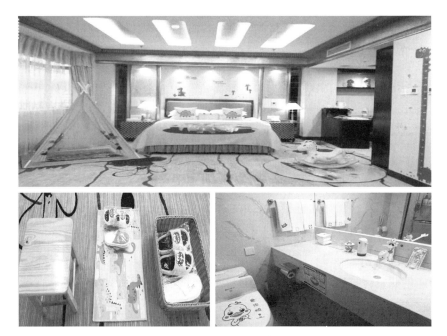

图2.5　泉州华侨大厦的亲子客房

客房细腻的设计之下，每一处细节都呈现出酒店情怀。它不仅是物质的舒适与功能的实现，更是心灵的呵护与美感的传递。例如，客房细节设计中使用了鲜花、艺术品等，为客人营造出家的感觉。如果遇上七夕、结婚纪念日等，可以为客人布置客房，提升客人感官感受，加强仪式感（图2.6）。此外，酒店在床品、空调、窗帘等方面都可以做到精细设计，让客人感觉舒适，能够放松身心，感受到家一般的亲切和宾至如归的温暖，让每一次住宿都成为一次别样的体验、一次美好的相遇，让客人在离别时满怀留恋，期盼再次重逢。

图2.6　七夕主题客房

综上，优质的客房环境是酒店吸引顾客、提升竞争力的重要因素。通过精心打造和细致服务，酒店能够为客人带来难忘的住宿体验，赢得良好的口碑和持续的业务增长。

（二）完美细节：客房用品的贴心配置

为了满足客人在客房中的日常需要，酒店在装置客房时除了配备各种家具和设备外，还应提供各类用品供客人使用，为客人打造一个舒适、便捷的居住环境。用心突出配置不仅能提升客房吸引力和品质，更让客人深切感受到酒店对其住宿生活的细致关怀，有助于客人更愿意接受酒店房价，产生"物有所值"的愉悦之感。另外，通过在客房用品上印有客人名字等个性化设计，酒店不仅能借此宣传推广，扩大社会影响，还能让顾客体验到真挚"暖"心。

1. 家　具

在客房的家具设计中，体现"暖"的关键是注重质感和温暖的色彩搭配。选择木质家具、软绵绵的沙发和舒适的床品，能为客房增添自然的质感，仿佛置身于温馨的家中。暖色调的家具如深木色、柔和的棕色和橘黄色，能营造出宜人的氛围，让人感到亲切和放松。另外，还可以加入一些柔和的灯光和舒适的布艺装饰，使整个空间更具温馨感，让客人感受到家一般的温暖。此外，在选择家具时，要强调实用舒适、尺度合理、质地坚实和易于清洁等特点，并提供不同款式的床垫、枕头、被子等，让客人在房间内享受到更多的舒适和放松。

例如，卡尔顿特拉维夫酒店（The Carlton Hotel）使用高档羽绒被、羊毛毯、纯棉床单和枕头等一系列床品，同时使用了暖色调的地毯、墙纸和窗帘，营造出温馨舒适的氛围（图2.7）。此外，酒店还为客人提供可自由调节的空调和智能化控制系统，确保客人可以得到最佳舒适度。

图 2.7 卡尔顿特拉维夫酒店的客房

2. 洗护用品

在洗护用品的选择上，关注温和与贴心是体现"暖"的重要方面。提供高品质、温和的洗发水、沐浴露和护肤品，能为客人的每一次沐浴带来愉悦的体验。香气温暖、舒缓的洗护用品，如花香、木香或清新的柑橘香，都能让客人在洗浴时感受到心灵的放松和温暖的拥抱。同时，为客人提供柔软的浴巾和优质的床上用品，能让他们在用品的触感中感受到舒适和温馨。

不仅如此，细致体贴的服务也是让客人感受到"暖"的重要环节。为客人准备贴心的浴袍、拖鞋和迎宾水果等，让客人在踏入客房的第一刻就感受到被呵护的温暖。定期更换洗护用品和床上用品，保持整洁和优质，是向客人传递酒店关爱的重要方式。不同酒店的各类客房有等级、规格和风格的差异，可根据各自的经营决策和实际需求灵活配置客房用品，形式和规格并不必要求一致，但这种自由要基于酒店经营原则，从满足客人需求的角度出发，不降低客房的规定标准，始终保持其"价"与"值"相符合。精心配置的客房用品承载着酒店对每位宾客的关爱和用心，让客人在舒适、便利的环境中享受旅途的温馨与放松。

【泉州华侨大厦为住客提供罐装洗衣粉、烘干机等】

泉州华侨大厦的经营理念突出"时尚、价值、舒适"，重点关注入住客人的酒店体验，将细节做精、做细、做深、做暖。精心设计人性化的瓶装洗衣粉并配备摩丝，方便住店客人洗涤衣物及整理头发。针对泉州多雨季，续住客湿衣物不易晾干，酒店提供轻巧、安全、可移动的衣物烘干器。针对亲子主题客房，酒店推出适用儿童的智能感应洗手液、儿童牙刷牙膏（图2.8）。

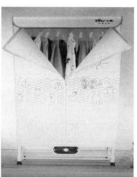

图2.8　泉州华侨大厦人性化的洗护用品设计

3.客房门铃

酒店客房门铃是一个相对容易让人忽略的位置。如果能将这样一处细节都考虑到客房"暖心"服务中，会更加给客人一种细致、周到和无微不至的关怀感。笔者首创将酒店客房门铃改为智慧化触控板，在保留原有客房服务呼叫的基础上，增设当天和第二天的天气预报，为客人提供细节化暖心服务。

（三）定制呵护：个性化服务打造独特体验

客房服务重要性不仅在于满足客人的各种服务需求，更在于通过客人对相关服务的接受，让他们切实感受到酒店的价值，激发客人内心的价值体验感。

优质的客房服务要做到以下几点。

1. 真 诚

客房卓越服务，首要体现在"真诚"二字。真诚的态度是客房服务的核心，它能化解疏离，拉近酒店与客人的距离。这也意味着酒店须实行情感化服务，避免单纯以任务为导向的服务方式。所谓的"暖"字服务，即客房服务员必须以发自内心的热情、主动、周到、耐心，无微不至地为客人着想。在酒店经营过程中，许多负面评价几乎都是由于服务人员态度不佳所致，他们往往将人与人之间的关系和社会角色之间的关系混为一谈，误认为客人与自己平等，从而不愿全心全意提供服务。因此，客房部的每位员工都必须调整好自己的心态，把酒店的客人看作是亲朋好友，以主人的身份来接待客人，为客人着想，这正是提供优质服务的最可靠保证。从内心发出的热忱，会在服务过程中渗透到每一个细节，让客人感受到无微不至的呵护，从而建立起深厚的信任与共鸣，使客人在陌生环境中得到安心与舒适。

2. 快 捷

快捷服务，是指在酒店内为客人提供快速而准确的服务。客人在酒店内进行吃、住、行、娱乐和购买礼品等活动时，常处于快节奏的状态。因此，对客房服务的要求在于强调服务迅捷和准确，包括服务动作的迅速、准确，以及服务程序的正确无误。这两个方面缺一不可，它们共同构成了一个完整的服务过程。例如，希尔顿酒店集团对客房服务员有着严格的要求，必须在25分钟内完成一间客房的整理，并且符合酒店卫生标准；泉州刺桐酒店规定，客房报修超过7分钟，工程部未能及时到达现场，客房费用全免。这些规定彰显了快捷服务的重要性。因为，最容易引起客人投诉的便是服务人员的慢节奏服务。如果服务反应迟缓，将会让客人感到焦躁和不满。

快捷服务不仅是高效执行任务的表现，更体现了对客人的尊重和关怀。客人来到酒店，期待得到周到、迅捷的服务，而酒店通过提供快速、准确的服务，能够增强客人的满意度和忠诚度，建立良好的口碑。在快节奏的现代社会，快捷服务已成为酒店吸引和留住客人的一项关键竞争优势。但快捷服务的标准通常根据不同酒店的经营理念、服务定位和客人需求而有所差异。一般来

说，以下是一些常见的快捷服务标准。

（1）响应速度：快捷服务要求员工在客人提出需求或问题后，能够迅速做出反应，及时回应客人的要求。这包括在客人入住时快速办理登记手续，及时提供所需物品和服务，解决客人的问题，等等。

（2）办理效率：快捷服务强调高效的办理流程和服务流程，以节省客人的等待时间。例如，在客人办理入住或退房手续时，酒店应提供快速通道，减少等待时间。

（3）提供便利设施：酒店应提供方便的设施和服务，以满足客人的各种需求。例如，在客房内提供快捷的上网服务、热水供应、迅速的房间清洁服务等。

（4）专业技能：快捷服务要求员工具备专业的技能和知识，能够快速、准确地回答客人的问题，并提供专业的建议和服务。

（5）快速解决问题：快捷服务要求员工能够迅速解决客人遇到的问题和困难，确保客人的需求得到及时满足，避免因问题滞留而影响客人入住体验。

（6）快速反馈：如果客人提出投诉或建议，酒店应迅速做出回应，并采取措施解决问题，以及时改进服务质量。

综合上述标准，快捷服务的核心是要在保证服务质量的前提下，尽可能地提高服务效率，让客人感受到高效、便捷的服务体验。这样的服务标准能够增强客人对酒店的好感和信任，促进客人的再次光临和口碑传播。

3. 随时做好服务的准备

为了确保优质的服务，随时做好准备至关重要，它包括两个方面的内容：一是心理方面的准备，二是物质方面的准备。客房服务工作不仅是面对客人所进行的服务，还包括了服务前所做的一切准备工作。做好服务的心理准备和物质准备，是优质服务的基础。"工欲善其事，必先利其器"，良好的准备工作，将会提高服务效率和质量。例如，在接到前厅部的入住通知单后，客房服务员应做到"七知五了解"：知道客人到店时间、人数、国籍、身份、接待单位、客人的特殊要求和收费办法；了解客人的宗教信仰、风俗习惯、生活特点、活动日程安排以及离店日期等。这样的准备工作有助于服务员增强服务的针对性和主动性，使他们能够为客人提供更贴心、更个性化的服务。而事前布置好房间以及准备好客用品等，则是做好物质方面的准备。精心布置的客房、干净整洁的环境、丰富齐全的客用品，都能给客人带来舒适和愉悦的入住体验。因此，随时做好服务前的心理和物质准备工作，不仅是客房各级管理人员每天要督导的工作，也是优质服务的关键所在。只有在充分的准备基础上，服务员才能做到应对自如、满怀热情，为客人提供真正令人满意的服务。也只有在这样的服务氛围中，客人才能感受到酒店对他们的关怀和重视，留下愉快美好的回忆，并愿意再次选择酒店作为下次旅途的落脚之地。

4. 礼貌待客

提供令客人真正满意的服务，取决于两个关键方面：一是服务项目本身的实际效用，例如客用品的质量；二是服务人员的具体表现以及和客人的相互关系。客人对具体服务项目可能缺乏专业知识和直接接触的机会，因而在评价一项服务是否满意时，人际关系与服务态度比服务项目效用有更高且更直接的评判作用。因此，注重礼节与礼貌，是客房服务最重要的职业基本功之一。它不仅体现了酒店对客人的基本态度，也是实现优质服务的关键环节。

在待客礼貌方面，客房服务员首先要注重仪容仪表，保持端庄、大方和整洁的发型与服饰，挂牌服务，以展现乐意为客人服务的形象。在语言上，要文明清晰，注重语言艺术，注意语气和语调。对客人提出的问题，服务员应当从容应对，给予得体的回答、当问题无法解决时，要耐心解释，而非敷衍应付。在态度上，服务员要不卑不亢，始终保持微笑相迎，以内心真挚的微笑传递热情服务。在举止姿态方面，要文明、主动、彬彬有礼，无论坐、立、行走还是操作，都应保持正确的姿势。

通过恰当的礼节与礼貌，客房服务员不仅可以建立融洽的客人关系，还能增强客人对酒店的好感和信任，从而提升服务满意度。这样的服务态度也会为酒店赢得良好的口碑和美誉，吸引更多回头客和新客人，使酒店在竞争激烈的市场中脱颖而出。因此，礼节与礼貌的重视是客房服务中不可或缺的要素，也是确保优质服务的关键所在。

综上所述，客房之"暖"是酒店提高客人满意度和忠诚度的关键因素之一，酒店可以通过优化客房环境、贴心配置客房用品、个性化服务等方面进行经营和创新，来营造客人的舒适感和归属感。

第二节 客房之"静"的经营与创新

在酒店经营中，客房不仅是提供休息的场所，更是舒适、安静的个人空间，以满足客人对静谧和放松的迫切需求。客房之"静"已成为现代酒店业务中不可忽视的重要方面。通过精心的设计、智能科技的应用，以及服务流程的优化，酒店可以构建静谧的客房环境，为客人营造安心的氛围。本节将从多个角度探讨客房之"静"的经营与创新，揭示如何在客房经营中注重"静"所带来的积极影响，以及如何以创新的思维为客人营造出安静、放松的独特体验。

一、客房之"静"的概念与重要性

客房之"静"是指客房内部环境的安静程度。在酒店行业，安静的环境不仅是酒店等级与水平的象征，也是衡量酒店环境舒适程度的重要标志之一。静谧的客房环境不仅可以提升客人的满意度，还有助于酒店的声誉建设和顾客忠诚度的提升。以下是客房之"静"重要性的关键要点。

（一）健康与休息

客人入住酒店的首要目的，是获得良好的休息和放松。安静的客房环境有助于提供一个不受打扰的休息场所，减轻旅途的疲劳和压力。噪声污染不仅会干扰客人的睡眠，还可能导致健康问题，如焦虑和头痛等。因此，为客人提供安静的住宿环境，有助于促进客人身心健康，使其得以充分休息和恢复活力。

【杭州栖云度假酒店】

杭州栖云度假酒店的营造理念是"休栖于云端，静谧而又温暖"。设计采用了未经加工的天然褐色原木及灰色砌砖来营造温馨怡人的原始氛围（图2.9）。安静、私密和精致，家具选用 HAY 吱音、梵几、木智工坊等国内外知名设计师品牌。一个溪流边的可以休养生息的家，隔绝繁杂城市生活的安静避风港，让客人可以得到充分的休养与放松。

图2.9 杭州栖云度假酒店外观设计

（二）工作与专注

对于商务旅客来说，安静的环境有利于思考、创造和工作。无论是准备会议、策划项目，还是进行电话会议，一间没有噪声干扰的客房可以帮助客人更专注地完成工作任务。此外，安静的环境还有助于提高学习效率，对于需要进行学习和培训的客人来说尤为重要。

（三）体验与满意度

客房之"静"直接影响着客人的入住体验和满意度。宁静的客房环境能够营造出舒适、放松的氛围，使客人感受到酒店对他们的关心和关注。满意的客人更有可能成为回头客，甚至推荐酒店给其他人。因此，通过提供安静的客房环境，酒店可以增强顾客忠诚度，提高口碑和品牌价值。

（四）隐私与安全

安静的客房环境有助于保障客人的隐私和安全。客人在私人空间内的对话和活动不会被外界听到，从而确保其个人信息和隐私不受侵犯。此外，噪声污染可能会分散客人的注意力，使他们对周围环境的感知减弱，从而增加了潜在的安全风险。

（五）品牌形象与竞争力

酒店的环境和氛围直接关系到其品牌形象和竞争力。提供安静的客房环境可以帮助酒店树立高品质、高水平的形象，吸引更多的顾客，并与竞争对手区别开来。客人对安静环境的好评和口碑也有助于增强酒店的声誉和吸引力。

综上所述，客房之"静"的重要性在于其对健康、休息、工作、专注、体

验和满意度的积极影响。酒店业需要认识到客房环境对客人的重要性，并采取相应的措施来创造安静、舒适的住宿环境，以满足客人的各种需求和期望。

二、客房环境嘈杂的原因

"静"通常是指客房内没有嘈杂的噪声干扰，使客人能够享受到宁静的休息和放松。所谓噪声，是指由于人们生产、生活引起的，使人感到不适、烦躁、不安甚至影响人体健康的声音。酒店客房内的噪声来源主要有六个。

（一）通过外墙外窗传入客房的城市噪声

外墙和窗户是客房与外界环境之间的物理隔离屏障，但城市环境中的交通、人声、建筑工程等噪声源可能通过窗户、墙体的传导作用进入客房内部。这种噪声源可能导致客人在休息和睡眠时感到不适，影响其舒适体验。

（二）通过内隔墙传入的来自相邻客房的噪声

相邻客房之间的隔声效果可能不同，声音在墙体中的传导会导致声音的泄漏。这可能包括隔壁客人的说话声、电视声、行走声等。

（三）由楼板传来的撞击声

楼板的结构和材料也会对客房内的噪声传递产生影响。楼上客人的行走、物体掉落等可能引起楼板传来的撞击声，影响楼下客房的安静环境。

（四）通过客房门传入的走廊嘈杂声

走廊作为客房与公共区域的连接通道，常常充满了各种活动和声音，如行走声、谈话声、清洁人员的工作声等。这些声音有时会透过客房门传入室内，干扰到客人的休息和隐私。

（五）卫生间、管道传入的邻近客房内的噪声

卫生间和管道系统可能因为水流声、冲水声等而产生噪声，这些噪声可能传入邻近客房，影响客人的入住体验。

（六）通风系统传入的风机噪声

酒店的通风系统中的风机声音可能传入客房内部，影响客人的安静休息。

总之，为保障客房的安静环境，酒店需要综合考虑各种噪声来源，采取适当的技术手段和设计措施，以提供舒适的住宿体验。

三、客房之"静"的设计举措

（一）注意外墙外窗传入的噪声

考虑到窗户的隔声效果较低且需要频繁开启，为确保客房的静谧环境，酒店选址应尽量避开繁忙的交通干道。如果外界噪声超出客房内允许的噪声水平，应着重提升外墙窗户的隔声效果。对隔声要求较高的酒店，建议采用双层玻璃窗，设计良好的双层玻璃窗可达到25~30分贝的隔声效果。除了玻璃厚度，窗户密封程度高对提高隔声效果的作用也十分显著，可降低4~10分贝的噪声。因此，务必检查窗户的密封程度。此外，双层窗户间的距离以及窗框内是否使用吸声材料都会影响隔声效果。选择不同厚度的玻璃组合有助于减弱低频共振和中高频的吻合效应，使其更好地阻挡外界噪声进入客房，从而提高窗户的隔声性能。确保客房窗户在设计和施工阶段考虑到这些因素，有助于为客人创造安静和舒适的居住环境。

（二）注意电器产生的噪声

在客房内，电视机、排风扇和空调口所产生的噪声不仅会影响到客人的情绪，还直接影响到相邻客房的安静程度。客人经常因为相邻房间的电视声音过大而影响思考、休息和入睡。因此，妥善处理电器的音量是一项必须重视的任务。首先，应严格控制电视机等声源的音量范围，确保其最大音量不超过客房内允许的噪声水平。无论客人如何调节音量，都不会超出规定的范围。其次，要定期维护和保养各类电器设备，以降低其自身产生的噪声。工作人员应定期检查和维修电视机、排风扇、空调，确保它们在运行时不会产生过多的噪声；此外，合理设置客房间隔墙的隔声效果也至关重要。对隔声效果较差的隔墙，需要进行改造，以提高隔声效果。通常情况下，酒店客房隔墙的隔声效果应大于50分贝。对于标准稍低的客房，隔声效果应在40~50分贝之间。

（三）注意楼板传来的撞击声

楼板传来的撞击声，如脚步声、家具拖动声等，是影响客房安静程度的一个重要因素，因此必须严格控制楼板的撞击噪声级。一般来说，撞击噪声应保持在60分贝以下。为降低楼板传来的撞击噪声，可以采取多种措施。例如，铺设羊毛或尼龙地毯可以有效吸收和减弱脚步声和家具拖动声。另外，在楼板

与地面饰面层之间增加一层弹性垫层，可以有效阻止撞击声的传播，从而降低噪声水平。同时，在楼板下加设天花板也是一种有效的方法，可以进一步减弱楼板传来的撞击噪声。

当谈到控制楼板传来的撞击噪声，一个具有良好声音隔离设计的酒店集团当属凯悦酒店集团（Hyatt Hotels Corporation）。该酒店在客房设计中注重减少撞击噪声，使用了高品质的地毯铺设，特别是在走廊和客房地板上。地毯的材质和厚度具有良好的隔声效果，能够吸收并减弱来自脚步和家具的撞击噪声。同时，酒店在楼板与地面饰面层之间增加了弹性垫层，以有效阻止撞击声的传播，进一步降低噪声水平。除了地板和楼板的设计，该酒店还采用了优质的建筑材料，以确保客房的声音隔离效果。墙壁和天花板都使用了吸声材料，有效地阻止了声音的传递。这种注重细节的服务理念，不仅提高了客人对酒店的满意度，还增加了客人对酒店的忠诚度，为酒店赢得了良好的声誉和口碑。

（四）注意走廊的嘈杂声

在酒店的走廊，由于各种原因，常常会产生一些嘈杂声，例如客房门的开关声、走廊上客人和服务人员的交谈声、服务小车的推动声，以及吸尘器的噪声等。然而，对于高品质的酒店环境来说，客人在客房内应该享受到宁静的休息，不受走廊的噪声干扰。为了实现这一目标，酒店可以采取以下措施：首先，采用高级的客房门材料，以提高隔声效果，将外界噪声最大限度地隔绝在走廊外；其次，酒店重视服务人员的培训，要求他们在工作中保持轻声细语，避免产生过多的噪声，服务人员应高效快捷地完成工作，减少对走廊环境的干扰；再次，房门离地面距离的门缝只能留0.5厘米，这样利于关门且比较好隔声。最后，闭门器的调节也十分重要，如果调节得太紧，关门声会非常大，太松，则不容易关门。这些措施不仅体现了酒店对客人舒适体验的关注，也表现了酒店在提供高质量服务方面的用心。

（五）注意卫生间、管道传入的噪声

除了前述几个方面，卫生间和管道传来的噪声也可能对客房环境产生影响。为了避免这些噪声从卫生间和管道间穿过隔墙传入客房内，酒店可以采取以下措施：首先，针对管道穿过墙壁所留下的空隙（如暖气和冷热水管），酒店采用填堵和砂浆抹严的方法，有效阻止噪声的传导，这样的细致处理可以减少管道传来的声响，提升客房的安静度；其次，为了防止走廊的噪声通过管道间的门传入客房内，酒店在管道间也可以安装隔声门。这些隔声门的设计和选择有助于减少走廊噪声的渗透，保证客人在客房内的休息。

四、客房之"静"的创新方向

客房之"静"创新策略是酒店持续提升服务品质和顾客满意度的重要方面，旨在通过营造安静舒适的客房环境，满足不同客人的需求。此外，这些创新措施能为酒店赢得更多客人的信赖和喜爱，有助于提升顾客满意度和忠诚度，还能够巩固酒店的市场竞争力，树立独特的品牌形象，为酒店业界树立新的标杆。具体内容如下。

（一）智能隔声技术的应用

智能隔声技术不仅能有效地隔离外界噪声，还可以根据客人需求偏好，实现个性化体验。

1. 声波屏蔽技术

声波屏蔽技术是一种基于声学原理的创新技术，通过在客房的墙壁、天花板和地板上安装声音吸收材料，能够有效地减少外界噪声的传入。此外，智能声波屏蔽系统可以根据实时监测的噪声水平，自动调整吸声材料的吸声效果，以确保客房内的环境始终保持宁静。当客房外的噪声水平上升时，智能声波屏蔽系统会自动激活，调整吸声材料的性能，确保客房内的噪声不会干扰到客人的休息和工作。

2. 无线电频率干扰技术

这种技术利用无线电频率的相互干扰原理，可以有效地屏蔽外界无线信号，如手机信号、Wi-Fi信号等，从而减少客房内部的电磁辐射和噪声干扰。酒店可以在客房内安装专门的无线电频率干扰设备，以屏蔽外界手机信号，帮助客人在静谧的环境中工作和休息，同时减少电子设备对人体健康的潜在影响。

3. 智能窗帘和隔声玻璃

智能窗帘可以根据环境噪声和光线水平自动调节，从而实现隔声和遮光效果。隔声玻璃则可以通过多层复合材料的设计，有效地阻隔外界声音的传入。

当客房外部的噪声水平较高时，智能窗帘会自动关闭并调整隔声玻璃的状态，以最大限度地减少噪声的干扰。

【厦门康莱德酒店智能窗帘设计】

厦门康莱德酒店大堂立面高窗全部设计为电动罗马帘，遮阳帘采用法国尚飞 Sonesse 40 静音电动罗马帘，可单幅窗帘单独控制，也可以多幅窗帘同时控制；酒店休闲健身区遮阳帘采用同款静音电动卷帘，一键控制；酒店客房卧室采用尚飞灵迪 35e 静音开合帘电动系统，卫生间采用法国尚飞 Sonesse 40 静音电动卷帘系统，智能窗帘不仅让客人欣赏到超大面积的窗外美景，同时还确保了客房内的私密性（图 2.10）。这一设计让酒店获得了许多客人的好评①。

图 2.10　厦门康莱德酒店智能窗帘设计

（二）声音和光线的交互设计

声音和光线作为影响客房氛围的重要因素，它们的合理融合可以增强客人的体验，提升整体感知。以下是关于声音和光线交互设计的具体内容。

（1）自然声音与光线模拟。在客房内部集成自然声音和光线模拟系统，通过播放轻柔的自然声音，如鸟鸣、风声等，结合相应的光线变化，创造出仿佛置身于大自然中的感觉。例如，晚上，客人可以选择启动"夜晚森林"模式，此时系统会播放微风吹过树叶的声音，并将光线调暗，营造出宁静的夜晚氛围。

（2）声音和光线的情境匹配。根据不同的情境和用途，调整声音和光线的组合，创造出适合不同活动的环境，如工作、休息、阅读等。例如，在客人选

---

① 案例链接：https://mp.weixin.qq.com/s/yyZTYmleVFKH82XjaD_X7w

择使用工作区域时，系统会自动调整为明亮的光线，并播放有利于专注的音乐，提高工作效率。

（3）声音光线的逐步变化。设计声音和光线逐步变化的效果，渐进地引导客人从活跃状态逐渐进入放松状态，促进入眠。例如，在客人准备入睡时，系统会逐渐降低光线亮度，同时播放渐弱的海浪声，帮助客人平稳过渡到深度睡眠。

（4）个性化声音光线设置。根据客人的偏好和需求，提供个性化的声音和光线设置选项，让客人自行调整，增强他们的控制感。此外，客人可以根据自己的心情，选择不同的声音和光线组合，如选择轻快的音乐和柔和的光线来放松心情。

（5）声音光线与互动体验。创建与声音和光线互动的体验，例如，客人的声音可以触发特定的光线效果，增加房间的乐趣和趣味性。客人还可以通过语音指令调整光线亮度和声音大小，使他们能够更加便捷地打造自己喜欢的环境。

（三）虚拟静音体验

通过创新技术和设计手段，在客房内营造出虚拟的静谧环境，使客人能够在安静的氛围中享受舒适和放松。虚拟静音体验不仅可以减少外界噪声的干扰，还可以提升客人的心情愉悦感。以下是关于虚拟静音体验的创新举措。

（1）虚拟静音技术。利用先进的虚拟现实技术，为客人呈现出完全没有噪声的虚拟环境，通过视听刺激使客人感受到真实的安静氛围。例如，客人戴上虚拟现实眼镜，进入一处沙滩或森林的虚拟场景，同时耳机播放轻柔的海浪声或鸟鸣声，营造出宁静的感觉。

（2）智能噪声屏蔽系统。通过使用先进的声音识别和噪声屏蔽技术，系统能够实时检测客房内的噪声，然后通过扬声器播放出相应的反向声波，实现噪声的有效屏蔽。当外界噪声进入客房时，智能系统会自动发出与噪声相反的声波，将其抵消，让客房保持宁静。

（3）个性化静音设置。提供给客人不同类型的虚拟静音场景，以适应他们的喜好和需求，营造出理想的安静氛围。例如，客人可以在系统中选择进入图书馆、温泉、夜晚星空等虚拟场景，同时选择希望听到的自然声音，如翻书

声、温泉流水声等。

（4）心理放松引导。结合音乐、声音和图像，设计一套引导客人放松的虚拟体验，帮助他们减轻压力、放松身心。客人选择虚拟冥想体验，系统会播放轻柔的冥想音乐，同时呈现出宁静的自然景象，帮助客人进入放松状态。

这些创新策略将通过技术、设计和服务的融合，为客人打造出真正安静、宁静和舒适的客房环境，满足不同客人对静谧居住体验的需求，提升酒店的品牌价值和顾客满意度。

第三节　客房之"净"的经营与创新

在现代社会，人们对于舒适、安全、健康的住宿环境需求日益提升，其中卫生与清洁作为客房品质的重要组成部分，越来越受到酒店经营者和客人的重视，已然成为酒店业务中不可忽视的关键方面。随着全球卫生标准的提高以及疾病预防的紧迫性，酒店在确保客人健康和安全的同时，也面临着如何提供高质量的清洁环境的挑战。本节将探讨客房卫生与清洁的重要性，以及在如今不断创新的酒店经营环境中，如何运用新技术和方法来确保客房的清洁与卫生，以满足客人对优质住宿体验的追求。

一、客房之"净"的概念与重要性

客房之"净"是指酒店客房在各个方面保持高度的清洁、整洁、卫生和舒适的状态。这不仅包括表面的清洁，还涵盖了空气质量的优良，床品、卫生间和各种设施的卫生状况等。客房之"净"不仅是为了创造愉快的住宿环境，更是为了保障客人的健康和安全。通过提供干净整洁的客房，酒店可以提升客人的满意度、忠诚度，同时也增强酒店的品牌形象和竞争力。因此，客房之"净"是酒店经营中不可忽视的重要方面。以下是客房之"净"重要性的三个要点。

（一）为客人创造愉悦的住宿体验

客人选择入住酒店，期待的是拥有干净、整洁、舒适的空间，这可以带给他们宾至如归的感觉。一间清洁无尘、床品整洁的客房，不仅可以提供舒适的休息环境，还可以让客人远离日常烦忧，享受到宁静与放松。客房之"净"直接影响着客人住宿体验，而愉快的住宿体验会促使客人留下美好印象，增加再次入住的可能性，并有可能成为酒店的口碑传播者。

（二）维护酒店声誉和品牌形象

客房整洁程度和卫生状况直接关系到酒店的声誉和品牌形象。客人在住宿过程中，会通过客房的清洁程度来评判酒店的管理水平和服务质量。干净整洁的客房能够展现酒店的专业态度和用心经营，从而增强客人的信任感。相反，如果客房存在脏乱的问题，可能会导致客人的不满和负面评价，进而影响酒店的声誉，甚至引发消极口碑传播，对酒店业务造成损害。

（三）保障客人健康与安全

客房的卫生状况直接影响着客人的健康与安全。干净卫生的客房可以避免细菌、病毒和过敏原滋生，减少客人在酒店内感染疾病的风险。特别是在当前全球卫生形势下，保障客人的健康安全显得尤为重要。酒店通过定期清洁消毒、更换床品和设施的维护，可以为客人提供安全、卫生的住宿环境，让他们放心入住并享受旅程。

二、客房之"净"的目标

客房清洁卫生须做到以下方面。

（一）要做到"七无"

"七无"即无积尘、无六害、无杂物、无异味、无积水、无污渍、无卫生死角。保持客房的整洁与清爽，摒弃积尘和杂物，是给客人展现酒店良好卫生环境的第一步。消除六害，如蟑螂、苍蝇等害虫，也是酒店环境清洁的基本要求。此外，杜绝异味、积水和污渍，确保卫生死角得到彻底清理，更是客房清洁不可忽视的重要环节。

（二）要做到"六洁"

"六洁"即室内环境清洁，床上用品清洁，家具设备清洁，卫生间清洁，布草房、电工房、服务台清洁，员工个人卫生整洁。从室内环境到床上用品，从家具设备到卫生间，从布草房到电工房，以及员工个人卫生，每一个细节都

需要精心打理。只有这样，客人才能在这个"六洁"有序的环境中感受到真正的舒适与安心。

卫生清洁工作虽烦琐复杂，但对于提高客房产品质量，满足客人需求，具有不可替代的重要意义。在酒店的实际清洁卫生打扫过程中，保持客房之"净"要着重抓住以下方面。

1. 空　气

空气的洁净度直接影响客人的健康和舒适程度，是客房环境质量中最为重要的要素之一。空气质量受多种因素影响，包括通风不畅导致含氧量降低，使用含有有毒物质的建筑材料，吸烟产生的烟雾，以及其他室内活动等。因此，酒店管理者和服务人员必须高度重视这些因素对空气质量的影响，并定期进行监测，以保持空气质量处于最佳状态。

在进行监测的基础上，酒店还应注意以下问题：首先，确保空气洁净和新鲜，关键是加强通风和换气。众所周知，空调往往无法提供足够的新鲜空气和氧气，会导致室内二氧化碳浓度增加。此外，吸烟或其他原因产生的气味会被墙壁吸收，空调无法去除，因此，无论客房是否有客人入住，都应定期打开门窗，引入室外洁净的新鲜空气，将室内有害气体排出，这是维持室内空气新鲜的有效方法。某些酒店采取将门窗紧闭，然后使用空气清洁器或喷洒空气清洁剂的做法实际上是不健康和不科学的。其次，在绿化布置和装修材料的选择上，应尽可能减少花粉较多的植物，少采用易散落粉末或纤维的装修材料，以减少室内空气中的浮游粒子，提高空气的洁净度。最后，应在明显位置标志禁止吸烟标志，提醒客人遵守禁烟规定。这些措施将有助于确保客房的空气质量在高标准下维持稳定，为客人创造健康、舒适的住宿环境。

2. 洗衣房

大型酒店通常设有洗衣房，其主要任务是负责洗涤客人的衣物、床上用品和员工的制服，以确保客房的清洁卫生。从顾客的角度来看，他们最常接触的往往是床上用品，如床单、垫单、枕套等。如果这些布草不干净，必然会引起客人的投诉。因此，洗衣房必须高质高效地完成各项洗涤任务，确保酒店的经营活动顺利进行。

例如，为保证布草的洁白，洗衣房需要使用漂白粉等合适的洗涤剂。床单必须经过专业的烫机烫平，确保没有皱纹，这样才能展现整洁的"净"感。同时，洗衣房必须严格按照操作规程进行洗涤和熨烫，以防止布草上出现破洞等问题。除了床上用品需要每天更换（常住客可两天更换一次），其余客人可能直接接触的用品，如枕芯、毛毯、床罩和棉被等，虽然不需要每天更换，但也应制订相应的换洗计划，定期进行洗涤和消毒，确保客房的整洁与卫生。在这个过程中，洗衣房需要厉行节约，高效使用水和电，最大限度地降低洗涤费用，实现绿色环保型经营，为酒店的可持续发展做出贡献。

3.公共区域

客房卫生工作涵盖了客房的日常清扫、客房计划卫生，以及酒店公共区域的清洁保养等多个方面。这些工作不仅要求客房部做好客房的清洁卫生，还要保证酒店所有公共区域的清洁卫生，这些都是影响客人对酒店服务质量和水准评价的重要因素。出色的保洁工作不仅能创造良好的环境来吸引客人，同时还能够对设备进行有效的保养，以延长其使用年限。例如，一家清洁保养工作做得很好的酒店，公共区域的走廊地毯可持续使用十年之久，而清洁保养不善的酒店，房间地毯仅四年就需要更换。两者相比，给客人留下的印象和设施设备更换成本都相差甚远。

因此，为保证客房的质量，延长设备寿命，给客人留下良好印象，客房部的公共区域组（Public Area）应根据公共区域的各个部位以及它们的功能、使用频率和清洁工作量，制订一个科学、合理的周期性清洁计划。除了日常清扫（如除尘、地面保洁、卫生间清洁等），该计划还包括周期性清洁工作（如墙面的清洗、地毯的清洗、吊灯窗户的清洗、家具的打蜡等）。根据计划按步骤对公共区域进行全面、反复的清洁维护，保持公共环境的整洁有序，使其保持良好状态。同时，还要加强员工的培训，确保员工熟悉科学、合理的清洁程序和规范。只有这样，酒店客房的清洁保养工作才能达到专业水准，做到最好。专注于细节，坚持高标准，始终关注客人的需求和感受，才能真正将客房卫生工作做到尽善尽美，展现出酒店优质服务的品质和价值。

三、客房之"净"的创新方向

酒店业可以从多个角度提升客房的清洁度和卫生状况，为客人创造更优质

的住宿体验，从而提升酒店的竞争力和顾客满意度。以下是相关创新策略的具体内容。

（一）引入智能清洁机器人

智能清洁机器人的引入不仅减少了酒店的人力投入，还有效提高了清洁过程的质量和一致性。这些机器人可以精确地进行清洁，确保每个角落都得到适当的处理，从而提供更高标准的卫生水平。例如，它们可以在客人退房后迅速完成清洁工作，准备好迎接下一位入住的客人，同时确保房间始终保持洁净状态。此外，智能清洁机器人还可以在提高客人体验方面发挥积极作用。例如，一些机器人可以通过搭载语音助手功能，向客人提供有关酒店设施、附近景点等信息，提供更加个性化和便捷的服务。这种创新不仅提升了客人在酒店的舒适感受，还为酒店塑造了现代化、高科技的形象。然而，引入智能清洁机器人也需要克服一些挑战，例如如何确保机器人与人类员工协调合作，如何维护和管理这些高科技设备。因此，酒店需要制订合适的培训计划，以确保员工能够与智能机器人协调工作，并随时解决可能出现的技术问题。总体而言，智能清洁机器人的引入为酒店客房的干净和卫生注入了新的活力，提高了清洁效率和客人体验，是现代酒店业创新发展的一个重要方向（图2.11）。

图2.11　智能清洁机器人打扫酒店客房

（二）绿色环保清洁产品的应用

传统清洁产品可能含有化学物质和有害物质，对空气和水源造成污染，甚至可能对人类健康产生潜在风险。相比之下，绿色环保清洁产品采用天然成分，可生物降解，对环境更友好。例如，使用植物提取的清洁剂、无氨清洁剂等，不仅可以有效清洁客房，还能减少化学物质的排放，保护自然生态平衡。此外，绿色环保清洁产品的应用也能够提升客人的满意度和体验。随着越来越多的客人的环保意识提高，酒店更加关注住宿环境的可持续性。酒店使用绿色环保清洁产品向客人传递了一种积极的形象，使他们更有可能选择入住，并对酒店产生更好的印象，这也有助于提高顾客忠诚度和口碑传播。在经济层面上，引入绿色环保清洁产品可以降低成本和节约资源。尽管一些绿色清洁产品可能价格较高，但长期来看，它们的使用通常更加节约，因为它们更加浓缩，使用量更少。同时，减少对传统化学清洁剂的使用也可以降低清洁剂的采购成本。总的来说，绿色环保清洁产品的应用为酒店客房的清洁和卫生提供了一种可持续的解决方案，有助于保护环境、提升客人体验，并在经济层面上带来长期的益处。这种创新举措符合现代酒店业可持续发展的趋势，同时也为酒店树立了积极的社会形象。

（三）UV-C 紫外线消毒技术应用

UV-C 紫外线消毒技术的应用已成为一项前沿的创新措施。UV-C 紫外线消毒技术利用了紫外线在破坏微生物的 DNA 和 RNA 结构方面的特性，能够高效地杀灭细菌、病毒和其他病原体，从而提供了一种非常有效的清洁手段。UV-C 紫外线消毒技术在酒店客房中的应用可以迅速而彻底地消除潜在的病原体，从而提高客人入住的健康安全水平。例如，可以在客人退房后，使用 UV-C 紫外线消毒设备对客房内的床铺、家具、卫生间等进行全面消毒，确保下一位客人入住时享有洁净无菌的环境。此外，UV-C 紫外线消毒技术也可以用于对一些难以清洁的物品进行消毒，如遥控器、电话等。这些物品通常被频繁触摸，容易积累细菌和病毒，而 UV-C 紫外线消毒技术可以在短时间内高效地将其表面的病原体清除，减少交叉感染的风险。在经济层面上，UV-C 紫外线消毒技术的应用可以提高清洁效率，减少人工清洁所需的时间和努力。它可以迅速覆盖整个房间，并在短时间内完成消毒，从而节省出员工用于其他重要任务的时间。此外，由于 UV-C 紫外线消毒技术是一种非常有效的消毒方法，可以减少使用化学清洁剂的需求，从而降低清洁成本。但是，引入 UV-C 紫外线消毒技术也需要注意一些问题，例如，如何确保设备的操作和维护，以及如何保障员工和客人的安全。UV-C 紫外线在高剂量下可能对人体皮肤和眼

睛造成伤害，因此需要在使用时采取相应的防护措施。但总的来说，UV-C紫外线消毒技术的应用为酒店客房的清洁和卫生提供了一种高效、快捷的解决方案，有助于提升客人的健康安全体验，提高清洁效率。

（四）客房空气净化系统的安装

随着人们对健康和室内空气质量的关注增加，酒店业也越来越意识到为客人提供清新、洁净的室内空气的重要性。安装客房空气净化系统可以显著改善客房内的空气质量，降低空气中的颗粒物、异味、病菌等污染物浓度，为客人创造更加健康、舒适的居住环境。例如，在客房内安装高效的HEPA过滤器可以有效过滤空气中的细微颗粒物，如尘埃、花粉、病菌等，净化空气并减少过敏原的存在。此外，客房空气净化系统还可以有效消除室内异味，如烟草味、食物味等，为客人提供更加清新的入住体验。通过使用活性炭等材料，空气净化系统可以吸附和分解有害气体，提高室内空气的质量。在经济层面上，客房空气净化系统的安装可以提升酒店的竞争力和顾客满意度。越来越多的客人开始关注室内空气质量，他们愿意选择提供清新空气的酒店。因此，安装空气净化系统可以吸引更多的客人入住，并提高顾客的忠诚度。然而，客房空气净化系统的安装也需要注意一些问题。首先是系统的维护和管理，确保过滤器的定期更换和设备的正常运行。其次是如何平衡系统运行所需的能源消耗和环保考虑，以确保系统的可持续性。总的来说，客房空气净化系统的安装是一项有益的创新举措，有助于提升客房的环境质量，满足客人对健康和舒适的需求，提高酒店的竞争力和顾客满意度。通过提供清新、洁净的室内空气，酒店可以为客人打造更加宜人的居住环境。

（五）客人参与清洁卫生计划

传统上，酒店的清洁工作主要由员工完成，但如今越来越多的酒店开始鼓励客人积极参与和支持客房的清洁卫生工作，以共同创造更加洁净、舒适的入住环境。客人参与的清洁卫生计划可以从以下几个方面展开。

1. 环保意识的培养

在当今社会，环保已经成为一个全球性的议题，越来越多的人开始关注环境保护和可持续发展。酒店作为一个重要的服务行业，也应该积极参与环保事业，而培养客人的环保意识则是其中重要的一环。以下是一些可能的措施和实践，用于培养酒店客人的环保意识。

（1）信息传递和教育。酒店可以通过宣传册、电视画面、客房内的提示卡等方式，向客人传递环保知识和信息。例如，介绍酒店的环保举措，鼓励客人减少浪费，节约能源和水资源等。

（2）环保标识和认证。酒店可以引入环保标识和认证，如绿色酒店认证，以证明酒店在环保方面的努力和成就。这不仅可以提高客人对酒店环保意识的认知，还可以激发他们的积极参与。

（3）环保体验活动。酒店可以组织各种环保体验活动，如环保工作坊、义务清洁活动等。通过参与实际的环保行动，客人可以更深入地体验环保的重要性，从而培养环保意识。

（4）奖励和激励机制。酒店可以设立环保奖励和激励机制，为表现突出的客人提供奖励或特殊待遇。例如，为拒绝使用一次性洗漱用品的客人提供额外的积分或折扣。

（5）环保倡导活动。酒店可以与环保组织合作，举办环保倡导活动，如讲座、展览等，让客人了解环保的重要性和影响。

通过这些措施，酒店可以培养客人的环保意识，使他们在入住期间更加注重环保，从而推动环保理念的传播和实践，为可持续发展贡献一份力量。

2. 个性化清洁选择

个性化清洁选择指的是酒店为客人提供根据其需求和偏好量身定制的清洁服务。它不仅可以提高客人的满意度，还能够减少资源浪费和环境影响。以下是一些个性化清洁选择的实施方式。

（1）清洁时间选择。酒店可以为客人提供清洁时间的选择权，让客人在预订时指定何时希望房间进行清洁。有些客人可能希望在特定时间不受打扰，而有些客人可能更喜欢在外出时对房间进行清洁，以确保归来时房间干净整洁。

（2）清洁项目定制。酒店可以让客人根据个人需求选择清洁项目。例如，客人可以选择仅清洁浴室和更换毛巾，而不进行整体房间清洁，以减少资源消耗。

（3）清洁用品选择。酒店可以为客人提供不同类型的清洁用品选择，如绿色环保清洁用品或含有特定成分的清洁用品。客人可以根据自己的偏好选择清

洁用品，以确保符合其价值观和需求。

（4）床上用品替换。酒店可以根据客人的要求决定是否更换床上用品。有些客人可能希望在每次入住时都更换，而有些客人可能愿意多次入住时使用同一组床上用品。

（5）清洁频率选择。酒店可以让客人选择清洁的频率，例如每日清洁、隔日清洁或根据客人的要求清洁。这可以减少清洁人员的工作量，同时也为环保做出贡献。

【泉州华侨大厦的清洁之道】

泉州华侨大厦十分注重清洁与卫生，并且严格执行酒店清洁和客房用品消毒。为保障酒店用具的清洁与卫生，泉州华侨大厦专门设置杯具、茶具和塑料拖鞋两间消毒间（图2.12）。客人所使用的杯具和塑料拖鞋经过专门的化学消毒和物理消毒才能提供给客人使用。

图2.12　泉州华侨大厦消毒间

3. 奖励机制的引入

酒店经营中引入奖励机制时旨在激励客人积极参与环保和可持续发展的行动。通过为环保行为设置奖励，酒店可以增强客人的环保意识，促进他们的参与，并在一定程度上改变他们的行为习惯。以下是一些可能的方式，用于在酒店中引入奖励机制来培养客人的环保意识。

（1）积分奖励。酒店可以设置环保积分计划，客人在参与环保行为时获得积分，积分可以用于换取酒店内的服务或商品。例如，一家酒店可以设立环保积分计划，客人在入住期间可以通过多种环保行为获得积分，如节约用水用电、减少浪费、拒绝一次性洗漱用品等。积分可以用于兑换特定的环保奖励，如免费餐饮券、水疗（SPA）服务等。同时，酒店可以在大堂设立积分展示墙，展示客人的环保行为和获得的积分，以激励更多客人参与环保。

（2）特殊待遇。酒店可以为表现出色的环保客人提供特殊待遇，如升级客房、免费停车等。这样的待遇不仅可以增加客人的满意度，还可以激励其他客人效仿，从而形成良好的环保氛围。

（3）环保竞赛。酒店可以定期举办环保竞赛，鼓励客人提交自己在酒店内实施的环保举措，如拍摄照片或写下文字描述。获胜者可以获得奖金、礼品或其他奖励。同时，酒店还可以将这些环保行为的案例分享给其他客人，以激励更多人参与。

（4）捐赠慈善。酒店可以与慈善机构合作，将一部分环保积分或奖励用于捐赠环保项目，如植树造林、海洋保护等。客人可以选择将自己获得的奖励用于捐赠，从而实现环保行为的更大影响。通过引入奖励机制，酒店可以将环保意识融入客人的日常行为中，促进可持续发展，同时也提升酒店的形象和声誉。这种积极的互动不仅有助于环保事业，还可以为酒店带来更多的顾客忠诚和口碑。

4. 反馈机制的建立

当涉及酒店客房的经营和服务质量，建立有效的反馈机制是至关重要的。反馈机制旨在为客人提供一个渠道，让他们可以分享他们的体验、意见和建议，同时也为酒店提供改进和创新的机会。通过建立有效的反馈机制，酒店可以更好地了解客人的需求和期望，从而实现客房服务的持续改进和提升。以下是一些反馈机制的建立和实施方式。

（1）在线反馈平台。酒店官方网站或移动应用可以建立在线反馈平台，让客人随时提交他们的意见和建议。这种平台包括各种类型的反馈表单，让客人可以选择性地分享他们的体验和意见。

（2）客人满意度调查。酒店可以定期进行客人满意度调查，通过问卷调查的形式收集客人的反馈。调查内容可以涵盖客房的各个方面，如清洁程度、舒

适度、安静度等，以便酒店全面了解客人的评价。

（3）实时反馈设施。在客房内设置实时反馈设施，如智能终端或 QR 码，让客人可以随时扫码或输入意见，无须额外的步骤或时间。例如，一家酒店可以在每间客房内放置一张卡片，上面印有反馈的 QR 码和链接。客人可以使用自己的手机扫码或点击链接，进入一个简单的反馈页面，分享他们的入住体验、建议或意见。酒店可以定期查看收集到的反馈，分析客人的需求和意见，并根据反馈结果进行相应的改进和调整。

（4）员工沟通渠道。酒店可以培训员工成为良好的反馈接收者，并鼓励员工与客人进行开放性的交流。员工可以定期询问客人的意见，收集他们的反馈，并将其汇总上报给管理层。

（5）反馈奖励计划。酒店可以建立反馈奖励计划，鼓励客人积极参与反馈。例如，酒店可以提供折扣券、免费升级或其他福利，作为客人参与反馈的回报。

通过建立有效的反馈机制，酒店可以增强客人的参与感和归属感，同时也可以及时获取客人的反馈信息，以便做出具有针对性的改进和提升。这种双向的沟通和合作将有助于酒店不断优化客房服务，提高客人满意度，从而在市场竞争中取得更大的优势。

第四节　客房之"安"的经营与创新

随着旅游业的蓬勃发展和消费者对舒适安全的日益追求，酒店业界不断强调和创新客房的安全性与舒适性。客房安全不仅关乎酒店的品牌声誉和竞争力，更直接影响到顾客的满意度和忠诚度。在这个快节奏和信息高度透明的时代，酒店经营者必须对客房的各个层面进行精心设计和持续改进，以满足现代旅行者对安全和舒适的追求，从而在激烈的市场竞争中脱颖而出。

一、客房安全的概念与重要性

客房安全的概念是指在酒店或宾馆等住宿场所内，采取一系列的措施和管理手段，以确保客人在居住期间的人身和财产安全，提供安全、舒适的居住环境。这涉及对潜在风险的预防、识别和控制，包括但不限于火灾、盗窃、意外伤害、食品安全、电气设备安全、家具装饰安全、个人信息保护等方面。客房安全的目标是保障客人的生命安全和财产安全，同时提供安心、愉快的住宿体验，增强客人对住宿场所的信任感，促进酒店的持续经营和良好的声誉。

客房安全的重要性不仅涉及保障客人的人身和财产安全，同时也直接影响着酒店的服务品质和声誉。通过提供安全可靠的住宿环境，酒店能够增强客人的满意度、信任感，并促进回头客和积极口碑的传播。维护客房安全不仅是一项基本责任，也是酒店经营中不可或缺的重要环节，对于酒店的长期发展和成功至关重要。其具体内容如下。

（一）人身安全保障

客房安全在保障客人的人身安全方面具有重要性。住宿场所是客人休息和居住的地方，而在陌生的环境中，客人可能面临诸如盗窃、抢劫、人身攻击等潜在风险。通过设施设备的安全性改进、有效的门锁系统、安全巡逻等手段，酒店可以为客人提供安全可靠的居住环境，减少不必要的风险，增强客人的满意度和信任感。

（二）财产安全维护

客房安全也涉及客人的财产安全。在旅途中，客人通常会携带贵重物品和个人物品，如现金、手机、电脑等。酒店应提供安全的保险箱、安全储存空间等设施，帮助客人保护他们的财产免受损失或失窃。同时，有效的安全管理和监控系统可以预防不法分子的入侵，保护客人的财物免受侵害。

（三）服务品质与声誉维护

客房安全直接关系到酒店的服务品质和声誉。若客人在住宿期间遭遇安全问题，不仅会影响他们的满意度，还可能在社交媒体和口碑传播中对酒店造成负面影响。相反，通过注重客房安全，酒店能够提供安心、愉快的住宿体验，增强客人对酒店的信任感，促进回头客和口碑传播，进而提升酒店的声誉和竞争力。

二、客房安全的组成要素

（一）物理安全保障

1. 智能门锁技术

智能门锁技术采用了先进的加密技术，如指纹识别、密码锁和近场通信（NFC），大大增强了客房的安全性。客人可以使用个人的生物特征或密码来解锁房门，减少了传统金属钥匙丢失或被复制的风险，有效防止了非法入侵事件的发生。酒店选择可靠的智能门锁系统，采用指纹、密码、射频识别（RFID）等多重认证方式，确保只有合法入住者能够进入客房。此外，酒店需要定期维护和更新门锁系统，避免安全漏洞。

2. 火灾预防与逃生计划

酒店应该采取一系列预防火灾的措施，如定期检查电线电气设备、确保火源隔离、设置灭火器材、建立无烟区等，并在客房内设置可靠的烟雾探测器和火灾报警器，与酒店的中央火警系统相连接。为每个客房制订详细的火灾逃生计划，标明逃生路线、灭火器位置等信息，确保客人在火灾发生时能够迅速安全撤离。此外，酒店与当地消防部门建立合作关系，定期进行消防演习和检查，确保酒店的火灾预防措施符合法规要求，并能够及时获得专业支持。

（二）数字化安全与隐私保护

1. 网络安全

随着信息技术的不断发展，酒店业日益依赖于网络系统来支持各项业务活动，从客房预订和在线支付，到顾客关系管理和内部沟通，网络已经成为酒店管理不可或缺的一部分。然而，与之相伴而来的是网络安全威胁的不断增加，如数据泄露、黑客攻击和恶意软件感染等，这使得酒店必须高度重视网络安全问题，采用强密码保护 Wi-Fi 网络，定期更新网络设备的固件和软件，以防止网络攻击和黑客入侵。提供虚拟专用网络（VPN）服务，确保客人在使用公共 Wi-Fi 时的数据安全。

2. 个人信息保护

在数字化时代，个人信息保护已经成为各行各业不可或缺的议题，尤其在酒店业这样直接涉及客人隐私的领域更显重要。个人信息保护不仅关系到客人的隐私权利，也直接关系到酒店的声誉和合规性。酒店业中对于个人信息保护主要采用适当的信息安全技术，如加密、身份验证和访问控制，来保护客人个人信息的安全。同时，定期进行安全漏洞扫描和风险评估，以及应急响应演练，确保在安全事件发生时能够迅速应对。建立隐私政策，明确客人信息的使用范围和目的，避免未经授权的访问和滥用。如果酒店需要收集必要的客人个人信息，应明确告知客人信息的用途。个人信息只应在达到特定目的的情况下使用，且应经过客人的明确同意。

【万豪国际酒店集团个人信息安全案例】

2018 年，万豪国际酒店集团旗下酒店的客人个人信息遭受了数据泄露，包括姓名、电话、护照号码和信用卡信息等敏感信息。这次数据泄露事件涉及近 500 万名客人，其中一些客人的密码和信用卡安全码也被泄露。此次泄露事件发生后，英国数据隐私监管机构曾宣布，万豪酒店将因违反欧盟《通用数据保护条例》（GDPR）被罚款近 9900 万英镑。同时，由于部分顾客对万豪酒店信息泄露不满，亦曾提起诉讼并索赔 125 亿美元。此次泄露事件突出了万豪国际酒店的管理缺陷问题，这不仅影响万豪国际酒店的形象和声誉，还使其流失了一大批常住顾客。这一事件揭示了酒店行业在保护客人个人信息方面存在的严重问题，客人的个人信息安全也成为酒店经营中不可忽视的重要问题，酒店做好信息安全防护工作刻不容缓[①]。

（三）卫生与清洁安全

1.卫生标准与消毒

卫生标准与消毒是酒店经营中不可忽视的关键要素。在当前全球卫生形势下，酒店必须严格遵守卫生标准和执行消毒措施，以确保客房和公共区域的清洁与安全。具体内容包括：制定严格的客房卫生清洁流程，包括表面擦拭、地面清洁、床上用品更换等；使用医院级别的消毒剂，特别是在疫情期间，保持高频次的消毒；建立定期监测卫生状况的机制，通过实施卫生抽查和顾客满意

---

① 案例链接：https://www.dongchayan.com/dongtaizhognxin/6172.html

度调查等方式，了解客人和员工对卫生标准的感知和反馈。

2. 食品安全

食品安全直接关系到客人的健康和满意度。在酒店提供餐饮服务的过程中，确保食品的安全、卫生和质量是保障客人健康的首要任务。如果提供客房送餐服务，应确保食品的来源合法、储存条件适宜、配送过程卫生；建立食品安全标准，对厨房和食品供应链进行监管。此外，建立应急处理和危机管理机制，以应对突发食品安全事件。一旦发现食品污染或其他安全问题，酒店应立即采取措施，隔离问题批次的食品，通知相关部门进行调查和处理。

（四）设施与设备安全

1. 电气安全

电气安全是酒店业中至关重要的一个方面，直接关系到客人和员工的生命安全以及酒店的正常运营。酒店在提供舒适和便利的住宿体验的同时，也必须保证电气设施的安全可靠。如电气设备进行维护和巡检，确保设备的正常运行和安全性。这包括电线、插座、开关、照明设备、电器插头等的检查，以及电气线路的定期检测和维修，避免电器火灾风险。定期进行电气应急演练，培训员工如何在电气故障或火灾发生时迅速采取适当的应对措施，确保客人和员工的安全。同时，准备备用发电设备也是重要的，以确保在电力中断时酒店的正常运营。

2. 家具与装饰安全

酒店作为提供舒适和安全住宿环境的场所，必须确保所使用的家具和装饰材料符合相关安全标准，并采取一系列措施来预防潜在的安全风险。具体包括在选择家具和装饰材料时，酒店应优先考虑环保、无毒、无害的材料，避免使用有害物质。同时，确保所选材料符合相关安全认证标准，如市场监管总局发布的安全技术规范等，以保证材料的安全性。家具设计应考虑使用者的安全，避免尖锐边角、易碎部件等可能造成伤害的设计。家具的稳定性也是重要的，特别是对于儿童和老年人等易受伤害的群体，酒店应确保家具的牢固性，防止翻倒和滑动等事故。酒店的装饰布局应考虑到逃生通道的畅通，避免过于拥挤或阻塞。此外，装饰材料应具备一定的阻燃性能，减少火灾蔓延的风险，确保客人和员工的安全。

（五）人员安全教育

1. 员工培训

在竞争激烈的酒店市场中，通过有效的员工培训，酒店可以获得一系列战略性和运营性的优势。员工培训包括安全意识的培养和应急准备的训练。具体内容包括学习如何更好地与客人沟通、提供个性化的服务，解决问题和应对突发情况，从而提升顾客的入住体验。此外，员工还需要了解火灾、紧急医疗情况等的处理方法，掌握逃生和救援技能，确保客人和员工的安全。酒店应强化团队合作意识，帮助不同部门的员工了解彼此的工作和职责，提升沟通和协作效率。

2. 客人安全提示

为确保客人在酒店内的安全与舒适体验，酒店应当积极提供详尽的客人安全提示，以引导客人在不熟悉的环境中正确应对潜在的风险和紧急情况。如在客房内设置安全提示卡片，包括火灾逃生路线图、紧急联系电话、医疗急救等信息。向客人介绍酒店的安全设施和紧急救援流程。提醒客人注意防盗和个人安全，在离开房间时关闭窗户、锁好门，不要将贵重物品暴露在房间内。规劝客人在夜间避免单独外出，尤其是不熟悉的环境中。为客人提供针对自然灾害（如地震、台风等）和紧急情况的安全提示，包括避难地点、求助途径等等。

三、客房安全的创新举措

客房安全的创新举措可以为客房营造更安全的环境，将客房打造成为安全、舒适和令人满意的居住空间，为客人带来无忧的住宿体验。以下几个方面可作为客房安全创新举措的重要方向。

（一）智能监控与预警系统的应用

智能监控与预警系统的应用在客房安全领域具有重要意义。随着科技的不断进步，酒店业也在不断探索和采用先进的智能技术来增强客房的安全性。具体方向如下。

（1）人工智能与图像识别技术的融合。随着人工智能和图像识别技术的不断进步，酒店可以将这些技术应用于智能监控系统中。通过深度学习算法，系统能够识别出更多复杂的场景和动态，如人员行为、面部识别等。这为酒店提

供了更精准和智能的监控能力，有助于防范各种潜在的安全威胁。

（2）多传感器数据融合。创新的智能监控系统不仅依赖于摄像头，还可以结合其他传感器数据，如声音、温度、湿度等，进行综合分析。例如，系统可以通过声音识别技术检测到异常噪声或突发事件，进而发出警报。多传感器数据的融合可以提供更全面的监控覆盖，增强酒店客房的安全性。

（3）可穿戴设备与智能家居连接。部分酒店开始探索将智能监控系统与客人的可穿戴设备或智能家居设备进行连接。客人可以通过手机、手表等设备随时监控自己的客房状态，并接收实时警报。这种个人化的监控方式不仅增加了客人的参与感，还提升了客房的安全感。

（4）区块链技术的应用。区块链技术被应用于智能监控系统，可以保证监控数据的安全性和真实性。所有的监控记录都被记录在不可篡改的区块链上，能够确保数据的可信度，防止数据被恶意篡改或删除。

（5）虚拟现实与增强现实。酒店开始探索将虚拟现实（VR）和增强现实（AR）技术与智能监控系统相结合。这些技术可以为安保人员提供更直观、沉浸式的监控体验，帮助他们准确地识别和应对安全事件。

（二）生物识别技术的应用

生物识别技术在酒店领域的应用正处于快速发展的阶段，许多创新举措正在不断涌现，以提升客房安全和服务体验。以下是一些前沿的创新举措。

（1）指纹识别门锁。一些酒店已采用指纹识别技术作为客房门锁的解锁方式。客人只须将指纹与其房间关联，便可实现无钥匙进入客房。这种方式不仅方便，还能有效避免钥匙丢失或被盗的安全隐患。

（2）面部识别登记入住。部分酒店引入面部识别技术，使客人在入住时无须填写烦琐的登记表格，只须通过面部扫描完成入住手续。这不仅提升了办理入住的效率，还增强了客人的隐私保护（图2.13）。

（3）声音识别助理。一些酒店将声音识别技术应用于客房助理，允许客人通过语音命令来控制客房设备，如调整温度、打开窗帘等。这种智能化的交互方式提升了客人的舒适度和操作的便利性（图2.14）。

（4）虹膜扫描安全箱。虹膜扫描技术可以应用于客房内的安全箱，确保只有授权的客人可以打开安全箱。这种高度安全的识别方式防止了贵重物品被未经授权的人员获得。

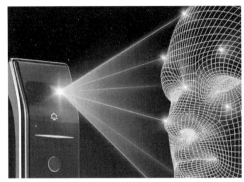

图 2.13 面部识别登记入住客房

图 2.14 客房声音识别助理

（5）健康检测。一些酒店开始尝试利用生物识别技术来进行健康检测。例如，通过手掌纹理识别来检测客人的体温或健康状况，以提供更安全的住宿环境。

（三）个性化安全定制服务

个性化安全定制服务在酒店业正日益受到重视，随着技术的发展和顾客需求的变化，个性化安全定制服务措施不断涌现，致力于为客人提供更加个性化、安全可靠的住宿体验。具体方向如下。

（1）智能安全提醒。酒店可以利用智能技术，根据客人的偏好和行为习惯，提供个性化的安全提醒和建议。例如，针对老年客人，系统可以自动提醒他们锁好房门、关闭水龙头等，确保他们的安全。

（2）个性化房间设置。根据客人的需求和喜好，个性化设置客房的安全设备和环境。例如，客人可以通过手机应用调整门锁设置，设置适合自己的进出方式；或者根据偏好调整房间的照明和温度，以提供更加舒适和安全的居住环境。

（3）智能紧急呼叫。部分酒店引入智能紧急呼叫系统，允许客人在紧急情况下通过手机或房间设备发起呼叫。系统可以快速定位客人所在位置，并与酒店安全人员协调，确保客人的安全。

（4）个性化安全指南。酒店可以为客人提供个性化的安全指南，根据客人

的住宿目的和活动计划,提供具有针对性的安全建议和注意事项。例如,对于商务客人,可提供关于会议场所安全和网络安全的指导。

(5)定制化安全巡查。部分高端酒店可以提供定制化的安全巡查服务,根据客人的需求,安排专业安全人员定时巡查客房和周边环境,确保客人的安全。

(6)个人安全助理。一些酒店引入虚拟助理或机器人,专门负责客人的安全需求。客人可以通过语音或文字与助理进行互动,获取关于安全的信息、建议和帮助。

(四)绿色环保材料与设计

绿色环保材料与设计旨在减少环境影响、提高资源利用效率,并为客人提供更加健康、舒适的入住体验。以下是绿色环保材料与设计创新举措的参考方向。

(1)可再生能源利用。酒店可以引入太阳能、风能等可再生能源系统,用于供暖、供电和照明,降低对传统能源的依赖,减少碳排放。

(2)节能智能控制系统。借助智能控制技术,酒店可以实现自动化的能源管理,根据房间的使用情况智能调控温度、照明和电气设备,达到节能减排的目的。

(3)环保建筑材料。选择环保的建筑材料,如低挥发性有机化合物(VOC)涂料、可回收的材料、快生长木材等,降低对自然资源的损耗和环境污染,同时保护客人的身体健康。

(4)可持续水资源管理。引入水资源节约技术,如雨水收集系统、高效节水设备,以减少酒店的水耗,提高水资源的可持续利用率。

(5)垃圾分类与回收。设置垃圾分类站点,鼓励员工和客人进行垃圾分类,同时与当地的回收机构合作,将可回收材料进行有效回收再利用。

(6)生态景观设计。在酒店的外部空间进行生态景观设计,选择本地植物、引入雨水花园等,以提高绿化覆盖率,改善空气质量和生态环境。

(7)绿色供应链管理。与环保供应商合作,选择符合环保标准的产品,如有机洗涤用品、可降解的包装材料等,以推动绿色供应链的建设。

（五）紧急事件应急计划的创新

创新紧急事件应急计划能使酒店更高效、迅速地应对紧急情况，保障员工和客人的安全。同时，也有助于提升酒店的应急能力和形象，增强客人的信任和满意度。以下是紧急事件应急计划创新的具体内容。

（1）智能预警系统。酒店可以引入智能监测设备，如地震、火灾、气象等传感器，实时监测周边环境，一旦检测到紧急事件，系统会自动触发预警，提醒酒店员工和客人采取相应措施。

（2）虚拟紧急演练。利用虚拟现实技术进行紧急事件演练，让酒店员工和客人可以在虚拟环境中模拟各种紧急情况，锻炼应急反应和处理能力，以提高实际紧急事件的处置效率。

（3）智能逃生导航。酒店可以在客房和公共区域设置智能逃生导航系统，通过 AR 技术为客人提供实时的逃生路线和指引，帮助他们迅速、安全地离开危险区域。

（4）紧急信息推送。酒店可以利用移动应用或短信平台，实时向客人发送紧急事件信息、安全指南和逃生指示，确保客人能够及时了解和采取行动。

（5）紧急事件智能分析。引入大数据和人工智能技术，对历史紧急事件数据进行分析，预测可能发生的紧急事件类型和时间，从而更好地制订应急计划和资源调配。

（6）紧急事件演练游戏化。利用游戏化的方式进行紧急事件演练，鼓励员工和客人参与，增加培训的趣味性和参与度，提升应对紧急事件的准备和应对能力。

■ 本章小结

本章深入探讨了酒店客房经营的四个关键方面：客房之"暖"的经营与创新、客房之"静"的经营与创新、客房之"净"的经营与创新，以及客房之"安"的经营与创新，旨在为酒店业者提供全面的指导和启发。

第一节介绍了客房之"暖"的经营与创新。主要内容包括客房之"暖"的概念与重要性，酒店可以通过优化客房环境、贴心配置客房用品、

个性化服务等方面进行经营和创新，来营造客人的舒适感和归属感，让客人感受到无微不至的关怀和关注。

第二节探讨了客房之"静"的经营与创新。主要内容包括客房之"静"的概念与重要性，阐述客房环境嘈杂原因，总结客房之"静"的设计举措，提出客房之"静"的创新方向。酒店可以通过智能科技的应用、声音与光线的交互设计、虚拟静音体验等创新策略，营造出安静的客房环境，满足客人对放松和休息的需求。

第三节聚焦于客房之"净"的经营与创新。主要内容包括客房之"净"的概念与重要性，阐述客房之"净"的目标，提出引入智能清洁机器人、推广绿色环保清洁产品、应用 UV-C 紫外线消毒技术、安装客房空气净化系统、客人参与清洁卫生计划等创新策略，致力于创造干净、舒适的客房环境，进一步加强客人与酒店之间的互动与合作。

第四节关注了客房之"安"的经营与创新。主要内容包括客房之"安"的概念与重要性，说明客房安全的要素组成，提出酒店可以通过应用智能监控与预警系统、生物识别技术、定制个性化安全服务、设计绿色环保材料、创新紧急事件应急计划等措施，为客人提供安全、可靠的客房环境，让客人能够放心入住。

综上所述，本章内容从多个角度深入探讨了酒店客房经营的策略与创新，强调了温暖、安静、干净和安全等方面的重要性。通过创新的方法和实践措施，希望酒店可以打造出独特的客房体验，满足客人不断提升的期望，增强酒店的竞争力，实现可持续发展。

第三章

酒店餐饮经营策略与创新

　　酒店餐饮部是为宾客提供食品、饮料和优质服务的部门，其生产和销售的产品主要包括两大组成部分：其一是实物产品，即有形的菜点及酒水；其二是无形的人员服务和环境氛围。前者主要满足的是前来就餐的顾客生理和物质上的需要，后者更侧重于满足顾客心理和精神上的需要。二者的完美结合才能构成一次满意的甚至是难忘的用餐经历和体验。

　　众所周知，顾客到酒店的餐厅消费，除了要购买食品、菜肴、酒类、饮料等餐饮实物本身以外，更多的是要领略餐饮实物所特有的色、香、味、意、形、养，接受餐厅服务员的服务，体验该餐厅的环境、气氛，以满足生理上、感官上和心理上不同程度的需求。现代化的设施与高质量的实物产品是餐饮经营提供优质服务的物质基础，很难想象一家没有特色菜肴以及冷暖气设施的餐厅能使顾客感到舒适满意。但它们并不能替代劳务服务，要满足顾客的诸多需求，必须依靠出色的服务态度、服务技术和服务技艺。如设施设备只有通过服务员的劳务活动才能发挥它们的作用，高质量的菜点更要依靠厨师们的高超手艺才能得以实现。有人曾说过："尽管优良的服务并不能掩盖或者完全弥补差强人意的餐饮食物所造成的不足，但粗劣的服务却肯定会使一顿本来十分称心的餐饮变得索然无味。"除此之外，环境气氛也是影响顾客满意度的一个重要经营因素。宜人的环境气氛能增进顾客进餐时的愉悦，从而产生美好的印象。综上所述，为了迎合顾客的需求、增加餐饮的收入，必须通过实物产品、设备设施、劳务服务、环境氛围4个方面品质与数量的最佳结合，来实现餐饮经营的最终目标。因此，本章将重点从实物产品、设备设施、劳务服务、环境氛围

4 个方面重点阐述酒店餐饮经营策略与创新。

第一节　高质量的实物产品

实物产品是餐饮经营的前提与基础，没有高质量的实物产品，即使环境再优美，设施再先进，也无法获得顾客的满意。文化和旅游部发布的《2022 年第四季度全国星级旅游饭店统计调查报告》显示，2022 年第四季度全国星级饭店营业收入总额为 28417 亿元，餐饮收入占 40.17%，客房收入占 39.81%。餐饮收入仍旧是酒店收入的重要组成部分。顾客消费特征显示，纯粹为菜肴质量消费的顾客占到了 95%，因此，正如商界的至理名言"质量是企业的生命"一样，菜品的质量也是餐饮经营的生命。然而，目前却存在着一种令人担忧的现象：许多酒店经营餐饮时不在追求菜品质量提高方面下功夫，而是一味地进行价格竞争。这种现象不但无法扭转餐饮经营不力的局面，反而会加重企业的负担。因此，餐饮经营要想取得成功，必须要重视菜品的开发和创新，在菜品质量上大做文章，多下功夫。

菜品质量是指餐饮销售的菜品能满足顾客生理及心理需要的各种特性的总和。顾客对菜品质量的评定，一般是根据以往的经历和经验，结合菜品质量的内在要素，通过嗅觉、视觉、听觉、味觉和触觉等感官鉴定得出的。精美的菜品可引发顾客消费动机，使顾客产生强烈的食欲与消费欲望。它不仅能满足餐饮消费者的生理需求，而且还能使消费者产生美感，得到精神上的享受。

例如，有两种菜肴摆在人们面前，一盘是色彩、味道、造型等都一般的菜，而另一盘则是色彩搭配协调、味道鲜美、造型精巧的名菜。即使两盘菜的原料是相同的，也会引起人们不同的感觉，并产生不同的心理效果。前者作为其中的一个刺激物远不如后者的刺激物作用大。后者通过人的视觉、嗅觉、味觉等几方面引起人们的兴趣和注意，从而形成较为强烈的兴奋中心，并引起强烈的反射活动（见图 3.1）。

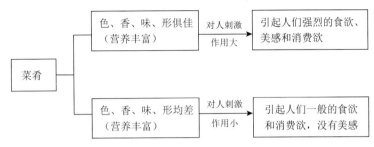

图 3.1 不同菜肴对顾客造成的不同影响

以上两类菜肴所引起的不同食欲和消费购买欲说明了实物产品质量的重要性，它对人们的就餐心理起着重要的作用。因此，要想提供高质量的实物产品就必须要做好以下几个方面。

一、色：食品的颜色

一桌精美的食品，首先映入眼帘的便是食品的色彩和形状。视觉对色彩的反应要比对形状的反应快一些。因此，食品的颜色是吸引顾客的第一感官指标，许多顾客往往通过视觉对食品的优劣进行初步判断，它具有先入为主的特点，能给顾客留下第一印象，并对顾客的心理产生直接的作用。例如，在一次午餐会上，心理学家做了一个有趣的实验：他们把牛排制成白色的沙拉，把咖啡泡成土黄色，芹菜染成不高雅的淡红色，牛奶弄成血红，豌豆做得如同黑色的鱼子酱。当满怀喜悦前来就餐的顾客见到这个场面时，不仅情绪一落千丈，而且目瞪口呆。有的迟疑不前，有的勉强吃了几口，也恶心地呕吐。这种反常的食物使大多数人倒了胃口。然而，同样一桌午餐则被那些蒙着眼睛的顾客吃得精光，并且赞不绝口。这一实验说明，由色彩产生的联想具有很强的心理作用，它影响着人们就餐的好恶情绪。

那么如何才能使菜肴色彩搭配得当、诱人食欲呢？总结经验而言，可以用"本、加、配、缀、润"五个字概括。

（1）本。指在烹调中充分利用原材料天然的色与形，这是烹调中应用最广泛的配色方法。如用白菜、西米、白扁豆、白菊花、白萝卜、银耳、熟蛋白、豆芽、肥膘肉等原料的白色，用火腿、香肠、红辣椒、精瘦肉、胡萝卜、西红

柿等原料的红色，用蒜苗、韭菜、菠菜、青椒、豌豆苗、青豆、青葱、芹菜等原料的绿色，用韭黄、金钱菜、生姜、熟蛋黄、冬笋、黄菊花等原料的黄色，用紫菜、冬菇、黑木耳、海参、黑芝麻等原料的黑色，进行天然调色。例如，起源于南宋吴中的名菜"玲珑牡丹鲊"，便是用青鱼片拼成了一朵牡丹花形，上笼蒸后鱼片呈微红色，像朵盛开的牡丹花，这就是充分运用本色原料做出的著名菜肴。

（2）加。指在烹调中对一些本身色泽不太鲜艳的原料，通过加入适当的佐料或人工合成色素，使菜肴的色彩鲜明。如粤菜中的"咕咾肉"，把里脊肉炸成金黄色后，浇上一层鲜红的山楂糖汁，不仅味美，而且具有透红的艳丽色泽，诱人食欲。常用人工合成色素有苋菜红、胭脂红、柠檬黄、青靛蓝、日落黄等五种。不过，在实际烹调时，应严格按照国家规定标准执行（苋菜红和胭脂红不得超过万分之零点五，柠檬黄和靛蓝不得超过万分之一），以保证食品安全和身体健康。

（3）配。指在烹调过程中，将几种不同色泽的原料配在同一菜肴中，让其相互衬托增色。一般采用顺色配和逆色配两种方法。顺色配只限于暖色和中性色，如暖色调的红色（大红、金红、玫瑰红）、黄色（金黄、乳黄、橙黄、鹅黄），中性色中的绿色（深绿、翠绿、草绿、墨绿）等。这里要说明的是，近色不能互配，如红辣椒与西红柿、黄花与鸡蛋黄、青椒与蚕豆瓣，反正在红黄绿三色中任意选两种互配才会表现出鲜明、生动、清爽、雅致的色调来。例如翡翠口蘑（翠绿色豆瓣与乳黄口蘑）、香椿炒鸡蛋（墨绿色香椿与鹅黄色鸡蛋）、菠萝鸭片（橙黄的菠萝与酱红色的烤鸭片重叠相间）。逆色调即暖色调或中性色调与冷色调互配，这样的配色常常给人以节奏感，跳跃起伏，色彩的反差大，更富有视觉冲击力，也更有韵味。如黑与白的香菇鸡丝、红与黑的红油海参、红与绿的锅贴螃蟹等。"配"不仅要讲究菜肴本身的衬托，而且还要注重与外界环境的配合。比如利用灯光来使菜肴增色。将辅助光源（如射灯）照射在菜肴上，可以起到两个基本作用：保温和增色。所谓保温，可以对热菜或点心起到防冷及增脆的作用；所谓增色，即不同光谱的灯光可以给不同色彩的菜肴增添色彩，增加美感。如果再配以一定的烟雾效果等，更能够增进菜肴的色、香、味功能。

（4）缀。就是菜肴点缀的艺术美、形态美。虽然菜肴的色彩和造型至关重要，但也不可忽视菜肴点缀和围边的作用。在一般情况下，都是通过上述这两种装饰方式来体现菜肴的形态美。点缀与围边既可以美化菜肴，又省时省料，是比较实用的装饰方法。菜肴的点缀与围边，是吸取了西餐菜肴的装饰手法：其一，中餐菜肴点缀与围边的原料多是可食性的，并具有调剂口味的作用；其二，合理营养搭配，因点缀与围边的原料多属植物性原料，而它所装饰的菜肴则多是动物性原料；其三，点缀与围边因菜而异，一些以刀工成形的菜肴，无需任何装饰，同样给人以美的享受。例如"芙蓉鸡片"（以鸡肉的白色为基调，再配一些绿色的蔬菜，就可以把鸡片的白色烘托陪衬得更加突出）、"锦绣鱼丝"等。菜肴本身就具有配料色彩和刀工技艺的美，如果再把它加以装饰，反而会使人产生太花哨、不实在的感觉。所以，应本着"既好看，又好吃"的原则烹制菜肴。这种方法若运用得当，可以起到画龙点睛的效果。如鲁菜的"炒虾片"，如果不对它进行点缀美化，它不过是一盘较好的普通菜肴，而如果在烹制时给它配上几片小菜心、盘边点缀几朵鲜花，效果就会截然不同了。洁白如雪的虾片，衬着几点碧绿的菜心，在色彩上有了鲜明的对比，再加盘边所饰的鲜花，真有"万绿丛中一点红，白雪之中春意浓"的趣味。通过这简单的点缀，既省时省料，又能提高菜肴的观赏价值，何乐而不为呢？上述菜肴实例还有许多，如"扒鱼脯""油爆鱼芹"等。若点缀上几片小菜心或在盘边处点缀上两片绿色的蔬菜叶或鲜花，就可以改变菜肴整体视觉效果。虽然点缀所用之料微小，在菜肴中处于附属地位，但是它却有加深整体菜肴的意境之美和画龙点睛的作用。值得注意的是，装盘的点缀，无论中菜、西菜，一般都以素菜作为烘托，不要喧宾夺主，要突出主菜本身。点缀的素菜，要在品种和形式上多变化，不要都是萝卜花、香菜叶、黄瓜环。

（5）润。其表现手法有两种：其一，是在菜品上增加适量的调料润色后，能使原来的色彩更加夺目，如在白斩鸡上涂层麻油、放上几根香菜；其二，是以盛器润色菜肴，如平时做的珍珠丸子、熘鱼丁，菜是白色的，若再用白色或接近白色的瓷盘来盛装，则给人以单调的感觉，如果配以青瓷盘，就能衬托出菜肴晶莹纯白的色泽，给人以清新之感。盛装时还应注意到整个菜肴的色和形的和谐美观，运用盛装技术把原料在盘中排列成适当的形状，同时注意主辅料

的配合，使菜肴在盘中色彩鲜艳、形态美观。例如红烧肚裆（青鱼腹部）平行整齐排列；又如南乳肉应装在盘子的正中，四周或两头用绿叶菜围边，使色泽更加鲜艳（应先围边，再盛装主菜）。

二、香：食品的香气

餐饮食品的香气，是指菜肴飘逸出的芳香，虽然无形，但是人们通过鼻腔上部的嗅觉神经能够直接感觉到。以对人的感觉作用先后而言，菜品外观可能最先映入眼帘，也可能是外观与气味同时被人感知。更有不少情况是气味首先诱发人们的食欲，因此香气对于增加顾客进餐时的快感有着重要的作用。例如，福建名菜"佛跳墙"，有诗形容"坛启荤香飘四邻，佛闻弃禅跳墙来"，也正是说明首先是由菜肴的香诱使墙外的佛祖破戒而至。传说中的"叫花鸡"，是由一个叫花子发明的。有一个叫花子在山脚下得到一只鸡，因没有锅灶，只得杀了取出内脏，用泥土包上放在柴火中烤熟，待剥泥壳时，香气飘逸四散，路人闻其香围观，从此演变成后世传统名菜。

从嗅觉对餐饮消费心理的作用来看，菜品的气味应该是芳香浓郁、清新隽永、诱人食欲、催人下箸的。当人嗅到这种香气时，不仅可以诱发人们的食欲，而且往往能引起对过去人生经历的回忆。在餐饮经营过程中，应该注意以下几个方面。

（1）借香。如果原料本身无香味，亦无异味，要烹制出香味，便只能"借香"。如海参、鲍鱼、燕窝、鱼翅等诸多干货，在初加工时，历经油发、水煮、反复漂洗，虽本身营养丰富，但其所具有的挥发性香味基质甚微，故均寡而无味。此类菜肴的香味便只有从其他原料或调味香料中去借。借的方法一般有两种：一是用具有挥发性的辛香料炝锅；二是与禽、肉类（或其鲜汤）共同加热。具体操作时，有经验的厨师常将两种方法结合使用，可使香味更加浓郁。

（2）合香。原料本身虽有香味基质，但含量不足或单一，便可与其他原料或调料合烹，此为"合香"。例如，烹制动物性原料，常要加入适量的植物性原料。这样做，不仅在营养互补方面很有益处，而且还可以使各种香味基质在加热过程中熔融，散发出更丰富的复合香味。动物性原料中的肉鲜味挥发基质肌苷酸、谷氨酸等与植物性原料中的鲜味主体谷氨酸、一磷酸腺苷等，在加热时一起迅速分解，在挥发中产生凝集，形成具有复合香味的聚合团，即日常所说的合香混合体。

（3）点香。某些原料在加热过程中，虽有芳香气味产生，但不够"冲"；或根据菜肴的要求，还略有欠缺，此时可加入适当的原料或调味料补缀，谓之"点香"。烹制菜肴，在出勺之前往往要滴点香油，加些香菜、葱末、姜末、胡椒粉，或在菜肴装盘后撒辣椒、姜丝等再淋油，这是运用这些具有挥发性香味原料或调味品，通过瞬时加热，使其香味基质迅速挥发、溢出，达到既调"香"，又调味的目的。

（4）裱香。有一些菜肴，需要特殊的浓烈香味覆盖其表，以特殊的风味引起食者的强烈食欲，这时就会用到"裱香"这一技法。如熏肉、熏鸡、熏鱼等菜品制作，就是运用不同的加热手段和熏料（也称裱香料）制作而成。常用的熏料有：锯末（红松）、白糖、茶叶、米饭、松柏枝、香樟树叶等，这些都能在加热时产生大量的烟气。这些烟气中含有不同的香味挥发基质，如酚类、醇类、有机酸、羰基化合物等。它们不仅能为食品带来独特的风味，而且还具有抑菌、抗氧化作用，使食品得以久存。

（5）提香。通过一定的加热时间，使菜肴原料、调料中的含香基质充分溢出，可最大限度地利用香味素，产生最理想的香味效应，即谓之"提香"。一般速成菜，由于原料和香辛调味料的加热时间短，再加上原料托糊、上浆等原因，原料内部的香味素并未充分溢出。而烧、焖、扒、炖、熬等需较长时间加热的菜肴，则为充分利用香味素提供了条件。实践证明，肉类及部分香辛料，如花椒、大料、丁香、桂皮等调味料的加热时间，应控制在三小时以内。因为在这个时间内，各种香味物质随着加热时间延长而溢出量增加，香味也更加浓郁，但超过三小时以后，其呈味、呈香物质的挥发则趋于减弱。所以，菜肴的提香，应视原料和调味料的质与量来决定"提香"的时间。

三、味：食品的滋味

食品的滋味是指餐饮产品入口后对人的口腔、舌头上的味觉系统产生作用，给人口中留下的感受。口味通常被归纳为嫩、脆、松、软、糯、烂、酥、爽、滑、绵、老、润、枯、清等十几种。味是食品内在的物质，看不见、摸不着，但只要用口尝一尝，就会知道菜肴质量的好坏。口味是菜肴质量的关键要素，是顾客评价菜点质量的最主要指标。人们去酒店用餐，并非仅仅满足于嗅闻菜肴的香味，他们更要求品尝到食物的味道。例如，没有滋味的菜肴，人们就会感到食之无味，望而生厌；而食用味道鲜美的菜肴，就会使人觉得满口生津，余味不尽。人们常说"宁吃鲜桃一口，不吃烂梨一筐"，就是这个道理。

【泉州华侨大厦的创新"闽味"产品】

泉州华侨大厦厚植本土文化，深入挖掘闽菜内涵，大力推进闽菜餐饮服务与旅游互动融合，推出姜母鸭、春花通心鳗、芙蓉大龙虾、小蹄大作、金汤煨刺参等特色闽菜，以泉州旅游景点微雕作为摆盘装饰背景，让福文化走上餐桌，创新更多闽味。同时，酒店积极创新求变，融入厦门、漳州、潮汕等周边地市特色，不断研发群众喜闻乐见的闽菜，让顾客享受"口福"（图3.2）。

图3.2　华侨大厦的"闽味"产品

从味觉对餐饮消费心理的作用来看，菜品口味的最基本要求是口味纯正、味道鲜美、调味适中。在餐饮经营过程中，要想运用酸、甜、苦、辣、咸五味基本味调和出具有复合美味的菜肴，就必须要做好以下几个方面的工作。

（1）做好餐前准备工作

菜肴原料多种多样，其自身的滋味也各不相同。例如常温下的水果是甜的、酸的或甜酸的，生萝卜有辣味，苦瓜有苦味，虾蟹有鲜味。但就大多数食物而言，其本身并没有明显的味道，因此要想保证菜肴的味道，就必须要对原料进行基本的调味。在原料加热前，要充分准备好调味需要的各种调料、高汤。对于加热中不宜调味或不能很好入味的烹调方法，如用蒸、炸、烤等烹调方法烹制的菜肴，则须经过一定时间的腌渍，使其在烹制前就具有一个基本的滋味（即底味），同时改善原料的气味、色泽、硬度及持水性等，如带鱼在烹制前就要进行腌制。

（2）注意现场调配

消费者对食物口味的需要，存在着明显的或细微的差别。这些差别构成了消费者不同的味觉心理状态和不同的口味要求。俗话说"南甜北咸"，指的就是这个道理。一般地说，菜肴加热前和加热中的调味往往是固定的，而消费者的口味却是多样的。因此，为了补充前两种调味方法的不足，使菜肴的滋味更加完美，那么就需要在菜肴上桌后借助调料对其再次调味。例如将调料盛入小碟或小碗中，随菜一起上席，由用餐者根据喜好自选蘸食。这种方法不仅灵活性大，又能同时满足多人的口味要求，是餐食服务中不可忽视的一个环节。

（3）注意口味变化

人们的口味常常随季节的变化、气候的冷暖而有着不同的要求。一般来说，夏秋两季气温偏高，菜肴应偏重于清淡；而冬春两季，则趋向于醇厚。这就要求酒店应根据季节的变化及时调换所供应的品种，适应节令的变化，以便尽可能地适合顾客的口味要求。

（4）注重口味创新

现代人对菜肴口味的要求不再仅仅满足于传统口味，口味上需要求新、求奇，赋予时尚气息，讲求品位、内涵，是当今社会对口味的普遍追求。这就要求酒店的厨师们要不断地发展和创新，使口味顺应时代变化的需要，从而开拓更加广阔的客源市场。

四、形：食品的形状

食品的形态主要指菜肴的成形与造型。原料本身的形态、加工处理的技法，以及烹调装盘的拼摆，都直接影响到菜肴的形态。随着社会的发展以及审美水平的提高，消费者对餐饮产品的要求也在日益增加，除了对食品的色、香、味有所讲究外，更把形态作为衡量餐饮质量的另一个重要标准。对于就餐者来说，刀工精美、整齐划一、装盘饱满、拼摆艺术、形象生动的菜肴能给他

们以美的享受。这些效果的取得，要靠厨师的艺术设计，如松鼠鱼栩栩如生、冬瓜盅艳丽多彩、凤尾虾如凤似玉等。因此，在餐饮经营过程中，为客人提供别具一格、颇有创意造型的菜肴就显得十分重要，这不仅需要通过细加工来完成，还要讲求从装盘、餐具、摆菜等来配合，这样才能达到良好的效果。

（一）讲究菜肴造型

任何原料都有一定的形态。各种烹饪原料在外观上都有本身固有的、正常的感官性状，这是原料品质在外部的反映。对于一些原料来说，其本身就具有一种自然的形态美，因此在烹制菜肴过程中，应尽可能保持原料的原形原貌；对于那些必须经过刀工处理的原料，则需要厨师运用各种刀法将其切成各种整齐、美观的形状，这样烹制出来的菜肴才会更加美观，而且对菜肴制成后的色、香、味、形及卫生等各方面都起着重要的作用。一般来说，中国南方的刀工讲究精细，北方讲究粗犷。除此之外，为了使菜肴的形状更加完善，还要注意运用配菜去美化。通过主料、配料形态的适当搭配，产生视觉上的美学效果，使就餐者赏心悦目，食欲大增。这样既提高了菜肴的艺术价值，同时也提高了菜肴的经济价值。

热菜的造型应以快捷、神似为主，冷菜的造型与热菜相比有更大的可塑性和更高的要求。冷菜先烹制后装配，提供美化菜肴的时间。因此，在一些有主题活动的餐饮活动，冷菜有针对性的装盘造型就更加的必要和富有效果。

（二）注重盛具与菜肴造型配合

菜肴的整体造型变化万千，盛器的外形也多彩多姿。不同的盛具对菜肴有着不同的作用和影响，如果盛具选择适当，可以把菜肴衬托得更加美丽。在选择盛具时，要注意菜肴与器皿在空间上的和谐，数量和大小要相称，如用盘盛菜时，以菜不漫过"最佳线"为准，用碗盛汤，则以八成满为宜；要注意菜肴与器皿在形态上的和谐，有什么样的肴馔，就用什么样的食器与之相配；还要注意菜肴与器皿图案的和谐，使菜肴的形状与器皿的图案显得相得益彰。

（三）注意菜肴形状组合

菜肴有条、块、片、粒、茸等不同的形状。菜肴形状的合理组合，同样有助于构成客人视觉上的美感，欣赏到食品烹制方法的多样性。这就要求点菜员要具有一定的美学知识，为顾客提出合理建议。

（四）注意摆菜艺术

摆菜即是将上台的菜按一定的格局摆放好，它同样影响着菜肴的形态美。摆菜不宜随意乱放，而是要根据菜肴的颜色、形状等因素，讲究一定的造型艺术。菜盘的摆放形状一般是两个菜可并排摆成横一字形，一菜一汤可摆成竖一字形，汤在前，菜在后；两菜一汤或三个菜，可摆成品字形，汤在上，菜在下；三菜一汤可以汤为圆心，菜沿汤内边摆成半圆形；四菜一汤，汤放中间，菜摆在四周；五菜一汤，以汤为圆心摆成梅花形；五菜以上都以汤或头菜或大拼盘为圆心，摆成圆形。

此外，还要注意菜肴的对称摆放，从菜肴的原料色彩、形状、盛具等几个方面讲究对称。如鸡可对鸭，鱼可对虾等。同形状、同颜色的菜肴也可相间对称摆在餐台的上下或左右位置上；一般不要并排摆在一起，摆放时注意盘与盘之间的距离要相等。

（五）注意"形"的实用性

菜肴的"形"的追求要注意把握分寸，过分精雕细琢，反复触摸摆弄，或者污染菜肴，或者喧宾夺主，甚至华而不实，杂乱无章，则是对菜肴"形"的极大破坏。因此，菜肴的造型一定要讲究实用性，造型菜肴要完全能够食用，要符合卫生标准，否则就失去了造型的意义。同时，选料要合理，因材施用，避免浪费。

五、温：食品的温度

食品的温度指菜肴进食时能够达到或保持的温度，它是口感、质量的直接保证。同一种菜肴或酒水食用的温度不同，其口感、香气、滋味等质量指标均有明显的差异。所谓"一热胜三鲜"，说的就是这个道理。如蟹黄汤包，热吃时汤鲜汁香，滋润可口，冷后食之，则腥而腻口，甚至汤汁尽失，大为逊色。再如拔丝类菜肴，趁热食之，不仅香甜脆爽，而且可拉出金光闪闪的糖丝，令人感觉极佳。若放凉后再食，则糖液黏成一块，干硬无丝，质量大为降低。所以，温度也是影响餐饮产品质量的重要因素。常见餐饮食品食用时的最佳温度见表3.1。

表 3.1　食品最佳食用温度

食品名称	出品及食用温度
冷菜	10℃ 左右
热菜	70℃ 以上
热汤	80℃ 以上
热饭	65℃ 以上
砂锅	100℃
火锅	100℃
热咖啡	70℃
热牛奶	63℃
啤酒	8~12℃
干 / 半干葡萄酒	8~12℃
甜 / 半甜 / 含气葡萄酒	6~8℃
西瓜	8℃
热茶	65℃

在经营过程中，必须要依据不同菜品的特点保持恰当的温度，该冰的要冰，该冷的要冷，该热的要热，该烫的要烫，而且还要注意菜品的服务控制，从而达到菜肴的标准温度。

（一）注意菜品冷藏和保温

对于某些需要事先制作的菜肴以及备制的酒水，须用冷藏或保温的方法来保持温度。冷菜食用温度以 10℃ 为最佳温度，当外部温度高时，冷菜制成后应该冷藏一段时间，但不能超过 10 小时；葡萄酒在 8~12℃ 时口感最好，可以借助冰桶来降温。热菜食用的最佳温度在 70℃ 左右，所以，可以适当保温，保温温度应控制在 80℃ 左右。同时，还要注意对冷藏和保温设备的选择，要根据菜点的不同要求选择合适的设备。如白葡萄酒可放在冰箱里冷藏，而红葡萄酒则不可以。

（二）做好上菜前准备

菜肴温度的控制很大程度取决于传菜人员工作的好坏。在上菜前，传菜人员及现场服务人员必须要了解客人用餐时间的长短，并根据客人所点的菜品与厨房做好配合；要准备好保温用的盘、盖等，待使用时，冷菜使用冷盘，热菜使用热盘，以此保持菜肴的温度。例如，在用餐具盛菜时，汤汁多的菜肴最好用厚大的器皿，以利于保温；对于汤汁少的菜肴，如用熘、爆、炒等方法烹制的菜肴，可以将盛器事先用开水烫一下，这样可以保持一定时间的温度。但即便如此，这类菜肴还是极易降温，因此在上桌后应立即食用。

（三）控制好上菜时间

由于每种菜肴都有自己食用的最佳温度，因此要想保证菜肴产品的质量，就必须要控制好菜肴成品上桌的时间，使其上桌时的温度接近于菜肴食用的最佳温度。以婚宴为例，菜肴制成后，应该与客人用餐时的菜肴温度有一定差别，若是热菜，则应该高于食用的温度，若是冷荤菜，则应该低于食用温度。待菜肴上桌时，温度的变化恰恰适合客人食用。同时，由于婚宴的菜肴比较多，因此上菜必须要按照预先安排的顺序进行，按菜肴温度的要求先后上菜，并根据实际情况调整上菜的速度，以保证菜肴的温度达到最佳。此外，还应该尽量控制好上菜的路程距离，因为距离太远，即使传菜速度加快也会影响宴会菜肴的温度的变化。

六、盘：食品的器皿

器皿是指餐饮产品生产后用来盛装产品的容器。俗话说"美食不如美器"，即便是色、香、味、形等再美的食物，如果没有美器的搭配，那么自身的价值也会大打折扣。因此，在盛装食品时，应该针对不同的食品配以不同的盛器，使两者配合恰当，相映生辉，这样食品才会锦上添花，更显高雅，质量更佳。

餐厅的器具很多，作为餐饮管理人员和服务员，不仅要了解常用餐厅器具的种类、规格，而且要了解餐厅器具的配用原则、酒席宴会的配用方法及用途。在选择餐具时，除了上面提到的应该考虑与食品的色彩、造型相搭配外，还应考虑下面几个方面。

（一）餐具的档次要与酒席的规格和菜肴的价值相配

造型菜肴选料精、做工细、成本高，身价高于普通菜，盛装器皿不仅宜大、宜精，而且要成龙配套。高档酒席和名贵菜肴，要选配较高级的餐具，如配一般的餐具就会使酒席宴会的气氛和菜肴质量逊色，当然，也不要奢华。因此要注意所使用餐具的档次和酒席的规格相匹配，防止出现餐具高档、菜品低档，或餐具低档、菜品高档，以及席面与餐具不协调等情况，做到器皿与食物配合完美和谐。酒店里，较一般的摆桌是用高档骨质瓷餐具，高档些的是银饰装点的口布、银筷以及镶银的套碗、套盘，再高档的就该全换成金的了。

（二）餐具的色彩要与就餐者的习俗相适应

餐具的色彩不仅要考虑到和菜肴色彩的配合，还要考虑到就餐者的色彩感情问题。色彩感情指的是就餐者对某种颜色的忌讳。由于世界各民族的风俗习惯和宗教信仰不同，"色彩感情"也千差万别。如我国多采用青花餐具，这种餐具给人以沉静、庄重、朴实、大方的感受，世界上大多数国家的民族也喜欢这种颜色，唯独土耳其不喜欢这种颜色。各地仿膳和龙凤餐馆多采用粉彩细瓷餐具，这种颜色象征着高贵华丽和光辉，是君主的颜色，而信仰伊斯兰教的民族却忌讳这种颜色，这种颜色在叙利亚更是死亡的象征色。所以我们在配用餐具时要关心就餐者的色彩感情，以增加宴会的气氛。

【泉州华侨大厦闽南文化餐桌微雕】

泉州华侨大厦结合当地文化、闽南文化，设置主题餐桌与餐桌文化微雕，将闽南文化、当地文化搬上餐桌、放入转盘，设置城市旅游场景微雕、文化场景微雕，为用餐者营造良好的文化氛围，也为传播闽南文化、讲好泉州故事提供了创新性尝试（图 3.3）。

图 3.3　华侨大厦的餐桌文化微雕

（三）要考虑筵席套菜与盛器的组配

筵席是菜品组合艺术的体现，也是盛器组配有机统一的展示。它不仅要求肴馔精致齐楚、丰满美观，还要求盛器成龙配套、典雅秀丽。在设计席单时，既要考虑菜肴的组合，又必须考虑筵席菜肴与所用盛器的组配，这样才能完善簇席的统一之美。一般而言，整套的镶金边或带淡绿、淡褐色花边的餐具，清雅宜人，适用面最广。

（四）盛器的品种要根据菜品性质而定

盛装不同质地的菜品，要配用不同品种的盛器，也就是要求我们在选择盛器的品种时，明确菜肴质地的干湿程度、软硬情况、汤汁多少，配用适宜的平盘、汤盘、碗等配套餐具，这不仅是为了审美，更重要的是便于食用。例如：装干菜，一般配用平盘或碟；对煎、炒、炸、爆等无芡汁或有芡汁而无汤的菜肴宜用平盘；装汤汁比较多的烩、炖、氽等菜肴时就用汤盘，以防汤汁溢出，给进餐者带来不便，这样也可避免影响菜点的美观，破坏菜肴的属性。

（1）菜肴与器皿在色彩纹饰上要和谐。在色彩上，没有对比会使人感到单调，对比过分强烈会使人感到不和谐。这里重要的前提是对各种颜色之间关系的认识。美术家将红、黄、蓝称为原色，红与绿、黄与紫、橙与蓝称为对比色，红、橙、黄、紫是暖色，蓝、绿、青是冷色。因此，一般来说，冷菜和夏令菜宜用冷色食器；热菜、冬令菜和喜庆菜宜用暖色食器。但是要切忌"撞色"，例如将绿色炒青蔬盛在绿色盘中，既显不出青蔬的鲜绿，又埋没了盘上的纹饰美。如果改盛在白花盘中，便会产生清爽悦目的艺术效果。再如，将嫩黄色的蛋羹盛在绿色的莲瓣碗中，色彩就格外清丽；盛在水晶碗里的八珍汤，汤色莹澈见底，透过碗腹，各色八珍清晰可辨。

在纹饰上，食的形状与器皿的图案要显得相得益彰。如果将炒肉丝放在纹理细密的花盘中，既给人以散乱之感，又显不出肉丝的自身美。反之，将肉丝盛在绿叶盘中，立时会使人感到清心悦目。

（2）菜肴与器皿在形态上要和谐。中国菜品种繁多，形态各异，用来相配的食器形状自然也千姿百态。例如，平底盘是为爆炒菜而来，汤盘是为熘汁菜而来，椭圆盘是为整鱼菜而来，深斗池是为整只鸡鸭菜而来，莲花瓣海碗是为汤菜而来，等等。如果用盛汤菜的盘成爆炒菜，便收不到美食与美器搭配和谐

的效果。

（3）菜肴与器皿在空间上要和谐。食与器的搭配要"量体裁衣"，菜肴的数量要和器皿的大小相称，才能有美的感官效果。汤汁漫至器缘的肴馔，不可能使人感到"秀色可餐"，只能给人以粗糙的感觉；肴馔量小，又会使人感到食缩于器心，干瘪乏色。一般来说，平底盘、汤盘（包括鱼盘）中的凹凸线是食、器结合的"最佳线"。用盘盛菜时，以菜不漫过此线为佳。用碗盛汤，则以八成满为宜。

（4）菜肴掌故与器皿图案要和谐。中国名菜"贵妃鸡"盛在饰有仙女拂袖起舞图案的莲花碗中，会使人很自然地联想到善舞的杨贵妃酒醉百花亭的故事。"糖醋鱼"盛在饰有鲤鱼跳龙门图案的鱼盘中，会使人情趣盎然，食欲大增。因此要根据菜肴掌故选用图案与其内容相称的器皿。

（5）一席菜食器上的搭配要和谐。一席菜的食器如果不是清一色的青花瓷，便是一色白的白花瓷，其本身就失去了中国菜丰富多彩的特色。因此，一席菜不但品种要多样，而且食器也要色彩缤纷。这样佳肴耀目，美器生辉，蔚为壮观的席面美景便会呈现在眼前。现在，大多数酒店、餐厅对成型的菜肴有时会进行点缀和围边，一是可使杂乱无章的菜肴变得整齐有序；二是使菜肴与盛器本身色彩协调，衬托菜肴之气氛，使人赏心悦目。所以在给菜肴搭配器具时就要考虑菜肴的点缀、围边将采用何种形式，是全部围上，还是部分点缀，要预留位置，以便于对菜肴的美化。

（五）酒具的选用要根据不同酒水而定

盛装不同的酒水，同样需要配用不同品种的酒具。同一款酒，放进不同的容器内，效果是有天壤之别的。好的酒具，不只是好看而已，它既能彰显艳美酒色，还能使酒香隽永，从而把酒水最好的一面展示给品尝者。因此，酒具的选择十分重要，不同类型的酒水要选用不同的酒具。例如，喝葡萄酒时，应选用高脚酒杯。因为葡萄酒的口感和香味比较醇厚，所以选用的酒杯必须上面小、中间大、呈锥状，这样就可以尽可能地留住酒香，同时摇晃酒杯时散发的香味也最多；葡萄酒的最佳饮用温度为8~12℃，因此选用的酒杯必须有杯脚，这样可以防止人的体温传导到酒中。此外，酒杯还应该由玻璃或水晶制成，这样不仅可以展现葡萄酒的真实色彩，同时还可以方便客人品鉴。同时，还要注意酒具大小的合理选择。例如，白葡萄酒杯和红葡萄酒杯的大小是不同的，这是因为红、白葡萄酒不同的饮用方式。红葡萄酒的口感和香味更为醇厚，较大的酒杯易于散发酒的香味。使白葡萄酒得到最佳口感的温度通常比红葡萄酒要低，较小的杯子可使人们在酒的温度升高前喝光杯中的酒。

七、灯：就餐的灯光

除了以上的因素之外，灯光也会极大地影响用餐者的心情。餐厅是提供旅客享受美食的空间，灯光太亮或太暗会影响就餐环境，影响人的食欲。桌面的重点照明可有效地增进食欲，而其他区域则应相对暗一些，一般常选用能散发暖黄色调的灯光，可增加食物的色泽，提高人的食欲；餐厅中心位置的艺术装置，可用灯光加以突出，灯光的明暗结合可使整个餐厅环境富有层次。

餐厅可以使用的灯光种类很多，如自然光、荧光灯、白炽灯、煤气灯、蜡烛等。餐厅借助于各种形式的光会营造出不同的氛围。理想的灯光可以吸引顾客的注意力，如餐厅入口处的灯会吸引客人前来用餐；更讨客人的喜欢，在暖色的灯光下人的肤色显得更加好看；增强食物的展示效果，促进食物的销售。心理学实验证明，黄色灯光下的食物菜肴显得十分鲜嫩可爱，使宾客食欲大振，但同样的食物菜肴，在蓝色灯光下却呈现出腐败变质的模样，令人生厌。一般来说，暖色调容易引起食欲，冷色调会使食欲减退。灯光的强弱还可以影响客人的就餐时间，如昏暗的灯光会增加客人的就餐时间，而明亮的灯光则会加快客人的就餐速度等。在选择灯光时应注意以下几个方面。

（1）烛光是餐厅传统的光线，红色焰光能使客人显得漂亮、食品显得味美诱人，比较适合朋友聚会、情侣餐、节日盛会等。但蜡烛很容易引起火灾，尤其会点燃菜单和桌布，而且会在餐厅里形成令人不快的气味。因此，尽管很多企业喜欢让整个餐厅充满烛光，但从安全角度出发，蜡烛应在客人入席时再点燃。白炽光也是餐厅使用的一种重要光线，食品在这种光线下看上去自然色佳，但是白炽光耗电，成本较高，因此一般适用于较为豪华的餐室。荧光是餐厅使用最多的光线，这种光线亮度高，耗电少，但缺乏美感。现在餐厅大量选择各种荧光节能灯，不仅因为它能制造优雅的进餐环境，而且因为它的使用成本低。

（2）餐厅里明亮的灯光应该在视觉之外。来自侧面一定角度的灯光可以使质地和形状显示出最佳的效果，使物体表面轮廓分明。而从头顶或正前方直射过来的光，其效果则截然不同。画、展示品、有趣的特写应该采用直射的光照明。傍晚用餐应该采用柔和的灯光，照明应该集中在餐桌上方和服务区。

（3）对于中餐厅而言，为满足中餐进餐的传统心理要求，应营造金碧辉煌、热烈兴奋的环境气氛。因此，多采用金黄或红黄光色，而且大多使用暴露光源，使之产生轻度眩光，以进一步增添热闹的气氛。同时，中餐厅的灯具造型要富有民族特色，要与餐厅总体装饰风格相协调，一般都以宫灯、吊灯配合使用。

（4）对于西餐厅而言，它的传统气氛特点是静谧安逸、幽静雅致。为了适合客人进餐时要求相对独立及较隐蔽的环境的心理要求，西餐厅的照明应适当偏暗、柔和，同时应使餐桌照度稍强于餐厅本身的照度，以使餐厅空间在视觉上变小而产生亲密的感觉。

第二节　高质量的设备设施

设备设施是酒店向宾客提供服务的载体，没有特定的设备设施，酒店就无法向宾客提供特定的服务项目。例如，如果酒店的多功能餐厅没有配备多种同声翻译设备，那么就根本谈不上提供这种服务。有些高雅的餐厅还要求营业时有钢琴演奏，那么这些音响设备就不可缺少。同样，如果设备设施的质量不高或比较陈旧，也同样影响向宾客提供高质量的服务。例如，虽然菜肴的质量上乘，但如果用残缺不全、不伦不类的盛器盛放，不仅无美感可言，食品的整体质量也大为降低。高质量的餐饮设备设施作为酒店硬件条件的一部分，是酒店档次的一种体现，它与高质量的劳务服务相辅相成，共同承担向宾客提供高质量服务的任务。

一、高质量设备设施的作用

（一）提升餐饮效率与生产质量

在酒店餐饮部，高质量的设备设施在提升餐饮效率和生产质量方面起到了至关重要的作用。现代化的烹饪设备为厨师们提供了更加高效的工具，使他们能够更快速地完成各类烹饪任务。高效的炉具、烤箱、蒸炉等能够以精确的温度和时间控制，保持食材的原味和营养，同时大大缩短了烹饪的时间。这不仅提高了出餐速度，也保证了菜品质量和口感的一致性。

快速的食品加工设备同样也是提升效率的重要因素。食材切割、搅拌、混合等自动化加工过程减少了烦琐的人工操作，使厨师能够更专注于创意烹饪和菜品创新。在快餐业务中，这些设备能够快速制作食品，缩短客户等待时间，提升整体用餐体验。而在自助餐领域，客户可以自主选择食材和口味，充分满足个性化的需求。

此外，精密的食材储存和保鲜设备也对餐饮效率产生了积极影响。低温、真空、气调等保鲜技术延长食材的保质期，减少食材浪费。冷冻库、冷藏库等科学储存食材，确保了食材的安全和质量。这为厨房提供了丰富的原材料，使厨师能够更灵活地进行菜品创新和制作。

高质量的设备设施通过提升餐饮效率、缩短出餐时间、保障食材质量，从而为酒店餐饮部门带来了巨大的优势。这些设备不仅提高了整体生产效率，还确保了菜品的质量和口感，为客户提供了更快速、更优质的用餐体验。这对于提升餐饮部门的竞争力，赢得客户的满意度和忠诚度，都具有重要的积极影响。

（二）确保食品安全与卫生质量

高质量的设备设施不仅提升了酒店餐饮部门的效率，还在确保食品安全和卫生质量方面发挥着关键作用。食品安全是餐饮行业的核心要求，而现代化设备设施通过一系列先进的技术手段，有效地保障了食品的安全和卫生。

首先，高效的食品处理设备能够在食材的清洗、消毒等环节起到关键作用。自动清洗器、消毒设备能够高效地清洁食材，减少了食材交叉污染和细菌滋生的风险。筛选设备和异物检测装置则可以在食材加工过程中剔除异物，确保了食材的质量和安全性。其次，精确的食品加热和冷却控制也是确保食品安全的关键一环。高温杀菌、超高温灭菌等加热技术能够有效地杀灭细菌，保障食品的无菌性。快速冷却设备则能够迅速降低食材温度，防止细菌繁殖，保持食品的质量和新鲜度。这些控制手段能够确保食品在整个加工过程中的卫生

和安全。最后，严格的食品储存标准也是保障食品安全的重要手段。生食、熟食分区储存，有效地避免了交叉污染的风险。控制温度、湿度、通风等环境条件，保障食材的最佳储存状态，进一步保证了食材的安全性。合理管理库存，减少食材浪费，也是对食品安全和卫生的一种保障。

因此，高质量的设备设施不仅提升了餐饮效率，更重要的是确保了食品的安全和卫生质量。这对于酒店餐饮部门来说是至关重要的，不仅关系到客户的健康和满意度，还直接关系到餐饮部门的声誉和信誉。通过先进的设备设施，酒店能够在食品安全方面保持高标准，赢得客户的信任和支持。

（三）提升客户用餐体验与品牌形象

高质量的设备设施在酒店餐饮部门还能够显著地提升客户用餐体验和塑造品牌形象。在当今餐饮市场竞争激烈的环境下，独特的用餐体验和积极的品牌形象对于吸引客户、保持客户和吸引新客户至关重要。

首先，现代化的设备设施能够为客户带来独特的用餐体验。高质量的烹饪设备和创新的烹饪技术可以使厨师们创作出更加美味、精致的菜品。精准的烹饪控制可以保持食材的原汁原味，呈现出更佳的口感和质感。自动化的点餐系统和快速的出餐流程能够减少客户等待的时间，提供更加便捷和高效的用餐体验。其次，高质量的设备设施能够塑造酒店的品牌形象。现代化的设备设施体现了酒店的专业和创新，表现出酒店对于客户体验和质量的高度重视。客户在用餐过程中感受到的高品质服务和优越体验会形成积极的印象，增强对酒店品牌的认同感和忠诚度。这有助于酒店在市场上建立积极的声誉，吸引更多客户的关注和选择。最后，高质量的设备设施也为酒店餐饮部门提供了创新的可能性。现代技术的应用，如虚拟现实菜单、互动点餐台等，可以为客户带来新奇的用餐体验。创新的菜品制作方式、独特的菜单设计也能够吸引客户的兴趣，提升客户的参与感和互动性。这种创新不仅提升了客户的满意度，还为酒店餐饮部门带来了话题性和独特性，从而吸引更多的客户和关注。

综上所述，高质量的设备设施不仅提升了餐饮效率和食品安全，还显著地提升了客户用餐体验和酒店品牌形象。通过创造独特的用餐体验和塑造积极的品牌形象，酒店能够在激烈的市场竞争中脱颖而出，赢得客户的支持和忠诚，实现长期稳健的经营发展。

二、高质量设备设施的类型

酒店高质量设备设施的类型多种多样，涵盖了餐饮部门的各个环节，以确保酒店高效、安全、卫生地运营。以下列举了一些常见的酒店餐饮部门高质量设备设施类型。

（1）烹饪设备。包括炉灶、烤箱、蒸炉、油炸机、热水浴池等，用于烹调、加热、烘烤、蒸煮等各种食材的处理工作。

（2）食材加工设备。如切菜机、榨汁机、搅拌机、擀面机等，用于加工、制作各类食材和食品。

（3）制冷设备。如冷藏库、冷冻库、冷展示柜等，用于储存展示生鲜、冷冻食材，保持食材新鲜和安全。

（4）保温设备。如食物保温柜、保温车等，用于保持烹制好的食品在一定时间内的温度和口感。

（5）洗碗设备。洗碗机、洗碗池等，用于高效、卫生地清洗餐具和厨房用具。

（6）点餐和结账系统。现代化的点餐和结账系统，包括电子菜单、移动支付等，提升客户用餐便捷性和体验。

（7）环境控制设备。如通风设备、净化设备、排气系统等，保障厨房环境的舒适、安全和卫生。

（8）照明和音响设备。用于为餐厅营造舒适的氛围和愉悦的用餐环境。

（9）咖啡机和饮品设备。如咖啡机、茶水机、饮料机等，提供各类饮品选择，满足客户不同的口味需求。

（10）自助餐设备。如自助餐台、保温餐具、食品展示器等，为客户提供丰富多样的自助餐选择。

（11）交流和培训设备。如用于厨师培训、食材讲解的投影仪、屏幕等设备，提升员工培训和沟通效果。

（12）食材储存和保鲜设备。如真空包装机、食材储存容器等，用于储存、保鲜食材，防止食材浪费和交叉污染。

这些设备设施涵盖了酒店餐饮部门工作的各个方面，从食材加工、烹饪、

储存，到客户用餐体验和员工培训，都对酒店餐饮部门的运营和发展起到至关重要的作用。高质量的设备设施不仅提升了效率和质量，还影响着客户满意度和品牌形象。

三、高质量设备设施的注意事项

（一）注重设备设施的卫生

客人到餐厅用餐，除了美味的食物，还期待干净整洁的就餐环境。设施设备的卫生状况直接影响着客人的用餐体验和对餐厅的印象。肮脏的餐桌、座椅或地面不仅会让客人感到不适，还可能引发客人的健康顾虑，对餐厅的口碑造成负面影响。因此，注重设施设备的卫生是保持餐厅形象和客户满意度的重要一环。卫生管理不仅限于表面的清洁，还包括设施设备的定期清洁和消毒。餐具、餐桌椅、厨房设备等需要经常进行清洗和消毒，以防止细菌滋生和交叉污染。定期的设备保养和维修也是确保设备设施卫生的重要措施，避免因设备损坏导致的卫生问题。酒店应建立完善的卫生管理制度，明确责任分工，确保设施设备的卫生质量始终如一，为客人提供安心、放心的用餐环境。

（二）注重设施设备的现代性

随着社会的不断发展和科技的进步，现代化设施设备在餐厅经营中扮演着至关重要的角色。现代化设备不仅提升了餐厅的效率和品质，还能够吸引客人的眼球，提供独特的用餐体验。照明是餐厅环境的重要组成部分，现代化的照明系统能够营造舒适的就餐氛围和愉悦的用餐体验。节能设备的应用不仅有助于降低能源消耗，还体现了餐厅的环保理念，吸引关注环保的客户群体。通风、消噪声设备的使用可以为客人提供安静、舒适的用餐环境，减少噪声干扰，增强用餐体验。计算机系统的应用可以提升餐厅的管理效率和客户服务水平。点餐系统的引入不仅能够减少客人等待时间，还能够避免点餐错误，提升客户满意度。背景音乐系统的运用可以营造出不同的用餐氛围，使客人在用餐过程中感受到愉悦和放松。

总之，现代化设施设备的引入不仅提升了餐厅的运营效率和产品质量，还能够提供独特的用餐体验，吸引客人，提升品牌形象，促进餐厅的长期健康发展。通过关注设施设备的现代性，酒店餐饮部门可以在竞争激烈的市场中脱颖而出，赢得客户的认可和支持。

（三）注重设施设备的便利性

在酒店餐饮部，设施设备的便利性对于提高工作效率和客户满意度都起着至关重要的作用。无论是厨房生产设备还是餐厅服务设施，都应便于员工操作和宾客使用，以提供更顺畅的服务体验。在厨房生产设备方面，设备的布局应该合理，能够使厨师们在操作过程中更加高效地完成菜品的准备和烹饪。同时，设备的操作界面应简单易懂，减少操作人员的学习成本，提高工作效率。例如，自动化的蒸炉、烤箱、调理设备等可以帮助厨师减少烦琐的操作步骤，提高生产效率。在餐厅服务设施方面，餐桌、座椅的布局应合理，以保证宾客之间的隐私和舒适度。设施的高度、宽度等尺寸也需要考虑到不同客户群体的需求，包括儿童和老年人。此外，点餐系统的操作应简便快捷，让宾客能够轻松地选择菜品并下单，提升就餐的便利性和效率。

（四）注重设施设备的环保性

环保已成为当今社会的重要议题，酒店餐饮部应积极响应，注重设施设备的环保性。环保型设备不仅有助于降低能源消耗和减少废物产生，还能够符合客户对于环保的期待，增强餐厅的社会责任感和可持续发展能力。在采购设施设备时，应选择符合国家环保标准的产品，例如节能厨具、节水设备等。同时，可以考虑引入可再生能源设备，如太阳能热水器、风力发电系统等，减少对传统能源的依赖。此外，还可以采用环保材料来装修和布置餐厅，减少对环境的影响。

（五）注重设施设备的保养

餐饮设施设备的正常运行对于餐厅经营至关重要，因此注重设备的保养和维护是必不可少的。不同类型的设备设施在使用过程中会出现不同程度的磨损和破坏，如果不及时保养，可能会影响设备的性能和寿命，甚至影响餐厅的正常运营。设施设备的保养包括定期的清洁、润滑、检查和维修。制订详细的保养计划，明确责任人和保养频率，确保设备设施始终处于良好的工作状态。定期进行维修和更换磨损部件，可以延长设备的使用寿命，减少突发故障的发生，保障餐厅的正常运营。

综上所述，注重设施设备的便利性、环保性和保养是酒店餐饮部保持高质

量运营的关键要素。通过合理的设计、选择环保设备、定期保养等措施，餐厅可以提升工作效率，提供优质的用餐体验，保护环境，实现可持续发展。

第三节　高质量的环境气氛

餐饮环境是指就餐者在餐厅等消费场所用餐时的周边境况。它大致包括餐厅的面积、空间、档次、风格、光线与色调、温度、湿度、声音等诸方面。餐饮环境布置的主要目的是向顾客提供品尝美味佳肴的理想环境。要想取得满意的结果，经营者就要满足宾客的生理和心理要求。

一、高质量餐饮环境的设计原则

（一）体现理念

如今，在激烈的市场竞争中，酒店企业越来越讲究经营理念和服务理念，而抽象的理念通过有形的环境可以得到具体的提示，从而有利于顾客的识别。因此，在进行环境布置时，首先要注意体现餐饮经营的理念。例如，国外一些绿色酒店的环境布置也是"绿色"的。在餐厅内种植树木、竹林，餐厅始终保持沁人心脾的空气，餐厅的铺地材料采用可再利用的花岗岩，餐厅墙面采用无污染的材料或天然材料进行装饰，餐桌、餐椅的材料部分地取自报废船只的地板等。同时，餐饮经营理念的变化也可以通过环境形象的变化展现出来，它是显示这种变化的最佳手段。

（二）体现特色

餐厅的特色，不但体现在菜肴和服务上，而且还体现在环境上；餐厅环境的各种要素都可以体现餐饮企业的特色，如餐饮通过环境布置可以展示民族特色；一些高档的酒店用特定的顾客环境来提示其特色，通过对顾客的仪表、行为进行规定，如用餐时要关掉手机、在规定的餐厅要穿着正装等，以便向顾客提示本酒店"高档、商务、有地位"的特色等。

（三）体现时尚与创新

餐饮经营的创新不仅包括菜肴的创新，而且还应该包括餐饮环境的创新。

餐饮环境的布置需要与餐饮创新结合起来，使环境建设支持创新。长期以来，餐厅的环境布置主要表现在重装修豪华，而轻个性展现。真正有创新的环境未必是最豪华的，关键是"主题突出"，让顾客找到一种"感觉"。如将中式的特色与西方特色结合起来，使中式的风情与西餐高雅的吃法相交融，这样既能品尝到中餐的美味佳肴，同时又能领略到西餐的文雅。如酒店婚宴所使用的宴会厅，也要突出时尚与创新。酒店婚宴的主人是新人，也是年轻人，所以要体现时尚。如婚宴现场可以设置"天仙配"场景，新人乘坐电梯从舞台上方缓缓降下来，形成"天仙下凡"之感，既有仪式感，又有体验性。

（四）烘托质量

由于服务的无形性，餐饮质量较难被顾客识别，而餐饮环境作为一种包装，可以提示餐饮质量，增强其识别度。比如，高质量的餐饮设施和工具，如餐椅、餐桌、餐具、装修乃至洗手间，都可以向顾客提示高质量的服务。也就是说，服务"硬件"的质量可以烘托服务"软件"本身的质量。现在，酒店餐厅之所以舍得花钱装修和更新用具，一个重要原因就是以此向顾客提示自己的餐饮服务质量，从而增强营销吸引力。

（五）起到沟通促销作用

服务的无形性使得餐饮的广告比较难做，而如果尽量发挥餐饮环境的广告作用，就可以弥补上述不足。例如，美国麦当劳就十分重视利用餐饮环境来做广告。如麦当劳的"餐具"或食品包装上就有广告，像麦当劳的热饮料杯子上印有"热饮烫口"的字样，既是一种安全提示，也是一种包装广告：热饮，要热一点儿，而热到"烫口"的程度，其"热"的质量自然就有保证，因此对热饮顾客有吸引力。

二、餐厅设计

（一）餐厅空间处理

餐饮环境空间处理是根据各类餐厅的规格、功能特点及其具体位置条件，运用各种对立统一的处理手段，对餐饮环境进行空间布局。出色的空间布局是科学性和艺术性的有机结合。一方面利用现代科学技术，使室内温度、湿度、光线、色彩、空间比例适合实际需要，使人感到优雅舒适；另一方面充分利用

室外景观及各种家具设备，进行恰到好处的组合布置。

酒店餐厅的空间布局，是通过交通空间、使用空间、工作空间等要素的完美组合来共同创造的一个整体。酒店餐厅的空间设计，首先必须满足接待客人和使客人方便用餐这一基本要求。餐厅内部设计，首先由其面积决定，必须有效利用空间。餐厅面积指标的确定要合理，指标过小，会造成拥挤，指标过大，会造成面积浪费、利用率不高和增大工作人员的劳动强度等。餐厅的面积可根据餐厅的规模与级别来综合确定，一般按 1.0~1.5 平方米 / 座计算。如果餐厅面积足够大，要合理布局专门的顾客出入口、休息前厅、衣帽间、卫生间及儿童玩耍的空间。

1. 餐厅总体环境布局

（1）总体布局。餐厅的总体布局是通过交通空间、使用空间、工作空间等要素的完美组合所共同创造的一个整体。作为一个整体，餐厅的空间设计首先必须合乎接待顾客和使顾客方便用餐这一基本要求；其次，要注意各空间面积的特殊性，并考察顾客与工作人员流动路线的简捷性；最后，也要注意消防等安全性的安排，以求得各空间面积与建筑物的合理组合，高效率利用空间。

（2）注意围与透的结合。围指封闭紧凑，透指空旷开阔。餐饮环境如果有围无透，会令人感到压抑沉闷，但如若有透无围，又会使人觉得空虚散漫。墙壁、天花板、隔断、屏风等能产生围的效果；开窗借景、风景壁画、布景箱、山水盆景等能产生透的感觉。例如，宴会厅及多功能厅，如果同时举行多场宴会，则势必需要使用隔断或屏风，以免互相打扰。小宴会厅、小型餐厅则大多须借用窗外景色或悬挂壁画、放置盆景等以造成扩大空间的效果。大型餐厅如果无遮无拦，则有单调呆板之感，在营业高峰时间还难免不出现乱哄哄的现象。因而酒店的大型餐厅应该采用矮隔断、室内植物、地平标高变化、不同灯光、不同色彩、大型壁画等手段造成围中有透、透中有围的环境效果。

（3）注意分清主次、突出主题。在餐厅中，宾客是最主要的，一切装饰布置都是为宾客餐饮活动服务，应有助于使宾客心情舒畅和对餐饮食物的品尝。因而，装饰布置、灯光、色彩的运用应围绕宾客这一主题。如果装饰过于繁杂花俏，色彩、灯光眼花缭乱，宾客的注意力就会分散，这会使食品的吸引力大大降低。同时，在处理人与人及物与物的关系时，要注意扬主而抑次。例如，大型宴会的布置要突出主桌、主席位；正面墙壁装饰为主，对面墙次之，侧面墙再次之；餐厅照明应强于过道走廊照明，而餐桌照明则应强于餐厅其他空间照明等。

2. 餐厅入口门厅设计

入口门厅是独立式餐厅的交通枢纽，是顾客从室外进入餐厅就餐的过渡空间。这里也是留给顾客第一印象的场所。因此，门厅装饰一般较为华丽，视觉主立面设店名和店标。根据门厅的大小，一般可选择设置迎宾台、顾客休息区、餐厅特色简介等。还可结合楼梯设置灯光喷泉水池或装饰小景等。

3. 餐厅卫生间设计

餐厅的卫生间分为客人卫生间和工作人员卫生间。客人卫生间的位置相对要比较隐蔽，其前室的入口要远离餐厅，以避免气味传出来。为了提高客人卫生间的环境质量，卫生间的换气排风要好，空气消毒灭菌很重要。同时，也可以布置少量艺术陈设品加以点缀。卫生间的设计，除了考虑位置，还要考虑老少客人的问题、气味的问题、维修便捷的问题、清洁卫生的问题等。工作人员卫生间的前室与各加工间应不相见。客人卫生间和工作人员卫生间的门侧或门枋上都要设置明显标识。

4. 餐厅厨房设计

厨房要紧靠餐厅设置，但备餐间的出入口应处理得较为隐蔽。增加负压可避免厨房油烟及菜味的溢出，还可避免餐厅串味。通风设计时，出风口不能正对客人或餐桌，那会影响客人的舒适度及菜肴的质量。高品质的餐厅还区分了吸烟区和非吸烟区，增加吸烟区的通风量可以减少吸烟对非吸烟客人的影响。

（1）厨房面积同样可根据餐厅的规模与级别来综合确定，一般按 0.7~1.2 平方米 / 座来计算。餐厅若经营多种菜品，所需厨房面积相对较大；若经营内容较单一，所需厨房面积则较小。

（2）厨房应设单独的对外出入口，在规模较大时，还须设货物和工作人员两个出入口。

（3）厨房应按原料处理、工作人员更衣、主食加工、副食加工、餐具洗涤、消毒存放的工艺流程合理布置。对原料与成品，生食与熟食，应分开加工与存放。

（4）厨房分层设置，应尽量在两层解决，若餐厅超过两层，相应的厨房只须设备餐间。垂直运输生食与熟食的食梯应分别设置，不得合用。

（5）厨房与餐厅的过渡空间，在中小型餐厅中，以备餐间的形式出现；而在大型餐厅以及宴会厅中，为避免餐厅内的送餐路线过长，一般在大餐厅或宴会厅的一侧设配餐廊；若仅仅是单一功能的酒吧或茶室，备餐间叫准备间或操作间。

（6）餐具的洗涤与消毒要单独设置。

（7）要做好通风及排烟，避免厨房气味和油烟进入餐厅。厨房的各加工间应有较好的通风与排气。若为单层，可采用气窗式自然排风。若厨房位于多层或高层建筑内部，应尽可能地采用机械排风。

（8）厨房各加工间的地面均应采用耐磨、不渗水、耐腐蚀、防滑和易清洁的材料，并应处理好地面排水问题，同时墙面、工作台、水池等设施的表面均应采用无毒、光滑和易清洁的材料。

5. 餐厅线路设计

要把顾客就餐活动路线与送餐服务路线分开，尽量避免主要流线交叉。送餐服务路线不宜过长（最大不超过40米），并尽量避免穿越其他用餐空间。大型的多功能厅或宴会厅，可用配餐廊代替备餐间，以避免送餐路线过长。

6. 餐厅大厅设计

大餐厅应以绿化、半隔断等多种有效的手段来划分和限定各个不同的用餐区，以保证各个区域之间的相对独立，减少相互干扰。为了保护客人的隐私，可用各种形式的玻璃、镂花屏风将餐厅空间进行分隔和组合。这样，既达到了装饰效果，又能很好地划分区域，给客人留有相对私密的空间。一些高档餐厅的包间内还设有备餐间，备餐间的入口最好与包间的主入口分开，同时，备餐间的出口也不能正对餐桌。

7. 宴会厅设计

与一般餐厅不同，宴会厅面积较大，因来客人数众多，往往要分宾主，执礼仪，重布置，造气氛，一切都应有序进行，因此室内空间常作对称规则的格局，有利于布置和装修陈设，营造庄严隆重的气氛。同时，还要考虑在宴会前陆续来客聚集、交往、休息和逗留的足够活动空间，所以要设置休息区，开大会时宴会厅还应配有贵宾休息厅（室）。另外，宴会厅一般都是多功能的空间，可举行各种规模的宴会、冷餐会、国际会议、时装表演、商品展览、音乐会、舞会等各种活动，所以设计时考虑的因素要多一些，以便使空间适用于不同的活动需要。

（二）餐厅装潢

装潢是指装修与装饰的有机结合。装潢要体现明快，它应根据不同环境的需要选用材料，并通过材料质感、装修手法、技术处理，创造一个理想的环境气氛。

中餐厅的布置与装饰应展现中华民族传统文化特色和特有的礼仪风情、待客之道，欢乐喜庆、团结祥和的氛围是装修设计所追求的基调；墙面材料宜以选用天然材质为主，软包常用于豪华的中餐宴会厅的装修；地面装修设计可随不同的就餐区域和功能区域作适度的变化，色彩、图案和纹理要保持一致；艺术装饰宜选用中国传统艺术表现形式的作品，如国画、书法、民间工艺品等，结合传统的悬垂的落地灯饰、植物花草等，共同营造中国饮食文化鲜明的格调和悠远的意境。

西餐厅的类型不同，其装饰的要求和标准也不相同。总的来说，西餐厅的装饰应体现传统西方文化的气息和生活方式；应通过不同形式的光源的运用和互补，使空间光线照明分布充满优美感；墙纸宜选用古铜色、金色、深木色、咖啡色等稳重的色调来营造豪华、高雅的气氛；借助大幅精致考究的帷幔，古典式豪华家具和灯饰、西洋绘画、雕刻、台面装饰等饰品来共同营造一种异域文化氛围。

（三）家具餐具

酒店餐厅的家具陈设质量直接影响餐厅室内空间环境的艺术效果，对于餐饮服务的质量水平也有举足轻重的影响。酒店餐厅的家具一般包括餐桌（方桌、圆桌、围座桌）、餐椅、服务桌（落菜台）、餐具柜、屏风、花架等。餐厅家具必须根据餐厅类型、规格、餐饮内容特点设计配套，以使其与餐厅其他装饰布置相映成趣，形成统一和谐的风格。

（1）餐厅家具的设计或选择应考虑其类型与尺寸。家具的类型应根据餐厅的性质而定。以餐桌而言，中餐厅常以圆桌或方桌为主，咖啡厅以方桌为主，

快餐厅方桌、围座桌搭配。家具的款式则应以每家餐厅的装饰主题为依据，即不论是古典式、现代派、民族式或西洋式，都必须与餐厅的整体格调相统一。

（2）餐厅餐桌的形状和尺寸必须能满足各种不同的使用要求，要便于拼接成其他形状，为较为特殊的餐饮环境服务。

（3）餐厅家具的选择还应考虑其耐久性和适用性。不仅要求家具坚固耐用，而且必须具有良好的防污、耐脏、抗磨、阻燃性能，同时，要考虑家具是否能自由移动、任意拼接，以及是否适合堆放、贮藏。

（4）餐厅家具的外观与舒适感也同样十分重要。外观与类型一样，必须与餐厅的装饰风格相统一。旅游酒店一般有多处餐厅，不同餐厅的家具应有不同的风格和外观，或端庄稳重，或轻盈明快，应避免雷同和单调。家具的舒适感取决于家具的造型是否科学，尺寸比例是否符合人体构造特点。

（5）餐厅的环境气氛还受到餐桌摆台布置和餐具质量的影响。因此，第一，餐厅使用的餐具，如台布、瓷器、银器、刀叉、酒杯等等，本身的质量规格必须符合酒店的档次等级和餐厅的规格特色。第二，所有餐具必须完好无损、洁净光亮。美食不如美器，即指餐具食具须精美雅丽，不破不损，清洁卫生。第三，餐具应起到突出餐厅特色的作用，因而每个餐厅的餐具也应分别设计，避免所有餐厅都使用相同的餐具。

（四）色彩

酒店室内环境装饰离不开色彩。良好的色彩应用效果能产生完美的室内空间气氛，从而增进宾客的舒适感和愉悦感。色彩对于人的情感有着极大的影响，它可以使人感到愉快、恬静、兴奋，也可使人感到沮丧、恐惧、悲哀、冷漠。在实践中，中餐厅一般适宜使用暖色，以红、黄为主调，辅以其他色彩，丰富其变化，以营造温暖热情、欢乐喜庆的环境气氛，迎合进餐者热烈兴奋的心理要求。西餐厅可采用咖啡色、褐色、红色等色暖而较深的色彩，以营造古朴稳重、宁静安逸的气氛；也可以采用乳白、浅褐之类的色彩，使环境敞亮明快，富有现代气息。

（五）温度、湿度、气味

温度、湿度和气味是餐厅气氛的重要因素，它直接影响着顾客的舒适程度。温度过高或过低、湿度过大或过小，以及气味的种类，都会影响顾客就餐的时间、菜品的选择和就餐时的情绪。一般来说，夏天餐厅的最佳温度应保持在 21~24℃，而冬天的温度则不需要控制。夏天餐厅理想的湿度为 30%~70%，冬天为 30%~50%。温度和湿度在一定范围内可以加快或减缓客人的流动性，但酒店一般只能控制温度，而不能控制湿度。气味通常能够给客人留下极为深刻的印象，令人愉快的气味可以让宾客流连忘返，令人生厌的气味则叫人弃食而逃。因此，在设计餐厅时就将温度、湿度作为一个重要因素加以考虑。尤其是厨房的气味不能弥漫到餐厅，而餐厅中不能有残羹剩菜的气味和香水的气味（表3.2）。

表 3.2　餐厅的温度与湿度的对照表

室外温度 /℃	室内温度 /℃	相对湿度 /%
25	22	65
26	23	65
28	24	65
30	25	60
35	29	60
−10	20	65
−20	18	65

（六）声音

除了以上几种因素之外，声音也是影响整个餐厅环境气氛的重要组成部分。声音效果的好坏不仅会影响到客人的就餐心情，而且还会影响到整个餐饮服务的质量。对于声音的调控有以下几个方面。

首先，虽然现代餐厅追求的是一种优雅、宁静的气氛，但这种优雅、宁静不排除若隐若现的背景音乐。适宜的音乐更能突出餐厅的宁静，并给人以放松、舒适的感觉。如果餐厅有格调和主题的话，那么音乐还会在营造餐厅格调上起到至关重要的作用。在就餐的过程中，欣赏美妙的音乐可以使人心情舒畅，大大地增加人们的食欲。但由于客人的文化程度、性别、年龄、职业等多种因素的差异，决定了每个人喜欢的音乐也大相径庭，因此，究竟制造什么样的音乐效果决不能空谈，它必须要和酒店餐厅的市场定位相一致。对于所选用

的音乐类型、每天播放的时间、播放的音量，这些都由特定的场合来决定。一般来说，公共区域的背景音乐不能是流行音乐，而应是让人愉快、放松的音乐，如管弦乐曲；中餐大厅宴会音乐，应该热烈、豪放，如民歌、通俗、流行歌曲；如果是丧事，在餐饮大厅里不宜播放音乐。包厢在接待散客时，播放的主要以新闻报道为主，但声音不宜过大，应调到不影响两个人轻声谈话为宜。

其次，由于酒店多处于繁华的市区，人流较大，声源较多，如果餐厅隔声效果不理想，那么必定会影响到顾客就餐的情绪。因此，在开业前就要根据营业的需要，在餐厅中使用隔声板等材料，以便降低噪声。对于餐厅内部而言，电器的声音也是噪声的来源之一。目前，很多人吃饭是在 RTV，电视与音响的音量大小直接决定着整个包厢的音效，这就要求餐厅不仅要做好隔声工作，而且要严格控制电器的音量，即让想看电视的客人能够听得清楚，同时也不会打扰到客人之间的交谈。还有包厢内的抽气扇、空调等电器设备，如果产生的噪声过大，就会超过人体感觉舒适的限度，使人烦躁不安，容易出错，易于激动和争吵。因此，必须定期地加强对这些电器的维护与保养，消除噪声以减少对客人的危害。

此外，服务人员的声音也会影响到客人的就餐情绪。服务人员的声音不仅要自然、清晰、柔和、亲切，而且音量要适中，不要过高，亦不能过低，以免客人听不清。通常情况下，服务员的音量以 0.6 米之间能够听到为最佳。服务人员工作交谈时，声音应尽量轻些，不要影响到客人的就餐，有时甚至可以使用一些体态语言代替说话进行沟通，如用手势招呼远处的同事。

【泉州华侨大厦的职工艺术团】

泉州华侨大厦立足餐饮创新发展，成立职工艺术团，在大型宴会接待时提供免费表演。演出内容、表演形式丰富多彩，融合地方歌舞文化，如南音、提线木偶等，营造了喜庆热闹的宴会氛围，提升了宴会的接待档次和服务品位（图 3.4）。

图 3.4　泉州华侨大厦的职工艺术团进行宴会接待表演

第四节　餐饮服务经营与管理

餐饮服务是由餐饮部门的服务人员为客人提供有关餐饮消费的设施、餐具、菜肴酒水和帮助客人用餐的一系列活动。餐饮服务以客人的就餐消费作为服务核心，它包括从迎客到送客的整个服务行为，这些服务行为是按照一定的程序来进行的。一般而言，餐饮服务包括招呼客人、引客入座、呈递菜单、解释菜单内容、点取菜肴服务、送客出门等六个基本的步骤程序。

餐饮服务的好与坏，直接影响着酒店经营的成败。味优形美的菜肴、雅致的就餐环境、周到热情的服务方式等，都能在社会公众中树立起酒店良好的企业形象，带来良好的社会效益；也必然能够使更多的人到酒店来消费商品，享受服务，为酒店带来最佳的经济效益，使酒店进入良性循环的轨道，在经营中不断地发展壮大，提高在同行业中的竞争能力。因此，餐饮服务是酒店日常业务和管理的重要一环，占据着举足轻重的地位。

一、餐饮服务的经营理念

（一）服务员专业多面

餐饮服务既是一种职业，更是一门艺术。由于餐饮工作人员主要是接触来

自不同国家、地区、民族，有着不同需要、习俗、饮食习惯的宾客，因而他们必须具备一定的业务知识，才能做到服务工作的制度化、质量化、标准化、程序化和规范化。这些知识主要包括：国家有关的政策、法规、条文；本企业内部组织结构及各岗位的责任制度；不同国家和地区宾客的膳食习惯及服务要求，国内不同地域、不同民族宾客的膳食习惯及服务要求；中、西各种宴会的名称、特点及服务要求；食品卫生和营养知识；消费心理学等知识；本企业各类餐具的名称、用途及使用方法；各种中、西面点的制作方法以及菜肴的烹饪知识；各类酒水的名称、分类、产地、特点、销售价格以及质量鉴别方法；餐厅的布置，如桌次、席位的安排，摆台技术，上菜、托盘、分菜、斟酒、撤盘等。通晓餐饮业务知识是餐饮服务人员素质的基本要求，因此酒店要想经营取得成功，就要不断地对员工进行培训，提高员工的业务知识水平。

（二）把顾客视作朋友

把顾客当成朋友，就是既要把顾客作为餐饮经营的出发点，同时也要把顾客当作是餐饮经营的归宿，把满足顾客的需求放在首位，以"顾客为中心"，在服务中多一些人性化的关怀，从而提高顾客对服务的满意度。同时，把顾客当成是自己的亲人和朋友去服务，还可以扭转"顾客就是上帝"给员工服务带来的消极情绪，让员工对顾客产生一种爱。

做朋友就得知道朋友想要什么。通过建立客史档案，了解客人的基本情况，如年龄、职业、饮食嗜好、口味等，了解客人用餐的不同消费心理，有针对性地确定菜品价格和服务水准，从而为顾客提供最优质的服务。同时，要加强对顾客的给予和关心，要不断地推出新菜，服务中多注意细节，在客人生日的时候送上一张生日卡，生病的时候去探望，这样才能赢得顾客对酒店的信任和忠诚。

【泉州华侨大厦将消费者当朋友的贴心设计】

泉州华侨大厦在客房增配具有清洗及水疗作用的智能马桶盖，为顾客提供增值服务；精心设计人性化的瓶装洗衣粉并配备摩丝，方便住店客人洗涤衣物及整理头发；针对泉州多雨季，续住客湿衣物不易晾干的情况，提供轻巧、安全、可移动的衣物烘干器；前台台面摆放酒店设计的温馨导航，供客人自取

（图 3.5）。此外，酒店还提供泉州古城免费一日游服务，向导沿途周到、热情、贴心的陪伴及讲解，让客人在游览中了解泉州深厚的历史积淀及人文气息。

图 3.5　华侨大厦为顾客提供的智能马桶、瓶装洗衣粉、烘干机

（三）服务体系规范化

酒店是以优质服务取胜的，而目前由于员工流动率高，培训跟不上，导致了酒店餐厅服务不如以前规范和完善，酒店经营状况不如人意。在这种情况下，酒店必须制定严格的服务标准，加大对员工的培训，规范员工的行为，既要提供规范化的标准服务，又要提供感人化的个性服务，还要使得热情服务无干扰，以适应就餐者的心理感受，满足他们的需要。力争做到：凡是客人看到的，都应该是整洁的；凡是提供给客人使用的，都必须是安全、有效的；凡是提供给客人的服务，都必须是友好的、及时的；凡是客人正当而合理的需要，都必须给予满足。

【泉州华侨大厦个性化服务体系】

泉州华侨大学总经理薛志荣先生亲自主编个性化服务手册，推出各项暖心服务，形成规范化、体系化的服务制度，优化服务质量（图 3.6）。新冠肺炎疫情常态化防控阶段，酒店还建立了规范疫情防控服务体系。

图 3.6　泉州华侨大厦个性化服务手册

二、餐饮高质量服务

高质量的服务是餐饮产品的外围价值，它包括两大类：有形部分和无形部分。前者是服务员付出各种劳动实现的，后者是通过情感传达或交流实现的，其作用有时比前者更重要。高质量的服务主要体现在以下几个方面。

（一）微　笑

餐饮服务是一种特殊的商品，它有极其丰富的精神内容。微笑是满足宾客精神需要的主要方式，是良好服务态度的重要组成部分和外在表现形式。微笑是一种特殊的语言，它是一种宽容，是一种接纳，它能够缩短人与人之间的距离，给人以希望与鼓励。微笑对于酒店而言，可以代表企业的形象，提高效益和声誉；对于服务人员而言，发自内心地、心甘情愿地向宾客微笑，是对自己职业的充分肯定；对于宾客而言，得到的是心情舒畅和精神满足。微笑服务是餐饮服务的重要环节。

（二）快　捷

消费心理表明，对就餐的顾客来说，等待是最让人感到头痛的事情。等候不仅会让消费者感觉到酒店怠慢他，而且还会抵消酒店在其他服务方面所作出的努力，稍长时间的等候，甚至会使餐饮经营前功尽弃。为此，在餐饮服务中一定要讲究效率，尽量减少就餐顾客的等候时间。服务效率的高低不但反映了服务水平，而且还反映了管理的水平和操作质量，因此酒店必须要把快捷服务作为服务质量的一个目标来实现，制定出先进合理的时限要求来确定效率标准。同时，提供快捷的服务还是客我两便的事情，服务员不仅能把节省的时间用来为顾客提供更多更好的服务，使顾客高兴而来，满意而去，而且还可以提高餐厅的餐位利用率，增加营业收入。

（三）卫　生

随着人们消费层次的提高，来酒店就餐的人们不仅对饭菜的色、香、味有所要求，而且对就餐环境、卫生以及食品卫生的要求越来越高。餐厅是客人就餐的场所，其装饰、设施设备的清洁程度和保养程度对于食品经营的卫生管理与酒店企业的整体形象至关重要。客人在餐厅的全部体验常常在餐饮消费过程中形成，客人对餐桌、座椅、餐具、食品饮料的卫生状况及餐厅地面的清洁程度常常表现出异乎寻常的挑剔，并在心中留下强烈的印象。因此，经营者必须要制定明确的清洁卫生规则和检查保证制度，加强对卫生工作的管理，以保障客人在享受美味佳肴的同时，更能吃到营养、健康的食品，令顾客满意。

（四）个性化服务

个性化服务就是指以标准化服务为基础，但不囿于标准，而是以消费者的需要为中心，根据消费者的偏好，提供各种有针对性的差异化服务及超常规的特殊服务，以便让接受服务的客人有一种自豪感和满足感，并赢得他们的忠诚。例如，有的客人习惯用左手拿筷子，那么下次他再到餐厅来用餐时，就应该提前把筷子放在碟子的左边。提供个性化服务可以促进酒店实施差异化战略，创建比较竞争优势，它要求每位管理者要认真研究消费者的偏好，满足宾客日益多样化的需求，提高顾客让渡价值，从而稳住酒店的市场。

三、餐饮经营策略

（一）餐前准备工作

为了能够更好地为客人就餐提供高质量的服务和舒适的环境，服务人员在正式接待客人之前必须做好充分的准备工作。

1. 整理餐厅

每一位服务员应该按照分管的桌次检查餐厅中的家具设备、工作台（落台）、餐桌餐椅、灯具、门窗、窗帘等是否完好整洁，不合格的地方要重新清整。同时，检查台椅、餐台的整体布局是否合理美观，并将休息室、衣帽间整理好。还应调节室温、准备开水。还要注意检查一下服务员个人的仪表、仪

容，注意空气中是否有异味，同时要填写质量检查报表。

2. 熟悉菜单

服务员上岗前须熟悉本餐厅当日供应菜品的菜单（包括菜品的原料、风味特色、烹调特点等），以备客人询问时能尽快地合理地予以答复。另外，还应掌握各种酒水、菜品的价格、上菜程序、各种就餐的服务方式等。

3. 准备物品

备好各类菜单；根据就餐人数和菜单，选配金器、银器、瓷器、玻璃器皿、台布、口布、小毛巾和桌裙等必备用品，并保持以上必备用品的完好、整洁。根据不同的服务形式和菜单，估算并备足各种餐具、酒具、布件的数量，尤其要充分备足或备全西餐具、骨碟、上汤碗和各式酒具；根据菜肴特色，准备好各种菜式跟配的佐料，补充各种调味品；根据接待任务及要求，备好鲜花、充足的酒水、香烟、水果、火柴等物品；准备好备餐台，储存好必需品，如餐具、酒具、菜单、烟缸、调味品、各类纸品、布件、托盘、咖啡具等物品。同时，根据需要准备好餐具运送车、食品服务车和酒精炉等用品。

4. 铺设餐台

根据餐别（零点、包餐、宴会等）服务要求摆好餐具和餐台上的各种用品。

（二）迎宾和领位

做好餐前准备工作之后，就开始迎接客人，主要包括两个方面的内容：

1. 热情迎宾

为了能给客人留下一个好的第一印象，必须做到热情迎宾。客人进餐厅时，要有专人迎接，对待重要的客人，要由主管或经理亲自来迎接；帮助客人拉门，迎宾员要面带微笑，礼貌问候，热情接待。迎宾员能用多种语言向客人问候。宴会服务中，来宾或重要客人餐前在休息室入座后，服务人员应根据每位客人的不同习惯或委托单位的要求，热情送茶，递送香巾或毛巾，并视具体情况敬烟点火，所送的茶水一定要热。衣帽间的服务员要准确接挂衣帽，要注意操作的正确方法，切勿倒提，以防衣袋内的物品掉出摔坏或遗失。

2. 引宾入席

当客人到达餐桌后，服务员应面带笑容，引宾入席，拉椅让座，然后慢慢地将座椅推回原位，以便使客人坐稳坐好。拉椅的要领是：用两手和右脚尖将椅子稍微后撤，客人站在餐桌和座椅之间时，服务员向前轻推座椅，让客人放心坐下。在宴会服务中，服务员不必也不可能为全部客人拉椅让座，也只能是为重要客人拉待。这就要求服务员应事先了解本次聚餐客人的地位高低。

在安排就餐席位时，服务员可以根据客人的不同特点，尽量满足他们的要求。一般属于好友聚会、喜庆包桌等多人就餐的，免不了热闹喧哗，为减少对周围其他客人的影响，有条件的话，最好介绍他们到雅座或比较靠里的位置。一般年轻的情侣习惯借进餐的机会说悄悄话，为避免别人打扰，他们最乐于选择僻静、靠边的位置。穿着艳丽、较为讲究的客人，最好安排在餐厅中间的位置，这样既能迎合这种人的心理，又能起到点缀餐厅、烘托气氛的作用。一些行动不便，需要特别关照的客人，最好安排在离服务台较近的地方。有些客人喜欢自行选择席位，应尽量满足他们的要求。

（三）点菜与叫菜

1. 点　菜

点菜一般要由领班来负责，人多的时候，主管也可视情况予以协助点菜，或服务员自己也可以为这一桌客人点菜，看当时的情况而定。记录客人点菜时，服务员应站在客人的左侧，先询问主人是否代客人点菜，得到明确答复后再依次进行；若顾客仅两位且是异性时，习惯上先问女士以示尊重，除非她的同伴另有安排。当主人表示客人各自点菜时，服务员应先从坐在主人右侧第一位客人开始记录，并站在客人的左侧按顺时针方向依次接受客人点菜。为使服务工作顺利完成，客人点菜时，服务员必须系统地把客人点的菜记录下来。可以采用二维码、小程序或者其他电子设备完成点菜记录。

2. 叫　菜

服务人员在为顾客完成点菜服务后，随即可将点菜单送到厨房叫菜。通常客人所点的菜单内的主菜，在烹调的时间上各有不同，有些菜肴烹制的时间较长，有些菜肴烹制的时间较短，甚至有些菜根本不用烹调，因为在厨房里早已烹制好了。所以要将一桌宴席的主菜在同一个时间出菜，必须要"叫菜员"有冷静的头脑，将生产每道菜肴的时间熟记后，再配合客人用餐的速度，将生产主菜速度慢的，也就是烹制时间需要较长的主菜叫厨房先做，速度快的后做，

这样，才能将一桌的主菜在同一个时间出菜。叫菜员还会为厨房安排走菜的时间，如厨房出菜太快，服务人员可以提醒厨房慢些，如厨房出菜太慢，可以要求厨房快些。总而言之，只要服务人员与厨房密切配合，即可完成到厨房叫菜的工作。

（四）上菜与分菜

1. 上　菜

（1）标准上菜方法。上菜服务最重要的是要保证菜肴应有的温度。上菜的基本顺序是：凉菜、热菜、主食、汤，餐饮店有特殊服务规定或程序的除外。在进行上菜服务时要注意：在上第一道菜时要对顾客说"对不起，让您久等了"，然后报菜名；每上一道菜都要说"请品尝"等敬语；菜上齐后要说"您的菜上齐了，还有一个汤，请慢用"以提示顾客根据此时菜肴的多少，考虑是否还需要添加菜肴。

上菜的顺序，原则上根据地方习惯进行安排，如有些地区上菜的顺序是：先冷菜、后热菜；热菜先上海鲜、名贵菜肴，再上肉类、禽类、蔬菜、汤、点心、面食、甜点，最后上水果。而有些地区则是先上冷菜，再喝汤，后面才上其他热菜等。在经营中可以先征求一下顾客的意见。

上菜时动作要稳健轻巧，保持一个节奏，不要将菜汁或汤汁洒在顾客身上或餐台上。如果顾客点的菜肴较多、餐台上已摆满了菜盘，要先将台面整理一下，把顾客基本吃完的菜肴在征得顾客的同意后换成小菜盘或合并，然后将空菜盘撤下，最后再上菜。上菜时，避免将菜盘从顾客头顶越过，要向顾客打招呼，使用服务敬语"对不起，打扰一下"等，然后从顾客的间隙送上。

在顾客点菜完毕后，凉菜在 12 分钟内上齐，热菜应尽快送上。冷菜吃到一半时上热菜，热菜一道一道上并且在 30 分钟内上完，但以顾客的需求为准，可灵活掌握。如果某道菜的烹制时间比较长，应事先告诉顾客，如顾客有特殊要求要尽量满足。值台服务员在顾客点完菜时，要事先将在一般情况下上菜所需的时间记录好，如果遇到某个菜超过要求的时间迟迟没有上来，服务员要立即去厨房催菜。上汤的时间则由值台服务员根据顾客的进餐情况灵活掌控，为了保证顾客能喝上热汤，一般在用餐接近尾声时及时通知传菜服务员去取汤。上主食的时间，由值台服务员在顾客点菜时征询顾客意见，然后根据顾客的要求准时服务。

（2）特殊菜品的上菜方法

①带配料或蘸汁的菜肴，先要将配料或蘸汁放在餐台上，然后再上菜。这样做可以防止值台服务员上菜后忘记上配料或蘸汁，或是上菜后顾客还要等配料或蘸汁，造成顾客食用此种菜肴时不方便，引起顾客的不满。

②在上需用手直接取食的菜肴如虾、蟹、手扒排骨等时，应送上洗手盅，内盛半盅温度合适的红茶水，茶水内放一片香桃或几瓣菊花。上洗手盅时，不可忘记向顾客说明其用途，放在顾客餐具的左上方。同时，还要上香巾，供顾客洗手后擦手用。

③不易夹取的菜肴，应在菜肴上台后马上在菜盘上放一只公勺，方便顾客取菜；上汤羹类菜肴要在汤盆中放汤勺。

2. 分　菜

（1）分菜方法。分菜是餐饮服务中技术性很强的工作，一般有以下几种方法。

①叉、勺分菜法。进行叉、勺分菜时，首先要核对菜品，双手将菜肴端至转盘上，示菜并报菜名；然后将菜取下，左手用口布托垫菜盘，右手拿分菜用的叉和勺；分菜时做到一勺准、数量均匀，尽量一次性将菜全部分完。

②转台分菜法。提前把与宾客人数相等的餐碟有秩序地摆放在转台上，并将分菜用具放在相应位置；核对菜名，双手将菜送上，示菜并报菜名；马上用叉、勺、长柄勺、筷子分菜；全部分完后，将分菜用具放在空菜盘里，然后迅速撤身，取托盘，从主宾右侧开始，按顺时针方向绕台进行，撤前一道菜的餐碟后，从转盘上取菜端给宾客；最后将分菜用具和空盘一同撤下。

③旁桌分菜法。在顾客餐桌旁放置一辆服务车或一张服务桌，准备好干净的餐盘和分菜工具。然后核对菜名，双手将菜端上餐桌，示菜、报菜名并介绍，将菜取下放在服务车或服务桌上分菜。菜分好后，从主宾右侧开始按顺时针方向将餐盘送上。

④顾客等份分菜法（主要用于羹类、汤类、炖品或高档宴会分菜）。厨房工作人员根据顾客人数在厨房将汤、羹、冷菜或热菜等分成一人一份；服务员从主宾开始，按顺时针方向从顾客右侧送上。

（2）分菜顺序。分菜的顺序是先送主宾、副主宾、主人，然后依次按顺时针方向进行；或从主宾开始按顺时针方向进行。

（3）分菜要领

①分菜用具清洁干净，操作时一刀一叉要稳，不可拖带菜汁、将汁弄出盘外、滴落在桌面或溅到客人身上。

②在保证菜品质量的前提下，短时间内要以最快速度分派完毕。操作时应快而不乱、忙而不慌，叉、勺不要在盘子上刮出声响。切不可在分完最后一位客人时，菜已冰凉。

③分菜要掌握好数量，分菜要均匀，做到先分、后分一个样，主、副内容一个样，要一勺准、一叉准，切忌将一勺分给两位客人或一个客人分两勺，更不允许从分得多的盘碗中匀给分得少的客人。菜肴中优质的部分让给主要客人和其他来宾，头、尾、残骨不应分给客人。

④菜肴不要全部分完，应剩余 1/10 左右，以示菜的宽裕和准备给客人添加。

⑤有佐料调味的菜肴分菜时要跟上佐料。

⑥对新异菜或客人不熟悉食用方法的菜肴应主动介绍。

⑦出现意外应镇定。不可连续出错，应立即采取补救措施，尽快恢复正常，同时诚恳向客人道歉。

3. 席间服务

值台服务员在值台过程中要勤巡视桌面及客人的就餐情况，发现问题及时解决。具体要做到以下几点。

（1）看到客人酒杯已空或只剩下 1/3 杯以下的酒水时，服务员要及时为客人添加酒水。

（2）看到骨碟内食物残渣较多或上甜咸味交叉的菜肴时，要及时为客人撤换骨碟。注意手法要卫生，避免交叉污染。

（3）烟灰缸内烟头在达到第三个或有其他杂物时，要及时为客人撤换。

（4）盛过甜汤的汤碗，再盛咸汤时需要更换。

（5）上整体制作的菜肴如龙虾、整蟹时，要跟上洗手盅和香巾等。

（6）随时清理餐台上的空瓶、空罐、空盘及用过的香巾、纸巾等用品，保持餐台干净。

（7）尽量提高工作效率。操作中应尽量减少不必要的走动，以免影响客人就餐，给客人造成忙乱的感觉。另外，服务员为客人服务时要尽量缩短时间，这样不仅可以提高效率，而且也能使客人更满意。有效的服务还包括上热菜时要趁热上，上冷食时要趁冷冻上，以保持菜肴质量。服务时要争取不出差错，避免客人抱怨和投诉。

（8）对席间出现的特殊情况要妥善处理。例如，接待年幼的客人时要有耐心，主动为其送上儿童椅、儿童菜单等，并把易碎物品移到小孩够不到的地方；遇到停电时，餐饮经理应立即向工程部询问原因和恢复供电的时间，服务员要及时向客人解释，并对停电给客人带来的不便表示歉意，迅速点上蜡烛；接待衣冠不整的客人时，引领员或餐饮店经理应向客人解释餐饮店有关衣着的规定，欢迎客人穿好衣服再次光临，并感谢客人的理解和支持；服务员不慎弄脏客人衣服时，应真诚地向客人道歉，并迅速帮客人清理衣服上的污点，或免费为客人干洗衣服。

（9）要注意操作卫生。餐饮店服务员每天面对面地为客人提供服务，在操作中，保持个人的清洁卫生和操作卫生十分重要。

4. 结账服务

当服务人员将顾客所点菜肴、饮料与酒服务完毕后，按照一般的状况，这一桌酒席的服务已结束了，但强调服务的餐厅通常会由领班以上的主管来到客人的面前向客人询问，餐膳服务是否满意，有什么需要改进的地方。如一切都很满意，客人吃得也很开心，这时主管也可以招待客人一些水果或甜点，以表感谢之意，并含有希望下次再来光临之意。有的时候，虽然客人所点的菜肴与饮料已服务完，但是客人并不会立刻离开，可能大家还要多聊一下，也许客人还会再叫一些点心或饮料，所以服务人员一定要等客人要求结账时，才能呈上账单。这样，才不会让客人感觉有被催促离开的压力并给更改账单带来不便。当客人想要结账时，可以到账台付款，也可以由服务员为客人结账。

5. 送客与翻台

（1）送客程序

①当客人付完账后，准备离开餐厅时，餐厅的人员还要送客，因为送客可

以给客人留下一个好印象。客人准备离去时，所有的服务人员，尤其是该桌的服务人员或是贵宾厅房的服务人员，应暂时停止工作，站守门口或桌边，向离去的贵宾作有礼貌的答谢，同时真诚地向客人表示，希望他们下次再度光临，以表示餐厅的最大诚意。

②当客人准备离开时，客人起身后，服务人员可以为客人拉椅子，以方便客人起立，如客人有寄存衣物，也可代取之。同时，注意客人有没有遗忘的东西留在餐桌或椅子上，如有应立刻交给客人。不管客人有没有给小费，服务员都应面带微笑地表示感谢，并亲切地与客人道别。

③当客人走到餐厅门口时，还可有餐厅的主任、领班、领台等人向贵宾道别。主管也可利用这时向客人询问服务是否周到，菜肴是否美味可口，是否有需改进的地方。如有需改进的地方，主管可以立刻向客人道歉，并向客人解释，希望客人不要生气。这样，不但可以给客人留下满意的印象，同时也与客人拉近彼此之间的距离。下次客人要用餐或请客时，还会再度光临。

（2）翻台。翻台服务是承上启下的一个服务流程，它的目的是在送走前一批顾客后，迅速地为迎接下一批顾客做好准备。在做翻台服务时，餐饮服务现场中的其他顾客还在用餐，甚至有时有顾客正在等待餐位就座，因此要求翻台服务要做到：干净利落、动作迅速、不影响餐饮服务现场的就餐气氛。翻台服务的一般程序和规范如下。

①收拾台面。收拾台面要分类进行：先把餐巾、餐巾纸、香巾、空瓶、空罐及废弃杂物收拾完毕，然后收拾杯子、筷子、勺子，最后收拾碗、盘等餐具。收拾过程中要保持动作快捷稳健，井然有序。杯子、餐具等要用托盘送厨房洗涤处。

②清洗地面。如餐桌下的地面有汤汁或废弃物，要及时清理，但不得使用墩布、扫帚，因为餐厅中还有其他顾客就餐，使用墩布、扫帚是对顾客的不尊重，容易引起顾客的反感；地上的废弃物要装在垃圾袋中；服务员在操作时要戴一次性手套，至少应在手上套一个干净的塑料袋，不允许赤手操作。

③撤换台布。使用台布的要撤换台布，在撤换台布时，由于餐厅还有其他顾客在进餐，所以应避免露出全部餐台台板。应先将干净的台布准备好，折起脏台布的一半。打开干净的台布铺上一半，再撤掉脏台布，最后全部打开干净

的台布铺好。撤换一次性塑料台布时，要先将脏台布从四个角往里拉起，将遗撒物包在台布中放入垃圾袋，然后将准备好的干净台布铺好，打开台布时要两个人合作轻轻拉开，不允许抖动。不使用台布的，先用湿抹布将台面擦净，然后再用干净的干抹布将台面擦干。

④重新摆台。撤换台布后，要马上根据餐位数重新摆好餐台，准备迎接下一批顾客或继续服务其他顾客。

四、厨师选择和要求

酒店向顾客提供的餐饮服务内容包括无形产品的服务和有形产品的服务。有形产品，就是指饮食饭菜方面的内容，也就是厨师提供给顾客的。厨师在酒店餐饮经营中的作用很重要，身怀绝技的厨师，其作用要比一般厨师大得多，会吸引更多的回头客。他们对酒店的营业额和利润产生很大的影响，因此是否拥有高质量的厨师是决定餐饮经营成败的关键。

（一）厨师应具备的基本素质和修养

1. 具备多元能力的素质

厨师是以制作符合卫生和饮食质量标准的食品，为客人提供饮食服务的专业技术人员，应具有熟练的、过硬的操作技能。厨房的任何一员都应具备本职岗位的操作技能和菜系的基本知识，比如，一种烹饪原材料放在面前，厨师能够根据原料的性质、特征，运用正确的烹调方法，制作出符合当地风味特色或自己独特创意的菜肴，色、香、味、形、口感能受到客人青睐，有回味无穷的感受。现在厨房分工明确，各工种都有严格的岗位质量标准，同时各工种之间又是紧密联系不可分割的，在熟练操作本工种技能的同时，必须要充分了解下一道工序的质量要求，灵活地进行制作。以主厨为例，应具有高等级烹调师的知识和能力，精通某一菜系各种菜肴的烹调技术，并能够初步了解其他菜系和其他部门的知识，具备切配、案板、打荷、炉灶的操作能力。

2. 拥有博学多才的知识

随着人们对饮食质量的要求，给厨师带来的压力和挑战越来越大。厨师仅能做一手好菜已不能满足食客的需要。一道菜，不仅要知道制作方法，还要知道制作原理，要清楚菜肴原料在受热过程中的变化，了解菜肴的营养价值，把

握好火候，能根据菜品和食客的要求准确烹调。这就要求厨师不仅要能够熟练地掌握和运用烹饪技能，同时还必须懂得营养学、原料学、烹饪物理学、烹饪化学、烹饪美学、调味知识、饮食心理学等知识。烹饪是一门综合科学，厨师必须博学多才，见多识广，所谓厚积而薄发，方能赋予烹饪更多创造性的内涵和色彩。

3. 具备品行高尚的厨德

对于餐饮经营的兴衰，厨房工作人员是关键。但由于厨师工作性质和环境的特殊性，有些厨师和员工忽略了对自身形象的建设。工作中，工作服污秽不堪，留长指甲、长头发等，厨房卫生达不到标准，不爱护财产，乱丢乱放，有的不注意节约水电，有的不合理利用边角废料等，这充分体现了一名厨师和工作人员的修养和素质。要树立整体形象，提高个人的综合技术修养，就要树立四个意识。

（1）团队意识。现在厨房有炉灶、案板、水台、打荷、炒粉、炒饭、西点、煎炸、卤水等工种之分。工种之间相对独立又相互制约。一道菜肴的制作过程是厨房各工种通力协作完成的，而非一己之力所为。厨师可以独立完成菜肴制作的所有工序，但工作效率很低。厨房的每一位工作人员都应充分认识到，只有分工不同，没有贵贱之分，只有协作互助，厨房的工作效率和质量才能提高。

（2）服务意识。"厨师是所有职业中最难做的职业"，这话一点儿不假。每个人对菜肴的评判都有自己的尺度和标准，厨师按照自己的标准制作出的菜肴，张三说咸，李四说淡，你说咬不动，他说过火了，女说真好吃，男说很难吃，有时还要退回来重做。厨师真心做出的菜，别人不动筷子就退了回来，罚他买单还不能发脾气，这就决定了厨师必须具有良好的修养。

（3）厨德意识。菜品如人品，做菜如做人。遵守社会公德和法律法规，酒店里的规章制度是毋庸置疑的。同时，厨师必须遵守行业的职业道德，严格执行《食品卫生法》《环境保护法》，同样要有爱心、平常心和超凡的胸襟气度，才能成大器。

（4）创新意识。顾客都有求新和好奇的天性，菜肴也并非古董那般越老越好，因此厨师必须要推陈出新，吸取传统精华，古为今用，洋为中用，将传统烹饪技术与现代餐饮理念巧妙搭配，寓庄于谐，寓巧于拙，运用创造性思维，通过借鉴、移植、嫁接、杂交等手法，创造和研制不同的特异菜品。只有不断创新，才能吸引客人，占领市场，厨师本身也才能具有长久的生命力和竞争力。

（二）餐饮经营对厨师的要求

1. 本土化

一方水土养一方人。厨师必须对当地客源的口味主旋律以及习惯有一个基本的把握，在保持自己风格的基础上作恰当的调整，以适应当地的本土文化。比如粤菜的量很少，这样顾客就有可能吃不饱，因此要根据当地的文化，相应地调整菜量，让顾客吃饱吃好。同时，菜品的创新也要依据经营地区口味的主旋律进行，例如，四川人多喜欢麻辣的、口感冲击力强的菜品，如果位于四川的酒店创新了许多以水果及花卉做辅料，口感偏甜偏淡的菜肴，那么推销效果肯定不会理想。而如果创新"金酱鱼丝""旱蒸银鳕鱼"等味厚或口感冲击力强的菜，就定会受到顾客的欢迎。

2. 多元化

时代在变，人们对饮食的需求和消费观念也在变，即使某个菜系的菜肴做得再好，也很少有人会一直对某个菜系"情有独钟"，长期不变。现在的人们往往渴望品尝到各个菜系的美味佳肴，领略不同菜系的独特口味。因此，这就要求酒店经营不能只有单一型的厨师，而是要拥有一批综合型的厨师队伍。不仅要有本土菜系的厨师，而且要从顾客需求的角度出发，聘请几种流行的其他菜系的优秀厨师，如川菜、鲁菜、粤菜等系的厨师，从而满足不同顾客的口味需求。

【泉州华侨大厦的多元化餐饮体系】

泉州华侨大厦中餐厅早餐推出泉州本土特色小吃系列，午餐提供港式、粤式茶点，春节期间推出粤式盆菜等，通过餐饮产品的多元化来满足不同顾客的口味需求。（图 3.7）

面线糊及配料　　　　猪血汤

满煎糕　　　　菜粿　　　　元宵圆

图 3.7　泉州华侨大厦多元化餐饮

3. 创新化

一个好的厨师除了要本身的烹调技术过硬外，还必须善于上下沟通，既清楚酒店的需要，也了解下属的情况，更要了解客人的需求，按照客人的心态烹制菜肴；同时，还要能够虚心听取意见，积极改进工作作风，进一步提高烹饪水平。

4. 勤劳化

要成功就不要怕吃亏，要多干才能多学，多学知识才会全面，技术才能高超，这是厨师职业的实践性决定的。读书是"学而后知不足"，厨师则是"做而后知不足"。没烹制过这种菜肴，还真不知道应该这样干，不知道自己原来还有很多不懂的东西。尤其是新厨师们，更不要怕辛苦，不要对什么工作都挑肥拣瘦、推来推去，否则不但自己没学到什么东西，更会惹同事们讨厌，因为不管什么人都讨厌懒人。同时，厨师不应该只在厨房里埋头工作，更要参与餐厅的经营，才能使自己成为经理的好助手，也才能算是一位真正成功的全能厨师。

（三）厨房人员的配备

厨房人员的配备就是通过适当而有效的选拔、培训和考评，把合适的人员安排在组织结构中所规定的合适的岗位上，以保证经营目标的顺利完成。

厨房要完成各项生产计划和利润指标，除了需要先进的厨房设备、设施以及丰富、新鲜的烹饪原料外，更重要的是从事厨房工作的人员须具备良好的素质和专业技术。因为人是任何组织中的核心，人力资源始终在企业中占据主导地位，如果没有一支素质好、技术过硬的厨师队伍，那就无法谈及提高企业知名度、保证餐饮产品质量，更无法去实现企业所规定的经营目标。

1. 确定厨房人员数量应考虑的因素

（1）厨房规模。厨房的规模直接关系到设多少岗位。厨房规模大，生产要求高，相对各工种分工细，岗位设得多，所需的人数就多；反之则少。岗位的多少，关系到人数的确定。人数多少也与岗位班次的安排有关。有的厨房实行弹性工作制，厨房工作忙时，上班人数多；工作闲时，上班人数少。而有的厨房则实行两班制或多班制，这样分班，岗位上的基本人数就能满足厨房工作的运转，否则，就会影响生产。所以，岗位设置、排班都会对人数的确定产生影响。

（2）酒店档次。酒店的档次决定着消费者的消费水平。档次越高，消费者的消费水平相对也越高，菜肴的质量标准和生产制作也越讲究，厨房的分工也越具体，就要配备多一些的厨房人数。

（3）客情状况。厨房生产出来的产品要依靠餐厅来进行推销和出售，餐位数决定着厨房的生产量，决定着厨房人数的确定。如果餐位数多，上座率高，厨房生产量就大，所需人员就多；反之，如果餐位少，上座率低，厨房生产量就小，所需厨房人员则少。

（4）菜单内容。菜单是厨房生产的依据，菜单的内容标志着厨房的风格特色和生产水平。因此，厨师人数的多少与菜单有着直接的关系。如果菜单所定菜名的品种多，规格及档次比较高，菜肴制作的难度也较大，厨房就需要有比较多的技艺高超的厨师。如果菜单的品种少，或大多是适宜大批量制作的菜肴，厨房的人数就可少一些。

（5）厨房设备。厨房人数的配备还需要考虑到厨房设备的利用与完善程度。厨房的设备比较先进，配有切丝机、切片机、去皮机、搅拌机等设备，则在这种机械化程度高的厨房里，人数就可以相对少一些；反之，人数就需要多一些。另外，厨房购进的烹饪原料，其加工程度也决定着厨房人数。如果烹

饪原料的加工程度比较低，就需要配备较多的厨房人数；反之，人数就可以少一些。

2.厨房人员数量的计算

（1）按岗位定人数，即根据岗位生产的需要来确定人数。厨房中每一个岗位的工作量不是均等的，如炉灶上需要的人数就相对比冷菜间所需的人数多一些。炉灶上要将厨房所提供的菜肴由生的烹制成熟的，而冷菜间一般只要负责冷菜的装盘。由于冷菜生产量较少，因此所需人数就少。

（2）按比例定人数，就是按就餐者人数的多少来确定厨房生产人员的多少。这种按比例来计算厨房人数是比较简单的，但又须具有一定经验。用这种方法确定人数时应适当放宽厨房所需人数。

（3）参照规模、性质相似厨房的人数来确定本厨房的人数。这种方法比较实用、合理。但如果厨房生产功能不一样，厨房设备、菜品难易不一，就不能盲目去仿照，必须根据本厨房的特色，参考上面讲的几种方法来确定人数。

▌ 本章小结

本章从多个维度探讨了酒店餐饮经营的策略与创新。通过高质量的实物产品、设备设施、环境气氛以及餐饮服务经营与管理的不断优化，酒店可以实现餐饮业务的持续增长，吸引更多客人的光临，并在激烈的市场竞争中脱颖而出。以下是本章各部分的具体内容要点和总结。

第一节分析了酒店餐饮业务中提供高质量实物产品的重要性以及关键要素。通过对食品的颜色、香气、滋味、形状以及温度等多个方面的精心把握，酒店能够提供令人愉悦的用餐体验，满足客人的味觉和视觉享受。同时，注重食品的器皿选择以及就餐环境的灯光设计，能够进一步营造出独特而舒适的就餐氛围，为客人带来难忘的用餐体验，从而增加客人的满意度和忠诚度。

第二节介绍了酒店高质量的设备设施。主要内容包括高质量设备设施的作用、高质量设备设施的类型、高质量设备设施的注意事项等。酒店高质量设备设施的重要性不可忽视。通过投资现代化设备、合理规划设施布局，并注意维护保养，酒店可以提升餐饮经营的效率和质量，为客人创造更加舒适、愉悦的用餐环境。

第三节聚焦于酒店高质量的环境气氛。主要内容包括餐饮服务的经营理念、高质量餐饮环境的设计原则、如何进行餐厅设计等。营造高质量的环境气氛是酒店餐饮业务成功的重要因素之一。通过精心的设计和策划，酒店可以为客人打造出独特、愉悦的用餐环境，从而增强客人的情感连接，提升品牌形象，以及在市场中树立良好口碑，实现长期发展。

第四节阐述了餐饮服务经营与管理。主要内容包括餐饮服务的经营理念、如何提高餐饮服务质量、餐饮经营策略、厨师的选择和要求等。全面覆盖了酒店餐饮服务经营与管理的重要方面。通过树立积极的经营理念，提高服务质量，实施有效的经营策略，以及拥有优秀的厨师团队，酒店可以在餐饮市场中取得成功，满足客人需求，实现业务增长。

综上所述，本章综合探讨了酒店餐饮经营的关键策略与创新。通过高品质的实物产品、现代化设备设施、独特的环境氛围，以及卓越的餐饮服务经营与管理，酒店能够实现业务的持续增长与差异化竞争，通过多个维度的努力，共同构筑一个成功的酒店餐饮业务模型。

第四章

酒店康养产品植入与运营创新

康养，是健康和养生的合成词，旨在提供一种平衡身心的健康体验。在当今快节奏的生活中，人们越来越重视健康和幸福感，尤其是在旅行和度假时。酒店作为人们休闲和放松的场所，不仅需要提供舒适的住宿环境和优质的服务，还要关注宾客的身心健康，满足他们对康养体验的需求。因此，酒店康养产品的植入与运营创新成为酒店业中的一项重要策略。它不仅是酒店提升品牌价值的战略，更是对宾客身心健康的负责。通过提供优质的康养产品和服务，酒店可以为宾客营造一种舒适、放松和愉悦的氛围，让他们在旅途中得到全面的疗愈和恢复。在这样的体验下，宾客不仅会对酒店产生好感，还会成为酒店的忠实拥趸，为酒店的口碑和业绩带来积极的影响。

第一节　酒店康养产品植入的理念与思路

一、酒店康养产品的定义、特点与本质

（一）酒店康养产品的定义

酒店康养产品是指酒店在提供住宿服务的基础上，结合康体、健身、休闲、美容、养生等功能，为客人提供一系列有益身心健康的服务和体验的产品。这些产品旨在满足客人在旅途中对健康、放松、养生和美容等方面的需求，帮助客人减轻压力，促进身心健康，提高生活质量。目前，酒店康养产品

的类型主要包括以下方面。

（1）康养酒店客房：酒店客房以床品、空气、照明、音响、浴室等方面为切入点，提供舒适、安全、健康的居住环境，同时配备康养设备和服务，满足康养需求。

（2）康养餐饮：酒店餐饮以营养健康、口感舒适、药膳、养生菜单等方面为切入点，满足康养餐饮需求。

（3）康养运动：酒店以室内外运动设施、健身房、瑜伽、太极、按摩等项目为切入点，提供康养运动服务，满足康养需求。

（4）康养 SPA：酒店以温泉、热带雨林、冰雪浴、按摩、中药浴等项目为切入点，提供舒适放松、身心修复、疗愈治疗等服务。

（5）康养景区：酒店将康养产品与自然景观、文化景观等结合，打造康养旅游景区，提供康养度假服务。

（二）酒店康养产品的特点

1. 健康导向

康养产品注重满足客人的健康需求，包括身体健康、心理健康、美容养生等方面。这些产品的设计和提供都以客人的健康为导向，追求客人在酒店内得到全面的康体和保健体验。

2. 多样性

康养产品涵盖了多个领域，包括健身设施、温泉疗养、美容养生、瑜伽冥想等。酒店可以根据客人的需求和偏好，提供多样化的康养产品，以满足不同客人的需求。

3. 专业化

酒店康养产品需要专业的管理和服务团队来提供支持。酒店需要有经验丰富的健身教练、美容师、养生专家等来提供专业的康养服务，确保客人能够获得高质量的体验。

4. 个性化

康养产品通常可以根据客人的个人需求和身体状况进行定制。酒店可以提供个性化的健康方案和养生建议，让客人感受到个性化的关怀和服务。

5. 体验性

康养产品强调客人的体验和感受，不仅注重产品本身的功能和效果，还包括服务过程的细节和情感交流。酒店要通过创造舒适愉悦的环境和服务，让客人在体验中获得满足和放松。

总体来说，酒店康养产品是以满足客人健康和养生需求为导向的，通过提供多样化、专业化和个性化的服务，让客人在酒店内获得全面的身心健康体验。

（三）酒店康养产品的本质

以健康为导向，关注多样性、专业化、个性化和体验性的酒店康养产品，离不开养颜、养身和养心三个本质。

1. 养　颜

其本质在于酒店提供一系列服务、产品和体验，帮助客人改善肌肤，促进美容与护理，让他们拥有更加年轻、健康的外貌。

（1）专业护理服务：酒店通常提供专业的美容护理服务，如面部护理、按摩、身体磨砂、水疗护理等，以帮助客人改善肌肤质地，促进血液循环，减缓皮肤衰老的迹象。

（2）高品质护肤品：酒店可以配备高品质的护肤品，包括面部面膜、精华液、乳液等，供客人选择使用或购买，以满足不同肤质和需求。

（3）营养与饮食：酒店可提供营养均衡的餐饮选择，例如新鲜水果、蔬菜、富含抗氧化剂的食物等，以促进健康肌肤的生长与修复。

（4）运动与健身：酒店可设健身房或提供瑜伽、普拉提等健身课程，以帮助客人保持身体健康，促进血液循环，提升肌肤的光泽。

【清迈帕维纳排毒养生度假村】

随着生活压力的加大和城市空气质量的恶化，我们很多人的身体和心理多多少少都暗藏着自己没有察觉到的"毒素"。帕维纳养生度假村（The Pavana Chiang Mai Resort）则是一家能让全身心来一场畅快"排毒"的度假酒店。酒店最具特色的就是 Detox Center 排毒中心，医生会根据不同客人的体质情况，制订相应的排毒方案，主要包含饮食、运动、按摩等几个部分，也能让每位客人根据自身的情况，安排 4 天或 7 天等不同的排毒计划。通过由酒店特制的中草药、精心设计的食谱和 SPA 等项目构成的排毒疗程，来去除我们体内由于垃圾食品和环境污染而残留的毒素，同时还能达到减肥的效果。酒店还会提供泰式传统按摩教学（图 4.1）。

图 4.1　帕维纳养生度假村的泰式传统按摩

2. 养　身

其本质在于酒店提供一系列服务、环境和体验，旨在帮助客人改善身体健康、增强体魄，并提升整体的生活品质，如通过床铺、牙具等给予客人良好的体验。

（1）健康饮食与营养：酒店可提供健康、营养均衡的餐饮选择，包括新鲜的水果、蔬菜、高蛋白食物等，以促进身体健康。

（2）健身与运动：酒店通常配备健身房设施或提供各种健身活动，如瑜伽、游泳、有氧运动等，帮助客人增强体质、塑造身材。

（3）康体与康复：度假酒店可能设有康体中心或提供康复治疗服务，包括理疗、物理治疗等，帮助客人康复身体受损部位或缓解慢性病痛。

（4）自然疗法：酒店可采用自然疗法，如温泉疗法、热石按摩等，以促进血液循环，缓解肌肉疲劳，增强身体的自然愈合能力。

【安秦康养如意山海】

作为中国规模最大的休养疗养胜地，北戴河生态优美，环境宜人，拥有沙细滩缓、水清潮平的黄金海岸（全长 23 公里），22 万亩茂密葱郁的森林湿地，

12 条蜿蜒入海的河流，8 平方公里华北最大的七里海潟湖，绵延 20 公里、高达 45 米的天然沙坨，形成世界罕见的海洋大漠风光，被誉为"中国最美八大海岸之一"，拥有海洋、森林、湿地三个主要的生态系统，并有多种鸟类在此聚居。酒店推出特色疗养药膳，遵循国家卫生健康委、国家市场监督管理总局发布的 106 种药食同源的食物作为原材料，涉及药材部分，由中医药专业人士进行把关，安全养生；坚持少油、少盐、少糖、少化学添加物等备餐原则，符合现代营养原则，健康养生；取用当季新鲜食材，利用自然本味特点，突出食物营养价值，不使用任何添加剂、色素；打破中药难入口的刻板印象，保证食品养生健康又美味可口。此外，酒店推出了夏季养生套餐。人体自然生理特性在夏季为阳气外浮于体表，脉象洪浮而有力，人体腠理疏松，汗孔开泄，以适应暑热气候。而夏季由火热所化，腠理开泄而致汗多，最易耗气伤津，应助以清心防暑、滋阴生津的药膳。另外，夏季炎热，客人食欲减退，脾胃功能运化弱，宜食用清爽开胃、健脾助运的食物。

3. 养　心

其本质在于通过一系列服务、环境和体验来帮助客人放松身心，恢复平静与宁静。具体而言，这些产品的目的在于减轻压力、促进健康，并提供一种逃离日常生活的机会。

（1）环境氛围：酒店通常拥有美丽、宁静的环境，可能位于自然风景区或城市中的安静区域，通过营造舒适、安静的氛围，帮助客人放松。

（2）休闲放松：酒店通常设有水疗中心、按摩、瑜伽和冥想等设施与活动，帮助客人放松身心，缓解压力。

（3）个性服务：酒店注重提供个性化服务，以满足客人的特定需求，如私人护理、定制化的活动与计划。

（4）回归自然：很多养心酒店鼓励客人与自然接触，例如徒步旅行、花园散步等，以帮助客人感受到自然的宁静与和谐。

【冰岛蓝潟湖度假酒店】

冰岛的蓝潟湖自 1996 年被开发出来，便成为世界上最令人神往的地质胜地之一。蓝湖地热温泉是冰岛被访问最多的景点之一，冰岛蓝潟湖度假酒店就坐落其中，游客可以住在地质公园内部，享受最原生态的自然疗养（图4.2）。

图 4.2　蓝潟湖度假酒店全貌

酒店设计最大限度减少建筑物对周围环境的影响，对形成该火山景观的裂缝进行透彻的分析，精心布局以将自然美景最大化地展露给世人。进入 The Retreat 酒店，客人看到那些蓝绿色的海水之后，便会感到这里每一个角落散发出的安静气氛，整个人的精神和身体状态立刻得到放松（图4.3）。

图 4.3　The Retreat 酒店一景

二、酒店康养产品的地位和作用

酒店康养产品已经成为酒店业的一个独特且不可或缺的组成部分，为客人提供了独特的健康和休闲体验。以下是酒店康养产品的地位和作用的要点。

（一）提升酒店业竞争力的重要组成部分

在当今竞争激烈的酒店市场中，酒店康养产品已经成为了提升竞争力的重要手段。随着健康意识不断提高，大众开始追求健康的生活方式和休闲体验。酒店业可以通过提供多样化的康养产品，满足不同顾客群体的需求，从而在市场上占据有利地位。拥有丰富康养产品的酒店不仅能够吸引更多的客人，还能够巩固现有顾客，提高顾客留存率，实现业务的持续增长。例如，深圳市阳光酒店在 1993 年开业时，酒店内的千叶俱乐部是中国最豪华、最大规模的夜总会之一。随后推出的阳光酒店二期工程，命名为"阳光乡村俱乐部"，设置了网球场、游泳池、桑拿浴、壁球室、国际会议中心、健身及美容中心等一系列康养项目，使酒店迈入更多功能、更高档次的行列。由此，阳光酒店康乐部的营业收入以及住房率等各项营业指标均位居深圳市同行业的前列，这充分证明康养项目在酒店中占据着不可估量的地位。

（二）促进客人健康和福祉的综合体验

酒店康养产品的核心在于为客人提供全面的健康和福祉体验。这些产品通常包括健康饮食、专业的健康咨询、体育锻炼、瑜伽冥想等项目，旨在帮助客人改善生活方式，增强身体素质，提高免疫力，预防疾病。通过与专业的健康管理团队合作，酒店能够为客人提供个性化的健康方案，让客人在度假的同时，获得身体和心理上的全面满足。例如，梨乡山居康养度假酒店客房设置有一个室外药池泡澡，客人按照自己所需要的药材选择药浴的类型，在舒适的药池中享受下午茶（图4.4）。酒店内还设置有不同风格的休闲娱乐室，有针对客人的身体状况定制的个性化专属疗程，项目包括减肥塑形、排毒养颜、睡眠调理、抗老紧致等。酒店还会根据不同的人群、不同的年龄、不同的体质、不同的疾病，在不同的季节选取具有一定保健作用或治疗作用的食物，通过科学、合理的搭配和烹调加工，做成具有色、香、味、形、气、养的美味食品。这些食品既是美味佳肴，又能养生保健，防病治病，能吃出健康，益寿延年

（图 4.5、4.6）。

图 4.4　酒店室外药池　　　　图 4.5　酒店食疗养生

图 4.6　泉州华侨大厦推出的营养套餐

（三）增强客人满意度和忠诚度

酒店康养产品的另一个重要作用是增强顾客满意度和忠诚度。客人在体验酒店康养产品时，不仅能够享受到身体的放松和愉悦，还能够感受到酒店对其全面健康和幸福的关注。这种关怀和关注能够有效地提升顾客的满意度，使他们感受到与酒店的情感连接，从而成为长期的忠实顾客。忠实顾客不仅会经常选择酒店康养产品，还会推荐给他们的朋友和家人，为酒店业务的稳定增长贡

献力量。例如深圳的富临大酒店，吸引客人入住的一个亮点就是入住该酒店可免费到高尔夫球俱乐部打球。这样的贴心服务进一步增加了客人对酒店的好感，并促使他们选择该酒店作为下次旅行的首选。因此，酒店康养项目地位和作用不可小觑。通过不断创新和提升康养项目和服务，酒店能够吸引更多的客人，实现持续发展。

（四）推动酒店业可持续发展

随着社会的发展，环保和可持续发展的理念越来越受到重视。酒店康养产品常常与自然环境相结合，注重生态保护和环境友好。例如，一些酒店康养产品会将自然疗法、户外活动等融入其中，让客人在自然的怀抱中获得身心的平衡。通过这种方式，酒店不仅能够为客人提供宁静和舒适的度假环境，还符合可持续发展的理念，能够为酒店业的可持续发展做出积极的贡献。例如针对高寒地区的度假酒店，它们可以设立高山滑雪项目，吸引热爱冬季运动的客人前来体验雪地的乐趣。而海滨度假酒店则可以提供海上帆板运动等水上项目，让客人在海风中尽情畅游。城市商务酒店则可以增设氧吧，让客人在紧张的商务活动后得到放松和恢复。这些独特的康养项目和活动不仅增加了酒店的吸引力，也满足了现代人对于康养休闲的强烈需求。而实践亦证明，康养项目对客源的吸引力日益增强，很多人将康养视为生活中不可或缺的内容。

综上所述，酒店康养产品在酒店业中具有重要的地位和作用。它不仅能够提升酒店业竞争力，还能够促进顾客健康和福祉的综合体验，增强顾客满意度和忠诚度，同时还有助于推动酒店业的可持续发展。酒店业应当继续深化康养产品的研究和开发，不断创新，以满足客人不断增长的健康需求，实现业务的可持续增长。

三、酒店康养产品的植入理念与发展思路

（一）酒店康养产品的植入理念

酒店康养产品植入理念是指在酒店经营中将康养理念与产品融合，通过提供与健康、放松和美容相关的服务和设施，满足客人对身心健康的需求。这一理念体现了酒店的关注和关怀，不仅提供传统的住宿和餐饮服务，更通过康养产品的引入，为客人提供全方位的健康体验。酒店康养产品植入的理念包括以

下几个主要方面。

1. 注重健康导向

酒店康养产品植入理念强调健康导向，关注客人的身心健康。通过提供健身房、瑜伽室、按摩服务等，帮助客人保持健康的身体和心态。同时，酒店还可以提供健康餐饮选择，如新鲜有机食材和营养平衡的菜单，满足客人对健康饮食的需求。例如，北京的华尔道夫·阿斯特丽亚酒店（Waldorf Astoria Hotel），是一个以健康导向为主题的高端酒店。酒店设有先进的健身房、瑜伽室和水疗中心，为客人提供个性化的康养方案和健康饮食选择。

2. 放松体验

康养产品植入理念注重客人的放松体验，为客人创造宁静舒适的环境。酒店可以提供舒适的客房和床品，设立室内温泉、桑拿浴室等设施，让客人在愉悦的氛围中放松身心，减轻压力和疲劳。例如，中国杭州的安缦法云酒店，是一个融合了文化和自然元素的放松康养酒店。酒店坐落在茶山竹海之间，提供静谧舒适的客房和独特的温泉浴室。客人可以在安静的庭院和花园中漫步，感受大自然的美好。酒店还提供传统的养生食疗和养生养颜护理，让客人在宁静的氛围中得到放松和舒缓。又例如，腾冲隈研吾·石头纪温泉度假酒店的温泉是自然喷出来的"云峰神泉"，作为享誉世界的"腾冲温泉"的一部分，水质属于温泉种类中优秀、高级的"碳酸泉类"水体清澈、润滑，富含多种矿物质，能促进身体机理循环及代谢，放松身心，还有助于睡眠的功能（图 4.7、4.8）。

图 4.7　石头纪温泉度假酒店外观　　　图 4.8　石头纪温泉度假酒店的温泉

3. 美容养颜

康养产品植入理念还包括美容养颜方面的服务。酒店可以提供美容护肤服务，为客人提供高品质的美容产品和护理，满足客人对美丽和养颜的需求。例如，泰国曼谷的 Anantara Siam Bangkok Hotel，是一个奢华的康养酒店，以美容养颜为主要特色。酒店设有专业的水疗中心和美容护理室，为客人提供高品质的美容产品和护理服务。客人可以享受放松舒缓的面部护理和身体按摩，焕发青春光彩。

4. 个性化定制

康养产品植入理念强调个性化定制，根据客人的需求和偏好，提供定制化的康养服务。酒店可以提供健康评估和个性化健康方案，帮助客人制订适合自己的健康养生计划。例如，广东省汕头市的雅居乐温泉度假酒店，是一个以个性化定制为特色的康养度假胜地。酒店提供专业的健康评估和个性化健康方案，帮助客人制订适合自己的康养计划。

5. 文化融合

康养产品植入理念还注重将当地文化和传统元素融入其中。酒店可以结合当地的传统医学和养生方法，为客人提供独特的康养体验，增加文化内涵和吸引力。例如，四川乐山的万丽酒店是一个融合了当地文化元素的康养酒店。酒店结合了乐山大佛的文化底蕴，为客人提供独特的康养体验和文化之旅。

6. 增加自然元素

酒店康养产品的植入应增加自然元素，为客人提供身处大自然的体验和享受。酒店可以在庭院、花园、阳台等地方增加植物、水景等自然元素，让客人感受到自然的美好。例如，广西壮族自治区梧州市的五洲大酒店，是一个融入了自然元素的康养酒店。酒店拥有宽敞的庭院和花园，为客人提供亲近自然的体验，增加客人的康养乐趣。

总体而言，酒店康养产品植入理念致力于为客人提供全面的康养体验，不仅关注客人的身体健康，更注重心灵的放松和美好的体验，从而提升顾客满意度和忠诚度。

（二）酒店康养产品的发展思路

酒店康养项目的发展周期可分为预投资、投资和运行三个时期。预投资阶段是指在正式决定投资开展康养项目之前，进行项目可行性研究和准备工作的阶段。

1. 预投资阶段

可行性研究是在预投资期内进行的关键步骤，它分为机会研究、初步可行性研究、技术经济可行性研究和评价报告四个阶段。

（1）机会研究。机会研究是指识别投资机会，产生大致的投资建议。根据研究时的目标，进行一般机会研究，或特定项目的机会研究，或两者同时进行。一般机会研究有地域研究、部门研究、以旅游资源为基础的研究等。机会研究相对粗略，是概略的估计，不是详细的分析，其数据通常来自对现有康养项目的比较。

（2）初步可行性研究。初步可行性研究是投资机会研究的继续和进一步深化。在这个阶段，研究的主要内容包括投资机会是否具有发展潜力，并判断是否值得进行最终的可行性研究。同时，也需要确定哪些关键问题需要进行辅助研究，例如市场调研等。初步可行性研究阶段，要对基本建设投资进行较为精确的估算，通常可达到 20% 的准确度。

（3）技术经济可行性研究。技术经济可行性研究是对反映康养项目技术先进性、经济合理性的一系列指标，进行计算、对比、评价和分析等研究工作。其主要内容涉及康养项目的情况介绍；市场需求和酒店对此满足的能力；动力等供应情况；地理位置和康养项目地址的选择；康养项目的设计、组织和管理费用；员工配备；实施进度计划的制订；投资与产品成本估算以及经济效益评价等。

（4）评价报告。对酒店康养项目研究结果写出报告即可行性研究报告，将其提交给贷款单位（银行或财政部门），随后由贷款单位的相关机构对康养项目研究进行评价，并撰写评价报告，对酒店康养项目是否需要继续进行做出结论。这一阶段的评价报告至关重要，它是判断康养项目可行性的决定性因素，也是投资决策的重要依据。

一般而言，酒店康养项目评价报告是对康养项目进行综合评估和分析的重要文档，其主要内容包括以下几个方面。①项目概况：评价报告的开头应该对康养项目进行简要的介绍，包括项目名称、地理位置、规模、投资额、预计运

营周期等基本信息。②目标与需求：明确康养项目的发展目标和所面向的顾客群体，分析当前市场的康养需求，阐述为什么该项目在市场上具有潜在的发展机会。③技术先进性评估：对康养项目所采用的技术和设备进行评估，包括是否符合行业标准、是否具有领先优势、是否适用于所处的市场环境等。④经济可行性评估：对康养项目的投资回报进行估算和分析，包括预期收入、成本支出、利润率、投资回收期等指标，以评估项目的经济可行性。⑤竞争分析：对同类康养项目进行对比，分析其优势和劣势，了解竞争格局和市场占有率，以制定应对策略。⑥风险评估：对康养项目可能面临的风险进行评估，包括市场风险、技术风险、政策风险等，提出相应的风险应对措施。⑦环境影响评价：评估康养项目对环境的影响，包括资源消耗、废物排放、社会影响等，并提出环保措施。⑧运营策略：制定康养项目的运营策略，包括市场推广策略、服务定位、价格策略、人员配置等。⑨可持续发展：评估康养项目的可持续发展能力，包括项目的长期发展规划、社会责任、资源利用效率等。⑩结论与建议：根据对康养项目的综合评估，提出明确的结论和建议，包括是否继续推进项目、应注意的问题和改进方向等。综上，酒店康养项目评价报告旨在为投资者、管理者和决策者提供全面、客观的信息，帮助他们做出明智的决策，确保康养项目的成功运营和可持续发展。

2. 投资阶段

酒店康养项目的投资阶段是指在经过预投资阶段的可行性研究和准备工作后，正式决定投资兴建康养项目的阶段。在这个阶段，需要进行项目的具体规划、建设和装修，以及准备运营开业所需的各项准备工作。投资阶段主要包括以下内容。

（1）细化项目规划。在预投资阶段确定了康养项目的可行性后，投资阶段进一步细化项目规划是确保项目成功的重要环节。项目规划包括制订具体的建设方案，明确康养产品和服务的特色和定位。同时，制订详细的项目进度计划，明确各项任务的时间节点和责任人，以确保项目按计划高效推进。另外，施工图设计也是投资阶段的一项关键工作，它决定了康养设施的具体形态和功能布局。通过精细化的项目规划，投资阶段能够为后续的建设和运营奠定坚实基础。

（2）场地选址和土地购置。场地选址和土地购置是酒店康养项目投资阶段的重要任务。选址的合理性将直接影响到项目的发展和成功，因此，需要考虑场地的交通便利性、自然环境、市场需求等因素，选择适合发展康养项目的地点。同时，进行土地购置和土地使用权手续办理，确保项目在选定地点上的合法性和稳定性。场地选址和土地购置的决策需要综合考虑多个因素，并进行专业评估和论证，以确保项目在最佳的场地条件下展开。

（3）建设工程。酒店康养项目的建设工程是投资阶段的核心任务。在这个阶段，需要兴建康养设施和购置设备，包括酒店房间、康乐中心、水疗区、健身房等。建设工程的质量直接影响到项目后续的运营效果和顾客满意度，因此，在建设过程中需要严格把控工程质量，选择可靠的施工团队和材料供应商。同时，建设工程也需要按照规划和设计方案进行施工，确保康养设施的功能和布局与规划一致。在建设工程期间，还需要做好协调和沟通工作，确保各项任务按时完成，使项目顺利推进。

（4）装修和装饰。装修和装饰是酒店康养项目投资阶段的重要环节。通过装修和装饰，可以为康养设施营造出舒适、温馨的环境，符合康养主题和风格。在装修和装饰过程中，需要注重细节和品质，选择符合康养理念的装饰材料和家具，打造独特的设计风格。同时，还需要考虑顾客的感受和需求，让客人在康养环境中感受到愉悦和放松。通过精心的装修和装饰，可以提升康养项目的吸引力，吸引更多客人前来体验。

（5）设备采购。设备采购是酒店康养项目投资阶段不可忽视的一环。购买康养设施所需的设备和器材，确保设施正常运行，保证良好的服务质量。在设备采购过程中，需要考虑设备的性能和品质，选择可靠的供应商，以确保设备的稳定性和耐用性。同时，还需要根据康养项目的定位和特色，选择适合的设备，满足不同顾客的需求。设备的质量和功能直接影响到顾客的体验和满意度，因此设备采购是投资阶段的关键任务。

（6）人员招聘和培训。在投资阶段，酒店康养项目需要招聘酒店运营所需的员工，并进行相关培训。优秀的员工是项目成功运营的保障，因此，在人员招聘过程中，需要根据康养项目的特点和需求，选择合适的人才。同时，还需要为员工提供专业的培训，提高其服务水平和专业能力。员工的专业素养和服

务态度直接影响到顾客的满意度和忠诚度，因此，在投资阶段，人员招聘和培训是不可忽视的一环。

（7）宣传和推广。在投资阶段，进行康养项目的宣传和推广工作是确保项目开业后有客源的重要手段，可以通过广告、社交媒体、合作伙伴等多种渠道，吸引顾客和市场关注。宣传是为了提前吸引顾客，让顾客了解康养项目的特色和优势，从而提高入住的意愿。同时，还需要根据不同目标顾客群体，制定精准的宣传策略，吸引潜在顾客前来体验康养服务。宣传和推广是投资阶段的重要任务，为项目的成功开业打下坚实基础。

（8）运营准备。投资阶段需要准备运营开业所需的各项工作，包括酒店运营管理体系的建立、服务流程的制定等。运营准备是为了确保项目正式运营开业后的顺利进行。在运营准备阶段，需要建立健全酒店的管理体系，明确各个部门的职责和工作流程，确保运营的高效性和协调性。同时，还需要进行系统的培训，确保员工熟练掌握工作流程和服务标准。运营准备是投资阶段的最后一步，也为项目的正式运营打下坚实基础。

投资阶段是康养项目的实质性阶段，也是最关键的阶段。在这个阶段，需要投入大量的资金和资源来兴建和装修康养设施，确保项目的质量和效果。同时，还需要做好运营准备工作，为项目的正式运营开业做好充分准备。

3.运行阶段

酒店康养项目的运行阶段是指康养项目正式投入运营后的阶段。在运行阶段，酒店康养项目开始为客人提供各类康养服务和活动，保持设施的运转和维护，并持续进行市场推广和品牌建设，以实现长期的经营和发展。运行阶段主要包括以下内容。

（1）顾客服务。在运行阶段，酒店康养项目须提供优质的顾客服务，满足客人的需求和期望。专业的康养顾问将热情接待客人，倾听客人的需求，并为客人量身定制个性化的康养方案。定期进行健康评估和指导，为客人提供专业的康养建议和指导，确保客人在康养之旅中获得最佳体验。

（2）设施维护。保持康养设施的良好运转和维护是运行阶段的重要任务。酒店康养项目需要定期检查康养设施设备，及时进行维护和更新，确保设施的正常使用和安全性，保持设施的高品质状态，为客人提供安心、舒适的康养环境。

（3）康养活动。开展各类康养活动是运行阶段的重要内容。酒店康养项目可以举办多样化的康养活动，如瑜伽课程、健身训练、水疗、营养餐饮等。通过丰富多彩的康养活动，吸引客人积极参与，提升客人的康养体验和满意度。

（4）市场推广。在运行阶段，酒店康养项目需要持续进行市场推广和宣传活动，通过广告、社交媒体、合作伙伴等多种渠道，吸引更多客人入住。同时，积极参与康养行业的展会和活动，提高酒店康养项目的知名度和美誉度。

（5）管理运营。进行酒店康养项目的管理运营工作是运行阶段的核心任务。酒店康养项目需要建立健全的管理体系，合理配置人员，进行成本控制，确保项目的稳健经营和高效运作。同时，加强质量监督，持续优化服务流程，提升服务品质和顾客满意度。

（6）反馈收集。定期收集客人的反馈和意见是运行阶段的重要环节。酒店康养项目需要倾听客人的意见和建议，了解客人的需求和满意度。通过顾客反馈，及时发现问题，进行改进和优化，不断提高服务质量和顾客满意度。

（7）品牌建设。在运行阶段，酒店康养项目需要加强品牌建设。通过持续的品牌推广和营销活动，提升品牌价值和影响力，打造独特的品牌形象和文化，吸引更多忠实顾客和重复入住。坚持优质的服务标准和独特的康养理念，树立酒店康养项目在市场中的领导地位。

运行阶段是酒店康养项目长期经营和发展的关键阶段。在这个阶段，需要持续提供优质的康养服务，保持设施的良好状态，积极开展市场推广和品牌建设，以吸引更多顾客和保持良好的业绩。同时，还需要不断改进和创新，满足客人的需求和期望，使酒店康养项目成为客人喜爱和推崇的优质康养品牌。

四、酒店康养产品经营分析研究

酒店康乐部作为康养项目的重要组成部分，其经营过程可以分为供应、运行和营销三大环节。针对这三大环节，酒店管理者应进行深入的分析和研究，以寻找最佳的管理模式和方法，以适应市场的需求并获取最佳经济效益。

（一）供应环节

供应环节是酒店康乐部经营的基础，主要包括设施、设备、人员和服务的

供给。在这个环节，酒店管理者需要仔细考虑如何配置和提供康乐设施和服务，以满足客人的需求。例如，提供多样化的康乐设施，如健身房、水疗中心、瑜伽室等，以及专业的康乐服务，如健身指导、按摩疗程等。同时，合理安排人员配备和培训，确保服务质量和顾客满意度。

（二）运行环节

运行环节是酒店康乐部实际运营和管理的阶段。在这个环节，酒店管理者需要建立科学的运营管理体系，规范康乐活动的开展和服务流程。重点在于提升运营效率，控制成本，确保设施设备的良好运转，优化服务流程，提高员工绩效。同时，通过不断收集顾客反馈和评价，及时调整运营策略，持续改进服务质量。

（三）营销环节

营销环节是酒店康乐部吸引顾客和推广产品的关键阶段。在这个环节，酒店管理者需要制定有效的营销策略和推广计划，通过各种渠道宣传康乐项目，提高其知名度和吸引力。可以通过线上渠道，如官方网站、社交媒体等，以及线下渠道，如会展、合作伙伴等，进行有针对性的推广。此外，开展促销活动和会员计划，吸引顾客重复消费和口碑传播。

综合考虑供应、运行和营销三大环节，酒店康乐部的管理模式应不断优化和适应市场需求，保持与时俱进。同时，要坚持顾客导向，关注顾客需求和体验，不断提升服务质量和满意度，从而实现酒店康乐部经营的最佳经济效益。

第二节　酒店康养项目的设计与布局

酒店康养项目的设计与布局是酒店管理中至关重要的一环，它不仅关乎客人的舒适体验与满意度，也直接影响到康养产品的效果与竞争力。在当今旅游市场中，康养旅游正日益受到人们的重视与追捧，酒店康养项目作为旅游酒店的重要特色之一，已成为酒店业务的热门发展方向。本节将深入了解酒店康养项目的设计原则与方法，探讨酒店康养项目的设计与布局，内容涵盖从整体规划到细节考量的全过程，致力于为客人打造独一无二的康养之旅。

一、酒店康养项目的设计原则与方法

秉持规范与创新并重，酒店康养项目的设计必须遵循一系列关键原则，以确保在追求独特体验的同时，不失安全与舒适。这些原则不仅为康养环境的打造提供了指导，更在细节之中彰显着对客人身心健康的呵护。具体内容如下。

（一）安全第一原则

安全第一原则是康养产品设计与实施的核心价值，不仅代表了酒店对顾客关怀的体现，更是对卓越品质和可信服务的承诺。在康养项目的规划与布局阶段，安全性是不容忽视的基础前提，它直接影响着顾客的健康和愉快体验。因此，在布局时，酒店必须坚持安全第一的原则，具体体现在以下方面。

1. 确保人身安全

安全是酒店康养产品的生命线，只有确保安全，才能真正满足顾客对康养的需求。随着人们生活质量的提高和休闲时间的增加，康养产品的供给与需求也不断增加。但是，人们在项目体验的过程中，经常出现各种各样的意外情况。这些情况不仅危及游客的生命安全，还会影响项目所在地的经营声誉。例如，在酒店游泳池等设施中，虽然可能没有专人救生，但酒店服务人员必须时刻保障客人的安全。同时，在游泳池区域提供的饮料茶杯要选用塑料制品，以避免划伤在游泳池边行走的客人。

2. 确保设施和设备安全

加强康养产品安全管理，提高经营管理水平和服务质量是当务之急。在酒店康养设施方面，如泳池、健身房、旋转滑梯等设施都存在一定的安全隐患，可能导致客人受伤甚至危及生命。因此，必须加强设备管理，定期检查和维护设施，确保其安全性和可靠性。同时，设计师在设施标志和颜色上也应加强安全管理，采用国际标准（ISO）和国家标准（GB）规定的管道标色，确保管道内物料与标色对应，避免因误用而引发事故。

3. 强化消防安全意识

酒店康乐部的消防工作是确保客人和员工生命安全的重要一环。为此，酒店需要深入关注消防安全，采取一系列举措来预防和应对火灾等紧急情况，保障康乐环境的安全可靠。酒店康乐部消防工作主要包括以下内容。

（1）火灾预防。在康养项目和设施的规划与布局过程中，必须严格遵守防火间距的要求，确保康乐区域和消防通道之间有足够的空隙，以保障火灾时的疏散安全。消防通道的设置和保持畅通也至关重要，绝不能让其被占用或堵塞。此外，选择耐火材料、设置火灾报警设备、制订灭火器材配置方案等也是火灾预防的关键措施。

（2）火警处理。当发生火警时，酒店康乐部需要建立健全的火警应急处理流程。员工应熟悉火警报警装置的操作，能够快速报警并启动应急预案。火警指示标志和应急疏散标识的设置要明确清晰，确保在火灾发生时，人员能够快速、有序地疏散到安全区域。酒店康乐部需要建立完善的火灾应急响应机制。员工应接受过相应的培训，了解灭火器材的使用方法，能够在事故发生后迅速进行初期扑救。同时，应明确各个岗位的责任分工，保障火灾事故得到及时、有效的处置，最大限度地减少损失。

注重消防安全不仅是法律法规的要求，更是对客人和员工负责的体现。通过科学、合理的消防预防和应急处理，酒店能够在康养项目的运营中构筑起一道坚固的安全屏障，让每一位到访的客人都能够在安全、宁静的环境中享受康养的愉悦体验。

（二）合理配置原则

1.空间分区与功能区域划分

在设计酒店康养项目的空间布局时，合理的空间分区和功能区域划分是至关重要的。这有助于为不同的康养活动和体验提供适当的环境，增强客人的舒适度和满意度。

（1）功能分区与体验。在设计康养项目的空间分区时，需要根据不同的康养活动和体验，将整个空间划分为不同的功能区域。例如，可以设置瑜伽区、健身区、水疗区、休息区等。这有助于确保客人可以根据自己的需求选择合适的区域，参与各种康养活动，实现多样化的健康体验。此外，为保证不同功能区域之间的互通性，可以采用开放的设计风格，使各个区域之间有良好的视觉联系。例如，通过使用玻璃隔断、通透的设计，让客人可以在不同的区域之间自然地切换，同时享受连贯的空间体验等。

（2）空间流线与互通性。一个良好的空间流线设计可以使客人在康养项目中自由流动，方便地访问不同的功能区域，提升整体体验。在规划空间流线时，需要确保通道的宽敞和清晰，避免拥堵和不便。此外，在空间分区时，需要合理设置隔声措施，确保不同区域之间的声音不会相互干扰。同时，为客人提供私密的休息区域，让他们可以安静地享受个人的康养体验，放松身心。

2. 自然环境与室内设计融合

酒店康养场所的布置必须与周边环境相互融合。通过将室内空间与自然景观相融合，营造出宁静、舒适的氛围，帮助客人实现身心平衡。

（1）自然采光。在酒店康养项目中，充分利用自然光线是至关重要的。大窗户、天窗以及透明的隔断可以将自然光线引入室内，让室内空间充满明亮的阳光。这不仅能够提升室内的视觉明亮度，还有助于调节人体生物钟，促进白天的活动和夜晚的休息。自然采光还能够改善人们的情绪，增强乐观和积极的心态，进而提升整体的康养效果。

（2）室内植物。引入适当的室内植物是将自然环境与室内设计融合的重要手段之一。植物不仅可以美化室内空间，还具有净化空气、调节湿度的功能。选择易于养护且适应室内环境的植物，如常见的绿色植物、空气净化植物等，可以有效提高室内空气质量，为客人营造清新的氛围。此外，植物的存在还能够增添一份自然和生机，让客人感受到与大自然的亲近感，从而促进身心的放松和愉悦。

（3）自然元素融入。在室内设计中融入自然元素也是模拟自然环境的关键。可以通过选择自然的色彩和材质，如木质地板、石材装饰、天然纤维的家具等，营造出质朴、温馨的氛围。同时，通过自然元素的艺术品、壁画或装饰品，可以将自然的美景和元素引入室内，为客人创造出身临其境的感觉，增强康养体验的真实性和深度。如三亚泰康之家度假酒店，以"感悟自然、探索本真、山水相系、致敬真实"的设计理念唤醒度假新灵感，从建筑到室内设计、家具陈设均由如恩设计研究室操刀，室内设计汲取东方文化之精髓，并糅合周边心旷神怡的自然环境和地道的本地元素（图4.9）。设计团队深入洞悉当地文化与传统并结合周边优美的自然环境，进行大胆诠释，运用多种贴近自然并体现当地独特热带风貌的建筑材料，如藤竹编、橡木、亚麻织物及陶土砖等为宾客展现一处静谧而隐秘的热带绿洲（图4.10）。

图4.9 三亚泰康之家度假酒店外观

图4.10 三亚泰康之家度假酒店室内设计

3. 康养设施与设备的合理配置

设施与设备的合理配置是酒店康养项目成功运营的重要保障，它直接影响着客人的康养体验和满意度。通过针对不同康养活动的特点进行设备安排、保障通风与净化，酒店可以营造出安全、舒适且功能完备的康养环境，满足客人多样化的需求。

（1）设备安排。不同的康养活动需要不同类型的设备和设施来支持。例如，健身区需要配置多样化的健身器材，以满足客人的锻炼需求。健身房的附近可以设置舒适的休息区，供客人在运动后放松身心；按摩床、理疗设备等则适用于提供身体放松和舒缓的康养疗程。而瑜伽垫、冥想用具等设施则是为参与瑜伽和冥想活动的客人提供必要的支持。桑拿浴室的设计则需要与休息区相近，以便客人在使用后得到舒缓和放松。在设备选择和配置时，需要充分考虑设备的品质、功能和耐用性，确保客人可以安全、顺畅地使用，从而获得最佳的康养效果。

（2）通风与净化。酒店康养项目的设施和设备配置不仅涉及功能性，还需要关注环境舒适度和健康安全。保持室内空气的流通和净化是确保客人健康与安全的关键之一。通过合理的通风系统设计和定期的空气净化措施，可以有效去除室内污染物和异味，保持空气新鲜和洁净。特别是在水疗区等可能产生湿气的区域，更需要特别的通风和除湿措施，以避免滋生细菌和维护舒适度。

此外，环保和可持续发展的原则也应该在设施与设备配置中得到体现。选择节能环保的设备，减少资源浪费，有利于酒店康养项目的可持续发展。

4.平衡隐私和社交需求

合理的空间布局旨在满足客人对个人私密空间的需要，同时也提供了促进社交互动的机会，使客人在舒适的环境中可以自由选择如何度过他们的康养时光。

（1）私密空间。为了满足客人寻求个人隐私和内省的需求，设计专门的私人疗程室和休息区非常重要。私密的疗程室可以提供安静、安宁的环境，让客人能够专注于康养活动，享受个性化的护理和疗程。休息区也可以为客人提供一个隐秘的角落，让他们可以独自放松，阅读、冥想或进行个人的康养活动，而不受外界干扰。

（2）社交区域。同时，在康养项目空间规划中融入社交区域也非常重要。开放社交区如休息室、茶水区等，为客人提供了与他人交流和互动的机会。这些区域可以成为客人交流、分享康养心得和结识新朋友的场所。社交区域的设计可以通过舒适的家具布局、轻松的氛围和自然的元素，营造出一种友好、轻松的氛围，鼓励客人互动，促进社交连接。

（3）隐私与社交的平衡。在空间布局中，平衡隐私和社交需求是一种微妙的艺术。设计师需要将私密空间与社交区域有机地结合，以便客人可以根据自己的喜好选择如何度过时间。例如，在私人疗程室旁边设置一个小型的休息角落，让客人在疗程后可以独自放松，同时也可以与其他客人交流分享体验。此外，采用可移动的隔断、帘子等设计手法，可以根据客人的需求随时调整空间的隐私程度。

（三）融合前沿科技的导向原则

现代康养项目不仅秉持传统项目如乒乓球、高尔夫球、保龄球等，更融入当代科学技术的精华，赋予各项康养活动以更高的技术含量。前沿科技的应用不仅丰富了康养项目的内涵，也为客人提供了独特的体验。在酒店康养项目设计中，前沿科技应成为一个重要的考虑因素。从酒店自身规模、所服务的目标市场，到经营宗旨和方针，都需要纳入综合考虑，以确保康养项目和设施设备既具备先进的科技水平，又符合实际应用的需要。例如，桑拿、按摩等项目可借助智能控制技术，为客人创造更加智能化、便捷的康乐体验。而高尔夫模拟则通过虚拟现实技术，将真实高尔夫体验带入室内，让客人尽情畅玩。这种融

合前沿科技的设计原则不仅能够提升康养项目的档次和水平，还能够增强整个酒店的吸引力和市场竞争能力。

（四）凸显特色原则

康养项目的多样性以及康乐设施设备的广泛性，使得酒店在康养项目的设计中，必须充分考虑如何在众多选择中脱颖而出，塑造独特的特色。在进行可行性研究的基础上，根据企业的经营宗旨、经营方针以及目标市场的定位，选择具有独特特色的康养项目和相应的设施设备成为至关重要的决策。在一个地区内，只有那些凸显个性、拥有先进设施、提供优质服务的康乐中心，才能够在市场中占有一席之地。这使得酒店康乐中心需要在康养项目或设施设备上突出自身独特之处。以保龄球为例，酒店可以将保龄球项目作为核心，注重其规模适中、设施先进、服务优质，以独特的特色吸引顾客的注意。例如位于深圳市的五星级酒店——南海酒店，该酒店内部设有国内鲜见的日光浴室，配备按摩浴池和露天泳池，为游客创造了一处享受灿烂阳光、解脱身心疲劳和烦恼的宁静场所。这种独特特色的设计不仅丰富了康乐项目的内涵，也体现了酒店对客人身心健康的关切与承诺。

二、酒店康养项目设计的相关人员

（一）设计团队

设计团队是酒店康养项目设计的核心，包括建筑师、景观设计师、室内设计师、工程师、施工队等。设计团队需要具备相关的专业技能和经验，能够充分理解酒店康养项目的特点和需求，为项目提供全面的设计方案和实现方案。

（二）康养专家

康养专家主要负责对康养服务的规划和设计，包括 SPA、养生、中医、健身、营养等方面。康养专家需要具备专业的知识和技能，了解康养行业的最新发展趋势和市场需求，为酒店康养项目提供专业的咨询和建议。

（三）营销团队

营销团队主要负责市场调研、品牌策划、销售推广等方面。营销团队需要了解酒店康养项目的特点和市场需求，为项目提供全面的市场分析和推广方案，同时与其他设计团队密切合作，确保设计方案能够符合市场需求和顾客期望。

（四）顾客代表

顾客代表是酒店康养项目设计的重要参与者，主要负责顾客需求的收集和反馈，为设计团队和营销团队提供重要的意见和建议。顾客代表需要具备一定的专业知识和相关经验，了解酒店康养服务的特点和需求，能够对设计方案提出有价值的建议和意见。

（五）运营团队

运营团队主要负责酒店康养服务的实施和运营。运营团队需要具备相关的专业知识和经验，能够为顾客提供高质量的康养服务，同时保证服务质量的持续改进和提高，确保酒店康养项目的成功实施和运营。

三、酒店康养项目的设计元素

酒店康养项目的设计元素涵盖以下多个方面，每个方面都扮演着塑造综合康养体验的重要角色，旨在为客人提供充满舒适与关怀的康养环境。

（一）空间设计

空间设计是营造愉悦氛围的关键。室内外环境的设计需要考虑光线、色彩、材质等因素，以营造出令人身心舒缓的氛围。合理划分康养区域，将休闲、娱乐、健身等功能区域有机结合，使客人可以流畅地在不同区域间切换，享受多重康养体验。景观园林的规划则注重自然元素的融入，打造一个与大自然亲近的休憩场所。

（二）设施设备

精心选配各类设施设备，以满足客人多样化的需求。康复器械的选择要基于专业医学知识，为客人提供恰到好处的运动治疗。SPA浴池和健身房的布局应注重空间的开敞和设备的质量，为客人提供舒适的健康体验。瑜伽室的设计要考虑环境的宁静和材质的舒适，为追求内心平衡的客人提供恰到好处的场所。游泳池的规划应符合国际标准，深度和尺寸须满足安全和舒适的要求。餐饮设施的布置则需要兼顾美食体验和营养健康，提供多样化的饮食选择。

（三）服务流程

为了确保客人的舒适体验，服务流程至关重要。精心设计的接待流程可以

让客人感受到宾至如归的热情。客房服务流程要细致周到，满足客人的各种需求。餐饮服务流程要注重用餐体验，提供专业的菜单推荐和个性化的服务。康养项目预约和服务流程要方便、快捷，让客人可以轻松享受各类康养项目。

（四）康养方案

针对不同客人的需求，量身定制的康养方案是关键。康养疗程的设计应结合专业的医学和康复知识，为客人提供有针对性的康复治疗。餐饮营养方案要兼顾美味和健康，为客人提供均衡、营养的饮食选择。运动计划要有针对性和多样性，满足客人的健身需求和兴趣爱好。

（五）环保与可持续性

在设计中注重环保与可持续性，是酒店康养项目的社会责任。选择环保建材，推行节能减排，合理管理水电资源，实施废弃物处理，都是为了维持可持续发展的康养环境，为未来的代际提供美好空间。

（六）技术应用

将现代技术应用于康养项目设计中，不仅可以提升服务效率，还可以创造更丰富的康养体验。智能化系统可以提供个性化的服务，信息化管理可以实现数据精细化分析，虚拟现实技术可以带来身临其境的感受，大数据应用可以根据客人的偏好进行个性化推荐。这些技术的融合将为客人带来更高层次的康养享受。

四、酒店康养项目的布局

酒店康养项目的布局是一个因项目而异的复杂任务，必须根据不同的地域、酒店类型、星级等多重因素进行合理规划，以达到最佳效果与体验。

（一）游泳池布局

游泳作为康养项目之一，游泳池在布局设计中应与其他设施相互融合，协调一体。与专业比赛所用游泳池不同，酒店游泳池深度等常与酒店各种设施相匹配。游泳池通常分为室外和室内两种类型，每一种类型的布局都须根据特定需求进行设计。以日本祁歌山县的旅馆为例，其室外游泳池采用椭圆形状，周围环境与景观设施都巧妙加强这一形式，营造出一种和谐的统一感。

（二）球类运动场所布局

1. 网球场布局

昆明南亚风情园网球馆以其独特的休闲、娱乐和健身功能而备受欢迎。它宽敞的建筑面积达到 1100 平方米，场内铺设了符合国际标准的塑胶球场。为了给客人提供全面的体验，馆内还设有男女更衣室、观赏席等设施，确保客人在舒适的环境中尽情享受网球的乐趣。此外，网球馆还为客人提供饮品和小吃等贴心服务，使其在运动的同时也能得到味觉满足和享受。

2. 台球室布局

台球室的布局设计要考虑到台球台面的尺寸，通常为长 4 米、宽 2 米，而且周围留有足够的活动空间以确保打球时的便捷。台球室的氛围也是关键，应营造出舒适、放松的氛围，让客人能够尽情享受台球的娱乐乐趣。

3. 乒乓球室布局

乒乓球室的布局相对简单，一张乒乓球台就足够。为了增加客人的兴趣，可以引入乒乓球机器人，这样即使客人独自一人也能愉快地享受乒乓球的刺激。乒乓球室的设计应注重细节，如灯光照明和空气流通等，都会影响到客人运动体验。

4. 壁球室布局

壁球作为一项激烈且富有竞技性的球类运动，在酒店康养项目的布局中扮演着独特的角色。壁球与传统的羽毛球、网球等运动不同，它要求近距离面对墙壁进行对抗，展现了其独特的竞技魅力。因此，在设计壁球室的布局时，必须充分考虑运动的特性。壁球分为单打和双打两种，而相应的场地面积也有所不同。单打场地的面积约为 50 平方米，双打场地面积则是单打场地的 2 倍，以确保双方有足够的空间展开对打。墙壁的高度通常在 4~5 米之间，宽度约为 6 米左右，这样的设计旨在留有合适的回球区域，使运动更具技术挑战性。在壁球室的入口设计上，选用厚玻璃门的安排不仅能增加室内外的视觉延伸，还可以营造出开放和宽敞的感觉。

5. 保龄球室布局

保龄球室的设计应该考虑到每个球道之间的距离，以及球道与观众席、休息区的合理布局。此外，保龄球室还应提供舒适的座位和观赛区，为客人提供

一处愉快的社交和娱乐场所。保龄球道的长度、宽度和球道油脂的处理都需要精心设计，以确保客人们能够享受到稳定的球道条件和愉快的体验。根据国际保龄球联合会的标准，一般标准的保龄球道长度为约 21.33 米（70 英尺），保龄球道的宽度通常为 1.06 米（42 英寸）。同时，保龄球室的装饰和氛围也是吸引客人的重要因素，可以通过照明、音响和装饰等手段营造出独特的娱乐氛围，让客人流连忘返。

6. 高尔夫球场布局

高尔夫球场的选址一般在风景秀丽、交通便捷的近郊地区，以营造出一个理想的球场环境。布局要充分考虑高尔夫球场的设计特点，包括起伏的地形、各个球洞的分布，以及球道与障碍物的设置，确保球场具备挑战性和趣味性，为高尔夫爱好者带来一场精彩的比赛体验。

（三）参与式休闲康养项目的布局

1. 桑拿浴室布局

桑拿浴室的位置应当精心选择，以便客人在锻炼后能够及时享受到桑拿的舒缓效果。最好将桑拿浴室设置在健身区域附近，这样客人可以在运动后立即进行桑拿，加速肌肉的恢复和松弛。此外，桑拿浴室也可以与其他水疗设施如按摩浴缸、蒸汽房等相邻，为客人提供多样的选择。内部设计方面，要注意控制好温度和湿度，确保在舒适的范围内。为客人准备舒适的座椅或躺椅，以便他们可以在桑拿期间得到足够的放松。合适的照明设计也是关键，要营造出温馨、舒适的氛围，为客人提供愉悦的体验。

【昆明柏联精品酒店天然 SPA 温泉】

昆明柏联精品酒店天然 SPA 温泉堪称"亚洲第一"。东方园林式的环境融入了东南亚独特的佛禅文化、中国传统养生文化和西方休闲度假文化，加之柏联天然温泉水吸纳了高山镜湖天地灵气、千年火山石的矿物滋养及天然花草植物纯粹精华，并以阴阳五行之理布局、建造、引泉和维护，带给宾客极致的温泉享受（图 4.11、4.12）。

图 4.11 昆明柏联精品酒店水疗室　　　　图 4.12 昆明柏联精品酒店观海泉区

2. 按摩室布局

按摩作为重要的休闲康养服务，其布局应与美容美发厅相协调。将按摩室设于美容美发区域附近，为客人提供全面的关怀。这种布局不仅方便了客人在享受按摩的同时进行美容美发，还创造了一个综合的康养场所，让客人能够在一个地方得到多重的放松和护理。按摩室的内部设计需要注重隐私性和舒适度，为每个按摩台配置适当的隔断或帘子，确保客人在享受按摩时能够获得足够的隐私。床铺的舒适性也是重要的，确保客人可以在柔软的床上获得舒适的按摩体验。此外，照明和音乐的选择也可以影响客人的感受，要营造出轻松、愉悦的氛围，以增强按摩的效果。

（四）健身房布局

酒店健身房的布局应该旨在为客人提供舒适、安全和激励的锻炼环境。在空间划分上，可以将健身房分为不同的功能区域，如有氧区、力量训练区、伸展区等。每个区域都应具有清晰的标识和指引，以便客人可以轻松找到所需的设备和区域；健身设备摆放方面要合理，确保设备之间有足够的间隔，避免拥堵和碰撞。保持设备的通道畅通，方便客人的移动和访问。如果可能的话，尽量利用自然光线，通过大窗户或落地窗让阳光照射进健身房。此外，可考虑设置面向美景的区域，让客人在锻炼时可以欣赏到室外的景色，增加锻炼的愉悦感。同时，还可以配备适当的音响和视听系统，为客人提供音乐和指导课程，增加锻炼的动力和趣味。另外，可以在健身房内设置一个小型的休息区，供客人休息和喝水，并可为客人提供舒适的座椅、饮水机和毛巾等设施，以增强舒

适度和便利性。工作人员还需要确保健身房保持干净整洁，配备足够的清洁设备，如消毒湿巾和垃圾桶。定期进行设备维护和清洁，确保客人在卫生环境中进行锻炼。

（五）瑜伽室布局

瑜伽室的布局应当营造宁静、安静的氛围，让客人可以专注于瑜伽练习和冥想。在地面材质选择上，要选用舒适、防滑的地面材质，如瑜伽垫或软质地板，以便客人可以在上面舒适地进行瑜伽练习。此外，将瑜伽室划分为不同的练习区域，为客人提供足够的空间，每个练习区域应有足够的间隔，避免客人之间的干扰；还可以在瑜伽室内加入自然元素，如植物、石头或木材装饰，以营造与自然亲近的氛围，帮助客人放松身心；光照方面，应使用柔和而均匀的照明，避免刺眼的光线，可以考虑使用调光灯，以便在冥想或放松时营造出更温暖的氛围；采取措施确保瑜伽室的安静，避免外界噪声的干扰，同时，也要考虑到瑜伽练习本身可能会产生的声音，避免干扰到其他练习的客人。酒店可以在瑜伽室内设置储物柜或架子，供客人放置个人物品。如果有需要，可以提供瑜伽垫、瑜伽块和瑜伽带等基础设备，方便客人进行练习。

第三节　酒店康养项目经营模式与创新

一、酒店康养项目经营模式的定义与类型

酒店康养项目经营模式指的是酒店在提供康体养生、健康保健、休闲娱乐等服务的基础上，通过一系列的经营策略、运营流程和服务组合来实现经济效益的方式和方法。酒店康养项目经营模式的设计和选择会受到多种因素的影响，包括市场需求、地理位置、酒店特点、顾客群体、竞争情况等。根据不同的定位、市场需求等，酒店康养项目经营模式可以分为以下几种主要类型。

（一）传统康养酒店模式

传统康养酒店模式注重为客人提供放松、养生和保健的服务体验。其核心理念在于提供宁静、舒适的环境，使客人能够远离城市的喧嚣，沉浸于宁静的

氛围中，获得身心的平衡和恢复。此模式下，酒店布局着眼于提供舒适的客房、休闲区和康养设施，如温泉浴场、温馨的按摩室、静心的瑜伽室等。服务方面，细致周到的个性化服务成为关键，从饮食到 SPA，都体现出对客人身心健康的关心。

（二）综合性康养度假村模式

综合性康养度假村模式强调全方位的度假体验，结合康体养生、休闲娱乐、美食住宿等多种元素。除了提供康养设施如健身房、瑜伽室，还融合了多样的娱乐项目，如高尔夫球、水上运动等。度假村一般拥有多种餐饮选择，旨在满足不同口味的客人。同时，美丽的自然风景也成为其特色之一，增添了度假的乐趣。此模式的代表案例是位于海滨的综合度假村，提供了康体养生和多种娱乐活动，使客人在度假中享受身心的愉悦。例如位于云南大理的云南天海康养度假村，占地面积约 70 亩。它提供多种养生、康复、健身等服务，包括温泉疗法、汗蒸、按摩、瑜伽等。此外，酒店还有餐厅、会议厅、游泳池等设施，能够为客人提供全方位的服务。

（三）医疗康养酒店模式

医疗康养酒店模式将医疗资源融合进康养服务，专注于满足顾客特定的健康需求。酒店与医疗机构合作，提供康复治疗、医疗体检等服务，以支持客人的健康目标。此模式下，酒店布局可能包括设备先进的康复器械、医疗设施以及专业医护人员。医疗康养酒店的顾客通常是有特定健康问题或需要康复的人群，如康复患者或老年人。颐和安缦康养酒店就以"中华文化、医养结合"为理念，提供一系列的养生、康复、健身等服务，包括针灸、推拿、中药疗法等。

（四）定制化康养模式

定制化康养模式强调根据顾客个性化需求，提供量身定制的康养计划和服务。这要求酒店充分了解客人的健康目标、兴趣和需求，从而为他们量身定制适合的康养方案。定制化的体验从客房布置到饮食计划都能反映客人的偏好。此模式下，服务个性化和专注成为其核心。

（五）数字化科技驱动模式

数字化科技驱动模式运用现代数字技术来提升康养项目的质量和顾客体

验。通过智能设备、健康监测传感器等，酒店可以提供更精准的健康数据，从而量身定制康养计划。此外，虚拟现实技术也可以用于提供沉浸式的康养体验，如冥想和放松。这种模式强调创新和科技在康养领域的应用，以提升顾客满意度。

（六）生态旅游康养模式

生态旅游康养模式将康养活动融入自然风光和生态环境中，提供户外康养体验。这类酒店通常位于自然保护区或山区，推出登山、徒步、生态观察等活动，让客人在自然中感受康养的力量。例如，山野康养度假村位于山区，为客人提供徒步健行、生态考察等活动，让客人在清新空气中放松身心。

（七）文化教育模式

酒店康养项目可以结合文化和教育服务，例如书法、绘画、音乐等，让客人在体验文化、学习知识的同时进行康养，提升身心健康水平。此外，还可以引入新颖的文化教育方式，例如文化主题游戏、线上文化课程等。

这些多样化的酒店康养项目经营模式，为客人提供了广泛选择，满足了不同需求的人群，同时也促进了康养产业的创新和发展。不同模式可以根据市场需求和顾客群体的特点进行灵活组合和调整，以实现更加精准和有效的康养服务。

二、酒店康养项目的日常经营要求

（一）酒店员工岗前准备标准

（1）严格按规定着装，仪表保持整洁，符合上岗要求。

（2）做好场地卫生清洁工作，保证场内（室内）环境及各种服务设备干净整洁。

（3）检查各种设备设施是否完好，发现故障及时报修，保证设备的使用和运转。

（4）查阅交接记录，了解宾客预订情况和其他需要继续完成的工作。

（5）检查并消毒酒吧器具和其他客用品，发现破裂及时更新。

（6）检查并补齐各类营业用品和服务用品，整理好营业所需的桌椅。

（7）保持良好的工作状态，精神饱满，待客热情。

（二）员工岗间服务标准

（1）微笑迎宾，轻声问好，态度和蔼、热情，讲究礼节。

（2）使用文明服务用语，以优质服务满足客人要求。

（3）尊重客人风俗习惯，不讥笑、议论客人生理缺陷。

（4）班前不饮酒，不吃带有刺激性异味的食品。

（5）在岗时不吃零食、不聊天、不串岗，保持正常的工作状态。

（6）耐心回答客人提出的问题，指导客人正确使用设备，避免客人受伤和酒店设备受损。

（7）对客人的不文明行为要礼貌劝阻，对各种违规行为要及时予以制止。

（8）对客人提出的合理要求要尽量予以满足，不推诿拖延，提供一次性到位服务。

（9）发现客人遗失物品要及时上交，并按规定及时准确予以记录。

（10）洁身自爱，对客人提出的不合理要求，要礼貌、恰当地予以拒绝。

（11）对客人已使用完的各类用品，服务员要及时予以清洁整理。

三、酒店康养项目的经营模式创新途径

酒店康养项目经营模式的创新是为了适应不断变化的市场需求和顾客偏好，提升酒店的竞争力和盈利能力。以下是一些酒店康养项目经营模式创新的途径。

（一）个性化定制服务

个性化定制服务是将顾客的健康需求、生活习惯和个人喜好作为创新的核心，为他们提供独特的康养体验。这种模式强调了个体的差异性，从而为顾客提供量身定制的康养计划、餐饮方案、运动计划等。通过深入了解顾客，酒店可以为他们提供更贴心、更有针对性的服务，增强顾客的忠诚度和满意度。

（二）技术应用创新

随着科技的不断发展，酒店康养项目可以积极探索技术应用创新的途径，以提供更加精准和个性化的康养体验。引入智能健康监测设备，如智能手环、健康监测仪器等，可以实时监测客人的健康指标，帮助客人了解自身健康状况并调整康养方案。虚拟现实技术可以为客人打造沉浸式的康养体验，让他们感

受到身临其境的放松和愉悦。通过开发健康 App，客人可以随时随地获取康养建议、锻炼计划、营养食谱等个性化指导，增强参与感和康养效果。智能技术的引入不仅提升了康养项目的科学性和实用性，还为酒店带来了数字化转型的机会。通过与科技公司合作，酒店可以开发定制化的康养应用，为顾客提供独特的体验。此外，技术创新还可以增加康养项目的可持续发展性，通过数据分析和预测，帮助酒店更好地了解顾客需求，优化康养方案，实现更高的顾客满意度和忠诚度。

（三）跨界合作

酒店康养项目的创新还可以通过跨界合作来实现。与医疗机构、健康专家、美容美发机构等建立合作伙伴关系，可以为顾客提供更加综合和专业的康养服务。例如，酒店可以与当地的医疗机构合作，提供健康体检和咨询服务，为顾客量身定制康养方案。与健康专家合作，开展康体讲座、培训课程，帮助顾客提升健康意识和健康管理能力。与美容美发机构合作，提供美容护肤课程和护理服务，使顾客在康养的同时也能获得美丽和自信。跨界合作不仅丰富康养项目的内容，还可以拓展酒店的顾客群体和市场份额。通过整合各方资源，酒店可以提供一站式的康养解决方案，满足顾客多样化的需求，增强顾客对酒店品牌的认知和好感。

【大理颐云度假养生酒店的跨界合作】

大理颐云度假养生酒店与云南白药集团合作，酒店将借助云南白药大健康养生产业链和苍洱自然环境，以及崇圣寺禅佛文化，合理布局养生业态，给客人带来非同一般的入住体验。如酒店每个房间都有户外的私汤泡池（图4.13），用的是苍山十八溪之一的桃溪水，配上云南白药特有的泡浴包，客人可以在客房随时享受。酒店独特的崇悦SPA，将传统中医理疗手法与西式芳疗理念相结合，坚持选用地道滇药作为原料，委托云南白药药物研究所专家精心调配、研发适用于身体面部护理的产品，安全有保障（图4.14）。

图 4.13　大理颐云度假养生酒店私汤泡池　　图 4.14　大理颐云度假养生酒店护理产品

（四）主题活动创新

为了吸引顾客的参与和提升康养项目的趣味性，酒店可以通过主题活动创新来丰富康养体验，例如：开展康体讲座和健康研讨会，邀请健康专家分享最新的健康科学知识和生活方式建议，帮助顾客更好地了解健康和康养；举办瑜伽、冥想、太极等主题活动，为顾客提供放松身心的环境，帮助他们减压和恢复活力；推出特色的营养餐厅或饮品，提供健康美味的餐饮选择，为顾客提供全方位的康养体验。

（五）定期促销策略

定期促销活动是酒店康养项目经营模式创新的重要一环。通过巧妙设计各类促销活动，酒店可以吸引更多顾客前来体验康养项目，提升客流量和收益。健康体验日是一种常见的促销活动。酒店可以定期举办健康体验日，为顾客提供免费或优惠的康养体验，让他们亲身感受康养的效果。此外，会员专享优惠也是有效的促销手段，通过为会员提供独特的康养福利，可以增加会员的忠诚度并促使更多人加入会员计划。促销活动不仅可以吸引新顾客，还可以激发老顾客的再次消费，促进酒店康养项目的可持续发展。

（六）独特服务体验

在激烈的市场竞争中，提供独特的服务体验是酒店康养项目成功的关键之一。引入新颖的疗法和特色疗程可以为顾客带来与众不同的康养体验。例如，结合传统的中医疗法和现代的康养理念，为顾客量身定制疗程，可以帮助他们实现身心平衡和健康提升。创新的瑜伽流派、冥想技巧等也可以吸引瑜伽爱好

者的关注。通过为顾客提供独特的康养服务，酒店不仅可以满足顾客的需求，还可以树立起独特的品牌形象，吸引更多顾客选择酒店的康养项目。

（七）社交媒体营销

在数字化时代，社交媒体成为传播信息、吸引顾客的重要渠道。通过巧妙利用社交平台和线上渠道，酒店可以进行有针对性的康养项目推广，吸引更多年轻消费群体的关注。酒店可以定期发布康养知识、健康小贴士等内容，增强顾客对康养项目的了解和兴趣。同时，通过在社交媒体上分享顾客的康养体验和反馈，可以增强品牌的口碑和信誉。还可以开展线上互动活动，如线上康养讲座、问答环节等，拉近与顾客的距离，建立更紧密的互动关系。通过社交媒体营销，酒店可以实现更广泛的品牌传播和市场拓展，提升知名度和市场份额。

（八）绿色可持续发展

在当今社会，环保和可持续发展已成为企业不可忽视的责任和机遇。酒店康养项目也应当注重环保，推广绿色、有机的康养方式。这不仅符合现代人对健康的追求，还能够吸引那些重视环保和健康的顾客群体，增加酒店的市场竞争力。在康养项目中，酒店可以采用可持续的建筑材料和装修方案，减少对环境的影响；推广有机食品和天然护理产品，为顾客提供健康又环保的选择；倡导节能减排，例如采用太阳能供电、水资源循环利用等措施，降低酒店的碳排放和资源消耗。

（九）员工培训和素质提升

员工是酒店康乐部门的重要组成部分，他们的服务质量直接关系到顾客体验，因此，定期的员工培训和素质提升至关重要。培训可以涵盖康养知识、服务技能、沟通能力等多个方面，帮助员工更好地理解康养理念，提升专业素养，与顾客建立更亲近的连接。培训还可以注重员工的情感素质培养，使其具备更强的情感共鸣和沟通能力，能够更好地满足顾客的情感需求。员工的服务态度和行为也应符合康养项目的特性，例如细心、耐心、温和等，以创造出更加舒适和愉悦的康养体验。

（十）在线预约和移动应用

移动互联网的普及为康养项目提供了全新的交流和预约方式。开发移动应用平台，为顾客提供在线预约、康养方案查询、健康建议等功能，不仅方便了顾客，还增强了顾客与酒店的互动。顾客可以随时随地了解康养项目的信息，预约适合自己的时间和服务内容，提升了顾客的体验便捷性和参与度。移动应用还可以与顾客进行互动，例如提供康养知识分享、健康计划跟踪等功能，帮助顾客更好地管理自己的健康。此外，移动应用还可以整合线上支付、消费积分等功能，提供更多的便利性和福利，增强顾客的黏性和忠诚度。

通过灵活运用以上创新方法，酒店康养项目可以不断适应市场变化，提供更优质的服务，满足顾客的需求，实现稳健的经营发展。

第四节　康养产品服务流程、经营规范与质量标准

酒店康乐部门的经营需要深刻理解并充分认识到标准化的重要性，因为标准化在确保服务质量、提升顾客满意度，以及有效管理方面扮演着关键角色。制定明确的标准、进行标准化管理，以及提供标准化服务，将有助于确保康乐部门的顺畅运营和长期可持续发展。

一、游泳池服务质量标准

（一）游泳池服务流程

（1）欢迎与登记：顾客进入游泳池区域时，由专业的服务人员迎接并提供友好的问候。顾客会被要求进行登记，以确保他们的安全和了解其身体状况。

（2）提供必要信息：服务人员会向顾客提供有关游泳池使用规则、安全注意事项和紧急情况的重要信息，以确保顾客了解和遵守相关规定。

（3）提供毛巾和更衣室指引：顾客会被引导前往更衣室，并提供干净的毛巾和更衣柜。服务人员会告知顾客更衣室的位置和使用方式，确保他们可以方便地更换泳衣。

（4）游泳设备租借：如果酒店提供游泳设备（如泳镜、游泳圈等）的租借服务，服务人员会向顾客介绍并提供所需的设备。

（5）游泳区域使用：顾客可以进入游泳池区域开始游泳。服务人员会保持

巡视，确保顾客的安全，并在需要时提供帮助。

（6）服务与卫生保障：游泳池区域将提供水、饮用设备等服务，同时保持卫生清洁，确保顾客享受到舒适的体验。

（7）紧急情况应对：如有紧急情况（如意外事故），服务人员会立即采取行动，提供急救和协助，并确保顾客的安全。

（8）游泳结束与退场：顾客游泳结束后，可以前往更衣室更换衣物。服务人员会提供方便和指导，确保顾客有序地离开游泳池区域。

（9）收集反馈与建议：酒店可能会在适当的时候收集顾客对游泳池服务的反馈与建议，以不断提升服务质量和满足顾客需求。

通过严谨的服务流程，酒店游泳池可以为顾客提供安全、舒适和愉快的游泳体验，同时建立良好的顾客关系，提高酒店的品牌价值和形象。

（二）游泳池经营规范和质量标准

（1）游泳池设计美观、面积宽敞，层顶高大，顶棚与墙面玻璃大面积采光良好。池底设低压防爆照明灯，底部满铺瓷砖，四周设防溢排水槽。分设深水区和儿童戏水区/儿童嬉戏区，深水区水深不低于 1.8 米。儿童戏水区深度不高于 0.48 米。有自动池水消毒循环系统和加热设施。池边满铺不浸水绿色地毯，设躺椅、座椅和餐桌，大型盆栽盆景点缀其间。配遮阳伞。游泳池有专用出入通道，入口处有浸脚消毒池。泳池区各种设施设备配套，美观舒适，完好。

（2）配套设施。游泳池旁边有与接待能力相适应的男女更衣室、淋浴室和卫生间。更衣室配带锁更衣柜、挂衣钩、衣架、鞋架与长凳。淋浴室各间互相隔离，配冷热双水喷头和浴帘。卫生间配隔离式抽水马桶、挂斗式便池、盥洗台、大镜及固定式吹风机等卫生设备。各配套设施墙面和地面均满铺瓷砖或大理石，有防滑措施，游泳区内设饮水处。各种配套设施材料选择和装修，与泳池设施设备相适应，设备完好。

（3）游泳池环境。游泳池环境美观、舒适、优雅。门口营业时间、客人须知及价格表等标志标牌设计美观，中英文对照，字迹清楚，室内游泳池、休息区及配套设施整体布局协调，空气清新，通风良好，光照充足。换气量不少于30 立方米／（人·时）。自然采光率不低于 30%。室内温度保持在 25~30℃

之间，水温低于室内温度 2℃左右。相对湿度保持在 50%~90%。休息区躺椅、座椅及餐桌摆放整齐美观，大型盆栽盆景舒适干净。

（4）服务人员应该熟悉游泳池的工作内容和服务程序，能够按照服务程序和服务规范为顾客提供服务。

（5）服务人员应具有游泳池设施设备的维护、保养知识和清洁卫生知识，具有水上救护知识和能力。

（6）服务人员应该能区别不同的接待对象，准确运用迎接、问候、告别的礼貌语言。对常客和回头客能使用冠以姓氏或职衔的尊称。服务态度主动热情。

（7）接待顾客预订时应主动热情、用语规范，客人姓名、住房号、使用时间记录准确、复述清楚，并取得顾客确认。

（8）顾客来游泳时，应准确记录顾客姓名、房号、到达时间、更衣柜号码等（非酒店所属的公共游泳池可以不必记录）。顾客更衣后，主动引导顾客进入游泳池。顾客游泳期间，要照顾好顾客的物品。顾客休息时，应主动询问他们是否需要提供饮料或小吃。顾客离开时，服务员应主动送别并欢迎再次光临。

（9）提供安全服务。在顾客入门时，就提醒顾客注意游泳安全。在服务过程中，如果观察到有饮酒过量者或身体不适者，应主动劝其离开游泳池。专职救生员应认真坚守岗位，注意水中顾客的情况，发现异常情况时，应及时采取有效措施，必要时救生员必须跃入水中紧急救护。在服务过程中，防止发生顾客衣物丢失事故，更不允许发生溺亡事故。

二、网球场服务质量标准

（一）岗前准备工作

（1）设备检查与维护：在开放之前，检查网球场地、球拍、网等设备是否完好，确保没有损坏或安全隐患。

（2）场地准备：确保网球场地表面平整、干净，保持适当的湿度，以确保良好的比赛体验。

（3）消毒清洁：对网球场地、球拍、网等进行消毒清洁，保持卫生，防止

传播疾病。

（4）用品储备：确保有足够的网球、球拍等配备，以满足客人的需求。

（5）规则准备：准备好网球比赛规则的宣传材料，以便客人了解和遵守规则。

（二）迎宾服务

（1）热情欢迎：当客人进入网球场时，热情迎接并微笑问候，让客人感到宾至如归。

（2）场地介绍：为客人介绍网球场设施、场地布置和使用方法，确保客人能顺利打球。

（3）预订确认：若有预订，核实客人的预订信息，确保预订的场地和时间准确无误。

（4）用具分发：若客人没有自带网球用具，为其提供合适的球拍、球，并解释如何使用。

（三）室内服务

（1）技术指导：提供基本的网球技术指导，解答客人关于击球、发球等方面的问题，帮助提升他们的水平。

（2）陪练服务：根据客人需求，提供陪练服务，与客人进行友好的比赛，激发他们的兴趣和参与度。

（3）场地维护：客人使用完毕后，及时清理场地，整理球拍等用具，确保场地整洁有序。

（4）饮品服务：主动为客人提供饮品、毛巾等服务，确保客人在打球过程中能保持舒适。

（5）问题解答：随时回答客人关于网球的问题，提供建议，解除疑惑。

三、台球室服务质量标准

（一）岗前准备工作

（1）设备检查与维护：在开放前，仔细检查台球桌、球杆、球等设备，确保安全运行。

（2）场地准备：确保台球室内桌面、袋口等清洁无尘，保持台球比赛所需的标准环境。

（3）照明检查：检查照明设施，确保台球桌区域光线充足，不影响比赛和观看。

（4）用品储备：提前准备足够的球、球杆等用品，以满足客人的需求。

（5）规则宣传：放置明确的规则宣传牌，向客人传达台球比赛的规则和礼仪要求。

（二）迎宾服务

（1）热情欢迎：当客人进入台球室时，热情地迎接并微笑问候，让客人感受到友好的氛围。

（2）场地介绍：为客人介绍台球室的设施、台球桌布局和使用方法，确保客人了解。

（3）预订确认：若有预订，核实客人的预订信息，确保预订的桌台和时间准确无误。

（4）用具分发：为客人提供合适的球杆、球，确保客人能够顺利打球。

（三）室内服务

（1）技术指导：提供基本的台球技术指导，解答客人关于击球、战术等方面的问题，帮助提升他们的水平。

（2）陪练服务：根据客人需求，提供陪练服务。

（3）比赛组织：定期组织友谊比赛、比赛活动，增加客人的参与度和娱乐体验。

（4）场地维护：在客人使用后，及时清理台球桌，整理球杆、球等用具，保持桌面整洁。

（5）问题解答：随时回答客人关于台球的问题，提供击球技巧建议。

四、乒乓球室服务质量标准

（一）岗前准备工作

（1）设备检查与维护：在开放之前，检查乒乓球桌、球拍、球等设备是否完好，确保没有损坏或安全隐患。

（2）场地准备：确保乒乓球室的场地整洁、干净，将场地保持在适当的温

度和通风状态。

（3）消毒清洁：对乒乓球桌、球拍、球等进行消毒清洁，保持卫生，防止传播疾病。

（4）用品储备：确保有足够的球、球拍、球网等配备，以满足客人的需求。

（5）规则准备：准备好乒乓球游戏规则的宣传材料，以便客人了解和遵守规则。

（二）迎宾服务

（1）热情欢迎：当客人进入乒乓球室时，热情地迎接并微笑问候。

（2）场地介绍：介绍乒乓球室的设施、场地布置和使用方法，确保客人能够顺利进行活动。

（3）预订确认：若有预订，核实客人的预订信息，确保预订的场地和时间准确无误。

（4）用具分发：若客人没有自带乒乓球用具，为其提供合适的球拍、球，并解释如何使用。

（三）室内服务

（1）技术指导：提供基本的乒乓球技术指导，解答客人关于击球、发球等方面的问题，帮助提升他们的水平。

（2）陪练服务：根据客人需求，提供陪练服务，激发他们的兴趣和参与度。

（3）场地维护：在客人使用后，及时整理场地，重新摆放球拍、球等用具，确保场地有序。

（4）饮品服务：主动为客人提供饮品、毛巾等服务，确保客人在比赛过程中能够保持舒适。

（5）问题解答：随时回答客人关于乒乓球的问题，提供建议，解除疑惑。

五、壁球室服务质量标准

（一）岗前准备工作

（1）设备检查与维护：在开放前，仔细检查壁球场地、球拍、球等，确保安全性和完好性。

（2）场地准备：确保壁球场地的墙面和地面干净整洁，没有杂物，以确保安全的比赛环境。

（3）消毒清洁：对壁球场地、球拍、球等进行定期消毒清洁，维护室内卫生和健康。

（4）用品储备：提前准备好足够的壁球、球拍、护目镜等配备，以满足客人的需求。

（5）规则宣传：放置明确的规则宣传牌，向客人传达壁球比赛的规则和安全注意事项。

（二）迎宾服务

（1）热情欢迎：当客人进入壁球室时，热情地迎接并微笑问候，让客人感受到友好的氛围。

（2）场地介绍：为客人介绍壁球室的设施、场地布局和使用方法，确保客人了解如何使用。

（3）预订确认：若有预订，核实客人的预订信息，确保预订的场地和时间准确无误。

（4）用具分发：为客人提供合适的球拍、护目镜等用具，确保客人的安全和舒适。

（三）室内服务

（1）技术指导：提供基本的壁球技术指导，解答客人关于击球、战术等方面的问题，帮助提升他们的水平。

（2）陪练服务：根据客人需求，提供陪练服务，促进他们的参与和乐趣。

（3）场地维护：在客人使用后，及时清理场地，整理球拍、球等用具，保持场地整洁有序。

（4）安全警示：提醒客人关注安全，确保他们佩戴护目镜，并注意击球时的安全姿势。

（5）问题解答：随时解答客人关于壁球的问题，提供战术建议。

六、保龄球馆服务质量标准

（一）岗前准备工作

（1）设备检查与维护：在开放前，仔细检查球道、球、鞋等设备，确保安全运行。

（2）球道准备：确保球道的平整和清洁，检查油脂涂层，确保球道状态良好。

（3）照明调整：调整照明，确保保龄球球道光线均匀、明亮，不影响比赛体验。

（4）用品储备：提前准备足够的球、球鞋等配备，以满足客人的需求。

（5）规则提醒：在可见位置展示保龄球比赛规则，确保客人了解比赛规则和礼仪。

（二）迎宾服务

（1）热情欢迎：当客人进入保龄球室时，热情地迎接并微笑问候，营造愉快的氛围。

（2）球道介绍：为客人介绍保龄球球道的设置、投球方式和注意事项。

（3）预订确认：若有预订，核实客人的预订信息，确保预订的球道和时间准确无误。

（4）用具分发：为客人提供适合的球、球鞋，确保客人安全投球。

（三）室内服务

（1）技术指导：提供基本的保龄球技术指导，解答客人关于投球、姿势等方面的问题，帮助提升他们的水平。

（2）陪伴服务：根据客人需求，提供陪伴投球，与客人一同享受比赛的乐趣。

（3）比赛组织：定期组织友谊比赛、保龄球联赛等活动，增加客人的互动和娱乐体验。

（4）球道维护：在客人使用完毕后，及时清理球道，检查设备是否正常，确保下一位客人的顺利投球。

（5）问题解答：随时回答客人关于保龄球的问题，提供投球技巧建议。

七、高尔夫球场服务质量标准

（一）球场准备与维护：

（1）球道质量：确保高尔夫球场球道的平整、草坪的修剪整齐，保持优良的球场质量。

（2）球洞标识：确保球洞标识清晰可见，方便球员准确击球和计分。

（3）球道标识：提供清晰的球道标识，帮助球员判断击球方向和距离。

（4）球洞插旗：保证球洞插旗整洁、垂直，以便球员辨认球洞位置。

（5）球车道维护：确保球车道平整、干净，球员可顺利驾驶球车。

（二）迎宾服务

（1）专业接待：提供热情的迎接，帮助球员完成球场入场手续。

（2）球具租赁：提供高质量的高尔夫球杆、球车等设备租赁，以满足不同球员需求。

（3）场地介绍：为球员介绍球场布局、难度和特点，帮助他们更好地规划比赛。

（三）球场管理

（1）球场速度：管理球场流量，确保比赛进行顺畅，不拖延时间。

（2）安全维护：提供安全提示，确保球员在球场上的安全。

（3）球洞维护：定期维护球洞，保持球道质量，确保比赛体验。

（四）技术支持

（1）专业教练：提供高水平的高尔夫教练，为球员提供专业指导和技术培训。

（2）球具检查：提供球杆检查和调整，帮助球员获得更好的击球体验。

（五）附加设施与服务

（1）练习场：提供高品质的练习场，供球员训练和热身。

（2）俱乐部设施：提供舒适的俱乐部设施，包括休息区、餐饮服务等。

（3）比赛活动：定期举办高尔夫比赛和锦标赛，增加球员的参与度和娱乐体验。

八、桑拿浴服务质量标准

（一）岗前准备工作

（1）上岗前自我检查，做到仪容仪表端庄、整洁、符合要求。

（2）开窗或打开换气扇通风，清洁室内环境及设备，整理按摩床，将所需用品放入指定位置，配齐各类营业用品，将木桶放满水，烧好炭火，做好营业前各种准备。

（3）检查并消毒器具和其他客用品，发现破损及时更新。

（4）补齐各类营业用品和服务用品，整理好营业所需的桌椅。

（5）查阅值班日志，了解宾客预订情况和其他需要继续完成的工作。

（6）最后检查一次服务工作准备情况，处于规定工作位置，做好迎客准备。

（二）迎宾服务

服务员面带微笑，主动问候客人，并将服务项目表递给客人，征求客人意见，待客人确定服务项目后，将客人引领到更衣室。

（三）室内服务

（1）客人更衣后，将客人引领进桑拿房，并向客人示范物品、设备使用方法和注意事项，客人表示无疑问后，服务员退出蒸房，打开计时钟。

（2）客人进行蒸汽浴时，服务员应时刻注意蒸汽温度和客人动静，防止客人烫伤或晕厥。

（3）客人蒸汽浴结束后，服务员及时递上毛巾并引领客人到淋浴间冲洗，同时按下计时钟，铺好踏脚垫巾。

（4）客人淋浴结束后，如需要按摩，应引领客人至按摩室，并告知时间和价格；如需要到休息厅休息，则引领客人到休息厅，并征询客人是否需用酒水。

（5）服务员应及时冲刷和消毒桑拿室，整理好桌椅，更换使用过的布件，准备迎接下一批客人的到来。

九、按摩室服务质量标准

（一）岗前准备工作

（1）上岗前自我检查，做到仪容仪表端庄、整洁、符合要求。

（2）开窗或打开换气扇通风，清洁室内环境及设备，整理按摩床，将所需用品放入指定位置，配齐各类营业用品，做好营业前各种准备。

（3）检查并消毒器具和其他客用品，发现破损及时更新。

（4）补齐各类营业用品和服务用品，整理好营业所需的桌椅。

（5）查阅值班日志，了解宾客预订情况和其他需要继续完成的工作。

（6）最后检查一次服务工作准备情况，处于规定工作位置，做好迎客准备。

（二）迎宾服务

服务员面带微笑，主动问候客人，并将服务项目表递给客人，征求客人意见，待客人确定服务项目后，将客人引领到更衣室。

（三）室内服务

（1）客人更衣后，将客人引领至准备好的按摩床，并协助客人躺下，为其盖好毛巾。

（2）按摩师先洗净双手，打开计时钟，将按摩油（膏）均匀涂于双手及客人身体上。

（3）操作前，按摩师应先主动征询客人意见及用何种手法等，如客人无任何要求，按摩师则按照操作程序开始工作，按摩时根据客人不同的体位采用不同的手法。

（4）按摩师在按摩过程中应时不时征求客人意见，了解客人感受，使用力度要适合，压力要均匀，姿势要正确，力求使客人满意。

（5）按摩完毕，按摩师应用毛巾抹去客人身上的按摩油（膏），并按下计时钟，告知客人按摩时间，同时递上热毛巾供客人使用，做好客人更衣前的各项服务工作。

（6）当客人示意结账时，服务员要主动上前将账单递送给客人。

（7）如客人要求挂账，服务要请客人出示房卡并与前台收银处联系，待确

认后要请客人签字，并认真核对客人笔迹，如未获前台收银处同意或认定笔迹不一致，则请客人现金结付。

（8）客人离别时要主动提醒客人不要忘记随身物品，并帮助客人穿戴好衣帽。

（9）服务员应及时冲刷和消毒按摩室，及时更换布件，准备迎接下一批客人的到来。

十、健身房服务质量标准

（一）健身房的服务流程

（1）欢迎与登记：专业的服务人员应在顾客进入健身房时表示欢迎，并鼓励顾客进行登记，以便了解他们的健康状况和特殊需求。顾客预订或咨询电话打进来时，应在铃响三声之内接听。接听预订电话时，应将预订顾客姓名、预订内容、预订时间记录准确。

（2）健康问卷：服务人员可以要求顾客填写健康问卷，以获取关于他们的健康历史和体能水平的信息，从而为他们提供适当的健身建议。

（3）健身指导：健身房应配备专业的健身教练，他们可以为顾客制订个性化的健身计划，并提供正确的运动姿势指导，以确保顾客的安全和效果。

（4）设备介绍：服务人员应向顾客介绍健身房内的各种设备的使用方法和注意事项，帮助他们正确使用设备，避免受伤。

（5）安全和卫生：健身房应保持干净整洁，设备应定期检查和维护，以确保顾客在安全和卫生的环境中进行锻炼。

（6）私人空间：健身房可提供私人教练服务，确保顾客得到个人关注和指导。

（7）健身课程：健身房可以安排定期的健身课程，如瑜伽、有氧运动、力量训练等，以满足不同顾客的需求和兴趣。

（8）紧急情况应对：如有紧急情况（如受伤或不适），健身房的服务人员应立即提供急救和协助。

（9）收集反馈与建议：健身房可以定期收集顾客对健身服务的反馈，以不断改进和提升服务质量。

（10）尊重隐私：健身房的服务人员应尊重顾客的隐私，不会未经允许分享他们的个人信息或健身数据。

（二）健身房的经营规范和质量标准

（1）设备维护与安全。健身房设备应定期检查、保养和维修，确保其安全性和正常运行；所有设备应符合相关的安全标准和规定，设备上应有使用说明和警示标识。

（2）健身指导。健身房应有专业的健身教练，他们应具备相关资质和经验，能够为顾客提供正确的运动指导和建议；教练应了解顾客的健康状况、目标和需求，制订个性化的健身计划。

（3）卫生与环境。健身房应保持清洁、整洁的环境，地面、设备和器材应定期清洁和消毒；空气流通良好，保持适宜的温度和湿度。

（4）健康评估和监测。健身房可以提供健康评估和体能测试，帮助顾客了解自身健康状况并制订合适的锻炼计划；可以使用健身追踪设备或软件，帮助顾客监测锻炼进度和成果。

（5）安全措施。健身房应制订紧急情况处理计划，配备急救设备和人员，确保在紧急情况下能够迅速响应和处理；健身房应备有急救药箱、小型氧气瓶、急救药品和自动体外除颤仪（AED），并定期进行培训。

十一、瑜伽室服务质量标准

（一）环境与设施准备

（1）瑜伽器材：提供高质量的瑜伽垫、瑜伽块、瑜伽带等必要器材，确保瑜伽练习的舒适性和安全性。

（2）室内环境：确保瑜伽室内通风良好，保持适宜的温度和湿度，营造宁静、安静的氛围。

（3）音乐与照明：提供柔和的音乐和照明，营造放松的氛围，帮助瑜伽练习者更好地专注和放松。

（二）迎宾服务

（1）热情欢迎：瑜伽教练热情接待每位客人，营造友好、温馨的瑜伽社区氛围。

（2）场地介绍：为客人介绍瑜伽室的布局、设施和练习流程，帮助他们适应环境。

（三）练习指导

（1）专业教练：提供经验丰富、资质认证的瑜伽教练，指导客人做正确的瑜伽动作和呼吸。

（2）姿势调整：教练在练习过程中进行细致的姿势调整和矫正，确保客人的安全和正确性。

（3）初学者引导：对初学者进行特别关注和引导，帮助他们逐步适应和提升瑜伽练习。

（四）练习氛围

（1）宁静空间：确保瑜伽室练习环境宁静、安静，减少外界干扰，帮助客人集中注意力。

（2）冥想与放松：在练习结束后提供冥想和深度放松的时间，帮助客人平衡身心。

（3）个性化选择：提供多样化的瑜伽风格和课程选择，满足不同客人的需求和喜好。

（五）清洁与卫生

（1）定期清洁：对瑜伽垫、设备等进行定期清洁和消毒，保持室内卫生和健康。

（2）通风管理：保持瑜伽室的通风良好，确保空气流通，维持健康环境。

（六）活动与社交

（1）瑜伽活动：定期举办瑜伽工作坊、特别课程等活动，丰富客人的瑜伽体验。

（2）社交互动：提供社交区域，鼓励客人互相交流、分享瑜伽体验。

▍本章小结

　　本章全面探讨了酒店康养产品的植入与运营创新，从不同角度深入研究了如何将康养理念融入酒店业务，并通过创新的方式提升康养项目的设计、经营和服务质量。以下是本章各部分的具体内容要点和总结。

第一节介绍了酒店康养产品植入的理念与思路。主要内容包括酒店康养产品的定义与特点、酒店康养产品的地位和作用、酒店康养产品植入理念与思路、酒店康养产品经营分析研究等。通过引入康养理念，酒店可以满足现代人对健康和幸福的追求，为客人提供综合性的身心康养体验。

第二节探讨了酒店康养项目的设计与布局。主要内容包括酒店康养项目的设计原则与方法、酒店康养项目设计相关人员、酒店康养项目的设计元素、酒店康养项目的布局等。通过合理规划空间、设计康养设施和活动场所，为客人打造出促进身心康养的独特空间。

第三节聚焦于酒店康养项目经营模式与创新。主要内容包括酒店康养项目经营模式定义与类型、酒店康养项目日常经营要求、酒店康养项目经营模式创新途径等。通过灵活的经营策略、多样化的康养项目，酒店可以吸引不同类型的消费者群体，运用创新途径，在市场竞争中脱颖而出。

第四节关注了康养产品服务流程、经营规范与质量标准。通过建立严格的服务流程和质量标准，酒店可以保障康养项目的顺利运营和客人满意度。此外，本节强调服务流程的重要性，包括客人接待、康体活动安排、室内服务等方面，确保服务的高质量和一致性。

综上所述，本章详细探讨了酒店康养产品植入与运营创新的各个方面。通过理念的引入、项目的设计、经营模式的创新，以及服务流程的优化，酒店可以打造出独特的康养体验，满足客人对健康、放松和幸福的需求，实现酒店业务的可持续发展。

第 五 章

酒店营销理论、实践与创新

在当今竞争激烈的市场环境中，酒店营销的本质已不再局限于简单的推广和销售活动，而已逐渐演变为一个高度复杂且综合性的战略体系。在这一背景下，本章将深入剖析酒店营销的核心理论，深刻洞察实际应用中的关键实践，同时带领读者跨越传统界限，勇于探索和思考创新的可能性。

第一节　酒店营销概述与战略思想

一、酒店营销的概念

现代营销学之父菲利普·科特勒认为营销是个人和团体通过为他人创造产品和价值并进行交换而满足其需要和欲望的社会过程和管理过程。罗伯特·雷德与大卫·伯亚尼科给营销所下的定义则是：营销是对企业或组织的所有旨在增加销售量的努力进行整合、控制和监督的过程。英国特许营销学会（British Chartered Institute of Marketing）对营销的定义是负责识别、预测和满足顾客需要以达到组织的盈利目标的管理过程。这个定义指出营销不仅仅是推销、公共关系或是广告，也不仅仅是某种宣传活动的策划。营销涉及企业几乎全部经营行为，并集中体现在对产品、价格、促销和销售渠道的决策上。

基于以上定义，本书认为酒店营销是指酒店经营者通过一系列策略、计划和活动，以实现最大化收益、提升品牌价值、满足顾客需求为目标的过程。它不仅是简单的推广和销售，更涵盖了市场定位、产品设计、价格策略、促销活动、顾客关系管理等多个方面的综合性战略体系。酒店营销的核心在于有效吸引、满足和留住目标顾客，实现长期盈利和可持续发展。酒店营销的本质就是细节和承诺，就是通过产品和服务的细节和承诺来吸引、满足和留住目标顾客。

二、酒店营销的特殊性

酒店营销与一般消费品在基本原理上存在相似之处。事实上，许多大酒店的营销部经理可能都拥有普通营销管理专业的背景。随着管理层职位的升级，专业界限变得更加模糊，因为高级管理人员已经成功地将各领域的知识进行了有机整合。然而，值得强调的是，尽管如此，酒店产品本身所独具的显著特点使得酒店产品营销不能简单地与普通商品消费品营销画等号。酒店营销作为一个特殊的领域，必须充分考虑酒店产品的独特性，从而建立起有针对性的营销思想和策略。

（一）酒店产品特点

1. 无形性

酒店产品的无形性是指酒店产品的主体成分主要表现为服务过程，而这个过程不以有形的产出为结果。服务由人提供，它是一个劳动过程。这个劳动过程与工业品生产企业的劳动过程不同，后者最后会创造出有形的、物化的产品，而服务这个劳动过程创造的是直接的心理和生理感受，却未形成有形的结果。这便是服务的无形性。

然而，服务结果的无形性并不意味着服务过程本身缺乏物质内容。相反，在酒店服务过程中，物质因素始终存在。比如，构成酒店服务氛围的因素，多以感官可感知的物质成分为基础，如形态、色彩、音调、气味、明暗、质感、大小、距离等，皆为有形元素。正是这些有形元素，构筑了酒店员工服务的物质基础。因此，酒店产品的有形与无形性是一对辩证概念。虽可从某角度称其无形，但另一视角则可称之有形。总之，与工业制品相比，酒店有形元素贯穿于生产（兼消费）过程，而非止步于生产完结。

无形性的另一层隐含之义是创造了对产品感受的主观伸缩性。主要知觉因

素与过程多以无形元素为主（尽管这些因素皆带有一定客观性，但所引发的感知结果仍系主观）。故对同一感知对象，不同人可能产生截然不同的感受。例如，相同的音乐，有人喜欢，有人淡漠，有人不以为意；一段微笑，某客视为亲切，另觉做作。此即酒店产品无形性的展现。

无形性为酒店营销带来重大挑战，在产品生产管理、质量掌握、促销宣传等领域，皆须深思产品无形性的特质。因此，酒店营销人员应充分了解这一特点，以应对相关挑战，确保无形产品的营销与传递在市场中获得成功。

2. 生产与消费的不可分割性

酒店产品的生产与消费紧密交织，形成一个相互关联、同步进行的过程。在酒店经营中，产品的生产始于消费启动，而消费的终点也标志着生产的终止。这种特性使得酒店产品与一般消费品存在显著区别，深刻地影响了酒店管理原则的制定和管理方式的选择。

一般消费品的制造到消费往往经过多个中间环节，如储存和运输，这种时空上的分离为企业提供了对产品质量进行检验和控制的机会。不合格产品会被淘汰，以维护企业声誉和市场形象。然而，酒店产品的生产和消费几乎在同一空间中同时发生，生产者与消费者直接互动。因此，消费者必须积极参与生产过程，方能最终享受酒店产品，这为酒店管理人员带来了更为严峻的挑战。

首先，酒店产品的生产涉及消费者的主动参与。管理人员需要探讨如何引导消费者适当地参与，支持他们在产品的创造和体验中发挥作用，并确保他们获取足够的产品知识，以促使生产与消费过程的和谐进行。特别是随着酒店附加利益的增加，对消费者参与度的关注愈发重要。其次，酒店服务人员与顾客的互动直接影响服务质量和顾客关系。酒店服务须根据顾客需求即时提供，使传统生产车间的质量管理方法不再适用。而顾客需求因人、因时、因地而异，个人对服务质量的评价因素多样，因此员工的应变能力成为确保服务质量的关键。任何沟通误解或服务缺陷都可能影响顾客对产品的评价，甚至导致顾客流失。总之，酒店产品的独特性之一在于生产与消费的紧密结合，需要酒店管理人员关注消费者的积极参与，鼓励互动和创新，以提供优质的顾客体验。

3. 产品价值的不可储藏性

酒店产品的经济价值与时间密切相关。换言之，酒店产品的经济价值是时间的函数。这意味着，酒店产品若未能及时销售，其价值将永久丧失且无法弥补。酒店客房若未在当天售出，其当天的价值将永逝，无论明天以多高价格销售，皆属于当天未能实现的价值。这一点显然与一般消费品有很大不同。这与一般消费品存在明显差异。例如，钟表商未能在当天售出手表，仍能期待明天销售，并可因价格上涨而受益。然而，酒店不宜采用"囤积居奇"策略，因其不可储藏性，采用此策略将不利于酒店的生存。可见，酒店产品的不可储藏性对促销工作提出了独特挑战，该挑战实际上涉及整个酒店运营。同时，这也引发了酒店定价策略的疑问，必须对其进行深入思考。因此，酒店经营者须充分认识到时间对于产品价值的重要影响，通过有效的市场营销和定价策略，确保酒店产品及时销售，最大限度实现经济价值。

4. 空间上的不可移动性

酒店与工厂一样，位于特定地理位置，但二者不同之处在于酒店产品紧密依赖生产环境，难以脱离，而工厂产品则可独立于生产环境存在。因此，酒店必须吸引顾客来到其所在地购买产品，而无法像工厂一样将产品送到顾客所在地。这种差异会产生重要影响。因无法实地考察，潜在消费者难以提前了解酒店的服务、环境和餐饮质量，而工厂产品可运送样品供顾客考虑。推销员难以随身携带酒店进行实时推销，只能依靠有限的文字、图像或媒体材料进行宣传。这使得酒店产品的销售变得更具挑战性，亦成为保留顾客、培养忠实顾客的关键因素。许多顾客在异地旅行或出差时，因为不能确认新的酒店的服务质量，往往会选择之前入住过的满意的酒店。

酒店的空间不可移动性赋予其成为未来国际互联网销售的潜力巨大的产业之一。酒店业通过创新的在线销售策略，有望解决地理局限带来的挑战，借助互联网平台将产品信息传达给全球潜在顾客，从而突破地理限制，实现更广泛的销售和推广，提升酒店业的市场竞争力。

5. 所有权的不可转让性

酒店产品销售时，仅转让有限时间内的使用权，不像一般消费品销售那样同时转让所有权。客人在购买产品使用权时，无权将产品本体带离，同时承诺在使用期间保持产品的完好状态。这一特性给产品促销和销售带来了挑战，因而消费者对购买可能带来的风险持谨慎态度。类似的问题在以服务为核心的产

品销售中也普遍存在。因此，解决消费者的负面预期，刺激销售，成为酒店乃至是服务企业共同面临的营销难题。目前，越来越多的服务企业开始采用"会员制度"以加强与顾客的互动和关系。

6. 固定成本比例高

酒店产品的成本结构与一般消费品存在显著差异，主要体现在固定成本占总成本比例偏大，而变动成本比例相对较低。固定成本是不随产品销售量增减变动而变动的成本，而变动成本则随销售量的波动而变动。当固定成本比例较高时，只有销售足够数量的单位，才能将固定成本予以弥补，因此销售量的增加对于酒店的盈利至关重要。通过提高销售量，单位产品固定成本的分摊降低，从而增强酒店的盈利能力。因此，酒店营销人员须充分认识和应对这一成本结构特点，积极努力扩大销售规模，以确保酒店的经济效益。

7. 产品需求的淡旺季差异

各类型酒店普遍呈现出需求的淡旺季差异，尽管程度可能有所不同。商务型酒店在圣诞节、春节和周末等时段往往相对冷清，而在其他工作日时则呈现兴旺趋势。相对的，度假型酒店可能在上述假期期间表现火爆，但工作日时业务可能较为平淡。大城市中的酒店由于客源市场较为广泛，季节性变化较为缓和，而位于风景旅游目的地、小城镇或乡村的酒店则更加受季节影响，依赖于相对独特的细分市场。同时，地区气候特征也影响着旅游者出行的季节分布。例如，北美地区冬季因国家公园关闭，因寒冷气候，休闲度假旅游者数量相较夏季减少。酒店产品需求的季节性差异为营销带来额外挑战。淡季时，酒店资源闲置，而旺季则可能导致资源过载运营。这种严重的资源利用不均衡给管理层带来困扰。因此，在旺季须关注如何有效提升生产力，而在淡季则须探索创造需求的方法，这些问题成为酒店营销人员必须思考的核心议题。

8. 与其他旅游产品高度关联

酒店产品常被视为旅游产品的一部分，酒店业被看作旅游业的组成部分。在整体旅游需求结构（通常概括为吃、住、行、游、娱、购）中，酒店与餐馆负责解决住宿和用餐需求。因此，酒店常与其他旅游产品相互关联，作为整体旅游体验的重要补充。若其他产品价格上涨，酒店产品需求可能下降；反之，其他产品价格下降，则可能刺激酒店需求增加。这凸显了酒店产品与其他旅游产品之间的紧密联系。在这种情况下，酒店产品的营销策略就会有不同的特点。

（二）酒店营销的特点

基于上述酒店产品的这些特点，酒店营销具备以下基本特征：第一，酒店营销具有时效性。酒店服务和产品无法储存，只能在一定时间内销售。第二，酒店营销具有波动性。酒店营销受很多因素的影响，随着季节交替，酒店会迎来淡季和旺季，经济发展和政治因素等都会影响酒店的生意。第三，酒店营销具有综合性。酒店营销部门是一个综合性部门，酒店营销对整个酒店的服务和消费者对酒店的印象等都会产生影响。

此外，酒店营销还具有以下特点。

1.目标营销与过程营销并重

酒店营销非常重视从长远的、战略的视角进行营销策划，但同时，酒店营销也非常注重短期的、战术性的营销实践，而这些分别都体现在产品、促销、分销和定价的具体过程中。这里所说的目标营销与过程营销，必须同时兼顾目标与过程两个方面，其原因在于酒店产品生产与消费的不可分割性、无形性以及产品价值的不可储藏性等特点。如果仅仅限于确定营销目标而缺乏持续的过程性营销监督，很可能最终无法达到营销目标。

目标营销注重顾客满意度、产品销售额、利润率和客房预订率（或出租率，二者从营销的意义上看有微妙的差别）。尽管把这些目标作为营销的重点是理所当然的事情，但酒店营销目标的实现要极大依赖于过程营销。过程营销需要将员工满意度、内部沟通、日常质量监督等作为营销的重要内容加以组织和管理。在这种背景下，酒店营销需要将目标营销与过程营销紧密结合，形成有机的整体。仅有明确的目标设定而缺乏有效的过程监督，可能无法实现所期望的业绩。因此，酒店管理者需要注重两者的协调与平衡，将目标导向与日常运营相结合，确保既实现长期战略目标，又保持短期战术执行的灵活性。这样的综合性营销方法才能推动酒店业务的持续增长与发展。

2.注重需求管理和规模经济

在酒店业营销中，需求管理和规模经济是两个关键方面。需求管理涵盖对顾客需求的引导和控制，包括时间、规模和结构的管理。该特点是酒店业营销

的显著特征之一。时间管理旨在平衡淡旺季需求，以提高资源利用效率，减轻旺季压力，这对商务酒店和度假酒店都具有重要意义。规模管理涵盖需求规模的调控，包括淡旺季需求以及在平季如何维持最佳运行规模。例如，酒店客房出租率并非必须保持100%，因为设施维护和员工调整等内在需求同样重要。适当的策略可以保持适度的需求规模，实现酒店经营的特殊任务。

酒店需求的结构管理涉及各种产品和功能设施的均衡利用。大型酒店通常提供多种功能性服务，但可能面临某些功能过于繁忙、有些功能闲置的情况。因此，经销人员需要策划协调的经销方案，合理组合利用不同产品的功能，以实现资源最优配置。

规模经济则强调通过产品数量的扩大来降低成本、增加利润。酒店成本结构常表现为高比例的固定成本，因此规模经济显得尤为重要。它要求酒店在产品的一致性、高质量、定价策略、促销有效性和分销多样性等方面进行有效的营销策划，以提高经济效益。

3. 内外营销一体化

在工业领域内，营销的紧迫性并未显现得十分明显。例如，在生产线各个环节上的装配工人，他们与生产线机械地融为一体，劳动技术单一化、简单化，劳动过程更类似于人机对话，很少需要深入的人际沟通。在这种情况下，人类受制于技术体系，营销的作用受到严重限制。然而，在酒店业，情形却截然相反。几乎整个酒店多数环节都需要员工进行人际交流，尤其是一线员工，他们的交流直接面向着顾客。在这个背景下，营销的性质、形式和重点发生了显著的演变。

内部营销针对的是酒店内部的全体员工，而外部营销则着眼于顾客。传统营销更偏向于外部营销，但对于酒店业而言，由于生产过程与消费过程的统一，导致内部营销的重要性愈发凸显。里兹·卡尔顿酒店所倡导的"我们是为绅士与淑女服务的绅士和淑女"的口号，典型反映出对内部营销的高度重视。在酒店，产品的销售过程既是生产过程，又是消费过程；服务员工既是生产要素，也是服务过程的关键要素，顾客同样扮演着生产与服务过程的核心角色。这种紧密结合使得酒店无法将员工与顾客完全割裂开来，而是需要将其利益和需求视为重要因素来加以考量。酒店对内部员工的营销，事实上就等同于对顾客的营销，是对顾客消费过程的营销。因此，从任何角度看，酒店业所从事的营销活动都是一个融合了内部营销和外部营销的整体性过程。这一事实对于所有酒店管理人员，特别是营销管理人员来说，都应该倍加重视。这种内外兼顾的营销策略不仅有助于提升顾客体验，也能够增强员工的归属感和投入度，从而共同促进酒店业务的增长与创新。

4.品牌忠诚的培养——关系营销

在酒店经营中，两个关键方面显现出其重要性：首先，作为旅游产品的一部分，酒店与其他旅游供应商之间的协作关系直接塑造着酒店的经营轨迹。其次，酒店特有的经营特性，包括高固定成本、生产与消费的不可分割性，以及产品价值的不可储藏性，决定了回头客的忠诚对于酒店的发展至关重要。在如今竞争日益激烈的市场环境中，消费者通过多渠道获取关于酒店产品的信息，包括广告、口碑效应和互联网资讯，单纯依赖地理位置的优势吸引偶然路过的旅游者已不再足够。因此，构建持久的、以关系营销为核心的顾客关系成为实现酒店经营目标的关键。这种关系营销不仅依赖于产品质量管理、品牌推广和销售策略，更强调与关键顾客的紧密联系，以不断巩固他们的品牌忠诚，从而在激烈的市场竞争中脱颖而出。

三、酒店营销的重要性

酒店业作为服务行业的重要组成部分，在当今竞争激烈的市场环境中，营销的角色和影响愈发凸显。酒店营销不仅是业务成功的关键，更是塑造品牌形象、吸引客源、提高盈利能力的不可或缺的战略性举措。以下将深入探讨酒店营销在酒店业中的关键作用，并通过数据和实例来凸显其对业务成功的重要影响。

（一）提升知名度与吸引客源

酒店业如今面临着来自全球范围内的激烈竞争，酒店营销扮演着让酒店从竞争对手中脱颖而出的关键角色。通过巧妙的市场定位、创意的广告宣传，以及有效的数字营销策略，酒店可以提升知名度，吸引更多潜在客源。例如，凭借"愿望之屋"系列广告，希尔顿酒店成功地吸引了一大批新顾客，增加了品牌曝光度。

（二）创造独特体验与顾客忠诚度

酒店营销不仅是推广产品，更是创造独特的体验，使顾客产生深刻的印象，从而建立起顾客忠诚度。通过提供个性化的服务、独特的环境氛围，以及与当地文化融合的体验，酒店可以赢得顾客的心，并使其成为回头客。例如，艾美酒店以其独特的艺术和设计理念，成功吸引了追求高品质、独特体验的顾客群体，形成了稳固的顾客忠诚度。

（三）优化收入与提高盈利能力

酒店营销不仅关注提升顾客数量，还注重提高顾客的付费水平和消费频率，从而实现收入的最大化。通过精心设计的定价策略、交叉销售和增值服务，酒店可以引导顾客进行高价值消费，提高客均收入。例如，温德姆酒店集团通过"积分＋现金"支付方式，激励顾客提升会员级别，从而促使顾客选择高价值的酒店服务，进而提高了酒店的收益。

（四）数据支持与精细化管理

现代酒店营销不再只是靠经验和直觉，而是借助数据分析和市场调研来做出更明智的决策。通过收集和分析顾客数据，酒店可以了解顾客的需求和偏好，精准定位市场，有针对性地推出营销活动，提高活动的效果和投入产出比。例如，万豪国际酒店集团运用大数据分析，优化了其会员计划，实现了更精准的顾客定位，进而提升了市场份额。

四、酒店营销战略思想

（一）酒店战略思想的概念

酒店营销战略思想是指在酒店经营和市场营销方面的长期、整体性的理念和方向，旨在为酒店的发展设定明确的目标、定位以及竞争策略。这种思想涉及对酒店所面临的市场环境、顾客需求和竞争态势的深入洞察，以及为实现酒店的长期成功而制订的计划。

随着信息技术飞速发展，传统的以规模生产、成本领先、优胜劣汰、市场控制为特点的封闭式管理营销战略迅速更新，被顾客需求主导、合作发展、市场领先为特点的开放式经营管理方式替代，现代经济正在发生深刻的结构性变革，呈现出明显的网络化、虚拟化和集团化趋势。经济全球化扩大了企业的生存空间，然而也带来更激烈的市场竞争，只有能快速适应消费者需求的领先企业，才能保持优势。在这一大背景下，作为服务业中的传统而富有活力的酒店业，其经营管理观念和方法正不断演进。市场细分、产品定位、企业形象树立、整合营销战略，以及标准化、程序化的酒店服务等方面的创新层出不穷。酒店业的战略发展重心逐渐转向核心竞争力的塑造、个性化服务的提供，以及虚拟市场的培育和建设。当前，我国酒店业仍然存在一些待改进之处，特别是在软件、服务质量和市场营销方面，与跨国酒店相比，仍存在显著差距。因此，面对 21 世纪，我国酒店业的经营理念及营销策略需要在日益多变的消费环境中持续创新，构筑核心竞争力，提供个性化服务。酒店业需要积极应对变革，勇于拥抱新的管理理念和技术手段，为顾客创造卓越的体验。

（二）酒店营销战略思想的重要性

在当代竞争激烈的酒店业中，酒店营销战略思想的重要性愈发显现，它扮演着引领和决定酒店发展方向的关键角色。酒店营销战略思想不仅是一种思维方式，更是对酒店长期发展的愿景、目标和路径的规划。其重要性体现在多个层面，如下所述。

（1）明确方向和目标。酒店营销战略思想为酒店提供了明确的发展方向和目标。它帮助酒店明确自身的定位、市场目标、业务范围等关键要素，为业务发展提供了战略性引导。

（2）差异化和竞争优势。酒店营销战略思想有助于酒店发掘并塑造独特的差异化和竞争优势。通过深入分析市场、顾客需求和竞争对手，酒店可以确定自身的特色，从而在市场中形成明显的竞争优势。为了有效实现酒店的差异化和提升竞争优势，每家酒店除了满足顾客的需求以外，还要根据住店客人的类别，设置增值服务，如设置 20~30 项甚至是上百项增值服务。

【泉州华侨大厦客房增值服务】

泉州华侨大厦持续向住店客人推出暖心服务，并总结得出包括足浴桶、养生经络拍、瑜伽垫、懒人床上小桌等最受欢迎的 20 项暖心免费服务，大大提升了酒店的知名度和美誉度（图 5.1）。

图 5.1　泉州华侨大厦最受欢迎的 20 项暖心服务

（3）资源优化和风险规避。酒店营销战略思想帮助酒店优化资源配置，有效规避市场风险。酒店可以根据自身的战略定位，有针对性地配置人力、物力、财力等资源，以最大限度地满足市场需求。同时，合理的战略规划也能帮助酒店降低市场风险，因为它可以预测市场变化并作出相应调整。

（4）长期可持续发展。酒店营销战略思想强调长期规划和可持续发展，使酒店能够超越短期利益，追求长远目标。这有助于酒店建立稳定的顾客群体，提高顾客忠诚度，实现业务稳步增长。

（5）适应市场变化。酒店营销战略思想使酒店更具应变能力，能够及时应对市场的变化和挑战。它不仅仅是制订一份计划，更是一种灵活的思维方式，使酒店能够灵敏地调整策略，以适应市场变化。

（三）酒店营销战略思想的核心要素

酒店营销战略思想的成功构建与实施关系着酒店的生存和发展，其核心要素具体如下。

1.确定市场定位

酒店要想在激烈竞争的市场中脱颖而出，市场定位显得尤为关键。在营销过程中，市场定位的核心在于为产品赋予鲜明的个性，塑造与众不同的市场形象。而要成功地进行市场定位，则需要进行精准的市场细分。酒店市场细分的主要目的在于优化酒店的各种营销费用和资源。产品差异化成为实现成功市场定位的关键工具。

例如：希尔顿酒店集团以其"快速服务"而著称，而假日酒店集团则在中低档酒店市场中成功构建了"廉价、卫生、舒适、整洁"的市场形象。然而，酒店并非能够涵盖并满足所有客源市场，因此可以将客源市场简单划分为A、B、C三个层次，分别代表高、中、低档次的客源。假设酒店的定位为B档客源，那么酒店的硬件设施和服务水准将主要满足中档客源的需求。尽管酒店也可能接待A档客源，但由于其对高档酒店的情况熟知，对服务有更高的期望，酒店需要付出额外的努力去满足其需求，这在硬件标准、服务内容等方面都会带来挑战，出于种种原因A档客源还会出现不满意的情况。同样，因为C档客源对价格敏感，接待C档客源同样可能带来难以满足的情况，而且还会破坏本身B档客源的满意感，破坏酒店的氛围，拉低酒店的档次。

因此，酒店的市场营销管理者必须清晰明确酒店的市场定位，尽量避免接待与自身定位不相称的客源。倘若需要同时接待不同类型或档次的客源，就应预先规范好不同客源的行进路线，通过开设专梯、专人引导、区分排房楼层等方法，尽量避免造成两类客源的冲突。如：一些大型酒店，针对团队的服务特点，专门设立团队入住登记处，这样不仅方便和加快了入住登记的速度，而且避免了不同客源的服务矛盾。

综上，在制订营销方案和提高服务标准时，酒店需要根据自身条件明确市场定位，以更好地满足目标市场客源的需求，提高顾客满意度。市场定位的准确性将有助于酒店更好地适应市场变化，制定有效的策略，提供卓越服务。

2. 目标市场选择

从酒店战略思想角度来看，目标市场选择是制定酒店营销战略的重要一环。它不仅关乎酒店长期发展方向，也涉及如何有效地满足特定顾客群体的需求，以实现竞争优势和可持续发展。在选择目标市场之前，酒店应当进行全面的市场需求分析，包括了解不同市场细分的需求、偏好、行为习惯以及消费能力等，深入分析各个市场细分的顾客群体，以便选择那些最有潜力和最适合酒店资源的目标市场。此外，酒店的目标市场选择应该与其核心竞争力相匹配，需要确定自身在哪些方面具有优势，比如地理位置、设施设备、服务质量等，选择那些能够最大限度发挥这些优势的目标市场。不仅如此，酒店还应该考虑市场增长潜力，选择那些未来有望持续增长并能够提供稳定客源的市场，以确保酒店能够长期稳健地发展。在此过程中，了解竞争对手在不同细分市场的市场份额和表现，有助于酒店避免选择激烈竞争的市场，或者通过差异化来在竞争中脱颖而出。酒店目标市场选择应该具有一定的灵活性和适应性。市场环境和趋势可能随时发生变化，酒店需要能够迅速调整目标市场，以适应市场新需求。

从目标市场选择来看，一家位于海滨度假区的酒店可能选择将年轻夫妇和家庭度假者作为其主要目标市场。因为该酒店位于海滨，具有美丽的海景和休闲设施，适合年轻夫妇和家庭度假。酒店可以提供儿童喜好的活动、家庭套房和亲子互动的服务，以吸引这一目标市场。通过满足这些顾客的需求，酒店可以在市场中建立起独特的地位，并保持持续的顾客忠诚度。

3. 明确核心竞争优势

核心竞争优势是酒店战略思想的重要组成部分，它涉及酒店如何在激烈的市场竞争中脱颖而出。这种优势是酒店相对于竞争对手的独特特点，使顾客倾向于选择该酒店而非其他酒店。核心竞争优势可以来自多个方面，包括独特的服务体验、优越的地理位置、卓越的设施设备，以及专注于特定市场细分等。例如，一家酒店可以通过提供个性化的贴心服务、位于热门旅游景点的地理位置，或拥有豪华水疗中心等特殊设施，吸引不同类型的顾客；一家位于山区的度假酒店可能将其核心竞争优势建立在独特的自然环境和户外体验上，通过提供徒步旅行、山地骑行和野外露营等活动，该酒店可以吸引那些热爱自然探险和户外活动的顾客。此外，酒店还可以通过提供专业的户外指导和设备租赁服务，为顾客创造出与众不同的度假体验，从而成为他们首选的目的地。这种独特的服务和体验将成为酒店战略思想中的核心竞争优势，吸引并留住顾客。

4. 确定发展方向

确定发展方向是酒店战略思想中的重要环节，它涉及酒店未来的长期规划和战略目标。在确定发展方向时，酒店需要综合考虑内外部环境因素，如市场趋势、竞争态势、顾客需求变化、技术发展等，以便做出明智的战略决策。

首先，酒店应该对市场趋势进行深入研究，了解行业的发展动态和趋势变化。例如，随着健康旅游和可持续性旅游的兴起，酒店可以考虑将健康和环保理念融入发展方向，推出符合这些趋势的服务和设施，吸引越来越关注健康和环保的旅客。其次，酒店还需要认真分析竞争态势，了解竞争对手的优势和劣势。通过比较分析，酒店可以找到自身的差异化定位，从而在激烈的市场竞争中取得优势。例如，如果发现竞争对手在价格领域有竞争优势，酒店可以考虑在服务质量和独特体验上下功夫，从而形成独特的竞争地位。此外，顾客需求的变化也是确定发展方向的关键因素。酒店应该积极倾听顾客的声音，了解他们的期望和偏好，根据不同的市场细分制定相应的发展策略。例如，如果发现越来越多的年轻旅客对数字化体验和社交互动有需求，酒店可以在技术创新和社交化服务方面进行投资，以满足这一市场需求。最后，技术的快速发展也对酒店的发展方向产生了深远影响。酒店可以考虑将数字化技术应用于客房预订、在线体验、个性化推荐等方面，提升顾客满意度和市场竞争力。

综上，酒店确定发展方向时应综合考虑市场趋势、竞争态势、顾客需求变化和技术创新等多方面的因素，以确保战略决策的科学性和有效性，为酒店的长期成功奠定坚实的基础。

5. 制定战略规划

制定战略规划是酒店战略思想的核心环节，它是将战略目标和愿景转化为实际行动的重要步骤。酒店的战略规划需要从长远的角度出发，结合内外部环境的因素，制定出一系列有针对性的策略和计划，以实现酒店的长期成功和可持续发展。

首先，酒店需要明确战略目标和愿景。战略目标是酒店长期发展的定向标志，愿景则是对未来的理想状态的描述。从酒店战略思想的角度来看，制定战

略规划就是要将这些目标和愿景转化为具体的落地计划。例如，如果酒店的愿景是成为地区内最受欢迎的高档度假酒店，战略规划可以包括提升服务品质、优化设施设备、加强市场推广等具体措施。其次，酒店需要分析内外部环境，进行 SWOT 分析。SWOT 分析涉及酒店的优势、劣势、机会和威胁的评估，这有助于酒店明确自身的优势和劣势，找到机会和应对威胁的方式。例如，酒店的地理位置可能是其优势，而当地政策变化可能是威胁，酒店可以通过加强与政府合作来化解这一威胁。接着，酒店需要制定具体的战略策略。这些策略应该紧密围绕着战略目标，根据酒店的核心竞争优势来制定。例如，如果酒店的核心竞争优势是独特的文化体验，那么战略策略可以包括举办文化活动、设计主题客房等。同时，酒店还需要考虑如何与市场趋势和顾客需求相匹配，以确保战略的有效性。最后，酒店的战略规划还应包括详细的实施计划和时间表。制订出具体的行动计划，明确责任人、时间节点和预期成果，以便监督和评估战略的执行情况。酒店可以采用分阶段的方式来逐步实施战略，确保每个阶段都能够顺利推进。

综上，酒店在制定战略规划时强调将愿景和目标转化为可行的行动计划，紧密结合内外部环境，充分考虑酒店的优势和劣势，确保战略的科学性和可操作性。通过明确的战略规划，酒店能够在激烈的市场竞争中获得优势，实现长期稳健的发展。

第二节　酒店营销理念与案例分析

一、酒店营销理念概述

（一）酒店营销理念的概念

酒店营销理念是指在酒店经营和市场竞争中，对于如何吸引顾客、提供价值、满足需求，以及塑造品牌形象等方面的基本信念和理念。它是酒店在制定营销策略和开展营销活动时的指导思想，体现了酒店对于市场和顾客的认知、态度和行为准则。

酒店营销理念不仅关注如何推销产品和服务，更强调与顾客建立长期、稳固的关系，实现共赢。它包含了多个方面的内容，如顾客至上、创造价值、个性化服务、持续改进等。酒店营销理念的核心是站在顾客的角度思考问题，理解他们的需求和期望，以此为基础来制定相应的战略和策略。

（二）酒店营销理念的作用

酒店营销理念对酒店的成功与发展具有深远影响。以下是酒店营销理念的几个重要作用。

（1）塑造独特品牌形象。酒店营销理念是塑造酒店品牌形象的基础。通过明确的理念，酒店可以突出自身的特点、价值和文化，使其在消费者心中树立起独特的形象。例如，某酒店可能强调豪华与奢华的体验，而另一家酒店可能侧重于亲和力和家庭友好氛围。营销理念帮助酒店定位并突出其在市场上的独特之处。

（2）引导战略规划。酒店营销理念是制定战略规划的基础。它指引酒店选择目标市场、定位服务和产品，以及确定市场推广的方向。营销理念帮助酒店明确长期和短期的目标，为酒店的整体发展提供战略性的指导。

（3）提高顾客满意度。营销理念强调顾客至上，注重了解顾客需求并为其提供满足感。通过贯彻营销理念，酒店能够更好地设计服务、优化流程，从而提高顾客的满意度和体验，增强顾客对酒店的好感度和忠诚度。

（4）促进创新和改进。酒店营销理念鼓励创新和持续改进。它要求酒店不断地寻求新的方法来满足顾客需求，提供更高质量的服务和体验。这种持续的创新能力使酒店能够适应市场变化，保持竞争力。

（5）增强竞争优势。通过清晰的营销理念，酒店能够在激烈的竞争中脱颖而出。它能够使酒店在众多同类酒店中凸显出自身的优势，吸引目标顾客群体，从而增强酒店在市场中的竞争优势。

二、酒店营销理念类型与案例

（一）体验营销：创造独特入住体验

1. 体验营销的概念和特征

体验营销是一种强调创造与顾客互动、情感共鸣和深度参与的营销策略。

它将产品或服务提供商从传统的功能性特点中解放出来，强调与顾客之间情感和心理上的联系，使顾客在购买和使用过程中获得更多的满足感和享受感。通过创造独特而有意义的体验来吸引、留住和与顾客建立长期的关系。这种营销方式不再仅仅关注产品的功能和特性，而是关注顾客与产品或服务互动所带来的情感体验。

与传统的营销战略相比，体验营销有以下特征。

（1）强调顾客体验。传统营销专注于产品的功能与特性，通过促销和销售实现盈利；而体验营销在其核心理念中将顾客体验置于首要位置，将产品或服务的传递变为一种令人愉悦、难忘的体验，以此赋予产品以更为深刻和持久的价值。

（2）关注消费情景。体验营销的视角超越了单一的产品本身，而是将注意力聚焦于整个消费情景。这包括如何将产品与消费环境相融合，以及如何通过包装、广告等手段在使用产品前就为顾客创造愉悦体验。

（3）理性与感性的并重。传统营销常将消费者视为理性决策者，重点放在价格与功能上。然而，体验营销认为消费者是理性与感性并存的，购买行为既可能受到理性因素的影响，也可能是在情感冲动下诞生的。因此，体验营销注重情感的激发和创造，以赋予消费者更丰富的体验。

（4）以顾客导向为理念。传统营销往往是产品驱动的，企业将产品推向市场，顾客被动接受。然而，体验营销将顾客视为体验的主体，顾客不仅是体验的接受者，更是体验的创造者和参与者，体现了深度的顾客导向理念。

（5）重构 4P 策略。虽然体验营销与传统营销在产品、价格、分销和促销4P 策略中都存在，但运作方式却有显著差异。在产品策略方面，体验营销不局限于有形产品，而是强调创造令人难忘体验的元素，产品可以是情感、互动、情景等的载体，扩展了产品的概念；在价格策略方面，体验营销中的定价不仅基于成本，更侧重于消费者对体验的价值认知，因此，价格往往会在顾客期望的范围内设定，突显了体验的高附加值；在分销策略方面，体验的本质是无形的，分销主要关注信息的传递和创造，以确保顾客能够在恰当的情境中体验到产品或服务；在促销策略方面，体验营销将体验因素纳入促销手段中，强调与消费者的互动和情感共鸣，以创造更加深入和持久的印象。

综上所述，体验营销通过其独有的特征，引领了营销战略的创新和转变。它在建立深厚的情感纽带、重塑顾客关系、提高品牌忠诚度等方面具有显著的优势。通过创造令人难忘的体验，体验营销能够为企业赋予持久的市场竞争优势，从而有助于业务成功并塑造可持续发展的未来。

2. 体验营销的类型

（1）感官营销。感官营销是通过视觉、听觉、触觉、味觉和嗅觉等感官刺激来构建丰富的感官体验。这种策略可以使消费者从外观上轻松区分产品，提升产品的附加价值，激发购买的内在动力。

（2）思维营销。思维营销注重智力层面，通过独特的创意方式引发消费者的好奇心、兴趣以及对问题的深思熟虑，从而为消费者创造认知体验和问题解决体验。这种方法在产品设计、促销和与消费者沟通等方面均有应用。

（3）行动营销。行动营销的目标是影响身体的有形体验、生活形态与互动，丰富消费者的生活。消费者生活形态的改变是自发的或由偶像角色激发的。如耐克运动鞋广告经常描述运动中的著名篮球运动员迈克尔·乔丹，升华身体运动的体验，是行动营销的经典。

（4）关系营销。关系营销融合了感官、情感、思维和体验营销的元素，更进一步超越了个体体验的局限，将个人与其理想自我、他人以及文化联系在一起。这种方法将个人与更广泛的社会体系（如亚文化、国家等）联系起来，在这个社会体系中，人们拥有相似的生活方式、价值观，以及对同一品牌产品产生相似体验的倾向。

3. 体验营销实施要点

有专家将体验营销的实质归结为"创造需求＋顾客满意＋引导消费"，对此可以从以下几个方面进行阐述。

（1）在产品中明确体验要求，改善不良体验。体验营销突出了产品的感知质量，不仅注重功能性，更强调满足消费者视觉、触觉和审美等感知层面的需求。消费者对产品质量的期望日益提高，微小的不足可能影响消费者购买和使用过程中的整体体验，因此，酒店企业应在产品设计中明确体验要求，为顾客设计迎合其心理需求的体验产品。

（2）用优质服务传递体验，增加附加体验。服务的突出特点在于其生产和

消费的不可分割性。在服务的交付过程中，企业不仅提供基本的服务，更应有意识地传递顾客所重视的体验。这种体验的传递可以贯穿于商品的各个阶段，包括售前、售中和售后等环节。举例来说，麦当劳餐厅的食谱本身并没有太大的吸引力，然而顾客之所以喜欢光顾麦当劳，主要是因为其整洁明快的环境布置、迅捷的服务，以及满足孩子们娱乐需求的活动。简而言之，顾客实际上渴望购买和享受麦当劳所提供的卓越服务体验。

（3）设计体验业务，满足消费者潜在体验需求。体验营销着重于策划和打造独特的体验业务，超越了传统产品或服务的局限，将体验本身视为核心的价值创造要素。在这一理念下，企业所提供的不仅是产品或服务，更是一种旨在满足顾客情感和社交需求的精心设计的综合体验。一个富有启发性的案例是以色列的"真假咖啡店"，尽管店内并未供应真正的咖啡，然而店员们身着整齐的制服，仿佛在为顾客倒咖啡、送上糕点，创造出一种仿佛在社交交际中享受咖啡的愉悦感觉。尽管实际上杯盘空无一物，顾客却需支付3美元（周末为6美元）的费用。这个创意的营销策略源自明晰的理念：咖啡店的客群往往追求的是社交交流、倾诉分享，而非仅仅是一杯咖啡。因此，"真假咖啡店"深刻捕捉了消费者的内心需求，通过营造一种创意的体验氛围，从而成功地在顾客之间营造出一种充满社交互动的体验，获得了丰厚的经济回报。这个案例生动地阐释了体验营销的实质：通过创造引人入胜的体验，超越了产品本身的价值，满足了消费者更深层次的情感渴望，从而创造了独特的市场竞争优势。

（4）开展整合营销传播，全方位传播体验诉求。"体验"是消费者的一种心理感受，它具有无形性质，必须借助于顾客的积极参与才能得以产生。此外，体验的形成也依赖于特定的媒介，缺乏适当的媒介物，体验将难以实现。即便体验已经形成，如果无法为消费者带来显著的顾客价值，也难以达到预期的效果。因此，在实施体验营销时，企业必须精选合适的"体验"媒介（如产品、环境等）并将它们巧妙地组合，使消费者的体验价值最大化。同时，通过开展整合营销传播，可以广泛传播与消费者偏好相契合的体验，从而吸引目标消费者的兴趣，实现体验在更广泛范围内的传播和影响。

4. 案例分析：厦门艾美酒店如何做好体验营销设计 [①]

在厦门，高星级酒店多达几十家，如何在强手如云的竞争中占有一席之地，自然是每个酒店要面对和解决的难题。厦门艾美酒店根据顾客的具体期望设计配套体验，以满足顾客的不同期望，并在先期体验的实施过程中，将消费者的参与融入后续设计中，目的是把服务作为"舞台"，产品作为"道具"，环境作为"布景"，使消费者最终在商业活动中感受到美好的体验过程。在具体的体验设计方面，厦门艾美酒店主要从产品体验、服务体验、品牌体验、环境体验等四大方面进行细化设计，意图通过体验设计，使顾客有超越预期的满意。

（1）产品体验设计：厦门艾美酒店新食谱西餐厅提供的由米其林三星大厨 Jean George 专门为厦门艾美酒店设计的七款概念早餐（图5.2）。其中每一款唤醒之饮都是给客人在嗅觉和味觉的全新体验，虽然每一款早餐的取材平常，但是通过搭配和烹制来达到营养的最大化。中餐厅则由以"中餐西作"风格著称的大厨掌勺，每一道菜品在视觉上都给予客人出乎意料的惊喜和味觉上的新体验（图5.3）。

图 5.2　中餐厅

图 5.3　西餐厅

（2）服务体验设计：服务体验设计的关键是关键时刻设计。艾美作为喜达屋的一分子，其也遵循"STAR service"和"十与五"法则来设计其服务体验。酒店集度假休闲与商务于一身，其量身定制的服务及现代时尚的设计将为顾客

---

① 案例链接：https://mp.weixin.qq.com/s/t-4ZCqH3-8etE3bZXlci4A

提供探索高雅别致的无限可能，只要是艾美的 VIP 都会有自己专属的绣有其名字的一套洗浴服饰。酒店从细节处体现量身定制，为顾客创造其专属的备受重视的尊贵体验。

（3）品牌体验设计：艾美在整个酒店的硬件设计方面就将艾美品牌的核心价值"别致、高雅、探索"融入其中。艾美品牌有专门的 LM100，来自不同行业、国家的艺术家们共同为每一个新诞生的艾美设计其专属的艾美音乐、香味。每一家的艾美结合艾美原有的欧洲风格与当地文化来设计，包括硬件设施、音乐等，以独特鲜明的艾美个性传递给顾客一种品牌体验。

（4）环境体验设计：首先，在厦门艾美酒店的大环境选择上，在湖里区仙岳一侧，湖里区的区位优势与酒店体验主题"度假休闲及商务于一身，量身定制的服务及现代时尚的设计"完美融合，使得为顾客提供探索高雅别致的生活的愿望变成现实；其次，艾美也很注重各种环境中的精心布置，细节的例子更是不胜枚举，如电梯间音乐类型的选择，浴室热带雨林莲蓬头的精挑细选，房间地毯花纹的设计。艾美酒店充分利用建筑环境和外部环境给客人带来环境体验。如厦门艾美凭借其独特的地理位置，为寻求探险、放松或两者兼具的客人营造了一个天堂。这一都市度假酒店配有泳池和山地网球场，并为喜爱运动的度假人士提供丰富多彩的活动，客人可散步、远足或骑车穿过仙岳公园树木点缀的林区，沿途欣赏草木葱茏的迷人景色，也可以参观当地别墅，探访寺庙与素食馆，还可以探索多个青翠果园，这些活动将带给客人独特而难忘的旅行体验（图5.4，5.6）。

图5.4　酒店外部环境　　　　　　　　图5.5　大堂吧

从案例中可得，服务设施是有形的，服务是无形的，而体验是难忘的。体验营销是一种更为系统的营销整合管理体系，体验营销告诉高星级酒店的管理者，酒店不仅要重视产品本身的使用价值和形象价值，同时，要消费者亲身感受、体验到产品的价值。体验营销毕竟是一个创新性的行动，其在酒店业中的应用需要不断探索和完善。相信在不久的将来，体验营销会被更多高星级酒店认识和运用，成为它们提升自身竞争力的制胜法宝。

（二）社交媒体营销：建立品牌认知度

1. 社交媒体营销的概念和作用

社交媒体营销是一种利用各种社交媒体平台和工具，通过创建、分享和交流有价值的内容，与目标受众进行互动，以实现品牌推广、产品销售、用户参与和关系建立等营销目标的战略性活动。它利用了社交媒体的广泛传播和互动性，将品牌、产品或服务传播给潜在顾客，同时与他们进行直接互动和沟通。

社交媒体营销的作用体现在多个方面：

（1）品牌知名度和曝光度提升。通过社交媒体，品牌可以迅速传播信息，吸引更多关注和讨论，从而提升品牌知名度和曝光度。有效的内容和互动能够引起用户的兴趣，进而扩大品牌影响力。

（2）目标受众精准定位。社交媒体平台提供了精准的用户数据，使营销人员可以根据受众的兴趣、行为和特征进行精准的定位和投放广告，从而更有效地吸引潜在顾客。

（3）互动与参与。社交媒体提供了双向的沟通渠道，品牌可以与用户进行实时互动，回应他们的问题、反馈和意见，增强用户参与感和忠诚度。

（4）推广和销售。社交媒体平台不仅可以传播信息，还可以直接链接到产品页面，促进用户进行购买行为。通过有针对性的广告和内容，可以引导用户完成购买或转化。

（5）创新和趋势引领。社交媒体是获取新趋势、话题和创新想法的重要来源，品牌可以通过社交媒体了解用户的需求和兴趣，进而进行产品创新和营销策略调整。

综上所述，社交媒体营销是一种强大的工具，可以帮助品牌与受众建立更深入的联系，提升品牌价值和业务成果。然而，要实现社交媒体营销的效果，

需要制定明确的战略，提供有价值的内容，并与用户进行真诚的互动。

2. 社交媒体营销的实施要点

社交媒体营销的实施要点涵盖了多个方面，从制定战略到具体执行，都需要考虑以下要点。

（1）制定清晰的目标和策略。首先，明确社交媒体营销的具体目标，是增加品牌知名度、促进销售、提高用户参与度，还是其他目标。然后制定相应的营销策略，包括目标受众定位、内容类型、发布频率等。

（2）了解目标受众。深入了解目标受众的兴趣、行为和特点，以便更精准地制定内容和互动方式。使用社交媒体平台提供的用户数据和分析工具进行调研和分析。

（3）选择合适的平台。不同的社交媒体平台适合不同的目标受众和内容类型。根据目标受众的特点选择合适的平台，如微博、微信、Facebook、Instagram、Twitter、LinkedIn 等。

（4）优质的内容创作。创作有趣、有价值的内容是吸引用户的关键。内容可以包括文章、图片、视频、动画等形式，要符合目标受众的兴趣和需求。

（5）定期发布和互动。保持定期的内容发布，保持与受众的互动。回复用户的评论和私信，参与讨论，增强用户参与感和忠诚度。

（6）关注趋势和话题。及时关注热门话题和趋势，将品牌与当前热点联系起来，增加曝光和讨论度。

（7）持续改进和创新。社交媒体环境不断变化，要保持持续的改进和创新。根据用户反馈和市场变化调整策略，保持活跃度和吸引力。

3. 案例分析：四季酒店如何利用社交媒体与顾客互动①

四季酒店（Four Seasons Hotels and Resorts）是享誉全球的高端奢华酒店品牌，以卓越的服务品质和独特的顾客体验而声名显赫。该品牌创立于1960年，总部位于加拿大多伦多，如今已成为全球领先的奢华酒店品牌，在全球范围内拥有多家备受瞩目的酒店和度假村（图5.6）。

---

① 案例链接：https://mp.weixin.qq.com/s/zna1DNhILBENvu4bmOAyAA

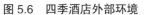

图 5.6　四季酒店外部环境　　　　　　图 5.7　四季酒店官网

自 2009 年起，四季酒店集团积极进军社交媒体领域，以构筑品牌形象。也是从 2009 年起，消费者对品牌在全天候 24 小时内与之互动的期望日益高涨。为此，四季酒店特设专门部门，以负责社交媒体平台的运营、内容管理，并将信息传播至各数字传播渠道。目前，四季酒店在主流社交平台上均开设账户，充分投入资源与消费者展开互动，涵盖平台包括 Facebook、YouTube、Twitter、LBS、Tumblr、Google+ 和 Four Seasons Magazine。这些社交平台使得四季酒店与消费者随时可进行互动和信息交流（图 5.7）。

四季酒店的社交媒体内容策略分为两个关键方面。首先是用户生成内容，其次是在线上和线下渠道提供引人入胜的体验，使消费者得以在各类活动中与品牌互动。举例来说，四季酒店集团推出针对婚礼的专题策划，特设 Twitter 和 Pinterest 账户，向消费者提供酒店员工的专业建议，以及在四季酒店举办婚礼的新娘分享的故事。通过互动方式，为消费者提供一体化和专业化的体验。此外，2013 年，四季酒店开展了"Maxine 畅游曼哈顿竞猜活动"，针对商旅客群，推出了家庭周末旅行方案。该活动涵盖 Pinterest、Twitter、Instagram 和 Vine 等社交平台，通过照片和酒店为每个家庭量身定制的服务，为入住酒店的小朋友提供了与 Maxine 互动的机会。这一活动不仅有助于四季酒店通过社交媒体寻找目标顾客，还成功营造了引人入胜的竞猜氛围。预期商业效果得以实现，周末收入同比增长 5%，Facebook 粉丝数增加 10%，Twitter 粉丝数增长 19%。此外，在社交媒体营销中，四季酒店着重"构建视觉资产"，将内容延伸至新兴平台（如 Instagram 和 Tumblr），与餐饮和夜生活领域的"超级明星"

展开合作，为顾客创造难忘的体验。

总之，四季酒店通过其社交媒体策略，巧妙地展现了品牌形象。从以上案例可以看出，四季酒店的互动策略包括以下几项。

（1）引人入胜的内容创作：四季酒店在社交媒体上发布高质量的图片和视频，展示其豪华酒店的设施、服务和美景。这些内容引起了顾客的兴趣，激发了他们的好奇心，进一步探索酒店。

（2）与粉丝互动：四季酒店不仅在社交媒体上发布内容，还积极回复粉丝的评论和留言。无论是感谢好评、解答问题，还是回应反馈，酒店都始终保持与粉丝的互动，增强了顾客的参与感和忠诚度。

（3）分享顾客故事：四季酒店通过社交媒体分享顾客在酒店的独特体验故事，例如他们的生日派对、婚礼等。这不仅让顾客感到被重视，还激发了其他顾客在四季酒店创造自己故事的愿望。

（4）互动活动和竞赛：四季酒店举办线上互动活动和竞赛，鼓励粉丝分享与酒店相关的照片、故事等。这不仅增加了粉丝的参与度，还扩大了品牌的曝光度。

（5）提供独家内容：四季酒店在社交媒体上发布独家优惠、活动和新闻，鼓励粉丝在第一时间了解并参与。这种方式让粉丝感到特别，增加他们与酒店的情感联系。

四季酒店通过社交媒体互动策略实现了多方面的成功。粉丝互动率增加，留言和评论数量显著提升。顾客的正面故事和评论帮助建立了积极的口碑，吸引了更多的潜在顾客。社交媒体上的互动活动吸引了大量的参与者，进一步提高了品牌的知名度和曝光度。

（三）情感营销：打造温馨舒适的环境

1.情感营销的概念和作用

情感营销是一种强调通过情感和情感连接来吸引、影响和留住顾客的营销策略。它不仅关注产品或服务的功能，更强调创造积极的情感体验，以建立深厚的情感纽带，从而在顾客心中建立品牌忠诚度和情感连接。情感营销强调人与人之间的情感互动，使顾客感受到品牌的温暖、关怀和共鸣。

情感营销在现代商业环境中扮演着至关重要的角色，它不仅在消费者心中建立深刻的情感联系，还有助于树立品牌形象、提升忠诚度、推动业务增长。以下是情感营销的主要作用。

（1）建立情感连接。情感营销通过触发消费者的情感共鸣，帮助品牌建立深厚的情感连接。这种连接可以在消费者的心中创造出持久的品牌印象，使他们更容易记住和信任品牌。例如，可口可乐通过强调"分享快乐"等情感主题，与消费者建立了积极的情感关联。

（2）增强品牌认知。情感营销可以通过引起共鸣和记忆，使品牌更容易被消费者辨认和记住。消费者往往更愿意购买他们熟悉并与之产生情感共鸣的品牌。例如，星巴克在全球范围内传递的温馨、友好和社区感，使其成为消费者心中的知名品牌。

（3）增加顾客忠诚度。情感营销有助于建立长期的顾客忠诚度。当消费者与品牌建立了情感连接后，他们更有可能成为品牌的忠实支持者，并在需求时选择购买该品牌的产品或服务。例如，苹果手机以其独特的设计、创新和用户体验，赢得了大量忠诚的消费者。

（4）推动口碑传播。情感营销创造的积极情感和共鸣有助于促使消费者积极地传播品牌口碑。愉快的购物体验和与品牌相关的情感连接，会激发消费者在社交媒体、面对面交流等渠道中分享他们的体验。这种用户生成的内容能够有效地传播品牌价值和形象。

2. 情感营销的实施要点

（1）目标受众定位：情感营销的成功始于对目标受众的深入了解与分析。这包括对受众的年龄、性别、文化背景、兴趣爱好等方面的洞察，更重要的是深入了解他们的情感需求与触点。通过精准定位，品牌可以更好地把握受众的情感诉求，为其创造共鸣。了解目标受众的情感触点，不仅意味着洞悉其喜好和兴趣，更是为了能在品牌传播中引发情感共鸣。因此，深入的市场研究和受众调查是情感营销策略的第一步，只有真正了解受众的内心世界，品牌才能在情感层面上与他们产生连接。

（2）品牌故事塑造：在情感营销中，品牌故事是一个极其重要的工具，它是品牌与受众之间情感连接的桥梁。一个引人入胜的品牌故事可以引发受众的情感共鸣，激发他们的情感投入。品牌故事应该贴近受众的情感触点，以真

实、感人的方式讲述品牌的起源、价值观、使命等。通过故事的叙述，品牌可以打动受众的心灵，引发情感共鸣，让他们产生对品牌的情感认同和依赖。

（3）情感元素融入：情感元素的融入是情感营销的关键一环。品牌可以通过产品的设计、包装、音乐、图像等多个维度，将情感元素嵌入其中，使受众在体验产品或服务时产生情感连接。例如，一家奢华酒店可以通过精心设计的房间布局、温馨的色彩搭配和舒缓的音乐，营造出宾至如归的情感氛围，使客人在其中感受到愉悦与满足。这种情感化的元素不仅是视觉上的享受，更是一种能够触及受众内心的情感体验。

（4）品牌人格建立：每个成功的品牌都有其独特的人格特点，它可以是友善、坚韧、创新等。在情感营销中，赋予品牌一个鲜明的人格，可以让受众将情感连接到品牌身上，建立起一种信任和认同的情感纽带。例如，一家健康食品品牌可以塑造出亲切、关爱的品牌人格，通过品牌语言、形象传递出关注消费者健康的情感。

以上只是情感营销实施要点的部分内容，每个要点都需要深入的战略规划和具体实施。情感营销的核心在于通过情感连接与共鸣，使品牌与受众之间建立起深厚的情感关系，从而增强品牌的忠诚度、影响力和市场竞争力。通过精心策划和细致实施，品牌可以在情感层面上持续地与受众产生情感共鸣，实现情感营销的目标。

3. 案例分析：城市便捷酒店通过"思念漂流瓶"赢得顾客的情感认同 [①]

在被疫情剥夺了两年的团聚机会后，返乡过年成为人们最为关注的话题。对于中国人而言，过年意味着回家团聚，这一内心深处的期望久已扎根。经过漫长的打拼，无论是一年还是数年，人们对故土、亲人和朋友的思念日益滋长。然而，疫情使许多人的回家计划受阻，因此，如何在分隔两地的情况下传递情感成为一项挑战。东呈集团旗下的城市便捷酒店以"思念漂流瓶"为创意，为人们提供了一个通过虚拟方式表达想念的机会（图5.8）。

作为一家全民优选型经济型酒店，城市便捷酒店于2022年1月18日，恰逢春运时期，推出了"思念漂流瓶"营销活动。该活动巧妙地借助春运这一独

---

① 案例链接：https://mp.weixin.qq.com/s/iQGAaFBUdst_4L_ZIWKbXQ

特的全民活动，精准地触达了正在回家途中的中国人。以"思念"为情感切入点，引发了广泛的共鸣，特别是在防疫和抗疫的大背景下，人们对回家团圆的情感渴望愈发浓烈。通过思念主题房和"梦中思念，马上相见"的主题酒（图5.9），城市便捷酒店切实地将虚拟思念转化为实际的情感联结，为春运归家路上的人们营造了一段乡愁的体验。核心玩法在于消费者通过扫码投放"漂流瓶"，而朋友的评论和互动会使"漂流瓶"飘得更远，象征着思念之情的传递。城市便捷酒店以此方式引导消费者自发表达情感，避免了强行灌输品牌信息，更注重消费者个体的判断和意愿，有效降低了消费者的抵触情绪。

图 5.8　思念漂流瓶海报

图 5.9　定制梅见酒

　　活动自上线以来，取得了显著的成果：活动曝光量超过 4 万次，参与人数超过 4000 人，转发分享次数逾 3000 次，创造了 6000 多个"思念漂流瓶"的UGC 内容，漂流总里程更是高达 18 万多公里，堪比环绕地球四周半。同时，微博话题阅读量达到了 12000 万次，转发讨论量达到 13 万次，展示了活动在社交媒体平台上的广泛影响力。此外，城市便捷酒店还精心策划了一系列与活动相关的内容，从"梦中思念，马上相见"的主题酒到 H5 游戏，再到话题文案海报，都紧紧围绕着"思念"情感。通过定制的梅见酒包装盒和温馨插画，城市便捷酒店巧妙地传递了"梦家""回家""相聚"和"团圆守岁"的情感，充分利用消费者的情感需求。城市便捷酒店与梅见青梅酒官方微博的互动更增添了品牌的生动形象。

　　城市便捷酒店的"思念漂流瓶"活动充分体现了情感营销的核心理念，即从消费者的情感需求出发，引发他们内心的共鸣。这种策略创造的情感共识不

仅增强了品牌影响力，还为持续稳定的业务增长奠定了坚实基础。通过建立情感连接，品牌赢得了消费者的真心认同，城市便捷酒店"一游戏一店一酒"的情感营销打法堪称酒店品牌情感营销的"超级样本"。

（四）绿色营销：关注可持续发展

1.绿色营销的概念和作用

绿色营销，又称环保营销或可持续营销，是一种关注环境保护和可持续发展的营销策略。它强调企业在产品设计、生产、销售和营销过程中，积极采取环保措施，减少对环境的负面影响，同时通过宣传和传播环保理念，吸引和满足具有环保意识的消费者群体，从而实现经济效益与环保目标的双赢。

绿色营销的作用体现在以下几个方面。

（1）环保形象塑造。通过实施绿色营销，企业可以树立环保形象，强调其对环境和社会的责任感，增强品牌形象的可持续性，从而在消费者心目中建立信任和好感。

（2）市场竞争力提升。在环保意识日益增强的社会背景下，拥有环保特色的产品和服务能够吸引越来越多的消费者。绿色营销可以帮助企业获得市场优势，扩大市场份额，提高竞争力。

（3）满足消费者需求。越来越多的消费者关注环保和可持续发展，他们更倾向于选择环保产品和支持环保企业。通过绿色营销，企业能够满足这部分消费者的需求，提供符合其价值观的产品和服务。

（4）节约资源成本。绿色营销鼓励企业在生产和运营过程中采用更环保的方法，如节能、减排、循环利用等，从而降低资源和能源的使用成本，提高效益。

（5）法规合规与社会责任。绿色营销有助于企业遵守环境法规和政策，履行社会责任，避免因环境问题而引发的法律纠纷和声誉损害。

2.酒店绿色营销的策略

（1）倡导绿色理念。构建绿色企业文化作为现代企业文化的一个子系统，具体体现了企业的价值观。酒店员工是绿色文化的主体，其参与应基于"全员参与"的原则。在此背景下，酒店可积极展开"创绿"活动的广泛宣传与培训，旨在培养员工的绿色意识。

（2）提供绿色产品与服务。在酒店的方方面面，都应考虑绿色化，如客房装修材料的选择应偏向绿色；客房所使用的物品和用品应具备绿色属性。绿色餐饮方面，酒店可引导并吸引客人进行绿色消费，例如推出"能源节约卡"等措施。

（3）应用绿色科技手段。应用绿色科技手段，如电子空气过滤器，可将客房内的污染空气100%净化，确保客人享受到清新健康的室内环境。

（4）选择绿色供应渠道。在选择供应商或中间商时，酒店应优先考虑其绿色信誉，尽可能采购带有环保标志或可再生属性的产品。同时，酒店应加强渠道成员的绿色意识，构建可持续绿色营销网络。例如，香港香格里拉酒店要求海产品供应商采用可降解泡沫塑料包装，以确保产品的新鲜和环保。

（5）开展绿色促销活动。酒店可围绕绿色产品展开多样化的促销活动。借助人员推销，向消费者直接传递酒店产品对环境的保护作用；在广告宣传中强调绿色特性，塑造酒店的绿色形象，刺激绿色消费需求；同时，通过积极的公共关系努力，展示酒店在绿色领域的贡献，树立积极的企业形象。

3. 案例分析：壹酒店的节能减排和环保设施[①]

喜达屋集团在三亚海棠湾开发的壹酒店，以"环保""可持续性"以及"人与自然和谐共生"为核心理念。该酒店拥有独具特色的自家农场，专门种植有机蔬菜、当地水果，同时还养殖稻田鸭，为酒店的餐饮提供丰富的时令农产品，充分体现了"从农场到餐桌"的理念。

在设计方面，壹酒店充分运用了多种原生和再生材料，包括夯土、天然石材、铁皮、废弃船木、铁轨枕木等，以最大限度地利用自然资源，将碳排放量降至最低。除了使用回收和本土材料，酒店还配备了太阳能热水系统，将水用于花园和景观灌溉，并巧妙地收集和储存雨水以备再利用。此外，酒店巧妙地运用天窗来引入自然光线，减少人造光的使用。酒店采取了一系列可持续发展措施，例如将超过75%的建筑废料送往回收中心，减少垃圾填埋造成的环境污染；在选择建筑材料时优先考虑800公里内的本地供应，以降低运输能源消耗；尽可能使用回收材料；等等。

---

① 案例链接：https://runwise.co/dtc/90912.html?fr=post_rec

　　壹酒店还以多种创新方式践行可持续性，如将废弃葡萄酒瓶重新利用为房间水杯，使用玻璃水壶替代塑料瓶装水，还引入了木质房卡以替代传统的塑料房卡（图5.10）。

图 5.10　壹酒店的创新方式

　　这一综合性的可持续发展理念不仅令人深思，更为住客的体验增添了独特的内涵。通过这种方式，酒店巧妙地与住客的情感与思想实现了连接，加深了他们对于酒店的体验感。

　　上述案例体现了绿色营销的以下要点。

　　（1）绿色企业文化倡导：酒店通过引入绿色理念作为企业文化的一部分，鼓励员工参与和传播环保价值观，实现绿色文化的全员参与。

　　（2）可持续产品和服务：酒店不仅在建筑和装修方面采用绿色材料，还通过自有农场种植有机农产品，提供绿色餐饮，实践"从农场到餐桌"的理念，满足顾客的绿色消费需求。

　　（3）环保科技应用：酒店采用太阳能热水系统、雨水收集再利用等环保科技手段，减少能源消耗和资源浪费，实现碳排放量的降低。

　　（4）绿色渠道选择：酒店在选择供应商和渠道时，考虑了他们的绿色信誉，优先采购环保产品，同时在渠道中加强绿色意识，建立了绿色营销网络。

　　（5）可持续宣传和促销：酒店通过广告、促销活动等方式强调其绿色特点，加强公众对酒店在可持续领域的努力的认知，从而树立了积极的品牌形象。

（6）环保设计和创新：酒店在设计中充分利用天然光线，采用多种原生和再生材料，推动建筑废料的回收，采取创新方法改造废弃物品，如葡萄酒瓶和塑料瓶。

（7）引发思考和情感连接：酒店通过可持续性实践引发住客对可持续发展的思考，创造了与住客情感和思想的连接，增强了住客的体验感。

这些要点共同构成了绿色营销在该案例中的体现，通过酒店的各项举措，将绿色理念融入产品、服务和营销中，实现了可持续发展与消费者的情感共鸣。

（五）品牌建设：传递价值观和文化

1. 品牌建设的概念与重要性

品牌建设是一项综合性的战略活动，旨在通过塑造品牌的独特形象、价值观、故事和声音，从而在目标市场中树立积极的认知和情感连接。它不仅是设计一个吸引人的标志或口号，更是一种长期的投资，涵盖了品牌的各个方面，包括视觉元素、声音、情感和价值观。品牌建设旨在使品牌在消费者心目中具有独特的地位和意义，从而实现差异化、认知度提升、忠诚度建立，以及市场竞争优势。

品牌建设在现代商业环境中扮演着至关重要的角色，它涵盖了多个方面，对企业的长期成功和可持续发展具有深远影响。以下是品牌建设的几个关键方面及对其重要性的详细探讨。

（1）认知度和识别度。在竞争激烈的市场中，品牌的认知度和识别度对于企业的生存和发展至关重要。通过品牌建设，企业可以塑造一个独特的品牌标志和形象，使其在消费者心目中留下深刻印象。这有助于消费者迅速识别并记住品牌，为企业吸引更多的注意力，从而提升销售和市场份额。

（2）信任和可信度。建立一致的品牌形象和传递可靠的价值观，可以赢得消费者的信任和可信度。在一个充满信息噪声的市场中，信任是消费者决策的关键因素之一。通过品牌建设，企业可以传递诚信和质量的信息，从而建立起长期顾客关系和忠诚度。

（3）差异化和竞争优势。品牌建设帮助企业在市场中实现差异化，为其占据独特的地位。一个成功的品牌可以在消费者心中树立起与众不同的形象和价

值，降低竞争对手的替代性。通过强调品牌的独特性，企业可以建立起持久的市场竞争优势。2001年世界酒店集团300强排名第五的精品国际酒店公司（Choice Hotels International）是一个典型的主要依靠品牌经营战略迅速成长起来的酒店集团。它在短短二十多年的时间里主要通过品牌特许经营、多产品品牌组合、品牌营销等品牌经营策略实现了其在全球范围内的市场规模迅速扩大，品牌价值日益提高。精品国际在品牌经营方面所获得的巨大成功，显示出品牌经营已经成为酒店市场竞争的重要利器之一。

（4）情感共鸣和忠诚度。通过品牌建设传递情感价值和故事，企业可以与消费者建立深刻的情感连接。消费者更有可能忠诚于那些能够触发他们情感共鸣的品牌。这种情感连接可以促使消费者在购买决策时更倾向于选择品牌产品或服务。

（5）市场份额和销售增长。品牌建设有助于吸引更多目标受众，从而扩大市场份额并促进销售增长。一个具有吸引力和正面形象的品牌可以在市场中引起消费者兴趣，吸引更多的潜在顾客选择与之互动，并购买其产品或服务。

（6）长期可持续发展。品牌建设是长期的战略投资，可以为企业创造稳定的可持续发展基础。一个有力的品牌形象可以使企业在市场中保持稳定的存在，并为未来的业务增长和发展奠定坚实的基础。

综上所述，品牌建设不仅是营销策略的一部分，更是塑造品牌认知、情感共鸣以及长期成功的关键因素。通过有效的品牌建设，企业可以在竞争激烈的市场中脱颖而出，与消费者建立深刻的联系，实现商业目标和可持续发展。

2.品牌资产的组成

品牌是消费者所接触到的一切与产品本身之外的元素的综合体。任何品牌资产具体包括以下五个基本组成部分。

（1）酒店品牌标识，包括品牌名称、品牌标志和标识语。品牌名称是品牌的核心要素，传达品牌的本质和概念。品牌标志和标识语作为附加的展示方式，帮助消费者迅速识别和记住品牌，如假日酒店品牌标志，麦当劳的金色M形标志；雀巢咖啡的标识语"味道好极了"。现代企业的视觉识别系统将这些元素有机地结合在一起，增强了品牌的识别度和联想。

（2）酒店品牌认知。品牌认知是潜在的买主认出或想起某品牌是某一产品类别中一种的能力，是与消费者交流工作的第一个基本步骤，它包含了品牌与产品类别间的联系。品牌认知是一个连续的变化过程：品牌无意识—品牌识别—品牌记忆—品牌深入人心。

（3）酒店品牌体现的质量。它是消费者对于酒店产品的全面质量或优势的感性认知，包括品牌达到的产品特征，如可信度、性能等。品牌质量的体现可通过价格、服务人员仪表、建筑外观等方面体现。品牌的质量也构成了产品差异化和品牌延伸的基础，需要经过精心策划和信息传递。

（4）酒店品牌联想。这是消费者与品牌相关的记忆中的一切事物。品牌联想有助于消费者获取信息，从而做出购买决策。这些联想可以是与产品特点、消费者利益、产品应用等有关的元素。酒店应积极创造有益的品牌联想，例如清洁、高效的服务，温馨舒适的环境等，以支持其市场定位。

（5）酒店品牌忠诚。品牌忠诚是消费者对品牌感情的量度，反映出一个消费者转向另一个品牌的可能程度。品牌忠诚是酒店品牌营销的终极目标之一，是重要的战略资产。品牌忠诚受多种因素影响，其中使用经验是最重要的，它与品牌认知、联想、体现的质量等因素紧密相连。品牌忠诚也部分受品牌资产中其他要素的影响。

总之，品牌资产的五个基本组成部分共同构建了一个品牌的形象和价值，对于塑造品牌认知、建立消费者信任、实现差异化和提升市场份额具有重要作用。

3. 酒店品牌与市场的沟通要素

品牌的价值不仅取决于知名度，还在很大程度上取决于品牌的形象。品牌的知名度有时足以引发消费者的购买兴趣，然而，品牌形象在某些情况下更为重要。成功塑造品牌形象需要有严密而持续的策略，同时也需要在酒店内外各个方面获得充分的理解与合作。这些策略应以品牌的特性为核心，通过传递一系列信息来组织品牌与市场之间的有效沟通。这些信息包括策划信息、产品信息、服务信息、渠道信息、价格信息，以及一些非计划性的信息。

在品牌与市场之间的沟通中，酒店需要确保策略的贯彻和执行，以确保传递一致的品牌形象。这意味着需要在组织内部建立共识，并在外部与目标受众进行积极互动。酒店的品牌特性应该贯穿于所有沟通渠道，以确保消费者能够

准确地理解和感知品牌的核心价值。此外，品牌沟通要素还应该涵盖策划信息、产品特点、服务质量、销售渠道的信息以及适当的价格信息。这些信息的传递需要经过精心策划，以确保消费者能够形成积极的品牌联想，并对品牌产生信任感和情感共鸣。

总之，酒店品牌与市场之间的沟通是建立品牌形象和价值的关键步骤。通过严密的策略规划和信息传递，确保品牌在市场中得到正确的呈现，从而赢得消费者的信任和忠诚度。

4. 案例分析：都江堰凤鸣文化酒店品牌如何从零打造 ①

都江堰凤鸣文化酒店，地处三遗之地都江堰翔凤桥翔凤路，西邻凤栖窝，东接斗犀台，物华天宝，人杰地灵，实乃有凤来仪之处。壹空间设计团队以当地文化为背景，提取"凤凰"元素，以"有凤来仪"为设计哲学，主打东方意境氛围。这家酒店的品牌打造完全基于本土文化，一步一个脚印设计品牌形象与品牌价值。具体内容如下。

（1）地理优势——项目基础保障。酒店选址于充满生态内涵、当地人文、诗情画意的绿意城市——都江堰。凭借城市众多景点以及道家发源地——青城山，得天独厚的地理位置得以让酒店接触到大量的年轻人及旅游爱好者。此外，选址位于都江堰城区核心地段，观凤楼和李冰广场两大景点环绕，距迎宾路高铁仅450米，离都江堰客运中心700米，到达都江堰景区只需12分钟车程，交通发达，地理环境优越。

（2）文化提取——明确核心优势。酒店是文化升级的表现，消费者消费的是酒店和酒店文化。做好一个酒店品牌，除了关注空间设计，还要思考其背后的文化价值，再进行有效的人文设计。文化塑造中，壹空间美学设计团队以当地人文为根本，将其与凤凰元素结合，以酒店作为实际载体呈现。从都江堰的鸟瞰图、地名、历史故事入手，寻找酒店所需的文化源泉。

（3）品牌命名——占领消费者认知。品牌设计的核心在于品牌的打造与传播，如何把品牌做到消费者心坎里去，是品牌设计中最重要的一个环节。"都江堰凤鸣文化酒店"这一酒店名称定位都江堰，专注人文，便于消费者识别、

---

① 案例链接：https://mp.weixin.qq.com/s/zdel8uKWahXpfy_f3bCOQA

记忆、选择（图5.11）。至于何为"凤鸣"，《吕氏春秋》曰："皇帝命伶伦为律。"伶伦制十二萧，听凤鸟之鸣，以别十二律。中国最早的十二音律，即由凤凰鸣声有感而发。取之凤鸣，则赋予了酒店"十二"之吉兆，即与十二地支、十二生肖、十二时辰、十二月份等呼应，代表着连续更迭，日新月异。鸣，亦有对外发声，为人所知的意义，是为声名远播！酒店的文化概念——有凤来仪，凤凰乃神瑞之鸟，其踪迹必神秘莫测，"有凤来仪"之处必定不是车马喧哗的俗街闹市，这四字文化概念既烘托出酒店静谧优雅的环境氛围，又与《红楼梦》中潇湘馆相呼应，宾客的入住犹如元妃省亲，是一件泼天喜事！凤栖梧桐、高风亮节、凤阁、鸾台、化羽、咸阳、知月、苍梧、修竹、在渊……这些凤鸣文化酒店的包间名及文化概念，不仅是现代文化对人文精神追求的一种象征，更从侧面彰显消费者与凤凰般有着与众不同的独特品性。

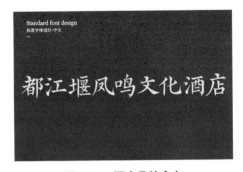

图5.11　酒店品牌命名

（4）超级符号——建立视觉体系。品牌必须建立在文化母体、文化原型上。凤凰文化不仅是一种文化意识，在国人内心深处有深深烙印，识别、传播速度高于新创造的形象。把凤凰羽毛结合品牌名"凤鸣——十二音律"的总结，用极简的几何色块幻化成羽毛，既有"凤凰于飞"的姿态和神韵，又打破传统印象中的凤凰复杂具象的状态，同时不失现代简约的风采（图5.12）。壹空间美学设计团队为建立凤鸣酒店品牌与在地文化之间的关联，提炼出成都特色文化与品牌超级符号相结合，其整体造型形似金沙博物馆的"太阳神鸟金饰"（图5.13）。

图 5.12　品牌设计

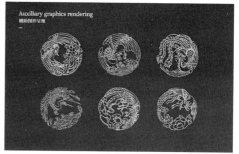

图 5.13　"太阳神鸟金饰"

（5）插画创作——强化品牌形象。"有凤来仪""凤栖梧桐"，它们是经过千百年来百姓口口相传保留下来的历史典故，有着充分的大众认知与辨识度，不需要再进行额外的宣传与市场教育，这对于品牌而言，大大节约了传播成本。从前期画面手稿，到线稿，再到上色，壹空间美学设计团队为都江堰凤鸣文化酒店精心创作了《有凤来仪》《凤栖梧桐》两幅插画，该创作不仅用于品牌物料中，画面在酒店客房布置也生动运用。

（6）品牌物料——抢占消费者心智。做人文品牌酒店，就应意识到品牌形象设计的重要性，将品牌的内在转化成视觉语言，以视觉塑造品牌形象，赋予品牌生命力，才能将品牌鲜活化，具有更强的竞争力。将品牌形象设计落到实处，为名片、信封信纸、图章、抱枕、一次性纸杯、套系洗漱用品、工作人员的服饰等店内常见物料定制了专属设计，让酒店形成统一的风格，消费者能够随处可见这些品牌元素，无形中加深了他们对凤鸣文化酒店的印象（图5.14）。

图 5.14　品牌物料

（7）空间设计——增强消费体验感。空间内点、线、面巧妙连接，以错落有致的构造手法凸显出空间的层次感。同时结合精心布置的景观小品、漫放射设计的灯光效果和具有东方意境的艺术装置，烘托出尊贵典雅的美学空间。

这一系列综合而专业的品牌建设策略使得都江堰凤鸣文化酒店成功地打造出独特而具有吸引力的品牌形象，吸引了目标顾客的关注与青睐。

（六）联合营销：拓展客源合作伙伴

1. 联合营销的概念和作用

联合营销是指两个或多个企业或品牌在市场推广和销售活动中合作，共同达成营销目标的策略。这种合作可以涉及资源共享、品牌互补、市场拓展等方面。联合营销的主要目的是通过整合各方资源，实现共同利益最大化，提高市场竞争力和品牌曝光度。通过联合营销，企业可以共同推出创新产品、扩展顾客群体、降低营销成本、增强品牌影响力等，从而达到更好的市场效果。

联合营销作为一种合作模式，具有多方面的作用。

（1）扩大市场影响力。联合营销将不同企业的资源和顾客群体结合起来，可以让品牌的影响力扩散到更广泛的受众中。合作伙伴的顾客可以通过合作关系了解到新的品牌，从而扩大品牌的知名度和市场覆盖范围。

（2）降低营销成本。联合营销可以共享营销成本，降低各方的推广费用。合作伙伴可以共同承担广告宣传、促销活动等费用，从而有效地降低单方面开展营销的成本负担。

（3）创造创新和差异化。合作伙伴可以通过联合营销创造出独特的产品、服务或活动，从而在市场中呈现出差异化的竞争优势。创新的联合产品可以吸引消费者的注意，增加消费者的兴趣。

（4）提升消费者体验。联合营销可以提供更多多样性的选择，满足消费者不同的需求和偏好。通过合作，消费者可以获得更加全面和优质的体验，从而增强他们对品牌的好感和信任。

（5）共享资源和互补优势。不同企业在资源和优势方面存在差异，通过联合营销，双方可以互相共享各自的资源和优势，实现互补。这有助于提高合作伙伴的综合竞争力，更好地满足市场需求。

（6）加强品牌合作关系。联合营销可以促进合作伙伴之间的交流和合作，

建立更加稳固的品牌合作关系。通过共同努力，双方可以增进信任，更好地协同工作，共同实现商业目标。

（7）促进销售增长。联合营销可以吸引更多潜在顾客，增加销售机会。合作伙伴的顾客可以通过另一方的推荐或合作活动了解到新品牌，从而产生购买需求，促进销售增长。

2.联合营销的实施要点

（1）明确合作目标和利益分配。联合营销的成功首先要建立在明确的共同目标之上。合作伙伴需要明确合作的目的，例如增加销售额、扩展市场份额、提高品牌认知等。同时，也需要明确资源和利益的分配方式，确保各方在合作中能够公平地分享成果。在达成一致的合作目标和利益分配方案后，双方可以更有信心地推进合作计划。

（2）选择合适的合作伙伴。合作伙伴的选择至关重要。合作伙伴应与自身业务相互补充，能够共同创造更大的价值。此外，双方的企业文化、价值观和长期发展规划也应该保持一致，以确保合作关系的长久稳定。仔细的背景调查和尽职调查是选择合作伙伴的必要步骤，从而减少潜在的风险。

（3）制订合作计划和策略。详细的合作计划和策略是顺利实施联合营销的关键。合作伙伴需要共同制订市场定位、目标受众、推广渠道、销售策略等方面的计划，确保双方在合作中的行动有条不紊。明确的时间表和里程碑也有助于双方跟踪合作进展，及时调整策略。

（4）资源共享与整合。资源的共享与整合是联合营销的核心。双方可以充分利用各自的优势资源，如品牌知名度、顾客数据库、市场渠道等，实现资源的互补与整合。例如，合作伙伴可以共同举办活动，共享推广费用，从而降低营销成本。资源整合还可以提高市场影响力，增加合作的成功概率。

（5）统一品牌形象和信息传递。在联合营销中，保持一致的品牌形象和信息传递至关重要。合作伙伴需要确保在推广活动、广告宣传等方面传递一致的信息，避免混淆消费者。统一的品牌形象有助于建立更强大的品牌认知度和信任感，从而加强消费者的忠诚度。

（6）创新产品或服务。联合营销可以创造独特的产品或服务，从而从市场中脱颖而出。合作伙伴可以共同开发具有创新性的产品，满足消费者不同的需求和偏好。创新产品不仅可以吸引更多消费者的关注，还可以为合作伙伴带来更多的销售机会。

（7）联合推广和宣传。联合推广和宣传是扩大品牌曝光度的重要手段。合作伙伴可以共同举办促销活动、推出联合广告等，从而将品牌信息传递给更多的目标受众。联合推广不仅可以节省营销成本，还可以增加品牌在市场中的可见度，吸引更多潜在顾客。

综上所述，联合营销的实施要点包括明确合作目标和利益分配、选择合适的合作伙伴、制订详细的合作计划和策略、资源共享与整合、统一品牌形象和信息传递、创新产品或服务，以及联合推广和宣传。这些要点有助于确保联合营销的顺利进行，实现双方的共同利益和长期合作关系。

3.案例分析：屈臣氏联手希岸酒店打造爆款产品营销[①]

屈臣氏，是线下美妆零售的绝对霸主。线下门店已超过 3000 家，遍布全国。当人们以为屈臣氏仅仅是在线下零售占据主导地位的时候，他们又在线上打造出互联网联动传统零售的新典范：屈臣氏莴笋 App。作为屈臣氏全新官方商城，莴笋先后推出了一系列连接线上线下的功能，附近门店查找、2 小时闪电送达、门店自提等。这款购物 App 的诞生让屈臣氏线下门店的覆盖范围从小区、商场的几百米直接抬到了云端。当人们以为屈臣氏只是线下传统零售中线上导流做得最好的"卖货"行家时，他们又与连锁酒店品牌希岸酒店品牌联姻，打造出了一个重磅产品营销案例。

希岸酒店是铂涛集团旗下轻奢时尚跨界的住宿品牌，从成立之余就一直追求精致、高品质的生活，倡导时尚、优雅的生活美学，是新住宿时代下受商旅中产喜爱的酒店品牌。然而，现在是 IP 生存的时代。优质的服务需要以优质的 IP 包装。于是，希岸酒店将品牌态度落地打造 IP 酒店，强化差异化竞争。因为希岸酒店与莴笋 App 在品牌理念、产品气质和目标受众等方面有着许多契合之处，尤其是希岸酒店所秉承的"小幸感，宠你开始"的价值主张：无论你是什么角色，拥有什么生活，你不能改变生活，却能够选择生活的态度——一种宠爱自己的态度。于是二者一拍即合，决定打造联名酒店爆款产品。总体

---

① 案例链接：https://mp.weixin.qq.com/s/QA--V6XxWulh-sxlr-zazQ

来说，屈臣氏与希岸合作酒店营销的几大亮点如下。

（1）品牌关联性的氛围营造。整体以希岸与屈臣氏的主色调和风格来设计装饰酒店，从床品、沙发、抱枕等各种角度营造出IP酒店的氛围（图5.15、5.16）。在这许许多多小细节的氛围营造下，很容易给消费者带来沉浸式体验的感觉，进入共同打造IP所推动的状态。

图5.15　希岸酒店客房

图5.16　客房日用品

（2）产品进入使用场景。这些外在的氛围方式帮助消费者进入了IP所追求的状态，沉浸在所打造的场景之中。接着产品上场。让酒店所用得到的那些日常美妆用品都变成屈臣氏莴笋App上可以买得到的产品，用得好，下单就买，2小时内送达。

（3）什么都别说了，一个字就是"倔"。此次双方将IP酒店的名字定为"倔"，既是希岸酒店的品牌态度之一，"屈"字也代表了屈臣氏。此外，希岸酒店的房间设计，大方、整洁，很"处女座"。这种倔，可以理解为处女座似的小倔强。希岸作为一家高品质酒店一定有这种提供洁净服务的小倔强，而屈臣氏所销售的是美妆生活用品，也有提供优质服务的小倔强。

民间有句俗语叫"两好变一好"，屈臣氏与希岸这次的品牌联姻通俗点可以说就是两好变一好的表现。互相成全，互相助力。最后受益的是千千万万的消费者。

（七）口碑营销：赢得顾客口碑

1. 口碑营销的概念和作用

口碑营销是一种基于消费者个人经验和意见的推广策略，旨在通过积极的口口相传来传播产品或服务的良好声誉。它依赖于消费者之间的互相分享和推荐，以及在线社交媒体等平台上的评价和评论，从而影响其他潜在顾客的购买决策。口碑营销强调消费者真实的观点和体验，是一种建立在信任和透明度基础上的营销方法。

口碑营销的作用具体如下。

（1）增强信任和可信度：在当今信息爆炸的时代，消费者对于品牌的宣传往往持有一定的怀疑态度，更愿意依赖其他消费者的实际体验来评估产品或服务的品质。这种口碑效应不仅让消费者感受到更真实的信息，也使品牌的信任度和可信度大幅提升。积极的口碑评论和推荐意味着顾客愿意为品牌背书，这种情感的连接将使消费者在面临购买决策时更加有信心，从而增加他们选择购买产品或服务的可能性。品牌通过赢得消费者口碑的认可，实现了一种深层次的情感连接，进而在市场竞争中取得显著优势。

（2）提升品牌认知度：口碑营销作为一种自发性的传播方式，可以在社交媒体、朋友圈、论坛等多个渠道快速传播。这使得品牌能够迅速扩大其知名度，使更多潜在顾客了解其存在。消费者积极分享和推荐的内容在互联网上蔓延，使品牌信息传播范围不受地域限制。这种有机的传播方式有效地将品牌的声音传递给目标受众，引起他们的关注和兴趣。在激烈的市场竞争中，品牌的知名度是吸引消费者的第一步，口碑营销通过迅速传播品牌故事和价值，为品牌赢得更多的曝光和关注。

（3）影响购买决策：消费者在购买之前往往会进行详尽的调研和比较，寻求他人的意见和经验成为了一种常见的行为。积极的口碑评论和推荐可以在消费者心中种下购买的种子，影响其购买决策的方向。消费者更愿意选择那些得到其他消费者认可的品牌，因为这种认可意味着产品或服务的实际价值。品牌通过积极引导和塑造消费者的口碑，实际上在消费者的购买决策过程中起到了推动和引导的作用，从而提升品牌的销售量和市场份额。

（4）降低营销成本：传统的广告和宣传手段往往需要投入大量的资源和资金，而口碑营销则依赖于消费者自愿的分享和传播。这种传播方式无须品牌支付高昂的广告费用，却能够实现更广泛的传播效果。消费者的口碑推荐不仅具有更高的可信度，还能够在社交媒体等渠道上迅速扩散，从而为品牌带来更多

的曝光和关注。通过有效的口碑营销策略，品牌可以在节省成本的同时，实现更大范围的市场传播，提升品牌影响力和知名度。

（5）建立用户忠诚度：积极的口碑可以产生积极的情感体验，使消费者更愿意与品牌建立持久的情感联系。当消费者在社交媒体上分享自己的良好体验时，他们实际上在向其他人展示他们与品牌的情感连接。这种情感共鸣和认同可以促使现有顾客对品牌产生更深的忠诚度，愿意持续选择品牌的产品或服务。品牌通过积极参与口碑营销，能够加强与消费者的互动和沟通，建立更牢固的用户关系，从而实现用户忠诚度的建立和提升。

综上所述，口碑营销通过增强信任和可信度、提升品牌认知度、影响购买决策、降低营销成本，以及建立用户忠诚度等作用，成为一种有效的品牌传播和营销策略。品牌应重视口碑营销，通过积极的参与和引导，塑造积极的口碑形象，为品牌的长期发展和市场竞争注入新的活力。

2. 口碑营销的实施要点

（1）提供优质产品或服务：在口碑营销中，优质的产品或服务是赢得消费者口碑的基础。品牌应始终将产品质量和顾客体验置于首位，确保产品能够满足消费者的期望并带来良好的使用体验。优质的产品不仅能够让消费者产生积极的体验，还能够为口碑传播提供坚实的基础。消费者会因为产品的实际价值和良好体验而愿意与他人分享，从而形成正面口碑。因此，品牌应该持续关注产品的质量和性能，并通过不断的创新和改进来提升消费者满意度。

（2）积极互动与回应：品牌在口碑营销中应积极参与消费者的互动，回应他们的反馈和评论。积极的互动能够体现品牌的关心和责任感，让消费者感受到他们的声音被重视。品牌应当及时回应消费者的问题、建议或投诉，解决他们的疑虑，建立良好的沟通和互动关系。通过积极的互动，品牌可以赢得消费者的好感和信任，从而促进积极的口碑传播。

（3）激励消费者分享：设计有吸引力的促销活动或奖励机制，可以鼓励消费者分享他们的购买体验。例如，品牌可以推出优惠券、折扣码、积分奖励等激励措施，作为消费者分享的回报。这不仅能够增加消费者参与口碑传播的积极性，还能够扩大口碑的影响范围。消费者在分享中既能够享受实际的奖励，又能够为品牌带来宝贵的口碑宣传，实现双赢的局面。

（4）构建社交媒体存在：在当前社交媒体盛行的时代，品牌应在主要的社交媒体平台上展示自己的存在。通过定期发布有价值的内容，如产品信息、使用教程、行业洞见等，品牌可以吸引消费者的关注和互动。同时，社交媒体还是消费者分享和传播口碑的主要渠道之一，品牌在社交媒体上的存在可以促进口碑的传播和影响力的扩大。

（5）激发用户生成内容：品牌可以鼓励消费者生成与品牌相关的内容，如照片、评论、故事等，以丰富口碑信息。例如，品牌可以举办用户分享活动，鼓励消费者分享他们使用产品的照片或体验。这些用户生成的内容不仅能够为品牌带来更多的口碑宣传，还能够增加消费者参与口碑传播的积极性。用户生成内容具有更高的可信度，能够引起其他消费者的共鸣和兴趣。

（6）合作社交影响者：社交影响者在社交媒体上拥有广泛的粉丝和影响力，他们的推荐和分享能迅速扩大口碑传播的范围。品牌可与有影响力的社交影响者合作，让他们分享与品牌相关的内容，如产品体验、使用心得等。这种合作可为品牌带来更多的曝光和关注，加速口碑传播的速度和规模。

（7）定期监测和分析：口碑营销的效果需要定期进行监测和分析，以了解口碑传播的效果和影响。品牌可以通过社交媒体监测工具、消费者调研等方式，了解消费者的反馈和评论，评估口碑营销的效果。根据监测结果及时调整口碑营销策略，改进互动方式，进一步提升口碑传播的效果。

3. 案例分析：华天故事——酒店如何做好口碑营销[①]

柳女士是小唐在酒店大堂征求宾客意见时结识的，给客人留了名片，一面之缘，却给客人留下了很好的印象。有一天，灰汤华天销售代表小唐接到了会员柳女士的预订电话，要求预订5间客房。小唐根据柳女士的要求，将5间客房的各种服务细节和设施拍摄成图片，并附上价格及酒店近期开展的烧烤晚会宣传，从微信发给柳女士。当柳女士看到一张张精致、清晰的照片时爽快地确定了5天的预订，并提前将1万元预付款打到了酒店账户上。

当柳女士出现在大堂，接待员一眼认出了柳女士并热情打招呼，柳女士高兴地对身边的家人说："我上次就来住过，跟你们说了服务态度很好，没让你

---

① 案例链接：https://mp.weixin.qq.com/s/uXCa_vX27V-e2QV1QFzxpw

们失望吧。"五天的时间里，柳女士一家人备受照顾，也因为酒店员工真挚热情的服务，在接下来两个星期，柳女士再次入住了灰汤华天和湖南华天。

小唐主动、细致的服务，体现了华天酒店品牌的服务魅力，客人感动的同时，也主动当起了酒店的"宣传员"，向身边的同事、朋友广而告之，起到了很好的口碑效应。

（八）文化营销：传承与创新

1. 文化营销的内涵

文化营销是指充分运用文化力量实现企业战略目标的市场营销活动，即在酒店营销活动流程中均主动进行文化渗透，提高文化含量，营造文化氛围，以文化作媒介与顾客及社会公众构建全新的利益共同体关系。

2. 文化营销的特点

（1）以个性创新为基础。若酒店能够提供独具创新的功能性产品或营造令人流连忘返的环境氛围，将使其从其他同业酒店中脱颖而出。而这种差异性若能与地方文化相融合，将进一步突显其独特的创新性，从而在市场竞争中获得显著的竞争优势。

（2）以价值观念为核心。传统的营销方式主要集中于有形产品，而酒店销售策略常将重心仅放在消费者了解产品特性和推动销售方面，未能充分考虑产品中蕴含的文化因素及其与消费者价值观之间的联系。相较之下，文化营销则填补了这一缺陷，积极借助发现、培养或塑造核心价值的手段，成为一种有意识、新型的酒店营销方法，以实现酒店既定目标。

（3）以互动共鸣为根本。文化营销在与其他营销策略相比时，更充分地反映了特定消费者的价值取向，旨在以较低的生产与营销成本，提供更多顾客价值，并在营造令顾客满意的消费环境方面下功夫。文化营销强调顾客满意度，以文化的亲和力为依托，在酒店与消费者之间建立共同认知。其核心出发点及着力点，皆集中于实现与消费者价值观的共鸣。

3. 案例分析：国潮酒店的典范——北京丽泽商务区原拓酒店[①]

北京丽泽商务区原拓酒店，于2022年开业。酒店位于西南三环万柳桥南

---

① 案例链接：https://mp.weixin.qq.com/s/Mg__2OyIaFqBT2QS4M5fuQ

边，环境清雅，停车方便，交通便利，设施齐全、轻松惬意。酒店拥有极具设计感的各类型客房共 150 间，房间面积均在 28 平方米以上，提供原韵大床房、原粹大床房、原粹双床房等。除此之外，酒店还引入行业领先的 AI 语音客控系统，可分区调节软硬度的智能床垫、智能马桶等设施，让旅客享受智能科技之美好。最吸引顾客的当属原拓酒店的国潮之风，文化底蕴尽显。

其一，"赏"中国文化。原拓秉承"一城一设计"，将中华文化精粹与现代时尚设计相结合，打造现代质感与传统文化相融合的酒店空间（图 5.17）。北京丽泽商务区原拓酒店"赏"的是皇城之美，在设计上，从中式皇家建筑中提取灵感，以北京民间艺术元素为点缀，通过潮流时尚的设计手法，让北京威严庄重的皇家气质在空间内呈现。

其二，"识"非遗文化。原拓酒店大堂设立"非遗工作坊"，见人，见物，见生活。在这里，不仅能赏识当地非遗作品，了解中国文化瑰宝和背后源远流长的故事，还能随时坐下，跟随非遗传承人亲自完成一件非遗手作，亲身体验和增长非遗知识，感受传统民艺再次进入日常的美好。北京丽泽商务区原拓酒店的酒店 YLab 国潮研究所展出兔儿爷、北京绢人和北京绒花等多种极具代表性的北京非遗作品。

其三，"食"当地美味。原拓酒店设有全日制餐厅，全时段提供早餐、午餐、下午茶及夜宵等服务，早餐时段提供具当地代表性的"地道美食"，从舌尖出发，一探地方风情。特色水吧"汽水博物馆"供应全国经典汽水，配上同样充满地方特色的"传统小吃"，或独酌或小聚，一样心爽神怡。在北京丽泽商务区原拓酒店，就能品尝到地道北京炸酱面，以"北冰洋"为基底创作的限定鸡尾酒等既充满当地特色，又融入全新创意的美味。

其四，"舒"舒适质感。原拓酒店在雅致舒适的客房空间点缀中国文化与时尚艺术，配套智能语音客控、无线传屏影音、智能卫浴、高端床垫及床品，以文化、品质与科技凝心打造美好住宿细节，让旅客在行程中放松身心，舒适好眠（图 5.18）。

综上，酒店不仅在设计上注重将中华文化与现代时尚相融合，还通过"赏""识""食"和"舒"四个方面的文化元素，为宾客提供了丰富的文化体验。酒店以其独特的文化魅力、现代舒适的设施和出色的服务，为宾客打造了

一处兼具文化体验和舒适居住体验的理想场所。无论是商务出行还是休闲度假，这家酒店都将为宾客带来难忘的时光。

图 5.17　原拓酒店大堂及公区

图 5.18　原拓酒店客房

第三节　酒店营销策略与创新

一、酒店营销策略的概念与重要性

酒店营销策略是指酒店为了吸引顾客、提高市场份额并增加收入而制订和实施的计划和方法。它是一个综合性的战略性计划，致力于在竞争激烈的酒店行业中建立和巩固酒店的竞争优势，从而实现可持续的业务增长和盈利。所谓创新营销指的是在现有状态上以更优行为作用于经营活动，以达到预定目标的创造性行动。主要涉及产品、市场、技术、服务和管理五大创新领域，这些领域涵盖了酒店生产经营活动的核心方面和关键流程，其联动效应将形成潜在巨大的整体能量，从而减少和规避风险，推动酒店企业实现顺利发展。

酒店营销策略的重要性不容忽视。它不仅是吸引顾客和提高知名度的手段，更是塑造品牌形象、实现可持续盈利的战略蓝图。以下从五个关键方面深入探讨酒店营销策略的重要性。

（一）准确定位目标受众

在竞争激烈的市场中，了解顾客的需求、偏好和习惯至关重要。通过市场调研和分析，酒店可以准确地识别并定位最有价值的目标受众群体。明确目标受众后，酒店可以精准地制定推广策略，提供符合其需求的产品和服务，从而更有效地吸引顾客。

（二）建立竞争优势的关键

在同质化竞争激烈的酒店行业，如何脱颖而出至关重要。营销策略可以帮助酒店发现自身的独特卖点，突显特色和优势。通过创新的战略定位、个性化的服务、独特的品牌形象等，酒店可以在顾客心目中建立起差异化和竞争优势，从而吸引更多的顾客选择入住。

（三）提高顾客满意度和忠诚度

满足顾客需求并提供卓越的体验是酒店的核心任务。通过制定细致入微的营销策略，酒店可以更好地了解顾客，提供个性化的服务，满足他们的期望。满意的顾客更有可能成为回头客，并在社交媒体上分享积极的体验，进一步扩大酒店的知名度和美誉度。

（四）增加市场份额和收入

通过定位、宣传、促销等手段，酒店可以吸引更多的顾客选择入住，增加客房预订和入住率。同时，巧妙设计的营销活动可以促使客人选择高级客房、套餐和增值服务，从而提高顾客的平均消费额和酒店的收入水平。

（五）为长期发展奠定基础

营销策略不仅关注短期效益，更关注酒店的长期可持续发展。通过建立稳固的品牌声誉、提供持续的卓越服务，以及保持与顾客的紧密联系，酒店可以在竞争激烈的市场中保持竞争力，实现长期的业务增长和盈利。

二、酒店营销策略的类型

酒店营销策略的类型多种多样，根据不同的目标、市场和竞争环境，可以采取不同的策略来推动酒店业务的增长和发展。以下是几种常见的酒店营销策略类型。

（一）差异化营销策略

差异化营销策略是一种在当今竞争激烈的酒店市场中备受关注的战略方法。其核心理念在于通过精心设计和塑造酒店的独特特点和优势，从而吸引并

留住特定目标顾客群体。这种策略不再局限于传统的价格竞争，而是通过为顾客提供与众不同的体验和价值，从而在市场中脱颖而出。

在实施差异化营销策略时，酒店可以从多个方面展现自身的独特之处。首先，酒店可以着重打造独特的服务体验。通过为顾客提供个性化、定制化的服务，以及与众不同的顾客互动方式，可以让客人在酒店中感受到独特的待遇和关怀。其次，酒店可以通过提供独特的设施和设备来吸引顾客。这可能包括独特的房间布局、先进的科技设备，甚至是具有特色的健身设施或休闲娱乐项目，从而创造出独特的居住体验。此外，文化体验也是差异化营销策略的一个关键方面。酒店可以融入当地文化元素，或者打造独特的主题文化，以吸引对这些文化感兴趣的顾客。通过在装修、餐饮、活动等方面融入独特的文化元素，可以为客人提供一种与众不同的文化体验，从而增加其对酒店的兴趣和好感。

差异化营销策略的成功不仅意味着在市场中赢得了独特的地位，还能够为酒店带来长期的竞争优势。通过建立起与众不同的品牌形象和独特的价值主张，酒店可以更好地满足特定顾客群体的需求，从而建立起忠实的顾客基础。此外，差异化策略还有助于提高顾客满意度和口碑，从而进一步增强酒店在市场中的知名度和美誉度。

总之，差异化营销策略在酒店行业中具有重要的意义和价值。通过凸显酒店的独特特点和优势，提供独特的服务、设施和文化体验，酒店可以在激烈的市场竞争中脱颖而出。

（二）价格策略

在酒店经营中，价格策略至关重要，因为价格往往是消费者做出购买决策的关键因素之一。在不同的市场环境和竞争格局下，酒店可以采取多样化的价格策略，以满足各类顾客群体的需求和预算，实现业务增长和市场份额的提升。

高价差异化策略是一种常见的价格策略，适用于追求高品质、高服务水平和独特体验的顾客群体。通过提供高价位但与众不同的服务、设施和文化体验，酒店可以吸引那些愿意为独特体验支付更高价格的顾客。这种策略强调的是为顾客提供独特价值，使他们在酒店的消费体验与众不同，从而建立起忠实的高端顾客群体。相反，低价吸引大众策略则注重在市场中争夺更广泛的顾客群体。通过定价相对较低，酒店可以吸引那些对价格更为敏感的消费者，从而扩大顾客基础并增加入住率。这种策略强调的是价格的竞争优势，通过提供实惠的住宿选择来吸引更多的顾客，尤其是那些在预算有限的情况下寻求舒适住宿的人群。此外，折扣促销策略也是一种常用的价格策略。通过定期或临时性地提供折扣和优惠，酒店可以刺激消费者的购买欲望，促进预订率的提升。这种策略适用于季节性需求波动较大的情况，或是在推出新产品、服务或套餐时吸引更多顾客的关注。泉州华侨大厦推出餐饮消费满 1700 元，赠送 400 元抵用券，备受顾客青睐。当酒店经营的趋势往下时，酒店需要采取相应促销方案。

综上，价格策略在酒店营销中具有重要作用，直接影响到顾客购买决策的形成。酒店可以根据市场需求、竞争情况和自身定位，灵活运用高价差异化、低价吸引大众、折扣促销等不同的价格策略，以实现营业收入的最大化。然而，无论采取何种策略，都需要确保价格与所提供的价值相匹配，以保持顾客满意度和忠诚度的提升。

（三）网络营销策略

随着数字时代的来临，在线营销已然成为酒店管理中的关键环节。通过各种在线平台和社交媒体的巧妙运用，酒店实现了品牌推广、预订管理、顾客互动等多方面的全面提升。在酒店营销中，在线平台不仅为酒店提供了一个直接与消费者互动的渠道，更为重要的是，它将酒店推广的辐射面扩展到了全球。通过在各大搜索引擎上进行搜索引擎优化（SEO）和搜索引擎营销（SEM），酒店可以从潜在顾客的搜索结果中脱颖而出，提高曝光率，吸引更多目标顾客的点击。同时，社交媒体的崛起也为酒店提供了与顾客实时互动的平台，通过发布各类有趣、有用的内容，酒店可以与顾客建立更紧密的联系，增强顾客的参与感和忠诚度。酒店还可以通过建立酒店自己的官方网站和预订平台，实现线上预订的全面管理和控制，提供在线预订、价格查询、客房选择等一站式服务，为顾客创造了更加便捷、高效的预订体验。同时，借助在线渠道的数据分析和统计功能，酒店可以深入了解顾客的偏好和行为，从而更加精准地进行市场定位和推广策略的制定。

总之，在线营销策略的应用不仅是在数字时代的趋势，更是在酒店业务发展中的必然选择。通过充分利用各种在线平台和社交媒体，酒店可以实现品牌影响力的扩大、预订率的提升，以及顾客互动的加强，从而在竞争激烈的市场中占据更有利的地位。

（四）品牌建设策略

品牌建设策略在酒店管理中具有不可忽视的重要性，因为品牌不仅是一个名称或标志，更是酒店核心资产之一，代表着酒店的独特性、价值观和承诺。品牌建设策略的有效运用可以为酒店带来多方面的益处，包括吸引潜在顾客、提高顾客忠诚度、树立良好的企业形象等。

品牌建设的首要目标是塑造独特的品牌形象和价值观，从而在竞争激烈的市场中脱颖而出。这意味着酒店需要明确自己的定位和差异化特点，找到与目标顾客群体紧密契合的品牌特质。通过在品牌形象中融入独特的故事、文化元素、服务理念等，酒店可以在顾客心中留下深刻的印象，从而吸引他们选择并保持对酒店的忠诚。此外，品牌建设策略还须注重顾客体验的营造和提升。酒店可以通过提供高品质的服务、独特的文化体验以及个性化的定制服务，为顾客创造出色的住宿体验，从而形成口碑传播和忠诚度的积累。这种口碑效应在数字时代尤为重要，因为顾客的点评和分享会在社交媒体上迅速传播，影响更多潜在顾客的选择。

在品牌建设中，广告、宣传和活动等方式都是推动品牌知名度和认知度提升的有力手段。通过巧妙设计的广告宣传活动，酒店品牌形象深入人心，让品牌故事传播得更远、更广。举办特色活动也吸引更多目标顾客的参与和关注，增强品牌在顾客心中的存在感和影响力。

综上所述，品牌建设策略在酒店管理中具有不可替代的地位。通过塑造独特的品牌形象和价值观，提供卓越的顾客体验，以及通过广告宣传和活动等方式推动品牌知名度的提升，酒店可以有效吸引和保留忠实顾客，增强在市场中的竞争力和影响力。

（五）目标市场策略

目标市场策略要求酒店专注于特定的顾客群体，以满足其独特的需求和期望，从而提供相关的服务和体验。通过明确目标市场定位，酒店可以更加精准地开展营销活动，提高顾客满意度，增加市场份额，以及产生更强大的品牌影响力。

在制定目标市场策略时，酒店需要深入了解不同顾客群体的特点和偏好。例如，商务顾客可能更看重便捷的会议设施和高效的商务服务，休闲旅游者可能更注重舒适的住宿环境和丰富的娱乐活动，家庭游客可能更需要宽敞的客房和适合家庭的设施。通过针对不同目标市场的需求进行差异化的服务和体验设计，酒店可以实现更好的顾客满意度和忠诚度。此外，目标市场策略还需要考虑市场竞争和差异化。在竞争激烈的酒店市场中，通过选择一个特定的目标市场，酒店可以避免与过多竞争对手直接竞争，从而降低市场竞争压力。针对特定的目标市场，酒店可以打造独特的品牌形象和服务特点，实现差异化竞争，从而在目标市场中占据有利位置。

目标市场策略的实施还需要全面的市场调研和精确的市场定位。酒店需要了解目标市场的人口特征、消费习惯、偏好趋势等，以便更好地满足其需求。同时，酒店还需要通过市场定位，明确自己在目标市场中的定位和竞争优势，以便有效地开展定向的营销和宣传活动。

综上所述，目标市场策略通过专注于特定的目标市场，满足其独特需求，提供差异化的服务和体验，酒店可以实现更好的顾客满意度，降低市场竞争压力，增强品牌影响力，从而取得长期的市场成功。然而，目标市场策略的成功实施需要深入的市场分析和精准的市场定位，以确保酒店能够准确捕捉和满足目标市场的需求。

（六）联合营销策略

联合营销策略是一种通过与其他相关行业合作的方式，共同推广产品和服务，以实现市场份额的扩大和品牌影响力的提升的策略。通过联合营销，酒店可以借助合作伙伴的资源、渠道和顾客群体，实现更有效的市场推广和宣传，从而获得多方共赢的局面。

在联合营销策略中，酒店可以与不同领域的合作伙伴展开合作，以满足顾客的多样化需求。例如，与航空公司合作可以推出联合促销活动，为顾客提供酒店住宿和机票的组合优惠，吸引更多的旅行者选择。与旅行社合作可以共同设计特色旅游线路，将酒店住宿与景点门票、导游服务等打包销售，提供一站

式的旅行体验。与景点合作可以推出套餐产品,为游客提供住宿和景点门票的优惠组合,增加酒店的吸引力。此外,联合营销还可以通过共同举办活动、推出联合品牌等方式,提升品牌影响力和知名度。例如,酒店可以与当地文化机构合作,举办主题活动、艺术展览等,吸引文化爱好者和艺术家入住。或者与健身俱乐部合作推出健康主题套餐,吸引爱好健身和养生的顾客群体。通过这些联合活动,酒店不仅可以扩大市场份额,还可以与合作伙伴共同传递更多的价值和体验,提升顾客满意度。然而,联合营销策略的成功实施需要精心的策划和协调。合作伙伴的选择、合作方式的确定、活动的规划等都需要考虑周全。另外,双方的利益和目标要保持一致,合作关系的维护也是至关重要的。只有在双方共同努力、互惠互利的基础上,联合营销才能真正取得成功。

综上所述,联合营销策略是酒店通过与其他相关行业合作,共同推广产品和服务,以实现市场份额的扩大和品牌影响力的提升,通过充分的策划和协调,以确保双方能够共同受益,实现共赢局面。

(七)口碑营销策略

口碑营销策略强调通过积极管理顾客口碑和评价来建立良好的声誉和顾客信任。在如今信息高度互联的时代,消费者更倾向于相信其他消费者的真实体验和评价,因此酒店必须注重顾客满意度,提供优质的服务和愉快的入住体验。通过持续提供卓越的顾客服务、舒适的住宿环境以及细致入微的关怀,酒店可以获得顾客的赞誉和积极评价。同时,积极回应顾客的反馈和投诉,及时解决问题,也是构建良好口碑的关键。酒店可以通过社交媒体、旅行网站等渠道,与顾客保持互动,展示积极的态度和专业的服务,从而提升口碑,吸引更多潜在顾客的关注和选择。

(八)季节性和主题营销策略

季节性和主题营销策略是指通过根据不同的季节、节日或特定主题,开展相关的营销活动和促销,来吸引顾客参与并提高关注度。例如,在节假日如圣诞节、情人节等时,酒店可以推出特别的节日套餐,提供浪漫的氛围和独特的体验,吸引情侣和家庭顾客。在不同季节,酒店可以调整菜单、推出特色活动,与时俱进地满足顾客的需求和期待。此外,酒店还可以基于特定主题,如健康养生、文化体验等,开展相关的活动和课程,吸引特定顾客群体的关注和参与。季节性和主题营销策略不仅能够创造独特的消费体验，还可以提升酒店的品牌知名度和市场竞争力。

（九）忠诚度计划策略

在酒店管理中，提高顾客的忠诚度和重复消费率十分重要。为此，酒店可以制订各种各样的忠诚度计划，如用优惠券、积分兑换等方式来鼓励现有顾客回头消费。通过建立会员制度，为忠实顾客提供专属权益和优惠，例如积分累计换取免费住宿、升级房型、特殊礼遇等，可以促使顾客更愿意选择再次入住。此外，酒店还可以定期推出限时优惠、折扣活动等，吸引现有顾客回流。忠诚度计划不仅可以增加顾客的消费频次，还能够增强顾客与酒店之间的情感纽带，促进顾客的口碑传播，从而在市场上取得更大的竞争优势。

三、酒店营销策略的创新

（一）顾客满意战略与服务营销

顾客满意（Customer Satisfaction，CS）在营销中是一个比较新的概念，它是由日本企业率先提出的经营战略，即顾客满意战略，其宗旨在于引导企业探索更有效的经营途径，改善运营方式，并针对不断变化的个性化需求，采取相应措施，以树立良好的企业形象，提升竞争力，实现营销的成功。在酒店业，顾客满意战略则是指建立一种以顾客满意为驱动的服务作为有效的营销战略，使得顾客成为忠诚的支持者。顾客满意不仅可以促进业务增长，更通过口碑传播，将顾客转化为潜在的品牌倡导者，从而节约了大量的促销成本。在实践中，顾客的需求常常多样而复杂，不一定总能被明确表达。例如，一位顾客可能要求预订五星级酒店房间，但实际上他追求的是高品质服务和身份象征。此外，顾客常具有未明示的需求，如愉悦的感官体验、便捷的设施等。例如，酒店室内游泳池可供休闲娱乐，可在酒吧和善解人意的服务员聊天等。顾客可能还有一些不愿言明的需要，如入住酒店可以获取积分奖励，方便约会等。酒店的任务在于深入研究并开发能够满足这些潜在需求的产品与服务，通过卓越的表现来吸引并满足顾客。

顾客满意度的提升对于酒店营销至关重要。《哈佛商业评论》的一项研究报告指出：再次光临的顾客可带来 25%~85% 的利润，争取一位新顾客的成本

是保住一位老顾客的 5 倍。然而，许多酒店在过去过于追求吸引新顾客，而忽视了维护现有顾客。为保持顾客不流失，顾客满意成为关键。满意的顾客更愿意再次光顾，表现出高度的忠诚度，愿意购买新产品，积极传播好评，减少对竞争对手广告的敏感度，从而降低了营销成本。作为学习的源泉，顾客提供宝贵的反馈意见。酒店营销管理者应积极获取顾客意见，建立多种渠道进行调查和预测，例如意见表、互动式网站、宾客关系经理拜访等。通过持续的接触与沟通，酒店可以发现顾客的不同潜在需求，加以满足。这种积极的反馈机制有助于提高服务质量，强化顾客关系，进而提升整体满意度。

综上所述，顾客满意度是酒店生存和发展的基础。在竞争激烈的市场环境下，酒店营销管理者需要将顾客满意度作为重要的绩效指标，与竞争对手进行对比，不断改进服务，创造卓越的体验，从而保持持续的盈利和业务增长。

顾客满意战略的实施依赖于精妙的服务营销策略。随着市场经济的迅猛演进，酒店竞争日趋激烈，顾客需求愈发多元化，必然引发产品构成和使用方式的错综复杂，顾客在购买前的"感觉风险"（购买前的疑虑）亦逐渐上升。在这种情境下，要减少"感觉风险"，提高顾客满意度的最佳方式在于引入一系列超越有形产品的服务。服务营销既是产品概念的延伸，亦是实现顾客满意战略的关键手段。酒店的服务内容与形式应与顾客满意战略的要求相契合，这需要在产品销售前、销售中和销售后，以及产品生命周期的投入、成长、成熟和衰退等各阶段，采取相应举措，以服务营销的质量为核心，实行全方位、全过程的掌控。具体讲，全新的服务营销质量观，通常有以下几个方面。

1. 赢得顾客的心

这是新服务质量观的基石，它要求顾客消费服务产品时无后顾之忧。主要包括在实施上不存在安全顾虑，财务上没有风险，在服务过程中及服务后不让顾客产生困扰，得到享受。

2. 追求零缺陷

所谓零缺陷（Zero Defect）并非绝对的零，而是以零为最终目标，努力实现制定的目标，同时在实践中根据情况修正目标。零缺陷是一种管理哲学而非技术要求。提升和保证服务质量是永恒的目标，酒店应始终努力朝着 100% 的完美无缺陷目标迈进。

3. 全面提升的三位一体

这是新观念的基本内容，强调服务质量贯穿酒店营销全程。该观点主要包括三种服务质量类型：一是预防性的，如长期需求信息的调查、竞争对手及顾客评估等；二是监测性的，如产品质量的检验、服务的安排等；三是补偿性的，如重新设计产品和酒店形象等。传统方法偏重于补偿性服务，而新观念强调预防性、监测性和补偿性三者同步，以构建良性循环的服务质量保障系统。

4. 服务质量是全体员工的职责

新观念认为，服务渗透于酒店经营的方方面面，要将顾客满意贯穿于酒店文化，实现标准化、规模化的服务质量管理。

酒店企业营销战略的重点并不仅在于掌握定价、分销、促销等非产品战术，更在于塑造企业成为能够预测顾客尚未觉察的需求的巨人。通过技术积累与创新，实现酒店企业的长远发展。当然，创造需求并不是主观臆断，而是在顺应并把握消费需求变化趋势的基础上，将自然规律与经济规律有机结合。创造需求的实践主要借助创新营销来实现。现代科技进步、消费水平提升、市场环境变化和竞争加剧，推动着以产品为基础的营销元素不断演进。创新营销成为酒店适应变化、求生存和求发展的内在驱动力。

（二）酒店营销组合模型

从营销战略的运用上看，以往单纯地运用某一营销因素造成酒店不少的经营失误，单一地使用某一营销因素将转变为各层次营销因素的分析和各营销组合因素的综合配套使用。在企业战略管理中，营销组合具有特别重要的意义。营销组合的产品策略、分销策略、价格策略、促销策略及其构成的整体营销战略使企业定位具体化。未来酒店的营销组合战略将更加重视营销因素的综合效果，重视各营销因素的交互作用，而不是单一地使用某一组合因素。而且应根据酒店的不同特点侧重使用不同的营销因素。如经济型酒店的营销组合因素重点应放在价格和网络销售渠道促销上，而高档酒店则应重视服务产品质量和品牌的竞争。

营销组合的内容包括以下几方面。

1. 推销服务

在酒店业中，与客人直接互动的主要是普通员工，他们的推销作用被赋予了首要地位。一位经过专业培训的员工，不仅在仪表、礼貌和技术上表现得游

刃有余，还必须具备出色的推销能力。以前台接待员为例，在客人办理入住手续时，可以时机恰当地向客人介绍当地的旅游景点和历史名胜，巧妙地安排客人的活动，以延长客人在酒店的停留时间。行李员可以在为客人搬运行李和引导客人入住房间时，根据客人的兴趣和需求，推荐酒店提供的各种服务设施和特色项目。而餐厅服务员则可以以热情主动的态度，协助客人挑选适合其口味的食品，介绍餐厅独特的菜肴，使推销过程在无形中得以展开。甚至那些与顾客没有直接接触的员工，对于酒店产品的推销也具有一定影响。餐厅清洁工在保障餐具清洁和卫生的过程中，起到了防止不洁餐具进入餐厅的重要作用；厨师保证食品质量，杜绝低劣食材的使用；客房清洁员默默地维护着客房的整洁和舒适；工程部技术人员及时修复和管理空调、供水排水和客房设备，确保设施正常运行。所有这些背后的工作虽然不直接与顾客接触，却对顾客在酒店的消费和购买决策产生着不可忽视的影响。

在酒店服务营销中，有形展示是不可或缺的一环。它有助于传递服务的特色和酒店的优势，增强顾客享受服务时的愉悦感和信心。酒店应当充分展示与服务质量和效果相关的所有有形元素和设施，如服务流程、服务结果、销售内容和服务信息等，以达到促销的效果。这种有形展示不仅能够在视觉上向顾客呈现酒店的独特之处，也能够在实际体验中印证酒店所宣传的服务价值。通过精心设计的有形展示，酒店可以在顾客心中留下深刻的印象，从而促使顾客对酒店的服务产生浓厚的兴趣，提高他们的预订意愿和忠诚度。

2.超值服务

酒店对客人而言，是一处充满温馨、舒适和浓厚情感的居所。客人莅临酒店用餐，所追求的不仅是美味独特的菜肴，更渴望感受到关怀和体贴。因此，作为服务员，应将宾客视作亲人，设身处地为客人着想，迅速满足客人的需求，提供周到而细致入微的服务。在餐厅中，服务员须全面考虑客人的需求，以提供超越餐饮本身的价值，超越客人期待的高品质服务。此外，超值服务的体现还在于服务员的预见性。在客人开口之前，就能预见他们的要求，积极主动地提供协助，为客人推荐能够增进其体验的服务或建议，确保客人在用餐过程中获得愉悦和满足。服务员应当充分了解酒店的各项服务项目，以便在合适的时机向客人介绍，帮助客人深入了解并充分利用酒店的各种资源。

例如，某酒店的餐厅服务员在客人入座后，不仅热情地为客人推荐当天的特色菜肴，还主动询问客人是否有特殊的饮食偏好或过敏禁忌。当客人提及他们喜欢海鲜，服务员立即向客人介绍了酒店自家海鲜源头和新鲜度的优势，并推荐了几道以新鲜海鲜为主材的招牌菜。此外，服务员还向客人介绍了餐后甜点和咖啡的搭配，以及餐后休闲区的设施，让客人在用餐之外也能得到愉悦的体验。这种预见性的服务让客人感到被重视和关心，增强了客人对酒店的满意度和忠诚度。

3. 情感化服务

为了树立品牌形象，提升服务水平，酒店应当积极推行情感服务理念，将"真诚"二字贯穿始终。情感服务强调真诚而不是奉承，将客人视为亲人，而非遥不可及的上帝。通过深入细致的服务，为客人创造一种宛如"家"的温馨感受。作为服务员，须具备丰富的知识和娴熟的技能，更需要怀揣真挚的爱心。只有将客人看作亲人，从他们的角度思考问题，竭力满足其合理需求，方能赋予酒店服务无限的魅力。服务质量和情感融入已成为酒店服务员的标准，每位服务员都应以个性化服务展现自我，以真挚情感赢得客人的心。

例如，在一家豪华度假酒店，一位姓李的客人预订了一周的住宿。抵达当天，迎接他的不仅有酒店的服务员，还有一张个性化的欢迎卡，上面写着"亲爱的李先生，欢迎来到您的第二个家！"这个简单而贴心的举动让李先生倍感温暖。在整个住宿期间，服务员们对李先生始终保持着关心和热情，不仅在用餐时推荐了他喜欢的美食，还在闲暇时为他安排了一次免费的度假活动。每当李先生需要帮助时，服务员总是迅速而真诚地回应，让他感受到了家人般的呵护。在退房时，李先生收到了一封感谢信，感谢他的光临并表达了酒店员工的诚挚祝愿。这种情感服务让李先生在离开酒店时不仅满载而归，更对这家酒店产生了深厚的情感连接。他在社交媒体上分享了自己在酒店的美好体验，吸引了更多的朋友关注并有了入住意向。这个案例充分展示了情感服务的魅力，示范了酒店如何通过真诚关怀和个性化服务，在客人心中留下深刻的印象并促进口碑传播。

4. 语言服务

在酒店领域，语言服务的质量至关重要，需要具备以下"六性"原则。

（1）清晰明了性：确保所传达的信息清晰易懂，不让客人产生疑惑，减少

重复确认的情况。

（2）主动性：服务员应主动迎接客人，主动询问客人需求，积极主动地提供帮助并寻找服务机会。

（3）尊敬性：在与客人交流中，应尊称待客，避免使用贬低或不敬的词语，尤其要充分运用敬语，以"您"来表示尊敬。

（4）限定性：语言服务内容应限制在服务范围内，不可越界或涉及不适当的话题。如有不合适的话题，应及时引导回到正题。

（5）艺术性：运用美词雅句，营造高雅文化氛围。服务员的语言应富有艺术性，让客人感受到愉悦和舒适，避免使用否定句和命令句。

（6）兑现性：语言服务中的承诺必须切实可行，不可轻率许诺无法兑现的事项。避免空洞的承诺，保持言行一致。

"六性"原则不仅能够体现酒店的形象，还能反映员工的精神文明素质。酒店应坚守这些原则，努力提供高质量的语言服务，以提升客人满意度和酒店的声誉。通过清晰的沟通、主动的服务态度、尊重的用语、限定的内容、艺术的表达和兑现的承诺，酒店可以为客人提供愉悦的入住体验，提升服务水平，实现持续的发展。

5. 精细服务

酒店精细化服务体现在对各项服务工作的细致规划和精益求精的追求。这意味着在服务过程中，诸如摆设餐桌、上菜顺序、撤桌流程，甚至餐台布局等方面都必须遵循严格的操作程序。这种类似于工厂流水线的规范模式不仅有效地提高了服务效率，同时酒店也应在规范的基础上更注重服务的精细化，使得精细服务体现在服务的节奏和效果掌握上。举例来说，斟酒并不仅仅是简单地在客人的酒杯中倒酒。精细的服务要求在斟酒时关注时机和分量的恰当把握。当一对情侣正心有灵犀地相视而笑，即使酒杯中的酒只剩下少许，服务员也应等待他们分开手后再行上前服务，不打扰他们的浪漫氛围。

酒店产品与传统实物产品不同，以无形服务为主体，因此传统的营销组合模型在酒店营销中并不完全适用。为此，学者和管理人员在酒店营销领域提出了不同的创新思路。其中一种广受认可的思路是在传统的4P（产品、价格、渠道、促销）基础上增加了"展示"和"沟通"两个因素。有的人将这两个因素并列于原有四个因素之间，有的将沟通取代了促销，还有的将其视为对原有四个因素的一种延伸。米德尔顿在他的《旅游市场营销》一书中采用了这种思路，将这种营销组合表示为"4P+4C"。实际上，这是对科特勒的经典4P模型的一种有益补充。科特勒认为这种补充的目标在于更好地反映现代营销的消费者导向特征，将消费者的角色置于更为核心的位置。这种精细的营销模型能够更好地适应酒店业的特点，使营销策略更加精准和有效。

第一个"P+C"代表着"产品 + 利益"（Product-Customer Value）。酒店生产产品的目的是满足顾客的需求，为顾客提供有益的体验，换句话说，通过产品为顾客创造价值。在这个组合中，产品是实现利益的媒介，而利益则体现在产品所提供的功能和价值之中。这如同著名的营销格言所强调的："顾客购买的并不是钻头，而是它能够创造的洞。"实际上，利益才是顾客真正渴望的。酒店产品所带来的利益体现在多个方面。确保顾客感知和体验这些利益是"产品 + 利益"策略的关键。以下是让顾客感知酒店产品利益的因素。

（1）酒店地理位置的便利性：酒店地理位置对于吸引顾客至关重要。这一因素在营销组合中扮演特殊的角色。虽然在酒店建设之前，地理位置是可以被精心选择的可控因素，但一旦酒店建成，地理位置便变得不可更改。地理位置的合理选择能使该因素从一个主要的营销考虑因素转变为一个背景因素，虽然顾客仍然会考虑，但在其他决策中占据的重要性较小。

（2）产品的风格与氛围：产品的风格与氛围是通过设计所创造的整体形象。这包括酒店建筑的结构和外观，各个功能区域的布局和装饰，客房的大小、设施和陈设，餐厅的氛围、照明、音响，以及员工的着装等。所有这些元素通过形状、颜色、明暗度、尺寸、距离、音调、香气和质地等表现出来，共同构成了酒店所传达的美学特征。如果成功地打造了独特的风格和氛围，顾客愿意为这种独特体验付费。

（3）员工服务：顾客所期望的利益在很大程度上体现在酒店员工的服务过程中。员工的专业技能、服务态度、仪表仪容、行为举止、应变能力、服务效率以及成果等方面，都直接影响着顾客对于所获利益的感知和体验。

（4）品牌：品牌代表了能够为顾客提供认可的功能利益和附加价值的产品。品牌是通过与顾客持续有效的沟通建立起来的，是顾客对于产品所感知价

值的认知。它是一个特殊的标识，承载着特定的形象，能够使顾客感受到产品独特之处以及与之相关的价值。品牌同时也蕴含着顾客对于产品所期待体验价值的特殊期望。举个例子，一提到"洲际酒店""亚朵酒店"和"如家酒店"，人们会立即联想到特定的价值期待。

第二个"P+C"是"价格与损失"（Price-Cost to Customer）。价格是酒店为其产品所设定的费用标准，对于酒店来说，它直接关系到利润，而对于顾客来说，支付货币作为价格总是伴随着成本或者损失。因此，在制定价格策略时，酒店不仅要从内部角度考虑成本和利润，还要从顾客角度出发，确保定价合理并与产品价值相符。虽然长期来看内部成本和利润仍然至关重要，但在价格决策中也要融入顾客导向的思维，确保顾客认可价格的合理性。这代表着一种基于长远目标的定价原则——以顾客为中心。

第三个"P+C"是"促销与沟通"（Promotion-Communication）。传统的促销方式似乎强调将产品单向地"推"向顾客，然而在酒店业，促销更应强调双向的沟通和交流。在这一沟通过程中，酒店利用广告、销售人员、公共关系、市场推广、印刷物料以及互联网等多种工具，吸引潜在消费者的注意，激发其购买欲望。同时，酒店也积极地借助这些工具来获取消费者的需求信息，并迅速、有效地做出相应的回应。

第四个"P+C"是"分销与方便性"（Place-Convenience）。分销是指通过各种渠道和中间商来提高顾客获得产品的便利性，即为了方便顾客购买而采取的策略。在酒店中，分销策略的实施包括计算机化的预订系统、在线预订渠道的开设，以及与旅行社、航空公司和旅游经营商的紧密合作。这些举措有助于酒店提高产品的可获得性，使顾客方便地购买酒店服务。

酒店的营销组合在两个非常独特的方面体现出来，即人际互动和过程管理。这种特质既受到酒店产品的本质影响，也受到酒店营销组合的特点所塑造。一些学者将这两个方面概括为 2P（People 和 Process），将其纳入原有的 4P 营销组合模型中，形成了 6P 模型。然而，笔者认为这两个因素首先在内容上更为广泛且复杂，不像原来的 4P 那样清晰明了。其次，它们蕴含了更多不可预测的成分。此外，这两个因素主要体现在酒店实际运营过程中，它们不仅是过程本身，同时也是结果。在这个过程中，真正决定或引导发展方向的是每个参与者及其协同效应。从这个角度看，它们与原有的 4P 有所不同，更多的是一种动态调整过程，而非那种可以事先策划、调控和运用的战略性因素。因此，在酒店营销管理中，人际互动与过程管理可被视为营销组合实现的机制。

（三）文化营销在酒店的新实践

1. 酒店产品文化营销

（1）强调核心产品设计的文化特点。为确保在市场竞争中脱颖而出，酒店应将文化内涵融入核心产品的设计、制作和包装等方面。创新的产品文化设计应满足顾客对酒店饮食、建筑和装饰等领域的求新求异心理，突显酒店产品的知识化特点，以充分凸显其文化价值。

（2）增强外延产品的文化性。外延产品在丰富核心产品的同时，也应强调其文化性，以升华主题、突显核心产品的文化内涵。菜单设计等细节上的文化考究也应得以突显。比如，美国艾奥瓦州哈兰市的米歇尔酒店在菜单上写道："我们感到非常高兴。谢谢您的光顾！我们既高兴，又感谢，更感到荣幸至极。我们高兴，因为我们能为您烹制全市最好的美食；我们感谢，因为您赐予我们机会，让我们展示自己的服务和好客；我们荣幸，因为您挑选我们来满足你的好胃口。感谢您对我们的信赖，我们将永远竭尽全力，不负您的友谊与惠顾。"酒店在菜单中以精心构思的文字表达客人对其的重要性，增强了文化情感。北京凯莱大酒店三楼的"运动城餐厅"里，客人刚入座，便会收到两个乒乓球拍，这就是运动城的特色菜单。

（3）注意产品品牌与酒店企业品牌的文化营销。品牌文化是产品文化营销的深化与扩展，包括社会对酒店品牌的信任、消费者对品牌的选择，以及品牌的保护和完善。有效的品牌命名、标志设计等可以有力传达酒店的文化理念。

2. 酒店环境文化营销

为谋求在激烈的竞争中占据优势地位，酒店经营者应将关注重点投向就餐环境的精心设计和氛围的精心营造。在创新酒店环境方面，应以开放的态度、全球的视野，深度挖掘文化内涵，致力于塑造融合文化元素的环境氛围。通过在环境营造上的精心谋划，酒店应当在竞争中率先展开成功的营销攻势。

（1）选址文化环境。美国酒店大王斯塔特勒在总结自己一生的营销经验后，得出了一个经典的结论：酒店经营，第一重要的是地址，第二重要的是地

址，第三重要的还是地址。为了在竞争激烈的酒店市场中脱颖而出，酒店选址需要融入创新元素，捕捉潜在的文化商机。

（2）绿色文化环境。创建环保营销环境是酒店文化营销的核心要素之一，唯有提供健康可靠的产品与服务，方能持久赢得顾客的青睐。近年来，辽宁省大连市的王子酒店推出无公害绿色蔬菜的"绿色通道"项目，与郊区的菜农达成"绿色契约"，建立了一条无中间环节的绿色蔬菜供应链，倡导卫生健康的消费环境，成功使原本低迷的业务重焕生机。另外，知名的"小蓝鲸"酒店将绿色作为其品牌标准色，这不仅突显了其对环保的高度重视，同时也传递了重视饮食营养与健康的价值观。

（3）理念文化环境。理念文化构筑了营销文化的基石，着重于在营销活动中充分体现企业的核心文化理念。其核心在于将顾客所认同的价值信念作为事业的基础，从而促使顾客对整个企业及其产品产生认同感。白天鹅宾馆多年来以其品格魅力吸引着国内外游客，成为顾客首选酒店，这正是因为酒店坚持不懈地秉持"三高（高格调、高质量、高消费）方针"的经营理念。

（4）学习文化环境。为了满足顾客需求，漳州大酒店推出了"新闻早茶"服务项目，在早茶时段为客人播报最新的国际、国内及本地新闻要闻，以及股市动态、旅游信息、投资指南和风土人情等，让客人在品尝丰盛早餐的同时也能获取知识。此外，一些酒店还创设了"读书餐厅"，不仅追求美味可口的菜肴，更注重营造学习的文化氛围，培养了就餐时先阅读报纸或书籍的良好习惯，为就餐体验增添了知识的价值。

（5）体育文化环境。位于美国辛辛那提附近的"索伦比萨体育酒吧"不仅设有多个大型运动比赛项目，还提供热门的体育话题讨论，以及供应具有纪念意义的体育纪念品。在这一背景下，电视播放的体育节目更显得至关重要，其内容更成为影响酒店生意兴衰的关键因素。同时，进入北京凯莱大酒店三楼的"运动城餐厅"，门口展示的灌篮的图案必然吸引了您的目光。在餐厅内，到处洋溢着充满活力的氛围，中央甚至设有一个篮球场供宾客在用餐前进行热身运动；而酒店还提供台球、模拟滑雪、赛车等各种运动项目，供客人在用餐后休闲娱乐；客人享受了如此愉悦的时光之后，甚至可以在"干邑雪茄廊"中稍作休息，烟雾缭绕之间，一天的疲劳和焦虑会烟消云散。

（6）节假日文化环境。节假日的来临为酒店业提供了巨大的商机，而如何巧妙地运用文化营销来扩大节假日收益，显得尤为关键。贵宾楼酒店靠近天安门，临国庆节时对其十层近 500 平方米的露天平台进行特别装饰，为顾客提供了一处欣赏广场夜景的最佳场所，从这个角度可以清楚地瞭望天安门城楼；酒店位于长安街旁的二三楼餐厅、酒吧也开放，以欢迎国内外宾客。

（7）典故文化环境。神话传说、历史故事以及文学著作等，都是丰富的文化遗产，酒店在环境营造方面应充分挖掘和应用。比利时首都布鲁塞尔有一座雕塑，描绘了一个小男孩撒尿的情景，是为了纪念中世纪古城的小英雄。以往安得列啤酒城的知名度并不高，然而经理的巧妙策划，通过复制雕塑并在入口设置大水池，使得令人陶醉的啤酒香气在城中飘散。路人闻香而来，随之而来的惊喜，让这座城市变得热闹非凡。

咸亨酒店之声誉不仅源自卓越的管理，更因鲁迅先生的伟大著作。酒店通过再现鲁迅笔下的场景，深刻挖掘作品中独特的民族特质，传承独特的文化风格。在就餐大厅，设有"曲尺柜台""太白遗风"，墙上装饰着壁画、楹联和酒诗，提供传统口味的茴香豆、卤煮花生、豆腐等美食，让就餐者领略晚清江南民俗与绍兴文化，再次感受鲁迅先生的经典巨著。

（四）忠诚营销策略在酒店的新运用

忠诚营销是企业围绕建立顾客忠诚而展开的全方位市场活动和策略。顾客的忠诚源于他们对产品生产者或服务提供者之间关系的积极感受，真正的忠诚建立在双向沟通传递的价值和相互关系之上。这种营销策略通过双方互动沟通，旨在培养消费者对产品或企业的忠诚和信任，以实现长期收益。顾客忠诚包括最初反应和第二位反应。最初反应指消费者对产品或服务的感知效果与期望之间的差异。如果感知效果超出期望，消费者将感到满意或惊喜；如果效果与期望相符，消费者满意；如果效果低于期望，消费者不满意。第二位反应涉及情感因素，即消费者对产品或企业产生依恋的感觉。在忠诚营销中，涉及顾客忠诚和忠诚顾客两个概念。顾客忠诚指消费者因价格、产品、服务特性等因素而长期购买某一品牌产品或服务的行为。当消费者认为只有该品牌能最佳地满足他们的需求，将竞争对手排除在购买决策之外时，酒店已经培养了一个忠诚的顾客。这种顾客关注品牌，对价格不敏感，几乎完全从酒店购买产品或服

务。酒店如何培养忠诚的顾客，具体措施可以从以下几个方面出发。

1. 进行全面质量管理，增加顾客满意度

酒店产品的质量，无论是有形的商品还是无形的服务，都是酒店的核心要素。在激烈的酒店竞争中，质量成为最为根本的竞争因素。即使在宣传充分、功能完备的情况下，一家质量低劣的酒店也难以令顾客满意，他们在经历一次消费后很可能会转向其他选择。质量问题导致的顾客流失几乎是百分之百的，因为没有人愿意花钱购买低质量的产品。相反，卓越的酒店产品质量有助于建立顾客的忠诚度，是实现顾客满意的关键保证。

实现顾客满意的前提是识别并满足顾客的显性和隐性需求。顾客需求是企业进行产品改进、新产品开发、服务提升、品牌塑造和增加附加价值的基础。企业应根据每位顾客的独特需求提供定制化的服务，以满足他们特定的期望。首先，提供卓越品质的令人满意的产品至关重要。顾客通过将产品的实际效果与他们的期望进行比较，从而形成满意或不满意的情感状态。如果实际效果低于期望，顾客将感到不满；如果实际效果与期望相符，顾客将感到满意；如果实际效果超出期望，顾客将感到高度满意或欣喜。

在确保产品质量卓越的基础上，产品的物理特性、生理效益、心理体验，以及价格、艺术性和文化内涵等方面都能够与顾客的期望相契合，从而构成令人满意的产品。提供高品质、顾客满意的产品是培养顾客忠诚的前提条件之一。随着产品同质化现象日益显著，服务日益成为现代企业营造产品忠诚、获取竞争优势的关键要素。一些典型企业已通过提供卓越的服务为企业创造了可观的利润。

2. 深入洞察顾客需求，超越其预期

酒店服务的评价往往由顾客对服务期望与实际体验之间的差距所决定。当酒店的服务超越了顾客的期望，顾客会感受到极高的满意度；而若服务未能满足顾客预期，即便实际服务水准本身较好，顾客仍会感到不满。因此，为了实现顾客满意，单纯地达到顾客期望是不够的，我们需要在服务中超越这些期望。超越顾客期望的关键在于深刻理解顾客在入住期间最为关注的方面，洞悉他们渴望获得的实际利益和功能，最终以质量卓越的产品体现出对顾客期望的精准理解。

3. 建立个性化顾客信息系统，实现定制化服务

在酒店服务中，标准化虽然能够确保顾客无不满，但要实现顾客的绝对满意，则需要更进一步，即加强个性化服务。为此，酒店可以采用建立个性化顾客信息系统的方式，建立详尽的数据库档案，记录每位顾客的基本资料、消费偏好，以及特殊的需求和行为偏好。当顾客再次光临时，酒店便能凭借这些记录，为顾客提供更有针对性的服务，进一步提升顾客的满意度和忠诚度。在当前激烈的市场竞争环境下，为顾客提供优质产品和服务、满足其个性化需求，离不开数据库营销的支持。数据库营销具备高度针对性，是一种借助先进技术实现的"一对一"营销手段，被视为个体化市场营销的特殊模式。数据库中的信息涵盖多个方面，包括但不限于以下内容。

（1）现实顾客和潜在顾客的一般信息，例如姓名、地址、联系方式、电子邮箱、个性特点以及常规行为方式。

（2）交易信息，如订单记录、投诉处理、服务咨询等。

（3）促销信息，即企业所推出的各类活动、问题解答、活动效果评估等。

（4）产品信息，涵盖顾客购买的产品种类、购买频率以及购买数量等。

以希尔顿酒店为例，其管理层高度重视顾客档案的管理工作，将其视作酒店最为宝贵的资源之一。基于酒店信息系统的数据，前台工作人员在接待顾客时便可掌握相关信息，如顾客是否偏好阳光充足的房间，偏好高楼层还是低楼层等。

美国的陆际旅馆也借助顾客数据库，掌握顾客对房间、床铺、香皂品牌以及吸烟需求等方面的偏好信息，从而有效安排房间分配，确保每位顾客获得满意的服务。连锁企业更进一步应用数据库营销，当顾客在某一分店购买商品或服务时表现出特定需求，其他分店的员工也能在顾客再次光顾时主动满足其需求。这种"一对一"的营销模式有效提升了顾客满意度和忠诚度，进而推动了企业销售额和利润的增长。

4. 建立忠诚顾客奖励计划，提升顾客价值

为了激励顾客成为忠实的回头客，酒店可以制订常客奖励计划，针对重复购买酒店产品的顾客提供一定的奖励和优惠，以促进顾客价值的融合，突显顾客价值的增值。其中常见的奖励方式是积分制度，具体而言，顾客每一次在企

业消费都能获得相应积分，当积分积累到达一定标准时，便可兑换免费消费机会，涵盖本企业及相关合作企业的产品和服务。举例来说，某些航空公司推出常飞计划，当飞行累计达到一定距离后，顾客可以兑换免费机票或酒店客房等。另外，一些酒店也为达到特定消费金额的常客提供客房免费升级服务。通过这种建立顾客价值链的策略，能够极大地提升顾客的回访率，因为顾客不愿意错过未来可能获得的额外价值。

5. 敏锐响应顾客投诉，加强顾客关系营销

研究显示，对于极不满意的顾客，有 91% 不会再次光顾。然而，若能迅速解决他们的投诉，82% 的人仍会选择回头；妥善处理投诉甚至能将顾客流失率从 90% 降至 18%。对于轻微的投诉，适当的处理甚至能将顾客流失率降至 5% 以下。积极应对顾客的投诉能够产生惊喜效应，挽回可能流失的顾客。解决投诉不仅是为了保住顾客，还是加强顾客关系营销的关键。一些酒店可能在吸引潜在顾客方面做得出色，但在顾客进入选购过程的四个典型阶段（了解、产生兴趣、愿望和采取行动）后，销售人员的热情和关注程度可能会减退，因为注意力转移到其他潜在顾客身上。根据保留顾客专家特里·维维拉的理论，购买只是顾客与企业关系的起点，而非终点。酒店若能在顾客离店后与之保持联系，征求顾客的反馈，将会极大地提升顾客忠诚度。

6. 建立顾客关系管理机构，提升并维护顾客的忠诚度

在建立企业与顾客之间相互信任的关键过程中，设立专门的顾客关系管理机构显得尤为重要。该机构的设立应由业务能力出众的人员担任总经理，下设若干关系经理。总经理的职责包括确定关系经理的职责、工作内容、行为规范和评价标准，并负责对工作绩效进行评估。而关系经理则负责管理一个或多个主要顾客，充当顾客信息的集中点，协调公司各部门以确保优质的顾客服务。这一高效的管理机构的建立，将成为提高顾客忠诚度的组织性保障。

（1）利用现有顾客信息进行联系，创建顾客俱乐部，以此加强与顾客的互动。顾客俱乐部的成员主要由现有顾客和潜在顾客组成，为会员提供一系列特别定制的服务，包括新产品资讯、优先销售权和折扣等。通过顾客俱乐部的形成，企业与顾客之间的相互了解将得到加强，从而培养并巩固顾客对企业的忠诚。

（2）通过建立顾客信息反馈系统，深入了解顾客需求，并将这些信息用于向顾客会员宣传企业的产品和服务。这种有针对性的沟通能够更好地满足顾客需求，同时也能提高企业在顾客心目中的形象，进一步促进顾客忠诚度的提升。

7. 制订接触计划，深入了解顾客需求及忠诚度信息

企业各个部门与顾客的每一次接触不仅有助于发现顾客的需求，还能了解他们对企业的满意程度和忠诚度。通过每次接触的有效沟通和交流，企业能够挖掘潜在的顾客需求，提升顾客满意度，进而建立和维护良好的顾客关系。然而，如果某些接触未能取得良好效果，反过来可能影响对企业产品的接触程度，从而妨碍顾客忠诚度的培养和提升。因此，通过接触活动以及其中的信息交流，企业能够有效指导自身的运作。企业的接触计划应包括以下几个方面的内容。

（1）建立投诉与建议制度。以顾客为核心的组织应该为顾客提供方便的投诉和建议渠道。许多酒店和旅馆提供各种表格，让客人可以表达他们的满意、不满以及建议；医院在走廊上设有建议箱，还会提供评价卡等。这些反馈信息为企业带来了许多有益的创意，使其能够更快地采取行动并解决问题。

（2）顾客满意度调查。单纯依靠投诉和建议无法完全了解顾客的满意程度。研究表明，顾客平均每购买4次，就会有1次经历不满，但只有少于5%的不满顾客会提出投诉。大多数顾客会选择减少购买次数或转向其他供应商，而不是直接抱怨。因此，仅通过投诉水平难以准确衡量顾客满意度。敏锐的企业通过定期调查，直接了解顾客的满意程度。

（3）佯装顾客收集信息。研究顾客满意度的另一有效方法是花钱雇人，装扮成普通顾客，向公司汇报他们在购买公司产品及竞争对手产品时的体验和观察。这些神秘顾客甚至可以故意提出问题，以测试公司的销售人员是否能适当应对。企业管理者还应定期离开办公室，深入了解公司及竞争对手的实际销售环境，亲身体验作为顾客所受到的待遇。

8. 建立亲情营销策略，提升顾客忠诚度

亲情营销是一种通过细致周到的服务、热情关怀等方式，拉近企业与顾客之间的距离，从而提高企业销售额的策略。在服务营销逐渐受到重视并成为竞

争的新焦点后，亲情营销作为其中的特色营销方式，在众多企业的实践中取得了成功。亲情营销包含以下关键内容。

（1）倾听烦恼，传递喜悦。及时而准确的亲情服务能够深刻打动消费者的内心。企业可以通过制定具体的措施，将开发、制造、售前、售中、售后和回访等环节的服务制度化和规范化，以确保顾客的满意度。

（2）超越期望，制造惊喜。通过员工的周到细致服务，超越顾客的预期，为顾客带来意想不到的惊喜，使顾客感受到特别的关注，留下深刻的印象。

（3）亲近心灵，拉近距离。倡导"零距离服务"，通过企业细致入微的关怀，拉近与消费者的情感距离。这种人性化的服务应贯穿于整个服务过程，使顾客在始终如一的人情味服务中感受到"宾至如家"的温馨与和谐。

（4）关爱弱势群体，传递企业文化。秉承"老吾老以及人之老，幼吾幼以及人之幼"的传统美德，企业通过设立延伸柜台、便民服务站、共产党员示范岗和青年志愿者服务队等活动，关心和帮助残疾和孤寡老人等弱势群体，体现出优秀的企业文化。

（5）善待顾客抱怨，真心为顾客着想。抱怨反映了顾客的期望未得到满足，企业应将顾客的抱怨视为对企业的信任和期望，以设身处地的态度，善于安抚、引导、化解问题，帮助顾客解决困难。同时，从顾客最需要的方面入手，改进服务，确保及时解决问题。

亲情营销是企业经营哲学中关于顾客满意的具体体现，其目标在于消除企业与消费者之间的时间和空间隔阂，通过建立、拓展、维持和加强服务，实现各方面的利益最大化，从而提升顾客的忠诚度。通过亲情营销策略的实施，企业能够增强顾客与企业之间的情感纽带，促进持续的合作关系，达到更高的业务成就。

最后，培养忠诚顾客要注意几个问题。

首先，酒店务必在超越顾客期望的同时，合理管理顾客期望。顾客的期望若过低，则可能无法激发购买欲望；过高的期望则可能给酒店带来巨大压力，难以实现顾客满意。因此，酒店应巧妙地控制顾客期望，使其保持在合理水平。

其次，酒店须确保顾客满意，但并非追求绝对满意。尽管高满意度可以增进顾客忠诚，但也伴随着较高成本，可能削减利润。此外，一旦顾客在前次消费中获得极致满意，后续的满意度提升难度较大。酒店应专注于提供优于竞争对手的满意度，而非过度追求满意的极限。

最后，酒店应聚焦于培养具有潜力的忠诚顾客，而非盲目扩张。实际上，有些顾客对酒店来说并无实际价值，甚至可能带来负面效应，例如苛求挑剔的顾客。他们可能因挑剔而导致额外成本，其带来的利润可能无法弥补。酒店须智选顾客，识别出可能成为忠诚顾客的目标人群，避免不必要的资源浪费。另外，对于那些消费流动性较大、难以维系关系的顾客，酒店也须谨慎对待，判断其是否适合培养成忠诚顾客。

总之，优质的产品质量和标准化的服务是酒店保留顾客的基石。而要实现顾客忠诚，酒店还需通过强化顾客关系营销，实现顾客价值的提升。正确的顾客选择、恰如其分的满意度管理，以及精心构建的顾客关系，将共同构筑酒店培养忠诚顾客的成功路径。

（五）整合营销传播理论下的酒店营销创新内容

营销创新是一项经济理念，它涵盖了物质和非物质两种形式的创新。整合营销传播是一种营销传播策略的概念，其核心在于综合评估广告、直接营销、销售促进以及公共关系等多种传播手段的应用，将不同信息进行无缝整合，以实现一致且高效的传播效果。整合营销传播的焦点在于将营销与传播紧密结合，而传播的最高形式即为有效的沟通。因此，在整合营销传播的指导下，创新应该超越技术层面，更注重于非物质层面的创新。这种创新不局限于技术领域，还需要涵盖更广泛的非物质层面，以更好地满足市场需求和顾客期望。

在整合营销传播的框架下，创新应当充分考虑市场趋势、消费者心理以及社会文化等因素，以确保创新策略与整体营销目标相一致。此外，创新也应当体现在营销传播的创意和内容上，以引起目标受众的共鸣和兴趣。因此，营销创新不仅是技术上的革新，更是在传播方式、情感触点和沟通效果等方面的全面革新。最终，整合营销传播所促进的创新将为企业带来更强大的市场竞争力和顾客忠诚度。通过有效整合和创新的传播策略，企业可以更好地传递价值主张，塑造品牌形象，与顾客建立深层次的情感纽带，从而取得持久的商业成功。

1. 消费概念创新——确定感性营销观念

消费者对情感需求的提升，是市场发展的必然产物。由于观念未能紧跟现代经济的迅速演变，人们的生活步调加快，环境多变、竞争激烈，导致心理压力增加，精神层面相对匮乏。因此，情感需求日益强烈。在消费领域，这种趋势直接体现为消费者对情感化消费的倾向。这种倾向在商品需求上表现出来，消费者迫切要求商品承载情感寄托，展现个性，满足情感交流的渴望，这显示出市场已进入新的发展阶段。

面对情感化消费时代的来临，企业必须更新营销理念，将关注重点从"数量"和"质量"的生产转变为关注商品的"情感化"，使商品能够满足消费者情感层面的需求。情感化营销是一种以市场需求为导向的营销理念，它深入研究消费者的心理活动和变化，以此为依据进行市场策划。这种理念将经营的重心逆转，企业须首先深入了解消费者的需求，然后确定满足这些需求的具体商品形式，最终将产品推向市场。

实施情感化营销需要认真研究、了解不同层次和类型消费者的心理需求，创造全新的消费理念，以满足消费者的需求。在多变的市场环境中，它能够使企业在竞争中保持主动地位。整合营销传播为情感化营销的实施提供了现实条件，通过充分分析消费者和市场数据库，实现与消费者的有效沟通，使消费者在被动接受的情况下接纳企业的消费理念。这有助于使企业行为（如广告、促销）的引导功能取得成功。此外，情感化营销还须结合社会文化和市场趋势，精心设计传播策略，塑造品牌形象，以满足消费者对情感满足的渴望，进而实现企业与消费者之间情感纽带的深度连接。通过情感化营销，企业能够更好地适应消费者的心理需求，获得市场份额并提升消费者忠诚度。

2. 价值创新——改变商品的价值构成

价值创新的目标在于重新构建商品的价值结构，使其在更低成本的基础上满足消费者对价值的期望。因此，价值创新不仅涵盖成本控制，还包括在产品本身之外创造价值。在情感化消费的背景下，通过整合营销传播，企业与消费者的互动基础上，商品的价值构成发生了显著变化。除了产品价值，商品的价值更体现在服务价值、人员价值和品牌价值上。

对于消费者而言，他们在考虑货币价格的同时，还会充分考虑在获取商品过程中的精力成本、时间成本和体力成本。价值创新的核心在于缩小总顾客价值与总顾客价格之间的差距，同时增加产品本身之外的价值，使消费者更乐于接受。实现价值创新，企业需要调整经营理念，建立以顾客为中心的经营策略，以降低成本，使企业运作更符合市场规律，从而实现市场份额的扩大和利润的增长。具体而言，企业可以通过完善服务体系、培养品牌形象、提升员工素质，以及降低营销成本来推动价值创新的过程。此外，还可以积极借助科技创新，运用先进技术来提升产品的附加价值，满足消费者对于个性化、定制化等新型价值的需求。通过这些方式，企业能够在竞争激烈的市场环境中保持竞争优势，实现长期的可持续发展。

3. 服务创新——重视知识服务

随着市场的演变，当今社会已经跨过工业经济时代，进入了服务经济时代。服务不仅是消费过程中不可或缺的要素，还成为消费和市场营销的主导力量。酒店业作为服务业的代表，在日益激烈的竞争环境中，服务已从传统的定制化转变为更加个性化的取向。特别是在酒店业，个性化服务的转变愈发凸显。针对不同的顾客需求，酒店应采取多样化的服务方式和内容，以实现对顾客需求的精准满足。

这一转变背后的核心思想是将顾客放在服务的中心，通过深入了解顾客的偏好、习惯以及需求，为其量身定制独特的服务体验。从提供标准化的服务到实施个性化服务的转变，强调了酒店业务的灵活性和创新性。为了在竞争激烈的市场中脱颖而出，酒店不仅要持续提升基本服务水平，还需要投入更多的资源和努力，以满足多样化、个性化的顾客需求，从而取得市场份额的增长和顾客忠诚度的提升。这种服务理念的演变，不仅是酒店业的发展趋势，也是服务经济时代的典型体现。

4. 关系营销——沟通的创新

在未来的营销环境中，企业与消费者之间的关系将成为决定营销成功与否的关键因素。当企业与消费者能够实现一对一的互动时，传播将成为建立和维护这种关系不可或缺的核心元素。事实上，营销即传播，是通过传播实现企业与消费者之间有效沟通的桥梁。如果企业和顾客之间无法建立双向的沟通，关系可能破裂，从而导致消费者的离去。然而，一旦沟通变得有效，消费者便会

培养起品牌忠诚，使企业的产品得以被接受，从而实现营销的目标。

要与消费者建立牢固的关系，仅仅传递信息是远远不够的，企业必须以综合的方式进行传播，以创造一致的诉求，从而建立起与消费者的深层次联系。在整合营销传播的新时代，对于营销组织的各个部门而言，创新传播策略变得至关重要。这种创新可以从多个角度引导消费者与企业进行互动，塑造统一的品牌个性，突显消费者的利益，并融入销售创意，从而增强消费者对企业产品的信任。通过这种方式，企业能够更加紧密地与消费者建立联系，从而构建持久的关系，提高品牌忠诚度，并最终实现营销目标。

5. 经营战略创新——全方位实现顾客满意

进入20世纪90年代以来，随着全球市场信息化和一体化趋势的不断加强，消费者需求、市场竞争以及品质观念等方面发生了根本性的变革。在这一背景下，一种全新的经营战略——顾客满意战略，正受到全球企业界和理论界的广泛关注。该战略的核心在于提高顾客对企业产品、服务以及品牌形象的高度满意度，与以往"顾客至上""顾客即上帝"的理念有所不同。顾客满意战略中所指的"顾客"是一个更广泛的概念，不仅包括终端消费者，还包括与企业合作的经销商、社会大众。这是因为任何消费者都在社会中进行消费，社会群体中的任何不满都有可能对营销活动造成不利影响。

顾客满意战略的出发点是建立持久的、相互有益的关系，不仅仅是进行短期的交易。通过提供卓越的产品质量、个性化的服务体验，以及积极维护企业声誉，企业可以赢得消费者的高度满意，并从竞争激烈的市场中脱颖而出。此外，顾客满意战略也强调积极倾听和回应顾客的反馈，以不断优化产品和服务，从而更好地满足不断变化的市场需求。随着数字化技术的不断发展，企业还可以借助社交媒体等平台更直接地与顾客互动，了解他们的需求和偏好，进一步提升顾客满意度。这种战略的实施需要企业在各个层面上的积极参与和达成全员共识，以确保顾客满意成为企业文化的核心价值，并在市场中持续取得竞争优势。

（六）定制营销的创新

1. 定制营销的定义

定制营销是一种市场营销策略，它在大规模生产的基础上，将每一位顾客视为独立的细分市场，并根据个体的特定需求进行市场营销的组合，以满足个性化的要求。这种方法被美国学者菲利普·科特勒等赞誉为市场营销领域中的"90年代最新趋势"。

"定制"这一概念并不陌生。在早期市场中，许多手工艺人通过"定制"的方式为顾客加工产品。例如，裁缝根据顾客的身材制作服装，鞋匠根据个人脚型制造鞋履。在这种方式下，产品和服务多数是定制的，但由于生产效率低下和成本较高，这种模式逐渐被工业革命后的大规模生产取代。大规模生产模式下，市场细分逐渐被忽视，企业推向市场的多是标准化商品。

然而，随着人们生活水平的提升，消费需求发生了根本性变化，呈现出更多的个性化和差异化需求，市场逐渐向多元化方向发展。进入20世纪90年代后，消费需求进一步分化，细分市场进一步细分，"细分到个人"的呼声日益高涨。与此同时，柔性生产系统和网络信息技术的崛起，为实现"面向个性化顾客需求的高效率、低成本生产"创造了条件。在这一背景下，定制营销再度崭露头角。然而，与传统的手工定制不同，定制营销采用了"大规模定制"的新模式，逐渐成为企业竞争的新焦点。

定制营销强调的是个性化的关怀和服务，借助先进的技术手段，企业可以更好地了解顾客的需求和喜好，将产品和服务量身定制，从而提升顾客满意度和忠诚度。这一策略的实施需要企业具备灵活性和创新性，以适应不断变化的市场环境，并在满足个性化需求的同时，保持高效率和低成本。

2. 定制营销的特征

（1）市场细分的深度化。传统的目标市场营销侧重于目标消费群体的共同特征，而定制营销理念注重单个消费者的个性需求。在这一基础上，市场需要进一步深化细分，将每位独具特色的消费者视作一个独立的细分市场，即市场细分的深度化。

（2）消费者的参与。定制营销的显著特点在于消费者积极参与酒店产品的设计过程。消费者有权自由组合酒店产品模块，甚至能够提出全新的设计构想。从某种程度上说，定制营销是消费者和酒店共同协作推进的营销活动，真正实现了双向互动的营销模式。

（3）顾客关系的精细管理。实现酒店定制营销必须建立在对消费者深入了

解的基础上，并实现个体化的沟通。为此，酒店应当运用现代信息和网络技术，与目标顾客展开双向互动式的信息交流。通过建立详尽的顾客个人档案数据库，进行精细化的顾客关系管理，以在顾客整个旅游体验中持续跟踪和适应其需求的演变，为其提供全程个性化的定制服务。

3. 酒店定制营销的策略

（1）改变传统营销模式。作为一种崭新的营销理念，定制营销势必为传统的营销模式带来深刻影响。酒店业务务必适应这一变革，转变旧有的营销模式。

①从追求市场份额到专注顾客份额的转变。在定制营销模式下，酒店的焦点在于实现顾客满意度、占有顾客价值，而非单纯地追逐市场份额。从某种角度来看，获得顾客的信任与忠诚意味着最终赢得市场份额。

②强调产品差异化的营销方法。现代旅游消费者的个性化需求和行为差异使得产品需求更为多元且复杂。因此，在高度重视价值的前提下，酒店应更加充分地考虑每位顾客的独特需求，注重产品的个性化差异。

③从产品管理型向顾客关系管理型的旅游营销组织转变。定制营销以顾客为中心，致力于为每位顾客定制化生产与服务。酒店必须加强顾客关系管理。在如今竞争激烈的买方市场中，顾客成为酒店最宝贵的资源之一。保留何种顾客、如何保留顾客，已成为酒店亟待解决的关键问题。顾客关系管理有助于最大化满足顾客需求，实现智能营销和自动化销售，从而提高效率。

（2）产品模块化。为实现定制营销，酒店应构建能够配置多种最终产品和服务的模块。定制并非无限选择，而是通过提供适量的标准模块，以成千上万种组合的方式，形成个性化的特定产品。这既赋予顾客以无限选择的感觉，又有助于有效管理复杂的制造流程。在重新设计酒店产品时，务必推行产品的模块化。产品模块化使得顾客提出独特需求时，能够迅速将这些特定组件拼接到模块上，从而提升效率，降低成本。

（3）根据酒店产品的特点，应采用不同类型的定制营销方法。

①满足型定制营销。当酒店产品结构较为复杂，但顾客参与程度较低时，满足型定制营销是一种适用策略。顾客可以根据不同场景和需求，对产品进行调整、变化或重组，以满足个性化要求。例如，酒店为客房设计的照明系统配

备有多个操作按钮，标注有"浪漫情调""欢乐氛围""宁静悠闲"等，顾客根据特定环境选择按钮，灯光色彩和强度会自动调整，营造所需氛围。

②协作型定制营销。当产品结构较为复杂，可选零部件种类繁多，顾客常难以权衡选择，甚至感到困惑时，采用协作型定制营销策略是合适的。通过直接沟通，协助顾客确定最适合其需求的最佳产品组合。例如，在点餐时，服务员会详细介绍菜品的成分、名称、特点等，以帮助顾客快速且明智地选择满足需求的菜肴。

③顾客导向型定制营销。在这种定制营销策略中，产品的用途对于顾客而言是一致的，且产品结构相对简单，但顾客参与程度却十分高，从而使得产品呈现多样的外观形式。举例来说，针对酒店的 VIP 客人，可以配置专为其定制的日常用品，并在产品上标明客人的姓名，以凸显个性化。尽管这些个性化产品在表面上呈现出差异，但对顾客而言，它们仍具备显著的附加价值。

④价格溢价策略。定制营销所涉及的个性化产品可能会引入更多的"可变成本"，而固定成本相对较低。这种情况存在较大的价格溢价空间。定制营销使顾客能够获取完全符合其要求、独具特色功能且无重复之处的产品，因此他们对价格不会那么敏感。产品或服务所带来的心理满足感逐渐占据主导地位，顾客更愿为之支付额外费用。因此，定制酒店产品可采取价格溢价策略。

⑤充分有效的沟通。实施定制营销，建立稳固的信息网络是必不可少的。考虑到不可能每一位消费者都亲自到酒店定制产品，酒店也难以逐一收集各种品位不同的订单。这时需要一个"桥梁"来实现充分、有效的信息沟通。目前，有两种主要途径可供选择：一是通过互联网进行信息沟通，这是连接酒店与消费者最便捷、最具潜力的渠道。酒店可以在网上公布产品种类和价格，消费者则可以根据兴趣和偏好进行个性化组合，并通过互联网向酒店反馈，实现互动式营销，达到充分有效的沟通。二是利用现有的酒店营销网络。酒店现有的营销网络已经与顾客有了基础互动，因此顾客对产品或服务的新需求可以直接通过营销网络传递给酒店，实现酒店与消费者之间的充分有效沟通。

（七）体验营销在酒店中的新实践

1. 氛围模式

氛围营销模式指的是通过刻意营造特定的环境、氛围和感觉，以吸引和留

住顾客。这种策略的目标是创造出一种让顾客愉悦、舒适和难以忘怀的体验，从而促使顾客频繁光顾。在服务场所尤其适用，通过营造独特的氛围，能够为顾客提供与众不同的体验。

以星巴克咖啡连锁店为例，它成为全球范围内迅速崛起的经典案例，充分展示了氛围营销的成功实践。星巴克顾客不仅是为了品尝美味的咖啡而来，更是被咖啡店内高雅、亲切、欢快、舒适的氛围吸引。在星巴克，顾客能够感受到与众不同的氛围，沉浸在一种舒心、自在的感觉中，这成为他们持续光顾的原因之一。因此，氛围营销模式致力于创造出独特的场所氛围，以满足顾客的情感需求，引发情感共鸣，并在消费者心中留下深刻的印象，从而增强顾客对品牌或场所的忠诚度。

2. 情感模式

情感是人们在满足需求时产生的对客观事物的态度和内心感受。消费活动是一种实现需求满足的方式，通过购买和使用商品（或服务）来达到此目的。在选择和使用商品（或服务）的过程中，消费者对于满足实际需求、符合个人喜好的产品和服务会产生积极情绪和情感。这些情感能够增强消费者的购买欲望，推动购买行为的发生。情感式体验营销正是基于这一核心理念，寻找影响消费者情感变化的因素，洞察消费态度的形成规律，并在营销活动中采用有效的心理策略，唤起消费者内心的积极情感，从而促进营销活动的顺利进行。情感式营销运用了3E策略，即：

信实（Equity，诚信、诚实）——建立品牌资产，与顾客建立情感联系。通过诚实和信誉可靠的活动（包括服务和营销举措），满足顾客的情感需求。

体验（Experience）——创造感知体验。通过消费者亲身体验，产生情感共鸣，让顾客在使用产品或享受服务时产生积极的感觉。

精力（Energy）——降低顾客的时间和精力成本。通过情感营销，减少顾客在获取服务或产品过程中的付出，从而提升顾客的满意度和忠诚度。

综上所述，情感式体验营销旨在深入理解和满足消费者情感需求，通过创造积极的情感体验，引导消费者积极参与购买行为，从而实现营销目标。

（1）情感产品：酒店情感产品是指通过创造与情感和情绪相关的产品和服务，从而在顾客心中引发共鸣，提升顾客的情感体验和满意度。这种营销策略旨在超越传统的功能性满足，而是专注于创造与顾客情感需求相契合的特殊体验。例如，有些酒店可能以浪漫的巴黎为主题，通过布置法式风情的装饰、提供浪漫的用餐体验以及安排浪漫的活动，营造出浓厚的情感氛围，吸引情侣前来入住，从而实现情感产品的营销。

（2）情感品牌：将情感体验融入品牌内核，打造强调体验的品牌形象，有助于创造独特个性化的品牌形象，吸引顾客。麦当劳便是一个以体验为核心价值的典范品牌，其核心宗旨在于赋予顾客"独特的麦当劳用餐体验"，成功地构筑了麦当劳亲切、欢乐、温馨的品牌形象。借助广告传递品牌体验。通过塑造符合目标消费者期待的生活方式，以娱乐为主导，进行情感共鸣，营造特定氛围，引领流行趋势，融入文化元素等策略，传递品牌体验。企业可以运用其他营销策略创造品牌体验机会。通过参与或赞助重要事件、建立联盟伙伴关系、授权使用品牌、将产品纳入影视作品等方式，创造品牌被体验的机会。举例来说，酒店可以赞助公益活动以提升品牌认知。

（3）情感广告：泉州酒店"脸上带着微笑，心中装着客人""来到泉酒，您回家了"。

（4）情感价格：情感价格是指通过价格策略来传达情感和体验价值，引发顾客情感共鸣，从而影响顾客的购买决策和消费体验。一家高端度假酒店可以采取情感定价策略，将价格定位略高于市场平均水平。这样的定价不仅是基于酒店的硬件设施和服务质量，还包括了创造奢华、舒适、难以忘怀的情感体验。顾客在支付更高价格的同时，也期待着获得与之相符的情感价值，比如在酒店享受幽雅、宁静、独特的氛围，感受到奢华与美好的情感体验。

（5）情感服务：熟悉宾客的姓名、生日时赠送蛋糕、位于泰山之巅南天门的神憩宾客为宾客提供"叫早"观日出服务、体验异域习俗的"日本料理""韩国烧烤"，体验独特风味的"宫廷菜""老北京宅门菜"等。

（6）情感环境：情感环境是指创造出让顾客产生积极情感和愉悦体验的空间和氛围。它不仅包括酒店的内部装饰、设计和布局，还包括员工的服务态度、音乐、照明等各种元素，共同营造出一种与顾客情感相互交融的氛围。举例来说，一家海滨度假酒店可以通过精心设计的海洋主题装饰，如蓝色调的家具、海洋生物图案的装饰品等，营造出轻松、愉悦的情感环境。此外，员工的

友好和热情的服务态度也能增强顾客的情感体验，使顾客在酒店内感受到宾至如归的情感连接。

（7）情感促销：酒店里有免费的小菜或瓜子；餐厅新菜肴上市，免费试菜；升档客房。

（8）情感设计：让顾客自己设计产品，包括产品的式样、颜色、包装、销售渠道，甚至广告、价格。或酒店为忠诚的消费者设计个性化的客房。

3. 节日模式

不同民族拥有独特的传统观念，这些传统观念在无形中影响着人们的消费行为。节日作为一种丰富人们精神生活、调节生活节奏的方式，同时深刻地影响消费行为的变革。在酒店业中，春节可以通过环境布置、特别活动等方式塑造节日氛围，情人节则可推出特别的"情人套餐"等，从而吸引顾客的注意与参与。

4. 文化模式

基于酒店的产品（服务）以及顾客的消费心理，通过传统或现代文化元素的融入，营造一种特定的社会文化氛围，有力地影响着顾客的消费观念。这种方式鼓励顾客自觉地选择与文化相关的产品或服务，促进消费行为的发生，甚至培养出一种消费习惯和传统。这种文化模式的运用不仅使酒店与顾客建立了更深层次的情感联系，还为消费者提供了一种更加有意义和独特的消费体验。通过在酒店环境、服务和推广中融入文化元素，酒店能够与顾客之间建立起更加深厚的情感纽带，从而促进品牌忠诚度的提升。

5. 美感营销

消费行为常常受到追求美的动机驱动，这种追求美可以分为两种表现：一是商品或服务本身具有客观的美感价值，如精美的包装、独特的造型和质感等，为消费者带来愉悦的美的体验；二是商品或服务创造出美感，使消费者感受到美的享受。近年来，一些酒店在美国、德国等地推出了形象咨询与设计服务，由专业的形象设计师根据顾客的气质、性格、爱好和经济状况等因素，为顾客提供个性化建议，从而满足顾客对美的需求。

6. 个性化定制

为满足个性化需求，有创意的销售者创造了双向沟通的销售渠道，既增强了消费者的忠诚度，又满足了消费者参与的成就感，同时也促进了服务产品的销售。例如，针对不同客人需求设计的主题客房和主题餐厅，为消费者提供独特的个性化体验。

7. 体验式服务

现代社会正逐渐从"销售实物"转向"销售实物、服务以及文化"的时代，服务领域不断融入更多的体验元素。这体现在售前、售中和售后的各个阶段。例如，酒店可以提供免费试住服务（售前）、在餐厅现场烹饪菜肴、提供特别的穿鞋服务（售中）、邮寄贺卡、赠送节日礼品等（售后），从而通过体验式服务提升顾客的满意度。

8. 环境创造

优美的店堂环境能够满足现代人对文化消费的需求，提升商品（服务）的整体品质，加强顾客的主观体验，从而在听觉、视觉和嗅觉等方面引发愉悦感受。例如，一些酒店将亚马逊热带原始森林的元素引入宾馆的设计，为顾客创造了特殊的环境氛围。

9. 多功能娱乐体验

现代酒店不仅提供商品和服务，还将购物、娱乐和休息融为一体，实现多角度的消费体验。酒店内不仅设有购物区，还设有冷热饮厅、电影馆、儿童乐园等娱乐设施，从而延长消费者的滞留时间，创造更多销售机会，并使消费者对消费产生积极的情感和体验。

10. 生活方式模式

生活方式模式以消费者追求的生活方式为导向，将公司的产品或品牌演化成特定生活方式的象征，甚至成为身份和地位的象征，从而吸引消费者，建立稳固的消费群体。不同的人都有其独特的生活方式认同和向往。随着人们生活水平的提高和生活节奏的加快，越来越多人渴望体验与众不同的生活方式。一些酒店满足了这一需求，推出了多样化的体验，如强调自然体验的"绿色酒店"、重现皇家贵族生活的"园林式酒店"、奢华尊贵的"总统套房"、具有民族风情的"窑洞客房"，以及具有独特体验的"海底酒店"等，甚至出现了富有创意的"监狱餐厅"，在设计中融入了独特的元素，如铁栏杆门窗、狱卒服饰的服务员等，为消费者提供独特的生活方式体验。

11. 教育体验模式

教育模式指的是消费者在消费过程中充当"理性消费者",追求知识与感性的结合。这种模式强调消费者在消费前、消费时和消费后的体验,以获得特定的知识和技能。例如,北京丽都酒店提供教使馆夫人做菜的体验,顾客可以参与活动,学习烹饪技巧,获得与食物和烹饪相关的知识,从而在消费中获得更多的教育性体验。

（八）服务营销在酒店中的新运用

服务营销是指依靠服务质量来获得顾客的良好评价,以口碑的方式吸引顾客,维护和增进与顾客的关系,从而达到营销的目的。酒店服务营销指酒店在适当的时间、适当的地点,以适当的价格,通过适当的渠道,采用适当的促销策略,向适当的宾客销售适当的产品和服务。它的实质就是针对酒店产品及宾客需求的特点所进行的顾客满意管理和需求管理。

1. 酒店服务营销基本内涵——7P［传统 4P（产品、价格、渠道、促销）＋3P］

服务营销将无形的服务营销作为重要的营销手段融入传统的营销手段中。服务营销是企业与顾客互动的过程,在传统营销 4P 的基础上,增加了"人""过程""有形展示"3 个变量,从而形成了 7P 组合。

（1）人（People）,包括服务者和顾客两个方面。

（2）有形展示（Physical Evident）。

（3）过程（Process）,即服务的生产与消费互动过程。

2. 酒店服务营销特点

（1）酒店服务外延扩大化加大了服务营销的范围和深度（如服务结果＋服务过程）。

（2）酒店服务的互动参与性要求树立互动营销的观念（顾客、员工的营销）。

（3）酒店服务质量控制的全面化要求服务营销一体化（结果质量＋功能质量）。

（4）酒店服务时间的价值化增添了服务营销的艰巨性（定量化服务模式）。

（5）分销渠道的特定化局限了营销活动的规模效应（一对一的营销方式）。

3. 服务营销在酒店中的新实践

（1）差异化市场营销策略

差异化市场营销策略就是企业凭借自身的技术优势、管理优势和服务优势，设计并生产出在性能、质量、价格、形象、销售等方面优于市场同类现有产品，在顾客心目中树立起不同凡响的良好形象。它强调企业必须向顾客提供与众不同的产品或服务，为顾客创造独特的价值。差异化营销策略可以体现在以下几个方面。

①服务项目差异化：特色项目——贴身管家服务、商务秘书服务；金钥匙服务。

②服务环境差异化：各种主题酒店、餐厅、客房。

③服务方式差异化：KTV服务员走舞步、一站式服务、坐式服务。

④服务过程差异化：售前、售中、售后。

（2）无形产品有形化策略

为了有效地传递无形服务的质量特征和塑造企业形象，克服服务无形性所带来的非实体性、不易感知性、抽象性、一般性、不可搜寻性等五个"不良"属性所带来的挑战，服务营销需要根据服务的"无形"属性和营销目标，制定相应的有形化策略。有形化策略是一种方法，服务型企业通过运用实物、数字、文字、音像、实景、事实以及其他可视手段，将无形服务及企业形象具体化，使其更易感知。这意味着通过有形化策略，使本来无形、抽象、普遍、不易搜寻、不易感知的特征，转化为有形、具体、独特、可搜寻和易感知的形式。举例来说，对于餐厅，可以引入现场点菜和透明化烹饪的服务项目，从而实现有形化策略的应用。

①无形性转变成有形性。尽管大部分服务的核心内容都是无形的，但服务提供系统中的有形元素，如服务人员的外表、服务现场的设施设备、企业标识以及价目表等，是可以感知的。对于消费者，尤其是初次购买服务的消费者来说，这些有形线索常常成为评价服务质量和企业形象的重要依据，从而直接影响他们对服务的期望和体验。因此，酒店可以将这些服务提供系统中的有形元素作为传递服务价值和企业形象的媒介，从而形成"有形展示策略"。然而，在运用有形展示策略时须注意以下问题。

A. 在营销中选用的服务辅助有形物必须是独特的，或者能够突显企业特色并暗示核心能力。否则，会导致服务被视为"普通"。

B. 不应仅依靠有形展示来传达所有无形利益，例如，通过展示五星级酒店的豪华大堂或观光电梯，难以说明客房服务质量。

C. 对知识丰富且经验丰富的顾客，有形线索仅具备"保健"功能，而非"激励"因素。

综上，通过运用有形展示策略，服务物品的有形化、服务人员的有形展示、服务环境的有形展示，我们能够将无形的服务特征更加具体化，为消费者提供更直观的服务体验和认知。

②从一般性到特殊性的转变。为了克服服务的一般性，酒店可以采取个性化和真实化的方法来向外传播营销信息。个性化需求要求企业采用过程差异化策略，即将整个与"产品"相关的活动过程作为差异化的目标，以此与顾客建立联系。此外，消费者常常将数量化和事实性信息与"明确可信"相联系。为了向消费者展示企业的服务质量或提供的价值高于竞争对手，可以采用"实证化"策略，即通过语言、数字、图表和事实信息展示服务内容或证明服务能力。这种策略强调用"数字和事实"来传递信息，突出客观评价，可分为以下三种形式。

A. "服务提供系统实证化"策略，适用于可以收集并公开有关服务能力的事实和统计数据，如设备数量和先进程度、分店或连锁店数量、员工人数和素质结构等，以证明服务提供系统的能力。

B. "服务绩效实证化"策略，适用于与服务操作绩效相关的统计数据可收集的情况，如酒店的顾客回头率、投诉率、获奖率等，用于证明企业提供优质服务的能力。

C. "消费实证化"策略，通过消费者的经验或口碑来证实优质服务质量。然而，这种策略用于克服不可搜寻性更为有效。需要注意的是，并非所有的服务操作都能用数字和事实性信息客观评价，一些质量属性需要主观评价，如客房服务的响应速度、友好度和创造性等。针对这种情况，我们可以采用"服务行为实证化"策略中的"服务行为实象化"来解决。

通过运用上述策略，企业能够更好地应对服务的一般性问题，实现个性化的传播，让消费者更好地理解和感知服务价值。

③将不可搜寻转变成可搜寻。无形服务的价值在购买前甚至购买中难以直接搜索和评估。理性的消费者通常会寻求来自曾经体验过该服务的其他消费者的决策依据。为了吸引新的消费者并增加老顾客对品牌的忠诚度，企业可以在营销中运用"消费实证化"策略，如通过宣传正面的服务体验反馈（如消费者赠送的锦旗、感谢信等）以及扩大老顾客或会员的口碑。信任服务质量的特点可以通过已验证的成功服务历史资料或行业协会等独立第三方评审的结果来宣传，这就是"服务绩效实证化"策略的一部分。

④从抽象到具体的转变。通过描述带来这些抽象服务利益的特定环节或事件，可以将其具体化。这意味着将消费者的核心服务情节以"服务消费实象化"策略的方式呈现，通过图像等手段将抽象的服务变得更加具体。例如，Amtrak 铁路公司在 1998 年的一则印刷广告中，就使用了这种策略。它通过图片展示了一对中年夫妇在度假中浪漫幸福的神情，而广告的提示词是："那天晚上，在布置着瓷器的餐桌上铺着亚麻纱餐布，厨师在旁调制着美味佳肴，你们的手在桌下紧紧握着……你们在休息厅沉醉于影片《廊桥遗梦》……"这比广告词"一次 Amtrak 旅行，将使你们重温那些罗曼蒂克的时刻"更生动、具体、逼真，更能引起消费者的共鸣。

（九）网络营销的新举措

1. 定位高价值顾客

酒店必须全力适应高价值顾客对网站的需求。积极倾听顾客意见，根据其行为模式不断优化网站。同时，在激烈的在线竞争中，酒店应主动获取顾客对竞争对手网站的反馈，作为依据来改进自身网站设计。通过这些措施，酒店将能够始终在在线营销竞争中立于不败之地。

2. 提供卓越的顾客体验

杰出的酒店网站必须确保在与顾客交互时不仅不受任何干扰，还能随时提供高度个性化的服务，使顾客感觉与一个亲近的"伙伴"互动，从而塑造出美好的"购物体验"。酒店应在顾客做出购买决策之前提供详尽的产品和服务信息，为顾客的决策提供支持；在顾客预订后，即时表示诚挚的感谢，并建立顾客档案；基于这些档案，酒店可以在推出符合顾客兴趣的新产品和服务时，及时通知顾客。

3. 提供高度个性化的服务

酒店应在网络上与顾客建立富有情感和个性化的联系，使顾客能够随时表达特殊需求，定制个性化的产品和服务方案，持续追踪消费记录，鼓励顾客分享偏好信息，以便酒店更深入地了解每位顾客的喜好，为每一次顾客访问网站做好充分准备，使顾客感觉像是有专属顾问在等待着他们。

4. 提供全面的自助服务

酒店的网站应使顾客能够自行找到所需的所有信息，从而自主选择、设计和组合个性化的产品和服务。顾客可以做出购买决策，并自由查询之前的消费记录。当顾客想要与酒店员工沟通交流时，不论是通过电子邮件、在线论坛还是其他媒介，都能够立即进行。此外，酒店可以为客房内的顾客提供个性化的文具，甚至允许顾客在网上预先按照自己的喜好设计文具，然后在屏幕上预览效果，以便酒店提前为顾客准备。

5. 员工须全面适应新关系

为了成功地在网上开展营销活动，酒店必须让员工充分理解与顾客之间的新关系，以及对各部门、各岗位工作的新要求。员工需要全面掌握顾客服务技能和权限，提高服务的灵活性和协调性，让顾客感觉自己不仅在与某个特定部门打交道，还与整个酒店建立了联系。

6. 优化内部运作体系

以顾客为中心的酒店网站设计和运营不仅仅关乎营销部门或顾客服务部门，每个部门都应积极调整自己的业务流程，以适应以顾客为中心的要求。这需要跨越部门边界，改革业务流程和组织结构，建立新的岗位职责和部门之间的新关系。

7. 关注旅游中间商需求

酒店应了解旅游中间商与顾客交流的方式，深入研究他们对酒店的需求，并为他们提供具有针对性的服务，以便他们能够有效地推广酒店的产品和服务。这将有助于建立与旅游中间商之间的长期互惠合作关系。

8. 促进顾客交流

酒店应通过在线论坛等方式，鼓励顾客之间进行交流，分享并强化彼此共同的价值观和感想，组成"虚拟社区"。

▌本章小结

本章深入探讨了酒店营销领域的重要理论、实践经验以及创新方法，对如何运用不同营销策略来满足多样化的顾客需求有了更具体的认识。随着社会、技术的不断变化，酒店业务的竞争将更加激烈，因此持续的创新和灵活的营销策略将成为酒店取得成功的关键。以下是本章各部分的具体内容要点和总结。

第一节回顾了酒店营销的概述与战略思想。主要内容包括酒店营销的概念、酒店产品的特点、酒店营销的特点、酒店营销的重要性、酒店战略思想的概念、酒店营销战略思想的重要性、酒店营销战略思想的核心要素等。酒店市场的整体格局和发展趋势不断演变，消费者需求也在不断变化。在这样的背景下，制定明智的营销战略是确保酒店在竞争激烈的市场中取得成功的基石。

第二节分析了酒店营销的理念与案例。主要内容包括酒店营销理念的概念、酒店营销理念的作用、酒店营销理念类型与案例，其中包括体验营销、情感营销等内容。通过实际案例，探讨了不同酒店如何运用独特的营销理念来满足不同顾客群体的需求，借助品牌塑造以及社交媒体等手段，与消费者建立更紧密的联系，提升顾客忠诚度和口碑传播。

第三节聚焦于酒店营销策略与创新。主要内容包括酒店营销策略的概念与重要性、酒店营销策略的类型、酒店营销策略的创新等。随着社会的迅速发展，酒店业面临新的机遇和挑战。因此，采用营销创新策略来应对时代变化显得尤为重要。本节介绍了顾客满意（CS）战略与服务营销、酒店营销组合模型等内容的创新实践内容，有助于提升酒店的运营效率，为客人带来更优质的体验。

综上所述，本章系统地介绍了酒店营销领域的重要理论、实践和创新。通过深入学习这些内容，读者可以更好地把握酒店市场的脉络，灵活运用各种营销手段来满足顾客需求。未来的酒店业务将更加注重创新和个性化定制，酒店需要不断的学习和实践，期待迎来更加辉煌的明天。

第六章

酒店人力资源管理策略与创新

随着酒店业的蓬勃发展和消费者需求的不断演变，人力资源管理在酒店运营中的重要性日益凸显。酒店人力资源管理策略与创新不仅关乎员工的招聘、培训和激励，更涉及酒店文化的塑造、客户体验的提升以及业务模式的革新。从传统的人力资源管理走向战略性的人才布局，再到不断探索新颖的激励机制和培训方式，酒店业正不断寻求创新，以适应日益复杂多变的市场环境。

第一节　酒店人力资源管理概述与理念

一、酒店人力资源管理的概念与重要性

酒店人力资源管理（Hotel Human Resources Management）是指酒店企业在运营过程中，合理配置和管理人力资源，以实现企业的战略目标和经营效益的一系列策略、方法和活动。它涵盖了员工的招聘、培训、激励、绩效评估、福利待遇等多个方面，旨在为酒店创建具备专业素养、积极参与、能够持续创新的人才团队，从而提供优质的客户服务，保障酒店的可持续发展。

酒店人力资源管理的重要性不可忽视。首先，酒店业是一个服务型行业，员工是酒店最重要的资产。优秀的员工团队能够为酒店提供出色的服务，直接影响客户满意度和口碑。其次，酒店的经营业绩与员工的工作效率和质量密切相关。通过合理的人力资源管理，酒店可以提高员工的工作积极性和满意度，

增强员工的责任感和创造力，从而提高酒店的生产效率和经营绩效。此外，酒店业具有季节性和波动性，良好的人力资源管理可以帮助酒店灵活调配人力，更好地应对市场变化。

在竞争激烈的市场环境下，酒店人力资源管理需要不断创新和适应变化。随着消费者需求的不断演变，酒店需要根据市场趋势和客户喜好，灵活调整人力资源策略，以满足不同层次的需求。酒店人力资源管理也要与时俱进，采用新颖的培训方式、激励机制和绩效评估体系，吸引、留住并激发员工的潜力，为酒店业务的创新和发展提供源源不断的动力。

二、酒店人力资源管理的目标与问题

现代酒店业作为以人为核心的行业，其管理实质是人员管理。加强酒店人力资源管理具有重要意义。酒店人力资源管理的基本目标是通过运用现代人力资源管理观念和管理技术，优化员工职业行为，进而提高生产率。要实现这一目标，必须注重人力资源管理的科学性，深刻领悟其重要且错综复杂的本质，掌握人力资源管理工作的灵活性，加强人力资源管理工作的组织纪律性。

中国酒店业始于改革开放，是日臻繁荣的朝阳产业，其国际融合程度较早，资产储量雄厚，市场开放度高。随着假日经济崭露头角，居民消费飞速膨胀，中国加入世界贸易组织（WTO）后，中国酒店业正蓬勃发展，成为重要的就业承载渠道。

酒店的行业特点和服务特性决定了其人力资源环境的特殊性，这些特殊性主要体现为：从业人员普遍青年化，员工流动率居高不下，工作时间持续延长，面对客户的直接互动频繁，服务承压巨大，培训义务繁重，对员工编制的需求波动影响巨大等。

进入 WTO 新时代，中国现代酒店业人力资源管理暴露多方面问题。虽然中国现代酒店业较早开启国门，适应外部竞争程度较高，但同时也面临明显的冲击，主要涉及结构冲击、客源冲击、人才冲击、效益冲击四个方面的挑战，存在的问题归纳如下。

（1）员工素质低引起的服务质量问题。2020 年 5 月，针对海南全省 18 个市县酒店从业人员采取线上发放问卷形式，开展了海南酒店行业用工情况调

查，收到有效问卷 1003 份。被调查人员中，男性占 38.58%，女性占 61.42%，19~30 岁年龄段的人员占 88.33%，大专及以下学历人员占 81.76%。学历结构不合理，学历层次普遍偏低。

（2）员工跳槽引起的人才流失问题。激励机制不合理，管理制度不完善。论资排辈的分配，用人制度使一些劳动强度大、工作任务繁重、质量要求高的一线员工的积极性受挫，使得员工流动率一直较高。虽然到了 20 世纪 90 年代有所下降，但在中高层员工中，大学生跳槽的比例极高，致使许多酒店人力资源部门在招聘员工时宁愿要职高生，也不愿要大学生，形成恶性循环。

《中国酒店人力资源现状调查报告（2022）》显示（图 6.1），2021 年，员工流失率略有上升，流失率最高的三个部门分别是餐饮部（77%）、前厅部（72%）和客房部（54%）。对比不同管理模式的酒店，国际酒店集团员工流失率相对最高，本土酒店集团员工流失率相对最低；对比不同档次的酒店，档次越高，流失率也越高；对比不同地区的酒店，东北地区的流失率相对最低，华中地区的流失率相对最高；对比不同类型的酒店，度假酒店员工流失率总体高于商务酒店。

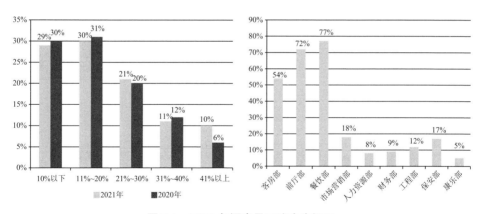

图 6.1　2021 年酒店员工流失率概况

《2022 中国酒店业人力资源现状及趋势》显示（图 6.2），通过纵向对比 2020—2022 年调研数据，在全国范围内中，高端酒店的员工离职率呈现逐年上升趋势，全行业人才缺口形势依然严峻，31.21% 的中、高端酒店离职率已高于 30%。

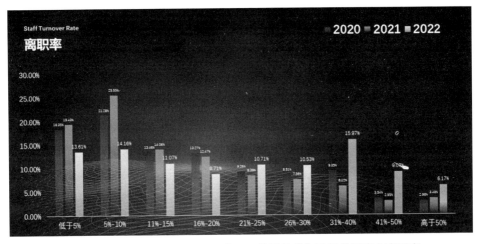

图 6.2 《2022 中国酒店业人力资源现状及趋势》显示的酒店业离职率

（3）酒店业市场竞争激烈，利润率下降，员工的薪资待遇普遍偏低。目前，国内就业机会的增加和员工追求个人发展心态的强烈愿望，促使一些高素质人才流向有发展前途的企业，从而放弃在酒店业发展的机会。《中国酒店人力资源现状调查报告（2022）》显示（图 6.3）：基层员工月薪在"3001 元及以上"的受访酒店以平均每年 10% 的速度递增，达到 7 年之最，且是月薪在"2001~3000 元"酒店的 2 倍多。2021 年部门经理的月薪水平相较 2020 年上升最为明显，月薪在"7001~8000 元""8001~9000 元"以及"9001 以上"三个区间的上升比例都超过了 20%。

（4）酒店用人观念陈旧，缺乏长远发展的战略眼光，不能把用人育人两者紧密结合。大多数酒店尚未充分重视员工培训的重要性，忽略了培养员工专业素养和提升服务质量的必要性。许多培训往往被视为形式主义，只是简单地应付了事，缺乏真正的内涵和效果。这种短视的态度限制了员工的个人成长和职业发展，也影响了酒店业整体形象的提升。此外，酒店对员工培训的评价缺乏连贯性、系统性和计划性，未能形成持续的培训体系。员工在不同岗位上可能面临不同的挑战和需求，然而，很多酒店仍采用通用性的培训计划，无法有针对性地满足员工的专业发展要求。这种片面的培训模式不仅难以提高员工的综合素质，还难以适应行业竞争的快速变化。

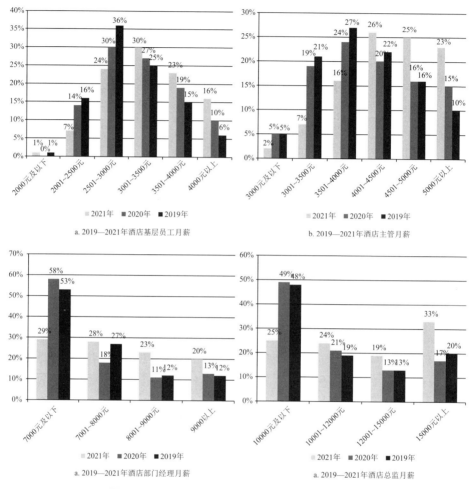

图 6.3　2019—2021 年酒店不同岗位的月薪情况

（5）用工机制不灵活，员工看不到晋升的希望，缺乏成就感和归属感。同时，有些高层管理人员官本位思想严重，沟通渠道不畅，不尊重员工，容易使员工产生逆反心理，激化矛盾。酒店的文化建设和以人为本的理念停留在口头上，还没有真正落实到位。《中国酒店人力资源现状调查报告（2022）》显示（图 6.4）："评估内容不全面"和"评估流于形式"是受访酒店反映较多的绩效考核问题，占比分别为 35% 和 29%；其次是关键指标内容没有细化标准，较笼统（28%）、缺乏绩效沟通与辅导（27%）、考核项目过多（27%）、反馈信息模糊（26%）。这些问题需要引起绩效考核工作者的重视。

　　综上所述，人力资源管理既是对人的管理，也是通过人进行管理。科学、有效运用激励机制激发员工的工作效能，开发酒店人力资源，提高管理水平，成为现代酒店人力资源管理的关键。选择正确的战略模式是实现人力资源管理最大化的关键条件。酒店企业应该针对不同岗位、不同贡献的员工采取不同的管理策略，才能协调好控制成本与培训人才、员工流动和质量稳定之间的关系，最大限度地发挥智力成本在酒店价值链中的关键作用。

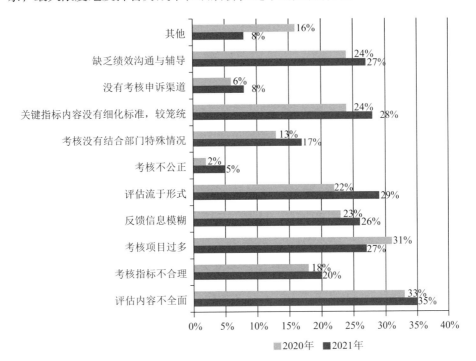

图 6.4　酒店绩效考核存在的问题

三、酒店人力资源管理的内容

酒店人力资源管理涵盖多个关键领域，包括但不限于以下内容。

（一）招聘与选拔

确保招聘到适合岗位的员工，满足酒店的需求。在酒店人力资源管理中，

招聘与选拔是至关重要的环节，旨在寻找并吸引适合岗位需求的优秀人才，从而构建强大的团队，促进酒店业务的卓越发展。招聘不仅关乎员工的数量，更关涉其质量和适应性。为确保有效的招聘与选拔过程，酒店业可以采取以下策略：首先，制定明确的岗位需求和人才招募计划，确保招聘方向与酒店业务战略相一致。通过详细的岗位描述和职责，吸引具备相关技能和经验的候选人，为酒店提供稳定的人才支持。其次，采用多样化的招聘渠道，如线上招聘平台、社交媒体、校园招聘等，以扩大招聘的影响力。同时，借助现代科技手段，例如人才数据库和人才关系管理系统，优化招聘流程，提高招聘效率。在选拔阶段，采用全面的评估方法，包括面试、测试、评估中心等，以便更全面地了解候选人的能力、性格和适应性。通过与团队成员的互动，验证其是否具备良好的团队合作和沟通能力，从而确保员工在岗位上的卓越表现。最后，重视员工文化和价值观的匹配。酒店业可以注重候选人的积极性、热情和服务意识，以塑造积极向上的员工文化。通过与候选人深入交流，了解其对酒店行业的理解和热爱程度，建立共鸣，提升员工的工作满意度和忠诚度。

综上所述，招聘与选拔是酒店人力资源管理的基础，其质量和效果直接关系到酒店业务的成功与否。通过科学合理的招聘策略和全面的选拔方法，酒店业可以吸引并留住最佳人才，为酒店创造持续增长和竞争优势。

（二）培训与发展

在酒店人力资源管理中，培训与发展是促进员工成长和提升的关键环节。通过为员工提供多样化的培训机会，酒店业能够不断提升员工的职业素养和技能水平，从而满足业务需求，促进员工职业生涯的可持续发展。

首先，制订全面的培训计划，根据不同岗位的需求和发展方向，设计有针对性的培训课程。这可以包括岗位培训、技能培训、领导力发展等，帮助员工提升在职业领域内的专业知识和实际操作能力。其次，倡导学习型组织文化，鼓励员工积极、主动地参与培训和学习。通过提供在线学习平台、内部培训讲座、知识分享会等，激发员工的学习热情，不断拓展知识领域，提高综合素质。再次，注重个性化发展，为员工量身定制职业发展计划，帮助他们在职业生涯中实现目标。通过定期的职业规划辅导和个人发展讨论，了解员工的职业兴趣和需求，为其提供更有针对性的培训和发展机会。最后，建立跨部门交流机制，鼓励员工在不同岗位之间进行轮岗或交流，促进跨领域的学习和经验分享。这有助于丰富员工的职业履历，提高全局视野，培养多才多艺的综合型人才。

培训与发展是酒店人力资源管理的核心，能够为员工提供不断成长和进步的机会。通过持续的培训投入和关注，酒店业可以打造具有竞争优势的团队，实现员工和酒店业务的共同发展。

（三）绩效管理

通过设定明确的绩效标准，对员工的工作进行定期评估和反馈，可以有效提升员工的工作质量和效率，从而推动酒店业务的稳步发展。

首先，制定清晰的绩效指标和标准，确保员工了解工作目标和预期成果。这可以包括量化的业绩目标、质量标准、客户满意度等，为员工提供明确的工作方向和衡量标准。其次，建立定期的绩效评估机制，确保对员工工作表现进行全面而公正的评估。通过定期的绩效考核、360度评价等方式，收集来自不同角度的评价意见，全面了解员工在不同方面的工作表现。再次，注重及时的反馈和沟通，帮助员工了解自身的优势和改进空间。定期进行绩效面谈，与员工共同回顾工作成果、问题和挑战，为员工提供有针对性的建议和改进方案。最后，在评估的基础上，制定激励措施，鼓励员工在工作中持续努力和创新。这可以包括薪资激励、奖金、晋升机会、培训发展等，为员工提供积极的激励动力，同时也促进员工对酒店业务的忠诚度和归属感。

绩效管理不仅关乎个体员工的发展，也对整体团队和酒店业务的成功产生重要影响。通过科学的绩效管理，酒店业可以有效提升员工的工作能力和积极性，实现员工与酒店共同成长与进步。

（四）员工激励与薪酬管理

员工激励与薪酬管理涉及激励机制，包括薪资、奖金、福利等，以激发员工的工作动力和满意度。在酒店人力资源管理中，员工激励与薪酬管理是激发员工工作动力、提高工作满意度的重要手段。通过设计合理的激励机制，酒店业可以吸引优秀人才，促进员工全力以赴，为酒店的发展贡献力量。

首先，制定多元化的激励方式，以满足不同员工的需求和激励动机。除了基本薪资外，可以考虑引入绩效奖金、年终奖励、项目奖励等，根据员工的

贡献和表现进行差异化奖励。其次，关注员工的职业发展和成长，将培训和晋升机会作为重要的激励手段。为员工设定明确的晋升路径，通过提供培训和发展计划，激发员工不断提升自己的动力和热情。再次，提供有竞争力的福利待遇，满足员工的基本生活需求和工作舒适度。这可以包括健康保险、休假制度、员工活动等，为员工创造良好的工作和生活平衡。注重公平和透明，确保激励机制的公正性和可信度。制定明确的激励政策和标准，通过透明的激励流程，建立员工对激励制度的信任和认同。最后，倡导员工参与激励设计，了解员工的期望和意见，使激励机制更加符合员工的需求。通过定期的反馈和沟通，调整和改进激励策略，确保其持续有效性。

总之，员工激励与薪酬管理是酒店人力资源管理中的重要一环，直接影响员工的工作动力和投入程度。通过精心设计的激励机制，酒店业可以吸引、激发和留住优秀人才，为酒店的长期发展注入持续的活力。

（五）良好的员工关系

良好的员工关系是酒店人力资源管理的重要组成部分，直接影响着员工的工作情绪、团队合作和酒店业务的稳定运行。通过建立积极的员工关系，酒店业可以营造和谐的工作氛围，激发员工的工作热情和创造力。

首先，注重沟通与合作，建立开放的沟通渠道，使员工与管理层之间能够畅所欲言，互相倾听和理解。定期召开团队会议、沟通座谈等，为员工提供表达意见和建议的平台，减少信息不对称和误解。其次，处理冲突和问题，及时干预并解决潜在的员工冲突。建立有效的冲突解决机制，倡导开放的问题解决方式，鼓励员工积极参与解决困难，以维护员工关系的稳定和谐。再次，推崇团队合作和共同目标，鼓励员工相互支持、协作和互补。通过设立团队建设活动、合作项目等，促进员工之间的相互理解和信任，增强团队凝聚力。最后，注重员工权益和福祉，关心员工的工作和生活需求。建立健全的员工权益保障制度，确保员工的合法权益得到保障，同时提供员工关怀和帮助，增强员工的归属感和满意度。鼓励员工参与决策和问题解决，倡导员工参与公司文化的塑造和推广。通过员工代表制度、意见征集等方式，让员工参与公司决策和规划，提升员工对公司发展的参与感和责任感。

（六）离职管理

离职管理是酒店人力资源管理中不可忽视的一部分，合理有效地处理员工的离职，可以帮助酒店业降低人才流失率，同时从员工的角度出发，提供一个平稳过渡的机会。

首先，建立完善的离职流程，确保员工的离职手续得以妥善办理，包括清晰的离职申请、手续办理指南，确保员工在离开前完成各项交接和文件准备。其次，进行员工退出调查，了解员工离职的真实原因和反馈。通过面谈、问卷调查等方式，收集员工对工作环境、职业发展、薪酬福利等方面的意见，为酒店业改进提供有益信息。再次，关注员工离职后的感受和体验，提供必要的帮助和支持。建立离职后联系机制，为员工提供在新工作岗位上的指导和关怀，帮助员工平稳融入新的工作环境。借助员工退出调查的数据，分析员工离职的主要原因和趋势，提供改进建议和措施。针对问题进行有针对性的改进，优化员工离职的流程和环境，降低员工流失率，保障酒店业的稳定运营。最后，从员工角度出发，关注员工离职后的声誉和个人品牌建设。提供离职证明、推荐信等支持，帮助员工顺利迈入下一个职业阶段。

离职管理不仅关系到员工的个人发展，也影响着酒店业务的稳定性和声誉。通过细致周到的离职管理，酒店业可以实现员工和酒店的双赢局面。

（七）劳资关系

建立和谐的劳资关系，是酒店高速稳健发展的基础。员工与酒店的关系以劳动合同为依据，以工作为内容，以报酬为结果。人力资源管理部门通过一系列的方式和手段，旨在创建一种源于工作而又高于工作的和谐的劳资关系，创建员工以企业为家的归属感，建立畅通无阻、无界限的沟通关系，不断提高员工的满意度，提高企业的凝聚力和向心力。

员工关系专员要深入了解每一个员工的工作和生活情况，想员工所想，急员工所急，及时解决员工工作和生活中的问题，包括工作关系、工作压力、岗位能力、培训需求、生活问题、家庭问题、心理问题、个人成长等。员工关系专员要成为广大员工的良师益友，成为员工生活上的朋友、工作上的帮手，真正为员工排忧解难。通过员工关系管理，让每一位员工都能工作开心、生活愉快，享受健康快乐的精彩人生。

（八）文化建立

酒店文化是酒店的灵魂，是酒店的精神支柱。不管有没有写出来，任何一个酒店都有其自己的文化。酒店文化是一个酒店员工的行为准则和工作习惯，主要包括酒店宗旨、目标、使命、愿景、价值观、做人做事标准、酒店歌曲、酒店标志、酒店形象等，以及在人、财、物等方面的基本要求等。

酒店文化通过一定的载体展现出来，如规章制度、标语口号、丰富多彩的文体活动等。通过思想变为制度，通过制度变为程序，通过程序变为行动，通过行动变成习惯，通过习惯变成文化。优秀的酒店都有特色鲜明的酒店文化，如每天开早会、每周写总结与计划、每月集体升旗仪式、每季度绩效考核奖惩兑现、每年初召开誓师大会、每年底召开总结表彰大会等。

（九）优化工作环境

工作环境包括员工生活的硬环境和软环境。硬环境主要有办公场所、办公设备、就餐环境、住宿条件、休闲场所、购物环境、交通环境、地理位置等。软环境主要是指人际关系、工作压力、学习氛围、沟通形式等。硬环境改造难度大，但可通过软环境来补充。软环境虽然不用支付多少经济成本，但改造起来难度大，需要用时间和精力来改善。

人力资源总监应尽力改善员工的工作和生活环境，让员工工作开心、生活舒心。改善员工工作生活环境的工作包括：如硬件方面有办公室、宿舍、食堂装修改造，宿舍安装电视，创建花园园区，办公室增加绿色植物，购买接送大巴车，修建鱼池喷泉等；软件方面有建立酒店网站、开通企业邮箱、召开员工座谈会、建立员工接待日制度、设立员工进步信箱、组织员工体检、购买人力资源系统、开通宽带上网和无线上网等。

四、酒店人力资源管理的理念

（一）员工参与和发展

酒店人力资源管理的核心理念之一是员工参与和发展。这意味着将员工视为组织的重要资源，鼓励他们积极参与决策和问题解决过程。通过建立开放的沟通渠道，员工可以分享自己的建议和反馈，与管理层共同制定和实施策略。这种双向的交流可以促进员工的投入感和归属感，增强员工对组织的忠诚度。

此外，员工发展也是重要方面。酒店业应提供多样化的培训和发展机会，帮助员工不断提升技能、知识和职业素养。通过个性化的发展计划，员工可以在职业生涯中实现成长和进步，同时也有助于留住人才，为酒店业创造持续的竞争优势。

（二）多元化和包容性

酒店人力资源管理强调多元化和包容性，即尊重和欣赏员工的不同背景、文化和观点。在多元化的团队中，员工可以从不同的角度思考问题，创造出更丰富的创新解决方案。通过鼓励员工分享自己的独特经验和观点，酒店业可以打破思维的局限性，促进创新和发展。包容性体现在营造平等、尊重和平的工作环境，不容忍歧视和偏见，确保每个员工都能充分发挥自己的潜力。

（三）工作与生活平衡

工作与生活平衡是酒店人力资源管理的重要理念之一。在高强度和快节奏的酒店业务中，员工往往面临很大的工作压力。因此，酒店业应关注员工的生活质量，通过灵活的工作安排和假期政策，帮助员工平衡工作和个人生活。员工在工作之余可以有足够的时间和精力参与家庭和社交活动，保持身心健康，从而提高工作效率和满意度。

（四）持续学习与创新

在快速变化的酒店行业中，持续学习和创新是不可或缺的理念。酒店人力资源管理应鼓励员工不断学习新知识和技能，适应行业的发展趋势和变化。通过培训、研讨会、跨部门交流等方式，员工可以拓宽自己的视野，保持竞争力。同时，鼓励员工提出创新点子和改进方案，为酒店业带来更高效的运营和服务，保持竞争优势。

（五）人本管理与关怀

酒店人力资源管理强调人本管理与关怀，将员工的需求和权益放在首位。这包括提供良好的工作环境，关注员工的身心健康，提供适当的薪酬和福利待遇。通过员工关怀计划、员工活动、健康管理等方式，酒店业可以传达对员工的关心和尊重，增强员工的幸福感和满意度。人本管理也体现在为员工创造发展机会，帮助他们实现职业目标，从而建立良好的雇主品牌，吸引更多优秀人才的加入。

第二节　酒店人力资源管理战略与思想创新

一、人力资源战略的概念和类型

（一）人力资源战略的概念

美国人力资源管理学者 Schuler 和 Walker 认为，人力资源战略是结合了人力资源和直接管理部门的努力以达成战略性企业目标，借以提高目前和未来绩效及维持企业竞争优势。美国人力资源管理领域的知名学者 Cook 将人力资源战略定义为：处理对员工具有重要和长期影响的人员发展的决策。Cook 指出的人力资源战略的要件为：①根据企业战略来形成；②富有想象力及创新性；③清晰及可行性；④可选择及具有优先性和弹性。近年来，企业战略方面的研究工作提高了人力资源在形成竞争优势方面的显著地位。美国学者 Barney 认为，公司可以仅仅通过以一种少见且竞争者难以模仿的方式来创造价值，进而发展竞争良好、渗透到组织运作系统中、增强企业实力的人力资源管理系统。

（二）人力资源战略的类型

Schuler 将人力资源战略划分为三种类型。

（1）累积型战略：以长期的观点来考虑人力资源管理，较注重人才的培训，通过甄选以选取合适的人才，以终身雇佣为原则，同时也以公平原则来对待员工，员工晋升速度慢。

（2）效用型战略：以短期的观点来考虑人力资源管理，提供较少的训练，公司职位一遇有空缺随时可以进行填补，非终身雇佣，员工晋升速度快。

（3）协助型战略：介于累积型和效用型两种人力资源战略之间，个人不仅需要具备技术能力，同时在同事之间要有良好的互动，员工负有学习责任。

美国康奈尔大学的研究也将人力资源战略类型分为三种类型。

（1）投资战略：采用此战略的企业通常以创新型产品取胜，企业与员工通常建立长期的工作关系，企业十分重视员工，视其为主要投资对象。

（2）吸引战略：企业通常以低成本取得竞争优势。为控制人工成本，员工人数以最低为目标。企业与员工的关系是直接和简单的利益交换关系。

（3）参与战略：企业通常以高品质来取得竞争优势，特点是大部分员工都能参与决策。

二、酒店人力资源战略模式

战略层面人力资源管理的一个核心要点，是组织所采用的人力资源管理模式要同组织的战略、特点和经营环境相互结合。美国一项对100家大型企业人力资源管理系统演变的调查显示，创业者早期对人力资源管理观念和做法的决定，对公司的发展有持续的影响。组织建立员工参与体系的投资可能有不同的水平，而在员工工作过程中，组织还需要附加监督和管理成本。如果初始的员工参与体系的投资不同，在后续的工作中所需要的监督和管理成本也不同。随着时间推移，员工参与投资较低的情况下的总成本就将以较快的速度上升，而员工参与投资较高的情况下的总成本就将以较缓慢的速度上升，两者的交点是这两种人力资源管理体系投资策略的等成本点。该模型可以给我们以下启示（表6.1）：如果希望员工在本组织长期服务，提高员工参与投资战略是合理的；反之，则采取参与协助型战略。酒店企业对不同岗位、不同贡献的员工应当采取不同的管理模式。

表 6.1   酒店人力资源战略模式

战略类型	员工类型	策略要点
投资累积型战略	专业型管理人才、复合型人才、业务骨干、经理层	职业规划，关注员工的事业发展；综合激励，满足员工的多种需要；利益分享，实现资本共同增殖
参与协助型战略	一线员工、记件工、临时工	以优胜劣汰保持企业活力；强调员工参与，加强沟通，增强组织吸引力；构建完备、高效的培训体系

（一）投资累积型战略

对于专业型管理人才、复合型人才、业务骨干、经理层等，应将其视为组织的一项战略资产，采取投资累积型战略。这种战略的要点为：职业规划，关

注员工的事业发展；综合激励，满足员工多种需要；利益分享，实现资本共同增殖。作为组织的战略型资产和骨干力量，酒店要解决的问题是：

第一，如何培养员工对酒店的忠诚感，形成企业与员工的"命运共同体"。高素质人才的一个共同特点是：在争取劳动报酬的同时，寻求一种自我价值的实现，追求高层次的自我超越和自我完善。因此，我们在满足其基本的物质需要的基础上，需要提供高层次的激励，如对员工进行职业发展规划，充分挖掘其潜力，可以使员工安心在企业工作并发挥最大潜能，营造出企业与员工持续发展的良好氛围。因此，酒店企业应健全人才培养机制，为资产型员工提供教育和不断提高自身技能的学习机会，使其具备一种终身就业的能力，同时充分了解员工的个人需求和职业发展意愿，为其提供富有挑战性的发展机会，提供适合其要求的上升道路，使之能够随企业的成长，获得事业的发展。企业要让员工能够清楚地看到自己在组织中的发展前途，并形成长期合作、荣辱与共的伙伴关系，为企业尽心尽力地贡献自己的力量。如巴斯酒店集团的中国区管理着近 30 家酒店，每年各酒店之间都要互相派遣优秀员工进行交换培训。巴斯集团在北京开设的假日酒店，定期为管理员工开设专业管理课程，并为他们提供学习和交流的场所。交换培训和假日大学的管理培训都是假日集团为员工个人发展设定计划的一部分。

第二，如何将人才与企业捆绑起来，实现人力资本与组织资本的共同增值，作为创造价值的核心要素，智力资本在酒店企业发展中的重要作用已成为共识，理应参与企业价值的分配，也应当成为企业的所有者，并且应该按照贡献的大小决定所分配的价值大小。在这种利益共同体里，人力资本的升值与企业价值的升值能够较好地实现统一。酒店企业可以通过股票期权、持股计划、灵活福利等将员工的薪酬与企业、部门或项目的业绩相联系。

（二）参与协助型战略

对于一线员工、记件工、临时工采取参与协助型战略。这种战略包含三个要点：以优胜劣汰保持企业活力和竞争力；强调员工参与，加强沟通，增强组织吸引力和凝聚力；以完备、高效的培训体系，确保服务质量水平稳定。"流水不腐，户枢不蠹"，使企业持续发展的条件之一，就是不断改善人员结构和提高人员素质，丰富和完善人力资源系统。人员流动是市场对人力资源的一种配置，合理的流动率，不但有助于企业保持活力，而且有助于组织创造力的提高。酒店要解决的问题是：

第一，如何把员工流动率控制在一定幅度，一般认为这一比率在 5%~8% 之间是正常、有益的。具体到酒店行业，不同地区、不同星级、不同市场的比率各不相同。以泉州湖美酒店为例，人员流动率年均 25%。解决这一问题可从两方面入手：一方面，通过建立科学、高效的优胜劣汰机制，保持用人环境的开放性、动态性和灵活性，使真正具有服务意识和服务技能的人员留下，并获得发展、升迁的机会；另一方面，重视与员工的沟通，鼓励员工参与管理，建立信息共享机制，增强员工的归属感，在组织内建立一种大家庭式的文化氛围，提高组织的吸引力和凝聚力，尽量避免高素质人员流失。

第二，如何在维持正常的员工流动率的同时，确保服务质量水平的稳定。凭借出色管理质量和突出成就，在酒店行业中第一个获得麦肯姆·巴德里基国家质量奖的里茨卡尔顿的经验值得我们深入研究。里茨卡尔顿的新员工在被录用之后的 60 天内，要接受一系列严格的培训，然后进行上岗认证。在中期，一个培训经理和一个高级管理人员组成定位小组，在两天之内，亲自讲述卡尔顿"金标准"（信条、格言、服务三部曲、员工守则）的含义，并把这些理念、价值观灌输到所有新员工的头脑中去。下一步的工作责任则落在各部门领导和部门培训员身上。新员工要经历一个综合培训期以掌握其本职工作的各项流程。通过各种各样的机制，新员工将接受 100 多小时的质量培训来养成各种优秀品质，如严守服务承诺、解决客户疑难、提出新创意等。通过这种完备的培训体系和高效的培训方法，曾使许多酒店深感头疼并因此影响声誉的两个问题——员工技术欠熟练和员工更换比例高居不下，在里茨卡尔顿酒店被顺利解决了。

综上所述，不同行业、不同企业的外部环境、内部条件、经营方式不同，所采取的人力资源战略模式也不同。酒店企业只有针对不同岗位、不同贡献的员工采取不同的管理策略，才能协调好控制成本和培训人才、员工流动和核子力稳定之间的关系，最大限度地发挥智力资本在酒店价值链中的关键作用。

三、酒店人力资源管理战略思想创新

酒店人力资源管理战略思想创新是指在酒店业领域中，对人力资源管理战略的理念、策略和方法进行创新和发展，以适应日益复杂和变化的市场环境。以下是一些酒店人力资源管理战略思想创新方向。

（一）个性化发展路径

在酒店人力资源管理战略中，个性化发展路径被认为是一项富有前瞻性和创新性的举措。个性化发展路径旨在构建一个以员工为中心的发展框架，为每位员工量身定制职业发展计划，使其在酒店组织中能够充分发挥其潜力，实现个人和组织共同的成功。

（1）个性化评估和规划：个性化发展路径的首要步骤是通过全面评估深入了解员工的兴趣、技能、价值观以及职业目标。通过沟通和反馈，建立员工与管理层之间的互动，共同制订清晰的职业发展规划。

（2）智能化职业发展计划：利用人工智能和大数据分析，根据员工个人特点和组织需求，制订智能化的职业发展计划。这可以涵盖专业培训、技能提升、岗位轮岗等，以确保员工的成长路径与酒店的战略发展保持一致。

（3）定制化培训方案：针对员工职业发展目标，提供定制化培训方案，涵盖技术、领导力、沟通等多个领域。培训可以采用多种形式，如课堂培训、在线学习、实践项目等，以满足员工的学习风格和需求。

（4）激励和晋升机会：个性化发展路径强调员工的成就和贡献，为其提供丰富的晋升和激励机会。根据员工发展进度和成果，及时调整职业发展计划，推动员工不断超越自我。

（5）导师和辅导支持：为员工分配导师或辅导员，提供个性化指导和支持，帮助他们在职业道路上克服障碍，解决问题，促进职业成长。

通过个性化发展路径，酒店可以更有效地管理和发展员工，提升员工满意度和忠诚度，进而推动酒店组织的持续成长和竞争力的提升。这一创新思想将员工置于战略发展的核心，实现个体价值与组织目标的有机融合。

（二）数据驱动的决策

在酒店人力资源管理领域，数据驱动的决策被视为一项前沿创新实践，通过充分利用大数据和分析工具，将科学、客观的方法融入人力资源决策中，从而更加精准、高效地管理和优化员工资源，提升整体绩效和业务成果。

（1）数据采集与整合：为了实现数据驱动的决策，酒店可以建立系统性的数据采集和整合机制，从不同渠道获取员工相关数据，如绩效评估、培训记录、员工反馈等，形成全面的信息基础。

（2）深度洞察员工需求：基于大数据分析，酒店可以更深入地了解员工的需求、偏好和行为模式。通过分析员工的职业发展趋势、培训偏好、福利期望等，为人力资源管理决策提供数据支持。

（3）招聘优化：数据分析可以揭示出招聘渠道、岗位要求等方面的关键信息，使酒店能够更有针对性地吸引和挑选适合的人才，从而提升招聘效率和质量。

（4）培训精细化：通过分析培训成效，确定培训方案的有效性，将培训资源投入真正有价值的领域，提高培训投资的回报率。

（5）福利个性化：根据员工的偏好和需求，个性化地设计福利计划，满足不同群体的期望，提升员工满意度和忠诚度。

（6）预测和规划：数据驱动的决策可以帮助酒店预测人才流失风险、人力需求等，从而做出更准确的人力资源规划，保持组织的稳定和持续发展。

（7）持续优化和改进：基于数据分析的反馈，酒店可以不断优化人力资源管理策略和方案，及时调整措施，以适应市场变化和业务需求。

数据驱动的决策不仅仅是一种工具，更是一种思维方式，它使酒店能够更科学地制定决策、更精准地洞察员工需求，从而提升人力资源管理的效益，实现酒店业务的可持续发展。

（三）创新的福利体系

在酒店人力资源管理的创新实践中，设计创新的福利计划旨在通过提供具有差异性和个性化的福利，增强员工的参与度、忠诚度和满意度，积极促进酒店的整体绩效和员工幸福感。

（1）弹性工作制度：创新的福利体系可包括弹性工作制度，允许员工在一定范围内自主安排工作时间，以适应个人的生活需求和工作节奏。这种灵活性可以帮助员工更好地平衡工作与家庭、兴趣爱好之间的关系，提高工作效率和

满意度。

（2）健康管理方案：设计健康管理方案，包括定期的健康检查、健康饮食指导、体育锻炼等，关注员工的身心健康。这有助于减少员工的健康问题，提升工作效能和生活质量。

（3）灵活的员工福利选择：提供多样化的员工福利选择，让员工根据个人需要自主选择适合自己的福利项目，如医疗保险、养老金、子女教育等，满足不同员工群体的需求。

（4）福利奖励体系：设计创新的福利奖励体系，将员工的绩效与福利挂钩，以激励员工积极工作。优秀员工可以获得额外的福利待遇，鼓励员工不断超越自我，提升工作表现。

（5）职业发展支持：创新的福利体系还可以包括职业发展支持，如提供培训机会、职业规划指导等，帮助员工实现职业目标，增加员工的职业满足感。

通过创新的福利体系，酒店能够满足员工多样化的需求，增强员工的工作积极性和投入度，提升整体员工满意度，从而创造更具吸引力的工作环境，促进员工和酒店业务的可持续成长。这一策略不仅关乎员工福祉，还对酒店的品牌声誉、业务竞争力产生积极影响。

（四）拓宽多元人才渠道

积极拓展多元人才来源能打破传统招聘的局限性，广泛涵盖不同领域和背景的人才，以丰富酒店团队的多样性，提升创新能力和业务竞争力。

（1）跨行业招聘：拓展人才来源的一种方式是跨行业招聘，即从其他行业中吸引有潜力的人才加入酒店团队。这些人才可能带来新颖的思维和方法，为酒店业注入新鲜的动力。

（2）校园招聘：与高校合作，积极开展校园招聘活动，吸引年轻人才加入酒店业。校园招聘可以为酒店引入充满活力和创新思维的年轻人，同时也为年轻人提供实践锻炼的机会。

（3）外部人才交流：与其他企业或行业进行人才交流，引进外部人才进入酒店，促进知识和经验的跨界流动。外部人才的参与可以带来新的视角和经验，丰富酒店的人才库。

（4）国际招聘：拓展到国际范围，吸引来自不同国家和文化背景的人才，为酒店带来全球化的视野和跨文化的管理能力，适应国际市场的竞争挑战。

（5）产业联盟与合作：与相关行业建立合作关系，共享人才资源。通过产业联盟或合作项目，实现人才的共享和跨领域合作，促进跨行业知识的交流。

通过拓展多元人才来源，酒店可以增加员工多样性，融合不同领域的专业知识和技能，提升酒店创新能力和适应性。多元人才的融入可以激发团队创造力，为酒店业务不断发展注入新的活力和动力。

（五）远程协作和虚拟团队

鼓励远程协作和虚拟团队合作被认为是一项具有前瞻性的创新实践。这一战略旨在有效应对分散人才资源管理的挑战，促使酒店团队在地理距离上的分散情况下依然能够高效协同合作，实现业务目标。

（1）虚拟团队的构建与培训：酒店可以积极构建虚拟团队，由跨地域的员工组成，共同合作完成特定项目或任务。同时，酒店可以提供必要的培训和指导，帮助团队成员掌握远程协作的技能，有效地运用协作工具和沟通平台。

（2）沟通技巧和跨文化培训：针对虚拟团队成员，酒店可以提供沟通技巧和跨文化培训，帮助员工更好地理解和尊重不同背景和文化的同事，减少跨文化沟通障碍，促进合作效率。

（3）远程协作工具的应用：酒店应当配备和推广高效的远程协作工具，如视频会议、实时沟通平台、云存储等，以便虚拟团队成员随时随地进行沟通和信息共享，促进团队协作和知识分享。

（4）目标设定和绩效评估：为虚拟团队设定明确的工作目标和绩效评估标准，确保团队成员在远程协作中保持高效工作状态，实现预期业务成果。

（5）跨时区管理和灵活性：酒店需要灵活调整工作安排，满足不同时区的虚拟团队成员的工作时间和生活需求，确保协作高效进行。

（6）团队建设和社交活动：通过定期的虚拟团队建设活动和在线社交交流，增强团队凝聚力，帮助成员更好地理解彼此，建立互信和协作基础。

通过积极推动远程协作和虚拟团队合作，酒店能够更好地应对全球化带来的挑战，充分发挥不同地区员工的潜力，实现资源的最优配置和共同创新，为酒店业务的可持续发展提供强大支持。这一创新实践将酒店团队的协作边界扩展到全球范围，提高了团队的灵活性和适应性。

第三节　酒店人力激励策略与案例分析

一、激励原理与策略

（一）激励原理概述

在酒店业发展日趋成熟的今天，酒店取胜的关键，取决于"以人为本的管理理念在企业中是否得到了充分的体现，取决于酒店是否拥有一支充满热情、积极性高涨的管理人员和员工队伍。也就是'人力资源'这个充满活力的'变数'是否得到了淋漓尽致的发挥"。

激励原理是现代管理学的核心，是指激发人的动机，使人有一股内在的动力，朝着一定的目标行动的心理活动过程，或者说调动人的积极性的过程。激励原理在酒店业的应用，就是要懂得如何为员工创造释放能量的环境和引导其达到规定的目标。按照现代激励手段的做法，应是强调正确引导，使员工满足依次递增的高层次需求，以便更有效地调动员工的积极性，达到酒店的管理目标。激励，顾名思义，即激发与鼓励，就是要触动人的心灵，扬起奋进向上的动力。很多企业都意识到了这一点，并创造和总结出了许多行之有效的激励手段和方法。

1.物质激励

物质激励是激励机制中最为重要的一种方式。物质激励的形式有多种，最常用的激励模式有工资、奖金、福利、股权、带薪休假、舒适办公条件等。物质激励不仅可以在工资与奖金的分配上做文章，在现金与非现金激励的选择上可以实施一次性激励与多次激励、公开激励与不公开激励相结合的方法。将现金激励和非现金奖励结合起来，能取得意想不到的效果。

2.精神激励

精神激励可在较高层次上调动员工的工作积极性，其激励深度大，维持时间也较长。"企业的领导者应当善于运用精神追求激励法来激励员工"，精神追求激励重要的是让员工意识到工作的意义，激发他们自我实现和赢得自尊的心理渴望。精神激励的方法有很多，重点包括以下四种。

（1）目标激励：管理学家洛克认为，指向目标的工作意向是激励的一个主要源泉。企业管理者应确定具体的、难度适中的目标，诱发人的动机和行为，使员工认同并内化成他们自己的目标，从而提高员工工作的主动性。一个人只有不断启发对高目标的追求，才能启发奋发向上的内在动力。对每名员工在年初均设定一定的目标，设计的目标难度要适宜，只有那些雇员能够接受的目标才能够提高绩效 。特别是当个人的目标迫切地需要实现时，他们会对企业的发展产生更为热切的关注，从而对工作产生强大的责任感，这种目标激励就会产生很强大的效果。

（2）荣誉激励：人们希望得到社会或集体的尊重，通过授予员工各种荣誉来对员工进行奖励，这是精神激励中很重要的一种方式。对于那些为社会或团体作出突出贡献的人，给予一定的荣誉，这既能使荣誉获得者经常鞭策自己，又可以为他人树立榜样和奋斗目标。企业可以通过授予员工一定的荣誉来调动员工的积极性，企业每年评出一定数量的"明星员工""优秀管理者""优秀知识分子"等，评选的数量一般不要过多，否则其激励效果就会降低。同时，荣誉和一定的物质奖励、晋升、外出培训等结合起来，效果会更好。比如，对获得一定级别荣誉的员工安排外出旅游度假，会对员工有很大的吸引力，效果比较理想。

（3）工作激励：研究表明，员工的积极性取决于与工作有关的三种关键心理状态，即对工作意义的体验、对工作结果责任感的体验、对工作实际结果的了解。因此，在工作中力求设计富有挑战性的工作，让员工不断超越自我。同时，通过赋予员工使命感，让员工了解他们的工作成果，让从事最平常工作的员工也能充满动力，让工作本身成为员工工作的乐趣和动力源泉。

（4）参与激励：现代企业的员工都有参与管理的要求和愿望，员工参加民主管理的程度越高，越有利于调动他们的积极性。通过参与，形成员工对企业的归属感、认同感，可进一步满足自尊和自我实现的需要。因此，管理者应为员工参与民主管理尽可能提供方便，采取多种形式，创造有利条件，使其能真正行使应有的管理权力，充分、有效地发挥出工作潜力。企业要制定一系列制度，通过职工代表大会或其他形式，让员工参与企业政策的制定和日常的重要

生产的经营管理，让员工明确企业政策制定的目的，会极大调动员工的积极性，而不至于产生"决策是高层管理者的事情，与自己无关"的思想，从而可促进员工个人目标和企业目标的统一。还可以为员工专门设立"合理化建议"奖，奖励那些出谋划策的员工，使员工亲身感受到自己就是企业的主人。

3.情感激励

情感需要是人的基本需要，人们的任何认知和行为，都是在一定的情感推动下完成的，所以管理者应从情感上满足员工的需要，对员工进行关怀、爱护，从而激发其积极性和创造性。比如，关怀、帮助员工，经常与员工沟通，对员工信任，赞美员工，尊重员工等。情感激励法被管理学家称为"爱的经济学"，即不须投入资本，只要注入关心、爱护等情感因素，就能获得产出。

（1）尊重便是员工激励的一件"法宝"。尊重会使员工产生由衷的自豪感，感到工作的快乐。若领导对员工表现出热情的关切，员工就会感觉到他是真正被领导尊重，他们就不会把领导看成是一个毫无感情的上司，而是把领导看成是朋友，为朋友做事当然要比接受命令干某事积极、舒服得多。而尊重员工最好的表现就是像对待专家那样对待员工。具体的如：像聘用专家那样聘用员工，像与专家交谈那样与员工交谈。

（2）信任是激励员工的一张"王牌"。信任具有无比的威力，他满足了人们内心的一种渴望胜利和成长的激情，往往使管理者得到意想不到的辉煌效果。如果管理者使员工感到不被信任，他们就会感到自己不会成功，感到愤怒、厌烦或被抛弃，也许他们还会犹豫是否应该在没有管理者赞同的情况下做更多的工作。对他们而言，他们甚至已经彼此毫不相干。相反，如果他们感到管理者信任他们，便会自然将事情做好，实现管理者对自己的信任。

（3）关心激励。企业领导可以通过对员工的关心而产生激励效果。企业中的员工，以企业为其生存的主要空间，把企业当成自己的归属。如果企业领导人时时关心群众疾苦，了解员工的具体困难，就会对员工产生激励。

4.发展性激励

为了满足员工高层次的需要，企业在组织结构上要进行再设计，明确职权与职位等级，使员工的事业发展有空间，同时完善晋升机制和培训机制，使员工发展有制度保障。在公司招聘时最好先考虑内部招聘，给内部员工提升机会，这样可以更好地激发员工的积极性。再者，加强员工职业生涯规划，对不同的员工设计不同的职业生涯途径，使员工在企业中有明确的发展方向。如哈佛商学院的比尔教授所说，"管理者们应该对长期以来做出最突出贡献的 10% 或 15% 的员工给予晋升，而不是按照每年或每季度的业绩给他们涨两倍的工资"。同时，为员工提供外出培训机会，这种激励对于大部分人来说都是一种比较好的激励方式。

可以通过培训激励员工。员工都希望有机会进修培训，进一步提升自己的能力，使自己更具竞争力。假如管理者能为员工在个人素质和专业知识方面提供更多的学习机会的话，他们将会受到很大的激励而更多地投入工作中去。而且通过培训，员工不仅可以扩展自己的工作圈，学习到一些新的技能，而且还能为公司带来一些全新的视角。

5. 绩效考核激励

绩效考核是激励员工的重要手段，因此我们必须充分重视绩效考核的激励作用，前提是企业必须建立一个科学的绩效考核体系。20 世纪 90 年代，西安汉斯酒厂从濒临破产、被挤出当地市场，到 3 年后重新杀回当年的市场、卖疯了西安也卖红了大西北，成为西北地区一颗闪亮的工业新星，创造这一奇迹的正是青岛啤酒集团控股汉斯啤酒后引入的绩效考核体系。绩效考核体系必须科学，而且要公平，才能真正发挥其作用。

6. 企业文化激励

企业文化以调动人的积极性、创造性，提高企业效益，为社会创造更多的财富为根本目的，渗透于企业的各项活动之中。企业文化作为特殊的精神"黏合剂"，使员工产生使命感、自豪感和归属感。企业文化搞好了，可以出效率、出人才、出管理经验。管理在一定程度上就是用一定的文化塑造人，企业文化是人力资源管理中的一项重要内容，只有当企业文化能够真正融入每个员工个人的价值观时，他们才能把企业目标当成自己的奋斗目标。因此，用员工认可的文化来管理，可以为企业的长远发展提供持久动力。哈佛商学院通过对世界各国企业长期分析研究得出结论：一个企业本身特定的企业管理文化，即企业文化，是当代社会影响企业本身业绩的深层重要原因。因此，激励机制的建立和完善必须和企业文化建设有机结合起来，充分发挥企业文化的激励作用。

（二）激励原理在酒店人力资源中的应用

1. 量才、用才，方可人尽其才

管理者应以满足规定的工作规范的能力为基础来选择各个岗位的员工。不同的岗位有着不同的工作规范，需要从事该岗位的工作人员具有相应的能力。因此，管理者首先要了解员工的能力，在安排工作时本着人尽其才的原则来确定员工的岗位。现在越来越多的管理者都相信这样的观点：适合才是组织用人的最高原则。组织不是要选最优秀的人才，而是要选最合适的人才。员工放对位置就会事半功倍；放错位置，事倍功半不说，还可能有更严重的负面影响。那么怎样才能人尽其才？关键要遵循扬长避短的用人准则。

第一是量才，对人进行鉴别，做出判断；第二是用才，把人安排在合适的岗位上。量才时要做到容短不求全，用才时要做到避短扬其长。美国著名的管理学者杜拉克有一个关于人的"山高谷深"说：优点突出的人往往缺点也很突出。哪里有高峰，哪里就有深谷。从"山高谷深"的实际出发，管理者在量才用才时，一定要防止进入追求完美、求全责备的误区。杜拉克认为，有效的管理者在配备人员时，他们要用的是某一主要方面有特长的人，而不是在各方面都可以的人。

2. 为员工创造良好的工作环境

ES（Employee Satisfaction，员工满意）是近年来在 CS（Custom Satisfaction，顾客满意）基础上产生的一种新型管理思想。它是指企业把员工视为最宝贵的资源，充分尊重和信任员工，关心员工需求，并采取不同的方式为员工提供尽可能令人满意的服务，使员工在工作中达到最大限度的满意。酒店是服务性行业，它对其员工的服务态度、服务水平要求要比一般生产性行业高，所以让员工满意就成为提高酒店服务质量，确保顾客满意的关键。

首先，管理者要为每一位员工创造良好的物质和精神环境。酒店管理者除了为员工提供有吸引力的工资、福利待遇等物质条件，还应该创造能获得员工欢迎的工作环境。为此，应该做到：大力推进员工技术考核和职称考试，通过提高员工的技术水平来为他们提供发展的机会；改变员工工作时间长的状况，注重劳逸结合，改变员工餐厅、公寓等配套生活设施；关心员工生活，照顾女性员工的福利；照顾好中老年员工，做好环境保护和社会服务。

其次，在没有充分理由的情况下，工作关系不要作太多变动，要使每一个员工都有一种稳定感。工作关系的时常变动，会使员工感到工作环境动荡，没有一种归属感。而且因为不久就会调离这个岗位，所以不必在此岗位上费心尽力。因此，为员工创造一个相对稳定的工作环境，会使其在岗位上尽职尽责，谋求自身和企业的发展。

3. 使员工明确所要达到的目标

只有让每一位员工理解自己应该完成的任务和达到的目标，并理解自己工作对服务质量的影响，才能更好地发挥他们的潜力。这就是目标激励。所谓目标激励，就是指员工把个人目标与企业目标结合起来，形成目标锁链，从而成为对员工产生激励作用的一种有效方法。实行目标激励好处很多：首先，能使员工看到自己的价值和责任，一旦达到目标便会有一种满足感；其次，有利于上下级之间的沟通，减少了达成目标的阻力；最后，能使员工的个人利益与整个企业的目标得到统一。

实行目标激励可以分为三个阶段。第一阶段是设定目标阶段，整个企业设定总目标，下属部门根据企业总目标设定本部门的具体目标，每个员工根据本部门的目标和个人情况制定个人目标，从而形成一个目标锁链，使每一个员工都清楚自己在目标锁链中所处的位置，意识到自己的责任。第二阶段是在第一阶段的基础上，鼓励员工发挥个人的积极性去努力完成本部门的具体目标和企业的总目标。第三阶段是对达到的结果进行测定和评价，激发和奖励人们为完成更高的目标而努力。管理者在制定工作目标时必须得到员工的参与合作，共同讨论和制定该项工作的程序、标准和工作量。否则容易引起员工的反感和抵制，影响目标的实现。运用好目标激励，是使员工摆正位置、清楚任务、明白工作的基础保证，也是使员工心情舒畅、情绪稳定的必备条件，同时也是充分发掘员工潜能、合理利用人力资源、调动积极性、确保服务质量的主要措施。

4. 树立"员工第一"的观念

管理者要使每个员工都意识到自己的工作代表着本企业，服务质量的优劣取决于每一个员工，努力营造"员工第一"的环境。从现代管理学的角度来看，"员工第一"与"顾客至上"并不矛盾。因为酒店是通过员工付出服务性劳动后产出的服务商品来实现其服务价值的。服务商品的好坏、价值的高

低，除了取决于必要的设备、设施外，更取决于酒店员工的服务态度、服务技术、职业道德和文化知识等。这反映了员工在创造酒店服务商品价值中的重要作用。正如一句管理格言所说的，"你希望员工怎样对待顾客，你就怎样对待员工"。不少酒店以牺牲员工利益的方式来达到令顾客满意，事实上，也难以长期做到令顾客满意。只有员工满意的酒店，才是令顾客满意、卓有成效的酒店。想要树立"员工第一"的观念，营造"员工第一"的环境，首先，应在思想上树立"员工第一"的意识，把过去那种管理者高高在上的金字塔管理结构改造为顾客、员工在上的倒金字塔结构；其次，要以一种与人为善、仁爱为本的管理观念，尊重员工、理解员工、关心员工、爱护员工；再次，要提高为员工服务的含金量，关心员工的深层次需求，为员工达到个人发展和事业上的目标提供平等机会；最后，要加强企业文化建设，激发员工的工作热情。

5. 正确发挥奖惩机制作用

管理者须建立奖罚分明的规章制度，对员工的行为进行约束或激励。奖罚不明，只奖不罚，或只罚不奖，都会造成员工积极性的丧失。但如何奖罚，这就需要既保证员工人尽其才，才尽其用，最大限度地发挥聪明才智，实现酒店和员工本身的价值目标；又要保证职、责、权、利界限清晰，使员工勇于负责、勇于进取、坚持原则，这样就会充分发挥奖惩机制的作用。

6. 为员工提供深造机会

酒店服务质量提高是和员工服务技能的提高紧密联系在一起的。管理者应注意对全体员工进行有计划的提高技能的培训，为员工提供深造的机会，以适应不断发展的需要。一些酒店不愿意花钱去培养员工，他们只招聘那些具有实际工作经验的人，却把那些无工作经验的可塑之才拒之门外。原因之一，聘用有经验的人会节省一笔不小的开销；原因之二，担心培养后的员工会被高薪挖走，企业得不偿失。这些都是极其错误的想法。为员工提供深造的机会而不是给很高的薪水，会对员工产生更大的驱动力。因为他会有更大的机会施展才能，去发展自己，为企业创造更多的效益。

总之，酒店管理者要增强员工的凝聚力和向心力，想培育高档次的企业文化，就应从实际出发，创造出各种行之有效的激励方法，使员工的积极性和创造性得到最大限度的发挥。

（三）在酒店人力资源管理中运用激励机制应遵循的原则及建议

酒店人力资源是现代酒店业的战略性资源，激励机制是提高人力资源管理水平的重要手段，实行它最根本的目的是正确地引导员工的工作动机，并且它运用的好坏在一定程度上也成为决定酒店兴衰的一个重要因素。所以，掌握好它的运用原则，也就成为现代酒店人力资源管理的重要工作。

1. 运用激励机制要把握最佳时机

人类的需求是多种多样的，一个人在不同时期可以有多种不同的需求，即使在同一时期，也存在着几种程度不同、作用不同的需求。例如：需要在目标任务下达前激励的，要提前激励；在完成目标任务之后激励的，也要及时奖励；当酒店员工遇到困难，有强烈要求得到安慰的愿望时，应及时给予关怀和激励等。在实际的激励机制操作中，还应该因时、因人而异，采取适当的激励措施，这将大大有利于酒店业管理层人员的稳定以及工作效率的提高。

2. 激励员工从结果均等转移到机会均等，努力创造公平竞争环境

酒店各部门因情况不同，分配机制也有所不同。如何稳定酒店员工队伍，创造公平竞争环境？笔者认为：首先，酒店应在分配上尽量做到合理，所有的员工在获得或争取奖酬资源方面，机会一定要均等。其次，让所有员工处在同一起跑线，具备同样的工作条件，使用同一考核标准。最后，激励措施实施的过程要公正，要做到过程的公开化和民主化。只有这样才可以增强员工的思想交流和心灵沟通，融洽酒店员工的人际关系，营造一种酒店关心员工，员工热爱酒店，实现双赢的环境氛围。

3. 激励民主，奖罚分明

合理的奖罚有助于调动工作人员积极性，引导人们沿着组织所指明的正确方向发展。报酬与个人贡献之比在纵向、横向上保持合理性，不仅是个分配问题，更重要的在于它代表着组织对个人贡献的评价与认可。鉴于此，公平、合理地处理报酬问题便具有十分重要的激励意义。因此，很好地掌握激励机制的尺度，才能有效地调动酒店员工的工作积极性，从而提高工作效率。

4. 明确收入和绩效密切挂钩，构造员工分配格局合理落差

在酒店劳动力竞争加大、酒店劳动力市场资源相对不足的新形势下，酒店员工流动的速度随之加快。适当拉开分配距离，鼓励一部分员工先富起来，使

员工在反差对比中建立持久的追求动力，构造员工分配格局的合理落差，成为现代酒店业人力资源管理的重要手段之一。例如：推行完善岗位竞聘制与按岗定薪制度、关键岗位用人选拔内部优先制度，这相对于部门内部而言，在一个部门工作的经历与经验是同样十分重要的。举例而言，总台人员的选拔应以先房务，后餐饮，再后勤的顺序进行。故制定有效的激励措施，在酒店人力资源管理中起到筛选员工、确保队伍稳定的作用，从而更好地促进酒店业的发展。

5. 物质激励与精神激励相结合，正负激励相结合

现代酒店业人力资源管理中应把物资激励与精神激励紧密结合起来，要调动人的积极性，不仅要注意物质利益和工作条件等外部因素，更重要的是要注意工作的安排，量才录用，各得其所，注意对人进行精神激励，给予表扬和认可，注意给人以成长、发展、晋升的机会。这逐渐成为酒店人力资源管理非常关注和需要解决的重要问题。只有将二者紧密结合起来，才能更好地对其进行有效的管理。

6. 激励方式注重因人而异，短期激励和长期激励相结合

在激励过程中，要注意员工人性化、个性化原则。管理者要成为员工的知心人、贴心人，及时、全面地掌握员工的情况，了解员工的性格。特长、激励方式注重因人而异，提倡奉行"能力重于学历，内在重于外在，心理重于物质，身教重于言教，肯定重于否定，激励重于控制"的原则。例如：根据酒店现状及发展目标，系统制订各部门员工的培训发展计划，根据每个人的职业生涯设计制订个性化的培训计划，搭建起个性化发展的空间，同时注重短期激励和长期激励相结合，激发员工的工作潜能，从而收到事半功倍的效果。

（四）激励机制在酒店人力资源管理中发挥的作用

（1）把握激励机制的人性化特点，是酒店人力资源管理水平提高的关键。酒店业的生产经营活动是靠人来进行的，使参与酒店活动的人始终保持旺盛的士气、高涨的热情，是酒店人力资源管理的重心。把握激励机制的人性化特点，改变管理者思维模式，建立适应酒店特色、时代特点和员工需求的开放的新型激励体系，提高酒店人力资源管理的管理水平，成为现代酒店业发展的关键。

（2）正确地使用激励机制，是提高酒店员工素质，完善酒店工作制度的重

要手段。加强对员工的培训，使员工与酒店一起成长。通过培训，可以改变员工的工作态度，增强员工自身的素质和能力，提高企业运作效率和销售业绩，从而完善酒店工作制度。

（3）激励机制是酒店人力资源管理的良性竞争机制。运用激励机制把竞争引入酒店人力资源管理，是以竞争为主要形式的有效管理机制，是现代酒店业管理中的重要环节。例如：酒店可以把考核结果同员工的个人荣誉奖励联系起来。根据目标考评等次确定受奖比例，把考核结果与员工个人的评优、评模结合起来，克服年终奖励按人头平均分配比例的许多弊端，起到了更好表彰先进、鞭策后进的作用等等。

（4）激励机制有利于增强企业团队的凝聚力和战斗力。行为科学家们通过调查和研究发现：对于一种个体行为的激励，会导致或消除一种群体行为的产生。也就是说，激励不仅仅直接作用于个人，而且还间接影响其周围的人。哈佛大学教授威廉·詹姆士研究发现，按时计酬的员工一般仅需发挥潜力的20%~30% 就能保住饭碗，但在良好的激励环境下，同样的员工可发挥出潜能的 80%~90%，其中 50%~60% 的差距就是激励的作用所致。实践证明，运用科学有效的激励机制，能充分提高人的主观能动性，激发人的潜能，提高生产力，达到增强企业团队的凝聚力和战斗力的作用。

（五）案例分析：酒店管理巨头万豪如何善待员工[①]

酒店管理巨头万豪国际集团创始人威拉德·万豪（Willard Marriott）的一句话深入人心："只要公司很好地照顾员工，员工也会很好地对待客人，客人便会不断光顾万豪。"所以，万豪国际集团采用了一系列有效的激励机制善待他们的员工。

1. 奖励激励

对员工取得工作成效给予奖励，会对员工的创造动机起到强化作用，因为这使员工看到了自己的成绩，得到了尊重并取得了相对的信任和一定的社会地位。这些都属于人们的基本需要，是马斯洛需求层次理论的一部分。因此，要使奖励激励发挥最大的效用，还必须将物质奖励与精神奖励有机地结合起来。

---

① 案例链接：https://mp.weixin.qq.com/s/mFAYltFK3pModHs-4xboGg

例如，对待中国籍的员工，万豪国际集团的照顾可谓是细致入微，当某位经理因工作需要而被派遣到另一座城市时，万豪会帮助这位经理安排好当地的住房、配偶的工作，乃至孩子就读的学校。

2. 目标激励

企业发展到一定水平，从管理层到基层员工不可避免地会出现知足感，出现一定程度的惰性。在这个时候，企业高层的管理与监督要采用目标激励等一些有效的措施来使员工不断有新的目标，有为实现目标而不断进取的新的"兴奋点"。《商业周刊》最新一期"50个最佳创业场所"排名中，万豪名列第34名，在员工流动性很强的企业中，万豪的员工跳槽率是最低的，有35%的新员工在工作5年后仍在为公司效力。据称，万豪的高管中绝大多数都为万豪工作了至少20年。其成功的秘诀在于：对员工更重要的照顾是"要让员工在工作岗位上有发展"的目标激励。

3. 榜样激励

要重视在员工队伍中发现、培养、树立典型，用榜样的力量来激励员工。当前酒店企业提倡个性化、差异化服务，提升服务水平，需要大力挖掘和培养此方面的典型。这是一种机遇，也是一种挑战。典型抓好了，就能够起到点亮一盏灯照亮一大片的作用。抓典型是一种常用的、有效的工作方法。企业中有了典型，广大员工就有了学习的榜样，就有了奋斗的目标，就有了精神的动力。每一位管理者都要学会收集和讲述身边服务的故事、学习的故事、创新的故事等，全体员工就会明白企业倡导什么、崇尚什么、追求什么，形成学习先进、积极向上的良好氛围。

4. 信任激励

尊重和信任是对一个人的基本需要，员工看到自己的劳动得到承认和尊重，会从内心深感满足，更加热爱本职工作；若管理者能充分信任员工并对员工抱有较高的期望，员工就会充满信心。员工在受到信任后，自然会产生荣誉感，增强责任感和事业心。员工愿意承担工作责任，也愿意在自己工作和职责的范围内处理问题，对他们应明确责任、权、利，即使各项工作的标准定得稍高一些，他们也会通过努力设法达到。他们遵循规定的程序和标准，希望管理者放手、放权让他们大胆工作，领导的信任，就是对他们的支持。

二、绩效考核与管理

（一）绩效管理理论概述

员工绩效管理是人力资源管理的核心内容，它通过将酒店战略层层分解至个人及监控个人绩效实施进展情况，达到实现酒店战略目标、提升企业竞争力的目的。随着我国酒店业管理逐步完善、管理者观念逐步更新，以及管理者素质逐步提高，作为人力资源管理核心的绩效管理也越来越引起人们的关注，人力资源的重心开始向员工的绩效管理转移。因此，无论员工知识多么丰富、技能多么高超、工作态度多么端正，但是如果绩效水平低下，一切都没有说服力的；酒店业也不能因此获得更多的经济效益，产生更多的利润。酒店管理者越来越认识到绩效管理的重要性，越来越想方设法提高员工的绩效，进而提高自己的管理绩效和企业的战略绩效。这是绩效管理作用日显重要的原因所在。绩效管理是酒店人事决策的重要依据。

对于员工绩效的含义，学术界有两种比较流行的观点：一种是结果说，另一种是行为说。结果说把绩效看作为一种结果，通过评价员工在完成组织赋予的责任、目标、任务等的情况来判断其绩效高低。例如国外学者 Bredrup 就认为绩效是在特定时间内，由特定的工作职能或活动产生的产出记录。结果性绩效往往可以用诸如产出、指标、任务、目标等词表示。这种用法在制造型酒店企业中很普遍，它有利于增强绩效考核的客观公正性。行为说则把绩效看作为个体的过程性行为。坚持行为说的人认为，与既定目标有关的行为本身就是绩效。例如，在许多情况下，员工的工作结果并不一定由员工自己的努力所控制，而可能是与工作无关的人或其他客观因素在起作用。例如营销人员所在的区域不同，绩效很有可能受到影响。这样员工个人绩效就不能单靠结果性绩效来衡量。国外学者 Murphy 就提出绩效是一套与组织或个体所工作的组织单位的目标相关的行为。过程性绩效的衡量相对主观性较强，难于客观衡量，但它的存在是很有必要的，尤其是在当今服务性行业占主导的经济时代，员工的个体绩效有时无法通过结果来衡量，就需要结合行为性因素。目前流行的考察服务人员业绩的"关键事件法"就是遵循这一原则。

（二）酒店员工绩效管理概念与特点

1．酒店绩效获取的特殊性

（1）有利可图的顾客的忠诚度高低，是衡量现代酒店绩效好坏的重要指标。根据"二八"原理，酒店80%的利润来自其固有的20%的忠诚顾客。服务利润链的最后一个环节也表明，酒店利润的直接来源是那些有利可图的忠诚顾客。这样在衡量酒店组织绩效好坏时，酒店外部客户忠诚度就成为一个重要的衡量指标。

（2）与顾客直接接触的员工的满意度和忠诚度，是酒店绩效好坏的重要前提。从服务利润链模型来看，现代酒店的利润获取路线是这样的：酒店的收入增长和利润获取来自重复光顾并能带来利润的忠诚顾客。顾客忠诚的前提是他对企业提供的服务非常满意，而顾客的满意程度取决于其感受到的员工为其提供的服务价值，这种价值的高低来自酒店内部员工的满意度和忠诚度。简言之，忠诚员工带来忠诚顾客，忠诚顾客带给酒店超长的利润空间。因此，酒店企业绩效的好坏最终取决于员工的满意度和忠诚度，员工满意和忠诚度也成为衡量酒店绩效好坏的一个重要标志。

（3）酒店企业内部服务规范的质量决定了员工的满意度与忠诚度，来自其对酒店提供给个人的、能满足个人需求的规范的认同。这些规范包括相关激励制度、相关工作环境、个人建议的被接受度、人际关系、上级领导的态度、个人成长等，这些规范的质量高低与员工对组织的归属感、满足感有一定的正相关性。

（4）平等、公正、客观的竞争环境，是创造满意与忠诚员工的关键前提。有调查显示，员工满意度和忠诚度高的酒店往往是拥有规范、健全和执行到位的管理制度的酒店。在这些企业里，员工的一言一行都有章可循，每一次奖惩措施都有明文规定，有据可依。在这样的环境下，酒店的一切管理行为都是透明的、公开的，员工之间的竞争处于一种平等、客观、公正的环境里，员工的满意感和忠诚度就会大增。

2．酒店员工绩效管理

绩效包括组织绩效、部门绩效和员工绩效。本书研究的对象是员工绩效，隶属于人力资源管理的范畴。理解酒店员工绩效管理的内涵必须从酒店绩效获取的特殊性入手，从分析这些特殊性中找寻其核心理念。

所谓绩效，是指构成员工职位的任务完成的程度，它反映了员工能在多大程度上实现职位的要求。而员工绩效管理是员工与其主管共同协商、制定、评价工作目标的过程。就好比员工和主管之间达成的双向协议，该协议对员工的工作职责、工作绩效如何衡量，员工和主管之间应该如何共同努力以维持、完善和提高员工的工作绩效，员工的工作对酒店企业目标实现的影响，找出影响绩效的障碍并排除等问题做出明确的要求和规定。它强调过程管理，注重管理过程中绩效计划的制订、员工之间的持续沟通、绩效考核、薪酬管理、人事决策与调整等各个阶段。员工绩效管理是个系统，用系统的观点看待员工绩效管理，将它置于系统之中，使其各个组成部分互相作用，并以各自独立的方式一起工作去完成既定的目标。由此可以看出，对酒店这种系统化强的行业，实施切实可行的员工绩效管理有其自身的必要性，员工绩效管理在很多方面起到了事半功倍的作用。

3.酒店员工绩效管理的特点

从上述涵义来看，酒店员工绩效管理至少包含以下三个特点。

（1）以客户满意为导向。酒店员工绩效管理以客户满意为导向，具体表现在员工绩效目标计划制订、员工绩效监控、员工绩效考核等绩效管理的全过程中。在目标设定中，要充分考虑到客户满意对于实现酒店企业绩效的意义，要考虑到将顾客满意作为考核员工的重要指标之一对员工进行考核。同时，在员工提供服务的过程中，考核人员和质量监督人员要以顾客满意为标准，对员工的偏离绩效指标行为进行纠正和完善等。对于后台员工，其客户自然是其服务的对象；对于其他内部员工，他们的绩效考核也要遵循同样的原则，以服务对象的满意度为标准。

（2）以酒店明确的战略目标为基准。以追求客户满意乃至客户忠诚为导向，是酒店企业发展的总体思路，明确的战略目标是酒店员工个体绩效目标设定的依据。个体目标是为组织目标服务的，是组织目标的分解，不同的组织在不同阶段会有不同的实际目标，例如，不同实力的酒店企业会有不同的财务目标，会有不同的发展宗旨，具备接待商务客人能力的酒店可能以"为商务客人创建高效、舒适、全面的服务场所"为经营宗旨，并据此设定一系列服务指标

和经济指标，这些指标的分解单元就是员工绩效目标设定的基准。

（3）以酒店和员工双赢为目的。以酒店和员工双赢为目的的员工绩效管理的重要目标之一，是促进员工发展。现代员工绩效考核、绩效沟通反馈的一个主要目的，就是指出员工尚有待改进的地方，并创造条件帮助员工实现这种改变。员工绩效改进的过程也是酒店企业绩效改进的过程。酒店员工绩效管理的目的是达到两者的双赢，这点与酒店企业可持续发展目标是一致的。

4. 酒店绩效管理体系及相关内容

（1）当前影响员工绩效管理的因素有很多，包括系统因素与个人因素。系统因素如市场环境、酒店企业目标设定、任务的特点、工作职责的特点等等，这些都有可能阻碍个体发挥他们的知识、技能。而个体因素包括员工自身的知识、技能、动机、性格、能力等，都会影响员工的绩效。因此，针对我国酒店员工绩效普遍低绩效的情况下，提出了建立我国酒店员工绩效管理体系，但是由于酒店本身对绩效管理知识的不充足、绩效管理体制的不合理等原因，导致了目前酒店企业建立的员工绩效管理体系的不完整，从而产生对整个酒店企业的负面影响。

（2）酒店实施有效的员工绩效管理体系有两个前提条件。

①明确的战略目标：从酒店员工绩效管理的概念与特点可以看出，明确的战略目标是酒店实施有效员工绩效管理的前提条件。因为员工目标是战略目标分解而来的，酒店战略目标不明确，势必导致员工目标的不明确，这首先就限制了绩效管理工作的正常开展。当然，明确的战略目标并非是指战略目标的单一化，通常酒店企业的战略目标都不是单一的。明确的战略目标要求众多的目标之间互相依赖、互相促进，至少不能互相抵制。

②富有活力的人事制度：绩效管理是酒店人力资源管理系统的核心，它的外部环境与人力资源管理的其他环节密切相关，包括人员招聘、人员选拔、薪酬体系和员工职业生涯规划等。外部环境的有效性对于绩效管理的顺利实施具有重要的影响。例如公平的、富有吸引力的奖赏体系是员工前进的动力，当员工预期自己绩效目标的完成会与某些期待的奖赏相挂钩时，他们就会尽最大努力去完成这些任务。否则，当员工预期自己完成任务的结果目标不具有吸引力时，他是不会有动力去完成这个任务的，这样绩效管理也是无成效的。

（3）人们对酒店质量管理、酒店的 ISO9000 质量认证体系、平衡计分卡等在酒店业应用广泛的管理体系并不陌生，甚至也在实施绩效管理，但是对绩效管理体系的认识还只是停留在想当然的理解上：要么认为绩效管理就是绩效评估，要么认为绩效管理是对主要业务员使用的一种报酬和业务相挂钩的方式。其实绩效管理不仅本身是一种管理体系，同时酒店的质量管理、酒店的 ISO9000 质量认证体系也都是绩效管理体系的一种。因此，所谓"酒店员工绩效管理体系是以雇员为核心，以组织战略为指导，对组织绩效管理和对雇员绩效管理相结合的一种体系"。其管理体系过程一共分为五部分：员工绩效目标、绩效控制、绩效考核、绩效反馈、绩效运用。

①员工绩效目标计划：目标是员工工作的方向和动力。员工绩效目标的设定是整个酒店员工绩效管理系统的核心，它的"有效性"直接影响到系统后续工作的意义大小。绩效目标设定失败，则无论整个后续工作做得如何漂亮也是枉然。酒店员工绩效目标体系的载体是员工职位说明书和酒店组织战略。职位说明书包括职位描述和任职资格。员工绩效目标的衡量指标来自职位描述中包含的具体岗位的工作职责和酒店组织在某段时期内的战略目标。员工绩效目标的最终确立和后续考评的依据性文件是绩效目标计划表。

②酒店员工绩效监控：酒店员工绩效监控的实质是持续沟通。员工绩效监控是指绩效管理者为了使员工顺利完成个人绩效目标，对其日常工作进行的监督与控制。绩效监控过程实际上是一个上下级持续沟通的过程。在绩效实施过程中，员工与经理人员进行持续的绩效沟通有利于适应环境中变化的需要，适时地对计划做出调整。例如，在非典期间，不可控因素的突然出现极大地影响了酒店销售人员业绩的完成，这时，管理者就应该适时地调整员工的绩效目标。另外，员工在执行绩效目标的过程中需要及时了解一些信息，主要是如何解决工作中困难的信息和自己工作做得怎样的信息，这些信息的得来也靠管理者的及时传达与输送。

酒店员工绩效监控的方法是建立绩效预警机制。对酒店员工的绩效进行有效监控的方法是建立绩效预警机制。绩效预警机制就是将预警的理论、方法应用到绩效领域中。具体到酒店员工绩效预警的方式可以有两种，一种是指标预警，另一种是沟通预警。指标预警是为预警对象设立一系列预警指标，通过对

这些指标完成情况的监测来预测绩效对象偏离预定目标的程度，并采取相应措施化解危机。沟通预警是采用日常沟通的方式，把握员工绩效进展过程中出现的问题，并适时提供解决方案以化解这些危机。

③酒店员工绩效考核：绩效考核的依据就是绩效目标计划中双方达成的共同意愿，实施绩效考核的目的是考查被考核者绩效计划完成情况，为晋升、加薪及下一步计划制订等提供依据。在绩效监控过程中所收集到的绩效考核信息，可以作为判断考核对象是否达到绩效指标要求的证据。另外，在绩效考核中，由于不同的评价主体对不同的评价指标的了解程度不同，员工绩效考核的主体应该是对考核指标熟悉的人，要坚持"谁看得最清楚就让谁进行评价"的原则。对于具体评价主体的确认可通过客户关系图进行，一般来说，工作产出的对象就是该项工作对应性指标的熟悉者，他们对员工的工作完成程度最有发言权。

④酒店员工绩效反馈：员工绩效反馈沟通在绩效管理系统里是非常必要的。绩效管理系统是一个动态的全过程的系统，而不是简单地得到一个结果就结束的行为。主管人员还要与被考核者进行面谈沟通，让被考核者了解绩效管理者对自己的期望，了解自己的业绩完成情况，认识自己有待改进的地方。同时，在面谈过程中，员工也可以提出自己在完成绩效目标中遇到的困难，请求上司的指导，并共同制订改进计划，促进自身发展。

⑤绩效考评结果运用：绩效反馈沟通过程完成后，我们便有了一个完整的、经理和员工双方都认可的考核结果。绩效考核结果，主要有以下四种用途：薪酬的调整与分配；员工的培训与开发；员工职位的变动；为其他过程提供反馈信息，这些过程包括人力资源规划、工作分析、薪酬管理等。考虑到绩效考核结果应用的复杂性和重要性（绩效管理的成功与否，关键一点在于绩效考核结果如何应用），我们应该把绩效考核结果的应用作为一个重要的过程，该过程紧接着绩效考核和反馈，是整个绩效管理系统一个周期运行的终点。在绩效考核结果的应用过程之后，又开始下一轮由绩效计划开始的循环。

5.酒店员工绩效管理的措施与方法

酒店员工绩效管理体系是一个动态的、持续的过程，同时与酒店企业本身的内外环境、企业文化、组织结构等是密切相关的，会随着环境及条件的变化不断改变和调整。因此，针对以上问题，完善提升酒店员工绩效管理体系应从以下几方面入手。

（1）融入KPI体系设计。在酒店员工绩效计划书中，我们依据工作产出的原理对员工绩效目标进行了设定，这种目标里包含的指标与通常员工绩效考核中考查的全面性指标有所不同，从"德、能、勤、绩、廉"的指标体系来看，它属于"绩"类指标中的KPI（Key Performance Indicator）指标类别。由于它与战略执行者的角色地位最接近，所以在绩效管理系统中，绩效目标计划的设定就以它为依据。KPI体系是酒店员工绩效目标计划书的主体内容。鉴于绩效目标计划在整个管理系统中的核心地位，KPI体系就占据了其核心的核心位置，所以酒店员工KPI体系的科学设计关乎到整个绩效计划书的成败，也关系到整个绩效管理系统实施的成效性。

① KPI的概念及特点：KPI（Key Performance Indicator）的全称是关键绩效指标，是指员工某项工作中的最关键的一系列指标。KPI是用于评估员工绩效的定量化或行为化的标准体系，是对组织目标有增值作用的指标，通过在关键绩效指标体系上达成的承诺，员工与管理人员就可以进行工作期望、工作表现和未来发展等方面的沟通。建立明确的切实可行的KPI体系，是做好员工绩效管理工作的关键。根据"二八原理"，KPI的存在具有重要的现实意义。"二八原理"是一个重要的管理原理。它的含义是在一个酒店企业的价值创造过程中，存在着"20/80"的规律，即20%的骨干人员创造酒店企业80%的价值；而且在每一位员工身上"二八原理"同样适用，即80%的工作任务是由20%的关键行为完成的。因此，必须抓住20%的关键行为，对之进行分析和衡量，这样就能抓住业绩评价的重心。酒店员工KPI描述的是员工工作成果的具体方面，主要有三个特点。

第一，可以定量化或行为化。酒店员工KPI是用于考核和管理被考核者绩效的定量化或行为化的标准体系。这个标准体系必须是可以定量化或行为化的，如果这两个特征都无法满足，就不能称其为一个有效的关键绩效考核指标。

第二，是员工工作成果的具体体现。员工工作成果是组织战略目标的具体体现，绩效考核的目的是实现组织与员工的双赢，而KPI是连接员工绩效

和组织绩效的桥梁，KPI 只有与员工工作成果相挂钩，才能有效地起到桥梁的作用。

第三，是绩效沟通的基石。KPI 是员工与管理者之间就绩效目标达成的一致意见，依靠这块基石，员工与管理人员就可以进行工作期望、工作表现和未来发展等方面进行沟通。

② KPI 指标在酒店员工绩效管理体系中的具体运用：KPI 指标，即关键绩效指标（Key Performance Indicators），在酒店管理中起到衡量、评估和监控业务绩效的重要作用。具体作用如下。

A. 确定工作产出：有效的 KPI 必须能体现员工绩效对酒店目标增值的部分，这种增值作用表现在员工日常的工作产出成果中，因此，要设定 KPI 首先要明确员工的工作产出。

B. 工作产出的确定原则：

a. 增值产出原则：员工绩效是为团队绩效、组织绩效服务的，他们的日常工作产出必须与团队目标、酒店目标一致，是在酒店的价值链上能够产生直接或间接增值的工作产出。

b. 客户导向原则：这里的客户是指被考核者的工作产出输出对象，这个对象可以是外部顾客，也可能是内部员工。被考核员工的有效工作产出确定需要以这些客户的需求为依据，他们的工作完成情况需要这些客户来衡量。例如，包房服务员的工作产出输出对象是传菜员、领班、收银员等，他的工作绩效好坏就应以这些员工的满意为标准。

c. 结果优先的原则：学术界认可的绩效的定义包括结果说和行为说，衡量绩效的指标也可以分为结果型和行为型。考虑到结果是可视化的、易衡量的，也是相对公平的，酒店管理者在定义员工某项工作产出时应尽量采用其活动的结果，实在难以界定的才考虑过程中的关键行为。

d. 设定权重的原则：员工的各项工作产出应该有权重。设置权重的依据是各项工作产出在工作目标中的"重要性"，而不是花费时间的多少或精力的大小。例如对于酒店总经理秘书来说，为总经理起草报告文件可能并不是花费时间最多的工作，而日常的收发传真、接听电话、接待来客等花费的时间则更多，但从重要性来说，为总经理起草文件的重要性程度更高，因此，对这项工作产出应设定较高的权重。

C.客户关系示图：工作产出的输出对象是酒店的内部或外部客户。这些客户的满意指标就是员工工作产出的 KPI。员工工作产出的确定要以明确其工作客户为前提，客户关系示图为明确具体岗位的工作产出输出对象提供了一种方法。在有效的客户关系示图中，酒店可以看到一个个体为哪些内外客户提供工作产出，以及对每个客户提供的工作产出分别是什么。这样在进行员工绩效考核时，就可以考虑内外客户对这些工作产出的满意标准，以这些标准来衡量个体的绩效。

例如，某酒店餐厅服务员的客户关系。这个餐厅服务员的主要工作职责有：服从领班安排，按照工作程序与标准做好开餐的准备工作；按标准换台布、摆台、清洁桌椅等；准备开餐用具，如托盘、食品及饮品订单等；按标准服务好客人；按标准做好餐后清洁工作。服务客人，按服务程序及标准为客人提供优质服务，如引座、点菜、上菜、分餐。关心客人，帮助客人解决所需问题。配合传菜员，做好菜品的交接工作，如按盘、送盘、送菜单等。配合台前，做好结账和客史档案记录工作。从客户关系示意图上可以看出餐厅服务员面对的客户主要有四类：一是领班，二是顾客，三是前台，四是传菜员。餐厅服务员为领班提供的主要工作产出有：优质的开餐准备工作，满意的顾客，清洁的餐后包房。领班是餐厅服务员的上司，但在客户关系图中，他也是服务员的一个客户。衡量某餐厅服务员的工作完成程度，就可以考虑在上述三项产出上领班的满意度。餐厅服务员的绩效考核就是这几项工作产出的质量、数量、实效性等。例如，开餐准备工作是否达到了领班认同的质量标准，清洁的包房与规定的标准相差多少，等等。

D.建立评估指标：在确定了工作产出之后，我们需要确定应分别从什么角度去衡量各项工作产出，从哪些方面评估各项工作产出。这就需要为每项工作产出设定可衡量的评估标准。并非所有的工作产出都可以用数量化指标来衡量。例如上述餐厅服务员的优质的餐饮服务就没有数量化指标可设定，但可以从其他角度进行。这些角度包括数量、质量、成本和时限四个方面。具体设定步骤是：

首先，确定我们对员工每项工作产出的关注点，例如对于"优质的开餐准

备工作"这项工作产出，我们关心的是开餐准备工作的质量问题。

其次，要确定衡量这些工作产出关注点的角度，例如对于开餐准备工作的质量衡量角度，包括准确率、完成速度等等。

最后，找出这些衡量角度中的关键因素，例如餐厅服务员完成开餐准备工作的准确率是衡量其服务质量的关键标准，那这个指标就成为餐厅服务员绩效考核的有效指标之一。

E. 设定评估标准：如果说指标指的是从哪些方面对工作产出进行衡量或评估的话，标准则指的是在各个指标上分别应该达到什么样的水平。指标解决的是我们需要评估"什么"的问题，标准解决的是要求被评估者"怎样"、完成"多少"的问题。设定评估标准往往与建立评估指标一起完成。例如上述对餐厅服务员的指标之一"准确率"进行了确定，下一步的工作就是如何来衡量这个"准确率"，那么参考的主要依据来自餐厅服务程序与标准手册，如对于摆台的准确率衡量可以从"银盘距离桌边一指距离""银勺柄端与桌沿相距三指"等来进行。当我们界定了绩效指标之后，设定绩效的评估标准就成了一件比较容易的事情。对于数量化的绩效指标，设定的评估标准通常是一个范围，如果被评估者的绩效表现超出标准的上限，则说明被评估者做出了超出期望水平的卓越绩效表现；如果被评估者的绩效表现低于标准的下限，则表明被评估者存在绩效不足的问题，需要进行改进。对于非数量化的绩效指标，在设定绩效标准时往往从客户的角度出发，需要回答这样的问题："客户期望被评估者做到什么程度？"

F. 关键指标审核：在我们确定了工作产出，并且设定了关键绩效指标和标准之后，还需要进一步对这些关键绩效指标（KPI）进行审核。对关键绩效指标进行审核的目的主要是确认这些关键绩效指标是否能够全面、客观地反映被评估对象的工作绩效，以及是否适合于评估操作。审核关键绩效指标主要可以从以下几个方面进行。

a. 工作产出是否为最终产品。出于通过关键绩效指标进行评估主要是对工作结果的评估，因此在设定关键绩效指标的时候也主要关注的是与工作目标相关的最终结果。在有最终结果可以界定和衡量的情况下，我们就尽量不去追究过程中较多的细节。

b. 关键绩效指标是否可以证明和观察，在设定了关键绩效指标之后，我们就要依据这些关键绩效指标对被评估者的工作表现进行跟踪和评估，所以这些关键绩效指标必须是可以观察和证明的。

c. 多个评估者对同一个绩效指标进行评估，结果是否能取得一致。如果设定的关键绩效指标真正是 SMART 的绩效指标，那么它就应该具有清晰、明确的行为性评估标准。在这样的基准上，不同的评估者对同一个绩效指标进行评估时就有了一致的评估标准，能够取得一致的评估结果。

d. 这些指标的总和是否可以解释被评估者 80% 以上的工作目标，关键绩效指标是否能够全面覆盖被评估者工作目标的主要方面，也就是我们所抽取的关键行为的代表性问题，也是我们非常关注的一个问题。因此，在审核关键绩效指标的时候，我们需要重新审视一下被评估者主要的工作目标，看看我们所选的关键绩效指标是否可以解释被评估者主要的工作目标。

e. 是否从客户的角度来界定关键绩效指标。在界定关键绩效指标的时候，充分体现出组织内外客户的意识，因此很多关键绩效指标都是从客户的角度出发来考虑的，把客户满意的标准当作被评估者工作的目标。所以，我们需要审视一下，在设定的关键绩效指标中是否能够体现出服务客户的意识。

f. 跟踪和监控这些关键绩效指标是否可以操作。我们不仅要设定关键绩效指标，还需要考虑如何依据这些关键绩效指标对被评估者的工作行为进行衡量和评估，因此，必须有一系列可以实施的跟踪和监控关键绩效指标的操作性方法。如果无法得到与关键绩效指标有关的被评估者的行为表现，那么关键绩效指标也就失去了意义。

g. 是否留下超越标准的空间。需要我们注意的是，关键绩效指标规定的是要求被评估者达到工作目标的基本标准，也就是说，是一种工作合格的标准。因此，绩效标准应该设置在大多数被评估者通过努力可以达到的范围之内，对于超越这个范围的绩效表现，我们就可以将其认定为卓越的绩效表现。

（2）在绩效管理体系过程中遵循"以人为本"的理念。在绩效管理过程中遵循"以人为本"的理念，这是区别于传统绩效管理的显著特点所在。做到"以人为本"需要绩效管理人员深刻认识"人力资源是酒店企业第一资源"这一核心理念，需要酒店企业从管理伦理学的角度出发，将伦理道德贯彻到绩效

管理的各个环节。要有效地增强酒店企业管理人员对人力资源重要性的认识，需要设计科学、合理的绩效管理伦理指标，并进行有效评价。鉴于伦理评价指标是一个由若干参数组合而成的指标体系，这些指标是多层次的、复杂的、难以精确化、具有很大的模糊性，因此笔者认为可构建以 AHP（层次分析）和FUZZY（模糊数学）为工具的评价模型。评价指标体系包括主准则层和分准则层，分准则层是主准则层内容的进一步细分化和具体化。评价结论依据隶属度最大原则做出最后确定绩效管理伦理评判等级。酒店企业人力资源管理人员可根据评判等级，明了自身优势或劣势，从而确定改进方向，最终提高酒店企业绩效管理伦理度。

（3）建立有效的、全过程的绩效管理沟通机制。高效的管理信息体系支撑的酒店员工绩效管理体系的绩效指标体系，需要处理大量的财务、运作流程及市场的数据，并使信息在酒店企业内部快速地流动，这都依赖于管理信息体系的支撑。绩效管理体系对企业的管理信息系统有较强的依赖性。例如按照平衡计分法的绩效管理模型建立的指标体系，需要处理大量的财务、运作流程及市场的数据，并使信息在企业内部快速地流动，才能使绩效指标及时地反映企业的经营状况，提高经营绩效反馈和调整的效率，缩短企业响应市场变化的时间。但是这并不意味着不具备良好的信息系统的企业就不能建立绩效管理体系。企业仍然可以借鉴平衡计分法的管理思想，根据企业的发展战略，确定关键的业务环节进行绩效控制，与此同时，建立相应的信息系统，使绩效管理与信息系统相辅相成，相互促进，员工必须设法提高绩效，否则必将会淘汰。还有一些企业采用末位淘汰制。这些做法均是市场竞争的残酷性在企业内部的反映，管理者必须正视绩效不良员工的管理问题，使绩效管理制度真正地运作起来。

（4）建立完善酒店员工绩效管理体系的基础保障。建立以人为本的高绩效酒店企业文化，要尊重员工，为员工创造良好的工作环境，让所有员工都来参与酒店的经营管理，努力使员工在酒店有归属感和成就感。在这样的氛围中，员工能表现出良好的精神状态，赢得顾客的高度满意。绩效管理要注重对组织文化的整合。组织文化的核心就是培育组织的价值观，培育一种创新向上、符合实际的组织文化。在组织的绩效管理中必须充分注意组织文化的融合与渗透，保障组织经营的特色，以及组织经营战略的实现和组织行为的约束力，只有这样，才能使组织的人力资源具有延续性，具有自己的、符合本组织的人力资源特色。

彼得斯·沃特曼认为，员工作出不同凡响的贡献，从而也就产生有高度价值的目标感，这种目标感来自对生产、产品的热爱，提高质量、服务水平的愿望，对创新的鼓励，以及对每个人的贡献给予承认和荣誉，这就是企业文化。企业文化具有导向、凝聚、激励、规范、协调和提升绩效的作用。企业文化对绩效管理具有决定性的作用，是影响员工绩效的关键性的环境因素。实施绩效管理的前提，是企业具有与之相适应的企业文化和员工素质，沟通顺畅、积极向上的企业文化有助于企业和个人实现优秀的业绩。绩效管理有助于塑造企业文化。从长远的角度看，关键绩效指标的设计可以巧妙地使企业价值观和经营理念进一步具体化和强化。有效的绩效管理系统能大大促进管理者与员工的沟通和交流，形成开放、积极参与、主动沟通的企业文化，增强企业凝聚力。实施绩效管理，本质上是要将企业价值观和经营理念以更具体、更直观、更容易为本企业的员工所理解和接纳的形式在企业运作中体现出来，并通过绩效计划、绩效实施与管理、绩效评估、绩效反馈等诸多环节予以强化。比如，企业强调的价值观是客户导向、质量取胜，则可将这些经营理念具体地体现为快速生产、及时交货、确保产品质量和可靠性；还可以进一步将这些企业独特的价值观和运作理念转化为关键绩效指标，如对生产周期、交货达成率、产品合格率等指标做出明确规定。企业绩效管理体系的建立需要企业文化这一"软环境"的支持，企业文化必须体现这样一种精神，即重视员工个人及团队绩效达成和能力发挥。

总之，企业文化塑造与绩效管理可以相辅相成、相互促进。一方面，在良好的企业文化氛围中顺利地实施绩效管理；另一方面，通过绩效管理的实施塑造言行一致的企业文化。

（5）端正对绩效管理体系的认识和态度。绩效管理的职能超出了人力资源管理部门的职能，其原动力是酒店的首席执行官（CEO），直接责任人是一线经理，参与者是酒店的全体员工。酒店要使绩效管理得到有效的实施，首先，要理清管理者与员工对绩效管理的误区认识，把绩效管理等同于酒店企业

管理。其次，在建立绩效管理体系前，通过广泛的培训和研讨，树立全员绩效意识；在绩效计划阶段，酒店要着重明确每个人的绩效角色；在绩效管理推进过程中，酒店所有员工都要承担相应的绩效管理责任。绩效管理并不是纯粹为了进行对个人绩效的评估而设计的，它更深层的目的是有效地推动个人的行为表现，引导酒店企业全体员工从个人开始，至个别部门或事业部，共同朝着酒店企业整体战略目标迈进。因此，在设计绩效管理体系的时候，管理者必须把酒店企业的战略目标及绩效管理体系紧密地结合在一起。否则，个人行为与酒店企业战略必定会有所偏离，对酒店企业战略目标的完成有事倍功半的负面影响。另外，在设计绩效管理体系的时候，流程中主要控制点的考核也必须同时考虑。因为在作业的过程当中，如果只顾着结果评估，而缺乏流程过程监控，会不利于酒店企业长远发展。

（6）建立倒金字塔形的组织模式及一体化的人力资源管理文化。现今，我国大多数酒店依然使用传统的金字塔结构（老板位于顶层），这种结构容易导致办事程序烦琐拖拉，不能及时为顾客提供良好的服务。而倒金字塔形扁平结构的组织模式，员工位于金字塔的顶层，金字塔结构比较平缓，管理阶层越来越少，顾客将得到更加便利的高效服务，从而造就了满意的员工和满意的顾客。一体化的人力资源管理文化体现了酒店非常重视员工及他们的绩效，将员工视为和酒店共同成长的伙伴，通过实施培训发展计划，把员工的绩效考核融入日常管理之中。

（7）建立以绩效为导向的激励体系。为稳定一线工作人员队伍，必须建立有竞争性的激励体系，对员工进行多样化的激励，以切实增强员工的主人翁责任感，降低员工流失率。薪酬激励，就是通过合理的经济性报酬组合，认可与实现人力资本的价值，达到吸引、保留与激励人才，以实现组织目标的管理目的。因此，薪酬激励体系既要反映岗位价值，又要能作为一种提高员工绩效的策略性工具加以运用。薪酬激励体系的建立，需要通过岗位评估来确定岗位的价值。

6. 完善酒店员工绩效管理体系应注意的事项

随着竞争的加剧，酒店企业的成长将主要依靠高效的管理体系和制度所培育的独特竞争力。酒店绩效管理的有效性体现了酒店企业战略执行的能力，其重要性引起了越来越多管理者的关注。在我们与酒店企业的交流中，建立有效的绩效管理体系总是最能打动酒店企业家的一个方面。在帮助客户建立绩效管理体系的实践当中，我们感觉到，酒店企业绩效管理体系的建立、完善和发展，需要处理好以下几个方面的注意事项。

（1）注重员工参与。首先，酒店要通过各种形式如店刊、主题活动等向全体员工宣传酒店战略宗旨和酒店企业文化，得到员工认同。其次，通过建立开放的建议渠道、管理者适度的授权、快捷的信息沟通和反馈机制等赢得员工的真诚参与。再次，为员工提供可供发展的美好前景。最后，帮助员工实施工作计划和职业生涯计划。在个人发展机制的促动下，个人目标与组织目标才能真正趋同。为提高员工参与度，酒店应该确立一种意识：员工是"社会人""管理人"。酒店组织是倒金字塔形的，每一层管理者都是为上一层员工服务的。里兹·卡尔顿酒店集团实施全面质量管理，让员工负责保证各自工作的成功，每一位一线员工可在2000美元范围内尽可能去满足一个顾客，这就是一个将员工视为"管理人"的典型例子。

①员工的参与在绩效管理循环体系中表现为：员工参与组织使命、战略的制定并充分知晓、理解组织的使命、战略。酒店必须与员工分享组织的远景和战略，并积极鼓励员工提出实现远景和战略的方法；在计划阶段，主管与员工应该就目标和计划达成一致，并确定绩效评估的标准。同时，在这一阶段根据条件的变化，员工与主管达成一致后，提出计划变更，提出新的绩效评估标准；绩效评估阶段，也就是主管收集评估数据和及时纠偏的过程，员工有责任向主管汇报工作进展情况；在结果运用阶段，员工有权得到关于自己工作的评估结果，即评估结果应当向员工及时反馈，以便于员工找出工作中的不足，明确下一阶段的努力方向。酒店绩效管理现状和员工期望值之间的差异，会导致员工的不满意。不满意的情况下，员工一般有三种反应：愤然辞职，工作的同时私下抱怨，无奈地接受现实。第一种情况会加剧本来就居高不下的酒店业的员工流动率；第二种和第三种情况下，员工不可能拿出自己的巅峰状态去工作。

国际假日集团的创始人凯蒙·威尔逊先生曾经说过：没有满意的员工，就没有满意的顾客；没有令员工满意的工作环境，就没有令顾客满意的享受环

境。酒店业的竞争归根到底是人才的竞争，"人"是酒店业持续发展的动力。酒店令员工不满意的氛围，只能带来不满意的顾客和不满意的酒店财务收益。总之，酒店业引入绩效管理，不仅是外部激烈竞争的市场的要求，同时也是内部员工的要求。

②实施全员参与的、全过程的绩效管理。绝大部分酒店目前对绩效管理的理解还是将其等同于绩效评估，酒店把绩效管理只作为人力资源部门的工作，和其他部门没有关系。因此，本文一再强调的是：绩效管理是在管理者与员工之间就目标制定和如何实现目标而达成共识的过程，以及促使员工成功地实现目标的管理方法。

③全员的参与表现在：首先，全员参与的组织使命、战略制定阶段。其次，员工、主管和部门经理全过程的参与是首要的。员工和主管、基层部门经理的参与要从绩效管理系统的设计开始。只有在设计阶段参与进来，才能在系统的实施运作过程中，让员工积极参与；再次，高层领导的参与也是必要的。根据战略制定组织的指标和标准，然后层层分解为部门、个人的指标和标准，而高层管理人员为组织"制定战略性和思想性纲领"。除此之外，高层领导的大力倡导、支持以及参与，是任何变革能够坚持到底的保障。最后，人力资源部门理所当然地参与。人力资源部门作为服务性的职能部门，在绩效管理中起到组织、支持、服务和指导的作用。同时，人力资源管理部门是绩效评估所形成的信息的使用者，评估结果的运用如薪酬、晋升、培训计划等都是人力资源管理部门的工作。

（2）对相关人员持续培训。对人员的持续培训，及时给员工反馈与辅导，加强绩效改进与导入，这是当前酒店绩效管理中最需要加强的一个管理环节。

首先，传统的培训部应进行改革，成为绩效培训部，将绩效评价结果应用于培训计划的安排，作为培训内容设定的基础，及时给予员工所需要的培训，提高他们自身的素质及工作能力。其次，将绩效考核结果反馈给员工，让他们及时了解自身的绩效并加以改进。最后，提高绩效考核人员素质。人力资源绩效考核部门从以往的"行政支持"转变为"策略的筹划及执行者"，就需要了解组织的经营目标，了解各业务部门的需求，要多方面了解组织职能、产品、生产、销售、组织使命、价值观、组织文化，并围绕目标实现的高度来设计对员工的基本技能和知识、态度的考核。

（3）绩效管理体系的建立是一个渐进的过程。绩效管理体系是否有效，我们可以从以下几个方面进行判断。

①战略一致性：绩效管理体系与酒店企业战略、组织目标及酒店企业文化的要求一致。

②敏感性：绩效管理体系应具有区分效率高的员工与效率低的员工的能力，否则是无效的。

③可靠性：指考核者判定考评结果的一致性。绩效管理体系要求不同的考核者对同一员工所做的考评应基本相同。研究表明，只有来自组织中相同级别的考评者，才可能对同一名员工的工作绩效得出一致性的结果。

④有效性：指有效的绩效考评指标应是没有缺陷或不受污染的。有缺陷的是指一种绩效衡量体系不能够完整地衡量出所有各个方面，如考评大学教师的绩效衡量体系只能考评科研成果而不能考评教学工作。受污染是指衡量体系与绩效或工作无关，如用实际销售量来衡量处于完全不同职位和地域范围从事销售员工的绩效。

⑤可接受性：指只有得到管理人员和广大员工的支持才能推行。管理人员和员工对绩效管理体系的态度很重要。一般而言，有效性与一致性高的绩效管理体系要耗费太多时间与成本，从而不愿接受。可否接受，也与管理人员和员工是否感知到公平性有关。公平性包括程序公平、评判标准公平和评判结果公平等。

（三）绩效考核案例

星级酒店员工绩效考核方案

为了规范酒店管理，全面提高管理人员参与经营的意识，增强工作积极性，特拟定此考核方案，具体如下：

一、考核周期

绩效考核以月份为周期，按月考核，次月兑现。

二、考核通用内容

考核包括利润考核和综合指标两个部分。

（一）利润考核

1.上缴利润指标

完成上缴内部利润指标，对经营者绩效提成为基薪的 1 倍；对职工兑现核定的人均绩效工资。

超额完成上缴内部利润指标，对经营者每超 1% 增加 10% 基薪，以基薪的 50% 为限额。对职工，超缴利润在 5% 以内，每超 1% 增加 10% 绩效工资；超缴利润在 5% 以上，其超缴部分（即 5% 以上部分），另按超缴额的 20% 增加职工绩效工资。完不成上缴内部利润指标，每欠 1% 扣减 5% 经营者年收入，累计扣减至基薪为止；对职工按每欠 1% 扣减 5% 职工绩效工资，以绩效工资 50% 为限额。

2.应收账款指标

以酒店下达的应收账款控制限额为基数，对经营者，按期末应收账款节（超）比例，同比例增加（扣减）基薪，以基薪的 15% 为限额；对职工，按期末应收账款节（超）比例，同比例增加（扣减）绩效工资，以绩效工资的 15% 为限额。

3.经济增加值（EVA）指标

当年实现 EVA 大于 0，增加经营者基薪和职工绩效工资 6%。

年度实现 EVA 超过上年水平（△EVA＞0），增加经营者绩效工资 2%。

当年实现 EVA 大于酒店平均数的，增加经营者基薪和职工绩效工资 2%。

（二）综合考核

主要包含精神文明建设指标、"三基"工作指标（"三基"指的是：基层建设，基础工作，基本功训练）、人力资源管理指标、财务预算符合率指标、内控制度执行情况指标、安全管理指标。具体权重如下。

1.财务预算符合率指标考核权重 10%（10 分）

财务预算符合率每差一个百分点扣减当月 10% 的绩效工资。

2.基础工作考核权重 10%（10 分）

需要确保按照酒店领导班子的要求完成各项目标任务，准确、及时传达酒店各项规定，对自己部门员工 100% 了解。如未完成领导班子下达的各项目标任务，或在推行酒店各项规定中，执行过程中有重大失误，给各项工作的推行带来了负面效应的，视情节轻重给予相应扣分。

3. 工作效率考核权重10%（10分）

要求员工工作积极主动，提前完成任务的给予适当奖励，对于工作效率较低、工作不积极或在部门领导的催促下才能完成工作的，视情节轻重给予相应扣分。

4. 设备养护考核权重10%（10分）

对于卫生、服务、设施设备维护质检过程中被发现违反规定的，视情节轻重予以相应扣分。

5. 基本功训练考核权重10%（10分）

需要有效、准时地做好各部门的培训工作，且培训效果须达到优良效果。对未进行培训或培训效果不好的部门相关责任人，视情节轻重给予相应扣分。

6. 部门配合考核权重10%（10分）

需要积极配合相关部门工作，并及时完成与之相应的工作，对于不能与其他部门合作、工作相互推诿的，视情节轻重给予相应扣分。

7. 员工稳定考核权重10%（10分）

需要重视员工队伍建设，积极与员工沟通，部门员工流动率控制合理。对员工沟通不畅、员工抱怨较多、出现越级反映情况的现象的部门，视情节轻重给予相应扣分。

8. 行为规范考核权重10%（10分）

对于部门员工出现违反公司规定的，视情节轻重予以相应扣分。

9. 内控考核权重10%（10分）

除在内控检查中对扣分单位给予取消奖金处罚外，与员工上岗挂钩。上级内控检查扣分员工下岗处理。

10. 安全管理考核

安全管理考核为否决项，对出现安全问题的部门和员工，除将处以相应纪律处分外，将取消一些评优资格，对产生经济损失的，追究赔偿及法律责任。

三、各部门特色考核项目

机关部室包括党政综合办公室、人力资源部、财务资产部、经营管理部、服务质量监督部，辅助部门包括采购供应部、安全保卫部、锅炉房、洗衣

房。此类部门不直接承担内部利润指标，重点考核综合考核项目（占权重的70%），利润考核项以上级对本酒店的综合考核得分为依据（占权重的30%）。

生产经营部门包括客房部、餐饮一部、餐饮二部、餐饮三部、外部项目部。以对上缴内部利润指标考核为主（占权重的70%），综合考核为辅（占权重的30%）。

全面完成承包指标，对经营者绩效提成为基薪的1.2倍；对职工兑现核定的人均绩效工资。

以成本为基数，费用节余，对经营者每节0.5%增加20%基薪，以基薪的40%为限额；对职工每节0.5%增加20%绩效工资，以绩效工资的40%为限额。

完成内部利润指标增加经营者基薪和职工绩效工资40%。其他单位，以经费为基数，经费节余，对经营者每节1%增加20%基薪，以基薪的40%为限额；对职工每节1%增加20%绩效工资，以绩效工资的40%为限额。

对社会化服务单位，超额完成上述限额指标的，另按超缴（节余）额的15%增加职工绩效工资。

利润（经费）欠缴（超支），每欠（超）1%扣减5%经营者年收入，累计扣减至基薪为止；对职工按每欠（超）1%扣减5%职工绩效工资，以绩效工资30%为限额。

四、考评计分方法

单位的综合考评得分等于各职能部门对其考评得分之和除以参与其考评的职能部门之和，即：

A级：考评得分达到90分以上（含90分）；

B级：考评得分达到80~90分（含80分）；

C级：考评得分达到70~80分（含70分）。

D级：70分以下。

年终考评结果为A级、B级、C级时，对单位职工（经营者）分别增加20%、10%、5%绩效工资（基薪）；考评结果为D级，对单位职工（经营者）扣减5%绩效工资（基薪）。

年终评价结果为A级、B级、C级时，对单位职工分别按年绩效工资额的25%、15%、7%增加绩效工资；年终评价结果为D级时，对单位职工既不增加也不扣减绩效工资；年终评价结果为 E 级时，对单位职工按年绩效工资额的 5% 扣减绩效工资。

五、管理指标

考核等级：分为主管层、领班、员工层三个层级。

（1）主管级绩效考核表内容包括：岗位职责、标准化工作流程的执行、顾客投诉、综合表现几方面。

（2）领班级绩效考核表内容包括：岗位职责、标准化工作流程的执行、顾客投诉、综合表现几方面。

（3）基层员工绩效考核表内容包括：岗位职责、标准化工作流程的执行、顾客投诉、综合表现几方面。

主管级以上绩效奖金主要是在月绩效考核浮动工资中体现，以处罚单和考评表并用形式执行；第一档（优秀档）分数为 90 分；第二档（良好档）分数为 75 分；第三档（及格档）分数为 60 分。

主管级以下（不含主管级）绩效奖金主要是在月绩效考核浮动工资中体现，以处罚单形式执行；第一档（优秀档）分数为 90 分；第二档（良好档）分数为 75 分；第三档（及格档）分数为 60 分。

累计 12 月绩效考核为一个年度周期，每月 1 日至月底最后一日为一个整月的考核周期，各部门月内每周一和第二月 1 日前将处罚单按岗位分类汇总，上报人事部进行统计。

领班级以上（含领班级）绩效考核分数为百分制，扣分执行，月底汇总；绩效奖金具体发放金额是根据月绩效考核成绩剩余分数汇总，达到相对应档位分数，领取相应的绩效奖金；未达标月绩效，奖金取消；若月绩效考核分数出现负数，负分部分将按照 5 元 1 分的标准在固定工资中扣罚。

基层员工绩效考核以绩效奖金一档为基础分数，采取倒扣形式；月底剩余分数为绩效奖金；若月底绩效分数出现负分，负分部分按照 5 元 1 分的标准进行扣罚。

六、考核权限

（1）有权取消员工绩效奖金的管理人员：总经理、行政人事部经理。

（2）奖惩权限最高为 100 分 / 人的管理人员：总经理、人事部经理。

（3）各部门奖惩权限最高为 100 分 / 人的管理人员：财务经理、人事部经理。

（4）权限为 30 分 / 人的管理人员：各部门经理。

注：各级管理人员严格按照此规定行使权限；如超出权限，可向自己直属上级申请执行；如公司各部门经理空岗，由总经理指定该部门下一级管理人员暂代执行此权限；见习岗位的各级管理人员，直接可以行使此权限。同级别管理人员之间行使奖惩权限，必须由直属上级管理人员签字确认；行政人事部经理除外。管理人员不得以累计奖惩的形式规避权限行使。

七、奖惩细则

（一）个人奖励部分

各部门员工凡符合下列条件之一者当月予以 2~20 分奖励：行政检查多次受到表扬者；顾客给予口头、书面、电话表扬；对提高业务技术水平和工作效率有所发明、创造、改革、提出合理建议被采纳、成效突出者；爱店如家、积极工作、热情服务，为本店赢得荣誉者；妥善帮助客人处理困难，受到客人高度赞扬者；在特殊情况下为公司挽回重大经济损失者；拾到客人遗失的贵重物品或现金上交或归还失主者；检举损害本店利益或其他不法行为，经查属实者；向公司举报本店管理人员违反规章制度经查属实者。

（二）部门奖励部分

年度汇总绩效考核优秀率达 8 次，年度绩效考核加 5 分；年度汇总绩效考核优秀率达 10 次，无须考评可直接晋级。

（三）处罚部分

（1）月考勤汇总，有一次旷工记录，当月绩效考核奖金取消；未按照制度请病假、事假超过三天（不含三天），当月绩效奖金按照 50% 领取；未按照制度请病假、事假超过七天（含七天）取消当月绩效奖金。（国家法定假日补休或制度规定的假日除外）

（2）年汇总出勤率：有旷工记录；年累计病、事假超过 20 天，取消年度晋级考核资格。

（3）顾客表扬奖励，须经前厅经理或店长证实真实性，报行政人事部审核后，方可给予奖励；如出现虚假顾客表扬奖励，该职员当月岗位工资按照 80%

领取，取消当月所有浮动工资和年度晋级考核资格。

（4）本年度工作出现严重失职事件，给企业造成1000元以上（含1000元）的经济损失和名誉影响，取消年度晋级考核资格。

（5）连续两个月绩效考核不合格，该员工第三个月岗位工资按照80%领取。

（6）年度汇总绩效考核不合格达6次，给予降级处理。

（7）年度出现顾客到社会行政部门投诉服务质量或产品质量，给企业造成名誉影响或1000元以上（含1000元）的经济损失，取消店长年度晋级考核资格。

八、员工考核

1. 薪资结构

月薪制员工的薪资结构由原来的工资总额分为固定部分、绩效考核、营业额考核、利润考核四部分。

（1）固定部分占60%。（基本工资＋岗位工资＋企业补贴179元）

（2）绩效考核占10%。（每季度根据上级主管对其绩效考核的成绩）

（3）营业额考核占5%。（每月根据连锁店完成营业额进行考核）

（4）利润考核占25%。（每月根据连锁店完成利润进行考核）

2. 月薪制计算方法

（1）绩效工资按岗位绩效考核的成绩执行。（新进员工本季度按100%计算）

（2）营业额考核工资：完成当月预算营业额考核工资的100%领取，未完成预算营业额按未完成比例扣除。

例如：某店预算月营业额为240000元，如完成240000元以上得100%；如完成221000元则得221000/240000=92%，即得营业额考核工资部分的92%。

（3）利润考核工资（含减亏）：完成上月预算利润指标得利润考核工资100%；未完成预算的按未完成比例扣除。如完成50000元得100%，如完成45000元得45000元/50000元=90%，即得利润考核部分的90%。

3. 超额利润的分配（含减亏）

每季度核算一次，按超利润部分的50%返回门店，分配比例按以下工时

计算：完成当年预算和利润，而年度员工工资总额（按预算百分比）有节余的，节余部分的 70% 按以上办法分配。

每年的 4 月、7 月、10 月和次年 1 月考核发放上一季度的超额利润（含减亏），奖励发放时以当日在册人员为准，不论何种原因离店都不列入发放范围。

九、相关规定及说明

（1）各部门在次月 2 日前，将各种考核表报送至人力资源部。

（2）各部门每月必须将考核结果向被考核人公开，向员工反馈，重点指出存在的问题和不足，帮助分析原因，制定改进措施。

（3）考核申诉：如员工对当月考核结果有异议，可向本部门申诉，对于解释工作双方未达成共识的，员工可向人力资源部申诉。

（4）本办法自下发之日起执行，原执行的绩效考核办法同时废止。

（5）解释权归人力资源部。

三、员工培训与开发

人力资源培训是企业人力资源再生和增值的一条重要路径，在现代企业的经营管理中具有独特的战略意义。酒店企业对人力资源培训的管理应革故鼎新，丰富其内涵，扩展其外延，以使人力资源培训更行之有效，并为酒店企业实现其战略目标提供持久的推动力。

（一）目前我国酒店企业人力资源培训管理及操作存在的几大误区

近年来，随着行业规模的扩张和同业竞争的加剧，酒店行业逐步树立起"以人为本"的经营管理思想，酒店企业对人力资源培训的重视程度也在逐步提高。但是，由于认识上和体制上存在这样或那样的问题，许多酒店企业的人力资源培训陷入了误区，主要表现在以下几方面。

1. 培训目的不明确

培训思路与酒店发展脱节。配置充足而适用的人力资源、保有适量的人才储备，是企业长期发展的先决条件之一，而人力资源培训是配置人力资源、保有人才储备所不可或缺的。但很多酒店只是维持最低限度的培训，在效益滑坡时则培训更少或者干脆不培训。这些酒店的决策者认为：与其把资金和时间耗费在头绪多、见效慢的人力资源培训上，不如投入预期能明显改善业绩的经营管理项目中。在此类培训思路的制约下，能持续提升员工胜任能力的培训少之又少，这些酒店的发展进程就难免因遇到人力资源"瓶颈"、人才储备"断层"而受阻。

2. 培训对象不全面

培训计划与职业规划脱节。职业规划是人力资源管理趋向人性化的一个重要标志，而人力资源培训是职业规划的一个主要基点。但多数酒店的培训计划只考虑到那些低学历的基层员工和重实务的业务骨干，没有就中高层管理人员的培训做出必要的、合理的安排。采取这种做法，其动因主要基于这样一种观念：中高层管理人员是酒店的栋梁，既不需要也没有时间接受培训。实际上，酒店中高层管理人员的职业规划问题更为突出，他们更需要通过培训更新观念、补充知识、增强能力、增长才干，酒店应当为他们接受高层次、高级别、高增值的培训提供机会。

3. 培训内容不求实

培训课程与岗位要求脱节。各类岗位的素质要求和绩效要求有分别，每个员工的从业能力和职业规划有差异，而人力资源培训在课程设置上应区别对待这些分别和差异，尽可能使培训内容与岗位要求相匹配。酒店行业历来存在"经验派""学院派"两种经营管理风格及流派之争，反映在培训领域就是："经验派"一味地强调实务操作类的培训，"学院派"执着地讲求理论应用类的培训，在课程设置上都不是以分析培训需求为依据、以解决实际问题为目标，而是"一刀切"地灌输那些表面上自成一派、实质上不堪施用的理论或实务知识，使一些酒店长年重复着低效甚至无效的培训。

4. 培训过程不彻底

培训效果与工作绩效脱节。人力资源培训的全过程应当包括需求分析、计划制订、项目实施、效果评估四个阶段。如果缺漏效果评估阶段，员工在培训中学到了新知识、学会了新技能，但没有在本职工作中学以致用，不能达到改进工作行为、提升工作绩效的效果，这样的培训没有实际意义。培训项目结束后对其效果不作评估，或只作简单的评估，或虽作认真的评估但未把结果纳入绩效考评范围，这些现象在酒店行业都不鲜见。有的酒店分设人事部和培训

部，却没有相应建立起有效的沟通和协调机制，更造成了培训效果与工作绩效的体制性分离。

这四大误区的共同症结在于：人力资源培训仍被当作运营流程中的一项常规性工作，人力资源培训管理仍被视为人力资源管理中的一个派生性职能，远没有做到以发展战略为着眼点、以经营业绩为着力点、全方位地提高管理水平和服务水准。要走出这四大误区，酒店企业必须从战略高度上重视人力资源培训，进而实施人力资源培训的战略化管理。

（二）酒店企业员工战略化管理的主导原则

酒店企业实施人力资源培训的战略化管理，应秉承进取而务实的精神，确立并遵循整体性原则、差异性原则、动态性原则、创新性原则。

1. 整体性原则

酒店企业是一个由若干分工协作、相互依存的运营系统融合而成的有机整体，人力资源培训应充分体现整体性原则。一是培训思路的整体性，即从整体上把握发展现状与发展目标之间的差距，统筹考虑发展战略、组织架构、资源禀赋、企业文化、经营特色、管理能力等因素，确定具有系统性、针对性、前瞻性的人力资源培训总体思路。二是培训过程的整体性，即人力资源培训的总体思路应统揽人力资源培训的全过程，贯穿需求分析、计划制订、项目实施、效果评估四个阶段的每一个层面、每一个步骤。三是培训操作的整体性，即人力资源培训应"分工不分家"，所有运营系统、每个职能部门都能积极支持、不断推动人力资源培训的深入开展，职责分担，成果共享。

2. 差异性原则

酒店企业由众多知行能力不同、胜任能力各异的从业人员汇集而成，人力资源培训应充分体现差异性原则。一是培训目标的差异性，即针对不同的管理层级、经营环节、职能部门、工作岗位确定不同的培训目标，每个培训目标都应以相应的绩效目标为参照，保持与相关的培训目标之间的衔接和协调，以促成培训目标体系和绩效目标体系两者的互动、共进。二是培训内容的差异性，即针对不同的培训目标确定不同的培训内容，确保课程设置、教材选择、教师选聘、教案审定这四个关键的培训要素的质量控制。三是培训方式的差异性，即针对不同的培训内容确定不同的培训方式，注重教师讲解、学员讨论、案例分析、情境模拟这四种基本的培训形式的有效组合。

3. 动态性原则

酒店企业人力资源的数量（存量和增量）和质量（总体质量与个体质量）都是动态的变量，人力资源培训应充分体现动态性原则。酒店企业要关注旅游产业、酒店行业的总体发展态势和趋势，从打造和巩固自身的核心竞争力出发，建立"全员性，低重点，高视点，最优化"的动态培训体系。所谓全员性，即每个员工都能得到必要的、系统的、与时俱进的职业培训，与酒店同发展、共成长。所谓低重点，即以初级、中级专业人员和管理人员作为人力资源培训的重点对象。所谓高视点，即以高级专业人员和管理人员、后备人才和创新人才作为人力资源培训的深造对象。所谓最优化，即找到酒店培训需求与员工培训需求的最佳结合点，保持酒店与员工"双赢"的良性循环。

4. 创新性原则

酒店企业发展的外部环境和内部条件都处在不断变化之中，人力资源培训应充分体现创新性原则。酒店企业应倡办创新型、学习型组织，把人力资源培训的创新与酒店的发展紧密联系起来，谋求可持续发展。一方面，人力资源培训应不断创新，铸就以"适时转换培训理念，相机调整培训目标，持续更新培训内容，努力改进培训方式"为运作特征的培训模式，塑造以"培养创新意识，激发创新热情，增强创新效力，挖掘创新潜能"为价值取向的培训文化。另一方面，人力资源培训的创新应以促进酒店发展为己任，为酒店的经营创新、管理创新、产品创新、制度创新服务，人力资源培训及其创新的所有成果都必须转化为酒店的经营特色、管理能力、品牌优势、服务水准。

（三）酒店企业员工战略化管理的基本内涵

酒店企业实施人力资源培训的战略化管理，应审慎确定其中长期及近期定位，努力再造其管理及操作模式。

1. 全面分析培训需求

培训需求分析既是制订培训计划的前提，又是评估培训效果的基础，主要从以下五个方面着手。一是组织分析，着重分析每个职能部门的组织结构和组织目标，确定其培训范围及重点。二是岗位分析，着重分析每个工作岗位的素质要求和绩效要求，确定其培训目标及内容。三是员工分析，着重分析每个现

职员工的工作过程和工作结果，确定其培训方向及要求。四是绩效分析，着重分析每个部门、每个岗位、每个员工的实际绩效与目标绩效之间的差距，确定其潜在的或隐含的培训需求。五是需求评审，主要从以下四个方面进行：其一，与发展战略的关联程度，关联程度高的培训需求应优先满足；其二，对酒店运作的重要程度，重要程度高的培训需求应优先满足；其三，所涉及的员工人数，培训需求所涉及的员工人数越多，越应当优先满足；其四，可预期的绩效提升，培训需求可预期的绩效提升幅度越大，越应当优先满足。需求分析所确定的所有培训需求均应按轻重缓急排序，形成人力资源培训需求序列，在此基础上编制培训需求调查表，为制订培训计划创造条件。

2. 严格制订培训计划

培训计划既是培训需求分析的结果，又是培训项目实施的依据，其制订过程应遵循严格的程序，按如下四个步骤渐次展开。一是人力资源培训需求征询，即人力资源培训职能部门将培训需求调查表分发到每个职能部门，所有员工均须认真填写。二是部门培训需求征询，即员工填妥的培训需求调查表经直接主管初审、部门主管复核后汇总成为本部门的培训计划，报送人力资源培训职能部门。三是确定培训计划，即人力资源培训职能部门汇总各职能部门的培训计划，拟订培训计划草案，经总经理室审定后提请酒店年度工作会议讨论通过。四是发布培训计划，即在全酒店范围内发布培训计划，并确保每一个员工都能知晓相关内容，以利于培训计划的贯彻执行。培训计划应包含本酒店所有的岗前培训（以新员工为培训对象的基础培训）、岗位培训（以在岗和拟转新岗的普通员工为培训对象的增值培训）和职务培训（以在职和拟任新职的管理人员为培训对象的增值培训），并应涵盖培训依据、培训目的、培训对象、培训时间、课程内容、师资来源、进度要求和经费安排等项要素。

3. 认真实施培训项目

酒店培训项目可分为工作现场内培训和工作现场外培训两大类。工作现场内培训是由直接主管在工作现场范围以内对辖属员工进行的分散式培训，重在帮助辖属员工在工作过程中树立严谨的工作态度，掌握实用的工作技能，养成良好的工作行为，建立融洽的工作关系。工作现场外培训是由培训教师在工作现场范围以外对参训员工进行的集中式培训，重在向参训员工传播旨在提高其综合素质、增进其胜任能力的新理念、新知识、新方法、新技能。

无论是哪一类培训项目，只要列入培训计划，都应有组织、按计划地予以实施，且每个培训项目在实施过程中都要切实做到如下四个注重。一是注重过程管理，每个培训项目都应当是一个完整的"PDCA循环"过程，即"策划（Plan）→执行（Do）→检查（Check）→改进（Action）"的质量控制过程。二是注重营造氛围，即营造既有竞争又有合作的培训氛围，使整个培训活动变成一个团队活动。三是注重个人感受，即激发培训者和受训者之间的沟通和互动，使双方都能从中感受到培训的乐趣。四是注重职业规划，即每个培训项目都应当对参训者的从业理念有所启发，对参训者的职业规划有所裨益。

4.深入评估培训效果

培训效果可分为反应、知识、行为、成效四个递进的层次，酒店培训效果评估即应从这四个方面入手。一是关注参训员工的反应，主要评估参训员工对培训的主题、内容、教材、教师、形式、进度、环境和设施等各项条件是否满意，评估方法有观察、面谈、意见征询、抽样调查等。二是测试参训员工的知识，主要评估参训员工是否掌握了培训所传授的原理、方法、技能、规程等，评估方法有卷面考试、实地操作、写心得、谈体会等。三是考查参训员工的行为，主要评估参训员工返岗后工作行为是否有所变化、工作绩效是否有所提高，评估方法有行为观察、绩效考评、实测、访谈（访谈对象除本人及其主管外，还应包括相关的同事和客户）等。四是衡量培训项目的成效，主要评估培训项目是否有助于酒店业绩的提高，评估方法依照酒店业绩评定、绩效考评的方法而定，但须注意定性评价与定量分析的有效结合。这四项评估的主旨就是学以致用。前两项在培训结束之前完成，侧重解决学而有益的问题；后两项在培训结束之后开始，主要解决学而有成的问题，各有功效，不可偏废。

（四）员工培训案例

星级酒店员工培训指南

第一章　酒店员工培训基本认知

第一节　酒店员工培训概述

一、员工培训工作的重要性

第二章　酒店员工培训需求分析

第一节　培训需求分析步骤

一、前期准备工作

二、制订培训需求分析计划

三、实施培训需求分析计划

四、撰写培训需求分析报告

【实战范本 5】××酒店培训需求分析汇总表

【实战范本 6】××酒店培训需求分析报告

第二节　培训需求分析方法

一、观察法

二、问卷调查法

【实战范本 7】××酒店年度培训需求调查问卷（管理者适用）

【实战范本 8】××酒店员工个人培训需求情况调查表

三、面谈法

【实战范本 9】××酒店部门经理培训需求调查面谈问卷

四、客户调查法

五、资料分析法

六、申报法

七、工作任务分析法

第三章　酒店员工培训计划制订

第一节　培训计划核心要素

一、明确培训目标

二、设计培训内容

三、确定培训对象

四、确定培训规模

五、选择培训场所

六、确定培训时间

七、培训费用预算

第四章　酒店员工培训课程设置

【实战范本 22】简答式评价采用的问题

【实战范本 23】培训课程评估总结

六、课程修订

七、设计课程流程

八、安排课程时间

九、编写学员手册

【实战范本 24】××酒店企业文化学员手册

十、制作幻灯片

十一、制作课件

【实战范本 25】××酒店员工培训客房部案例

【实战范本 26】××酒店员工培训前厅部案例

【实战范本 27】××酒店员工培训餐饮部案例

【实战范本 28】××酒店员工培训保安部案例

【实战范本 29】××酒店员工培训其他案例

【实战范本 30】"沟通管理"课程中的测试题——人际交往能力测试

【实战范本 31】酒店员工培训游戏汇总

【实战范本 32】酒店员工培训故事汇总

十二、准备课程道具

第二节　酒店员工岗位培训课程汇总

【实战范本 33】××酒店餐饮部西餐厅岗位培训课程

【实战范本 34】××酒店餐饮部酒吧岗位培训课程

【实战范本 35】××酒店餐饮部中餐厅岗位培训课程

【实战范本 36】××酒店康乐部岗位培训课程

【实战范本 37】××酒店餐饮部管事部岗位培训课程

【实战范本 38】××酒店前厅部接待培训课程

【实战范本 39】××酒店前厅部商务中心岗位培训课程

【实战范本 40】××酒店前厅部总机岗位培训课程

【实战范本 41】××酒店前厅部行李岗位培训课程

【实战范本 42】××酒店客房部楼层岗位培训课程

第五章 酒店员工培训准备事项

第一节 发布培训通知

一、培训通知的类型

二、培训通知汇总

第二节 培训教室选择布置

一、选择培训教室

二、布置培训教室

三、培训教室细节管理

第三节 培训工具的准备

一、投影仪

二、白板

三、电脑

四、挂图

五、印刷材料

第四节 培训后勤工作

一、交通安排

■ 本章小结

　　本章深入探讨了酒店人力资源管理策略与创新，旨在为酒店业界的管理者和从业者提供关键性的知识和实用性的指导。以下是本章各部分的具体内容要点和总结。

　　第一节回顾了酒店人力资源管理的概念与重要性，厘清了酒店人力资源管理的目标与问题，提出了酒店人力资源管理的主要内容，明确了酒店人力资源管理的理念。通过清晰地厘清酒店人力资源管理的目标与问题，能够更全面地把握如何在不同情境下进行策略性的管理。同时，对酒店人力资源管理的主要内容进行阐述，不仅让读者对其涵盖的范围有更明确的认知，也为后续章节中深入学习和实践提供了坚实的基础。

　　第二节在分析了人力资源战略的概念和类型的基础上，提出了酒店人力资源战略模式、酒店人力资源管理战略思想创新。酒店业在不断变化的市场环境中，需要从传统的人力资源管理中走出，以更具前瞻性、灵活性的思维来制定战略，从而应对各种挑战和机遇。通过这一节的学习，读者将拓展自己的思维边界，为酒店人力资源管理的未来探索提供了有益的启示。

　　第三节聚焦于酒店人力激励策略与相关案例。首先，阐明了激励原理与基本策略，明确了绩效考核与管理的基本内容，系统揭示了酒店员工绩效管理的措施与方法，展示了星级酒店员工绩效考核方案案例。此外，系统阐述了员工培训与人力资源开发的相关内容，展示了星级酒店员工培训指南案例。

综上所述，本章系统地介绍了酒店人力资源管理策略与创新的相关内容，通过实际案例展示了在实际操作中如何应用和创新人力资源管理策略。通过本章的学习，读者不仅能够深入理解酒店人力资源管理的核心概念和方法，还能够掌握在不断变化的酒店业环境中如何灵活应对挑战，提升酒店的绩效和竞争力。这对于酒店行业的可持续发展和卓越经营至关重要。

第七章

酒店高品质服务策略与创新

在竞争激烈的酒店业中，高品质的服务不仅是吸引客户、提升品牌形象的关键要素，更是确保酒店可持续发展的重要保障。本章将深入探讨酒店业如何实现高品质的顶级服务，以满足日益挑剔的客户需求并在竞争激烈的市场中脱颖而出。主要从服务标准化、定制化、柔性化的策略与创新，互动服务的策略与创新等角度分析，为酒店业界提供实践指南和启示。

第一节　服务标准化、定制化、柔性化的策略与创新

服务策略即是向顾客提供服务的确切方案，它是酒店实施服务竞争、进行优质服务的纲领，正如战略方案在行军打仗中的作用一样。制定服务策略，首先要对顾客的期望加以细分，明确酒店主要应满足顾客的哪些需求；其次，酒店应审视自己的服务能力，看本酒店能够提供哪些服务，以更好地配合顾客的期望。服务策略的制定还须广泛地征求一线服务人员的意见，充分发挥他们的主观能动性，因为服务人员是顾客的直接接触者，他们对顾客的需求和反映最为了解，因此他们的建议往往更具现实性和针对性，而不是纸上谈兵。而管理人员则是服务策略的主要统筹和规划者，管理人员对服务策略进行严谨的规划和具体的描述，这样才能使策略在具体执行过程中既有明确的方针、目标作指导，又切实可行，不至于成为一纸空文。

一、服务标准化策略概述

（一）服务标准化策略的概念

服务是酒店经营的永恒课题，服务质量是酒店企业生存和发展的基础。目前我国酒店提供的服务主要是标准化服务。酒店服务标准化策略是指酒店在经营和提供服务过程中，采取一系列规范化和标准化的方法和措施，以确保在不同时间、地点和情境下，客户能够获得具有一致性、高质量的服务体验。这种策略旨在建立统一的服务标准和流程，使酒店能够在各个环节保持一致的服务水准，从而提升客户满意度、品牌价值和市场竞争力。这种标准化可以达到设施统一、印象统一、管理统一、结算统一、服务统一。

（二）服务标准化策略的作用

服务标准化的这些"统一性"，具有以下作用。

（1）识别简单。统一的印象和服务内容，客人无须在挑选酒店以及思考住宿后可能的事项增加心理成本，这样可以将更多的精力和时间用于旅游或商务等活动，这是标准化吸引客人的基本性因素，因而是酒店营销管理人员的良好选择。

（2）核算简单。由于具有统一性，所以可以为客人的总预算提供准确的数据，同时可以横向比较，提出非常清晰的成本认识。

（3）行为简单。由于设施、布置和服务的统一，所以客人在行为上能做到"宾至如归"。标准套房、办公桌的式样，电视机、空调的控制，厕所、洗澡用具，以及酒店内设置的酒吧、夜总会的消费、服务方式及内容都是一清二楚的，可以使客人行为变得简单和统一。这样会消除客人特别是远距离的旅游或商务活动的客人在住宿方面的陌生感，以有限时间和空间调整客人在旅游或商务等活动上的心理负担。

这些"统一性"对酒店管理者来说也同样具备诸多优点。

（1）管理方便。由于设施的统一性，酒店可以大批量购买和更换，员工操作熟练、工作效率高，标准化作业制度明确、责任清晰、奖励和惩罚有客观的依据。

（2）成本节省。统一性可以节省宣传广告在功能与项目上的沟通成本。员工培养的标准化可以减少培养的时间，甚至可以直接招收已经过社会、学校培

养的人员，而无须额外开支。设施的统一可以获得购买的折扣，相应的维修费用也会减少。

（3）沟通容易。客人与主人（酒店经营管理者）在酒店这个空间中要发生各种沟通活动，以致在沟通中可能在服务项目内容、方式、价格、态度、时间等发生争执。而标准化能使客人"习以为常"，这样可大大减少沟通中的不理解和误会，甚至可以完全消除沟通上的矛盾。

所有这两方面对主、客的优点，使酒店服务标准化成为一种竞相追逐的经营模式，以至于成为一种国际惯例。

（三）酒店实施标准化服务的建议

1. 管理职责标准

服务质量管理的第一责任人是酒店最高层管理者，他应提出具体的目标和方针，规定质量管理者的职责和权限，组织定期的质量评审活动，并承担传播、解释、实施、评价酒店已拟定的质量标准和方针的责任，促使全体员工积极参与、承担义务、相互合作，确保质量保证体系的建立与实施。

2. 人员与物质资源标准

目前，许多中高档酒店为推动"优质服务"策略，往往在服务质量上投入较多的人力、物力、财力。这些资源都定位于标准化服务，以保证服务的质量。一般地说，各酒店应根据本店产品质量档次定位、市场定位、服务项目多寡、科技含量高低等因素配备员工人数，确定各自的具体标准。例如，美国某连锁酒店规定，每位服务员分管50个餐位，100个餐位的餐馆仅设2名厨师、1名厨工、1名经理兼财务。

与人力资源相对应的是物质资源。它们是提供、评价、改进服务时所需要的设施设备、软件和文件。酒店同样可以根据经营的需要对它们设定标准，以上海某四星级酒店洗衣房为例：它有35种50台机器设备，其中全自动洗衣、脱水机、单滚筒平熨机、筒型压烫夹机、烘干机、干洗机、折叠机等都是进口设备；它的洗涤剂粉有16种；它还有大量辅助用品，如衣罩600只、衣架4000只等；同时，还编制洗衣房工作计划、规章制度和操作程序等。

3. 服务操作标准

（1）服务的态度标准。美国酒店业的创始人埃尔斯沃斯·斯塔特勒曾经指出，"服务指的是一位员工对客人所表示的谦恭的、有效的关心程度"。这里的"谦恭的、有效的关心"就是服务的态度标准。又如专业，员工应该表现出专业素养，具备必要的知识和技能，以满足客人的需求并提供正确的信息和建议；友好和热情，员工应该以友好、热情的态度对待客户，微笑并表现出真诚的关心，提供愉快的服务体验；耐心，在与客户互动时，员工应该表现出耐心和细心，倾听客户的需求，解答问题，并提供帮助；尊重，员工应该尊重每位客户的权利和需求，避免歧视和不当行为，创造尊严和平等的服务环境；灵活性，员工应具备适应不同情况和客户需求的能力，灵活调整服务方式和方法；解决问题能力，员工应该具备解决问题的能力，能够应对突发状况和客户投诉，寻找切实可行的解决方案；交流能力，员工应该具备良好的沟通能力，能够清晰地传递信息，倾听客户的反馈，确保双向的沟通畅通；礼貌，员工应以礼貌的方式与客户互动，使用适当的礼仪和用语，展现出良好的素质和态度；责任心，员工应对自己的工作负责，确保服务的及时性和准确性，不推卸责任；合作精神，员工应积极与同事合作，形成团队协作，确保整体服务质量的提升等。这些服务态度标准不仅适用于酒店业，也适用于各种服务行业，能够帮助员工理解如何以专业、友好、高效的方式与客人互动，提供优质的服务体验。服务态度标准在员工培训、绩效评估以及服务质量提升中起着重要的指导作用。

（2）服务的行为语言标准。国际酒店业普遍认为，服务的含义可以用构成英语"Service"（服务）一词的每个字母所表示的含义来理解，其中每一字母的含义实际上是对服务人员服务的行为语言的一种要求。

第一个字母 S，即 Smile（微笑），其含义是服务员要为每一位顾客提供微笑服务。

第二个字母 E，即 Excellent（出色），其含义是服务员要将每一项微小的服务工作都做得很出色。

第三个字母 R，即 Ready（准备好），其含义是服务员要随时准备好为顾客服务。

第四个字母 V，即 Viewing（看待），其含义是服务员要把每一位顾客都看作是需要给予特殊照顾的贵宾。

第五个字母 I，即 Inviting（邀请），其含义是服务员要热情地邀请顾客享受本店服务，并希望其下次光临。

第六个字母 C，即 Creating（创造）其含义是每一位服务员要精心营造出使宾客能享受其热情服务的气氛。

第七个字母 E，即 Eye（眼光），其含义是每一位服务员能始终用热情好客的眼光关注顾客，预测顾客需求，并及时提供服务，使顾客时刻感受到服务员在关心自己。

（四）案例分析：尚客优酒店运营管理标准化工作构建 ①

尚客优（Thank U）是尚美生活集团旗下酒店品牌，拓展二、三线城市中小规模连锁酒店市场，为大众消费人群提供舒适酒店住宿服务。目前在国内1000 多座城市拥有超过 1700 家分店。以下内容是酒店运营管理标准化工作构建的具体分析。

1. 让标准化成为习惯，让习惯符合标准化

为了进一步提升门店员工综合素质和专业知识，全面提升运营综合能力，推动对客服务品质迈上新的台阶，尚客优酒店运营管理部每月定期组织开展多项运营管理规范化培训，内容涉及前厅管理、营销开展、客房品质提升等多个方面。门店员工通过参加持续不断的培训，从中熟知尚客优酒店运营标准，切实落实到门店日常运营中。同时带动了门店员工的学习热情，让标准化成为习惯，让习惯符合标准化，从而构建起学习型运营团队。

2. 标准化工作流搭建，规范化运营力落地

为确保各项标准作业程序（SOP）内容在门店准确执行，全面辅助门店标准化体系落地，自 5 月份以来，每月持续开展门店运营标准化落地的考核工作。通过此举，实现了服务和工作流程的标准化，提升门店运营服务品质。为此，尚客优酒店运营管理部持续开展门店运营标准化落地考核工作。10 月份，运营管理部围绕客房计划卫生中的电水壶维护与保养项目门店执行情况开展抽查考核工作。抽查门店都很好地完成了此项计划卫生项目。随着秋冬季转凉，门店切实做到了为顾客提供安全放心的客房物品，带给客人温暖舒适的入住感受。

---

① 案例链接：https://mp.weixin.qq.com/s/orFlgh1BT_MX6_AzNayLig

3. 工作流程可视化，运营管理标准化

酒店的服务及产品质量是影响客人入住满意度的一个很重要的因素。对于连锁酒店，要想保证客人在品牌旗下的每一家酒店都获得相同的服务，标准化的服务流程必不可少，统一运营标准化是其中的重要环节。为此，尚客优酒店运营管理部着手拍摄制作了各部门员工操作流程可视化视频，深入门店一线，从对客服务标准到客房清洁流程，细分不同工作内容进行拍摄。现已完成初步视频编辑，待审核完成后即可通过线上学习平台实现同步分享。

二、服务定制化策略概述

（一）定制化的概念及其作用

所谓酒店定制化服务，是指酒店从顾客的各种具体需要出发，通过运用现代化科技手段及完善的酒店管理体系，由服务技能较高、服务知识比较丰富的服务人员为顾客提供个性化、人性化、极致化的服务，以满足顾客具体的、独特的或潜在的需要和愿望，使接受服务的顾客有一种自豪感和满足感，从而达到顾客全方位满意的目的。

具体来说，定制化服务策略对酒店的竞争力有以下一些作用。

（1）定制化的服务使宾客对价格变得不太敏感，从而使酒店能以更高的价格出售其服务产品，因此，定制化服务策略能使酒店的利润增加，而不必依靠压缩成本获得。

（2）宾客对服务产品与众不同的特性的依赖使其忠诚于该酒店，因此，定制化策略有助于培养宾客对酒店的忠诚感。

（3）酒店服务产品的独特性使得其他竞争对手无法迅速而廉价地模仿，因此，定制化服务就为该酒店与竞争酒店间建起了一道进入壁垒。

（4）采取定制化服务策略而赢得宾客忠诚的酒店，在面对替代品威胁时，其所处地位也比其他竞争对手更为有利。

（二）酒店实施定制化服务的建议

1. 转变观念

定制化服务要求酒店的设计、生产和销售等各方面的工作都要以顾客为中心，这就要求酒店的全体职工，特别是酒店的管理者要彻底转变观念，一方面

把顾客当作真正的上帝而不是名义上的上帝，一切为顾客着想，尽量满足顾客的各种合理要求，在销售和交付服务之前可根据客人的需要改变产品，增加其独特性或附加针对服务，使每一位顾客都能得到它所希望的和应得到的个别关注。比如，预订了某一间客房的客人需要在入住时，在客房内摆放鲜花；根据客人的需要更改房间内设备等和提供其需要的某些特殊服务项目。另一方面，要抱着学习的态度与顾客打交道，与顾客建立一种学习型的关系，把顾客看作老师，与顾客的每一次接触都应看作一次酒店学习和了解顾客偏爱和需求的好机会。酒店越多地了解顾客的偏好和需求，就越能更好地给顾客提供刚好所需的服务，而竞争者就越难把这些顾客吸引过去。

2. 利用现代网络技术定制服务

酒店是否能够缩短向顾客提供产品和服务的时间，是能否取得全面竞争优势的关键。因此，进行定制化服务，必须投资于更快的信息传输系统。互联网技术为定制化策略提供了一种良好的条件。利用网络，建立一个可供顾客参与的酒店产品设计系统，顾客与定制酒店可通过网络进行定制信息的交流，达成双向互动，通过柔性制造系统，立即将设计方案进行组合，瞬间形成预订业务，既可以满足顾客个性化的需求，同时又能实现低成本、高效率的目的。比如，酒店可以通过中央预订系统，根据顾客的偏好，以最快的速度做出预订并立即得到确认，为客人提供定制化服务。

3. 采集顾客需求信息，建立客史档案

定制化策略是以顾客需求为中心的，没有足够的顾客数据作为酒店统计分析和预测顾客需求的依据，定制化服务的成本就难以降低，不能实现真正意义上的规模化定制。因此，顾客数据分析和信息交流，是实施定制化服务策略的基石。在定制化服务系统中，需要采集顾客四个方面的信息：顾客身份，如姓名和地址；顾客对酒店提供的可供选择的产品的选择；物理性的测量；顾客对服务的售后反应。顾客需求采集对酒店而言存在着一些困难，但这是酒店实施定制化服务过程中必须解决的一个问题。目前，互联网技术飞速发展，这给酒店了解每个消费者的个性化需求提供了更为有效的渠道，而且使企业不受时空限制地与不计其数的消费者互相交流，由此，酒店能掌握广大消费者各自不同的需求。

在详细的顾客资料的基础上建立的详尽的客史档案有助于酒店提供更快速和周到的服务，从而吸引和保持更多的顾客。通过与顾客个别交流以及客人预订登记资料，可以使酒店从与顾客的接触中了解他们的个人喜好、购买习惯及嗜好等信息。通过积累、分析顾客的个人简况、消费习惯与旅行历史，酒店能迅速地瞄准目标市场及顾客的需求，据此酒店能制订符合消费者习惯的营销计划。这样，顾客再次入住时，不用开口，酒店就能"奇迹"般地根据其特点和需求量身定做，把顾客想要的产品和服务送到其手中。通过顾客档案定制服务不仅可以增加顾客的购买量，提高顾客的回头率，还有助于赢得顾客的忠诚，增强酒店与顾客之间的感情。

4.酒店服务模块化

定制化服务虽然致力于满足每个顾客的个性化需求，但并非意味着对每个顾客需求的产品，其设计和生产过程都完全不同。由于酒店提供的是服务性产品，而服务性产品有其标准化的规格和程序，这保证了酒店服务有较大范围的共性和相似性。为了加快响应速度和节约成本，酒店在满足不同顾客个性化需求的过程中，要充分识别和利用不同顾客需求的这些共性和相似性。一般来说，顾客需求的特殊性部分所占比例都很低，运用适当的方法，酒店可以只为顾客的这部分特殊性要求额外增加投入和开支，从而可以大大节约总的服务成本。为此，酒店应把设计、生产和销售过程分解成一系列的模块，结合前厅、客房及后勤等部门，对顾客特殊的需求进行有效组合，合理搭配，以便给顾客提供具有针对性的服务。比如，针对"常住房计划"采用自动感应系统，光线、声音和温度都可以根据客人的喜好来自动调节；还可以在房间内设立高尔夫球、篮球等活动的客房电子娱乐中心及可使不同的客人都得到最舒适感觉的电控床垫。酒店也可将所有的服务分解成不同的单元，按客人不同层次的需求提供相应的服务，灵活选择定制化服务方式，以满足顾客的需求。

（三）案例分析：四季酒店极致演绎定制化服务，以香气触发美妙旅行回忆[1]

当越来越多的奢华酒店集团倾向于在旗下每家酒店为宾客提供同品牌的产

---

[1]　案例链接：http://travel.sina.com.cn/hotel/2013-12-11/1613236708.shtml

品时，四季酒店则另辟蹊径。为了恪守承诺，为宾客带来更细致的高度定制化服务和体验，四季坚持在每家酒店提供专属体验。

每一家四季酒店都拥有着独一无二的个性，为宾客讲述着一个个属于自己的故事。在此次的定制设施项目中，每家四季酒店将从一系列候选的奢华品牌中挑选出与酒店最契合的品牌产品。这些奢华品牌不仅为当地顾客所钟情，并且体现出目的地的独有风情，以及酒店自身的整体形象和感觉。在产品品牌的基础上，四季以独有的香味注入，并以彰显自身性格与氛围的包装将产品呈现给宾客。无论酒店位于性感活力的繁华都市，还是悠闲静谧的世外桃源，丰富多彩的酒店性格在精致的四季定制化产品中展现得淋漓尽致。

1. 茂宜岛四季度假酒店

茂宜岛系列的产品是完全由四季特别定制，包括产品外包装及香味等各方面都独属于茂宜岛四季度假酒店。产品包装设计灵感源自装饰酒店各处的艺术品，以加勒比酸橙的香味为基调的柑橘香清新宜人，还未等打开包装，吹拂于异域海岛的芬芳微风就已扑面而来。

2. 佛罗伦萨四季酒店

来自佛罗伦萨的伟大调香师洛伦佐·维洛海希（Lorenzo Villoresi）与佛罗伦萨四季酒店合作推出了专属定制香水，并注入于酒店的产品中。香水中混合了柑橘、绿茶及花朵的芬芳，渲染出佛罗伦萨流溢于整座城的文艺与浪漫。

3. 上海浦东四季酒店

上海浦东四季酒店位于摩登上海的中心地带，散发着独特而性感的迷人魅力。酒店特别定制深红色软质小瓶，内中所装产品结合了同样由著名调香师洛伦佐·维洛海希精心调配的"春日晨曦"香水（Iperborea）。这一系列结合了大师级香水和专属包装的产品仅在上海浦东四季酒店有售（图7.1）。

4. 多伦多四季酒店

位于四季发源地加拿大的多伦多四季酒店特别选用 ETRO 的香水 Vicolo Fiori，美妙的香气中混合了风信子和成熟柑橘的芳香，中调采用睡莲、莲花、仙客来、野蔷薇和依兰香，基调则为麝香、檀香及香草。同时，多伦多四季酒店的系列产品采用引人注目的涡纹图案包装，尽情彰显酒店及当地时尚、现代的个性和氛围（图7.2）。

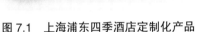

图 7.1　上海浦东四季酒店定制化产品　　图 7.2　多伦多四季酒店定制化产品

　　这些产品在各酒店的水疗中心或者礼品店内有售。宾客们可将四季酒店及度假酒店中提供的定制化纪念品带回家，唤起彼时彼地的美妙的旅行回忆。

三、标准化与定制化的差异

　　标准化服务与定制化服务有着相互映衬、互相补充的关系，但它们之间也存在着一些差异。它们的出发点不同，服务操作不同，其产生的效果也不同。

（一）标准化服务注重的是规范和程序，定制化服务强调服务的灵活性和有的放矢

　　酒店的标准化是一项系统工程，它由环环相扣的每个环节构成。服务人员把良好的服务技能、技巧不折不扣地体现在整个接待服务的全过程、各环节。以餐厅服务为例，服务的起端从原料的采购、验收、科学保管开始，切配、烹饪可谓是中间环节，它的终端在餐厅。而餐厅服务又构成一个子系统，迎宾，引宾入座、敬献菜单、为客人点菜，上菜、派菜，斟酒……均有一套标准的要求。它注重操作的规范和程序，以保证整个服务过程的行动如流水般地流畅、顺利，给人以赏心悦目的感受。

　　定制化服务则表现在服务人员在服务过程中时时处处站在客人的位置上，想客人之所想，急客人之所急，自觉淡化自我而强化服务意识，从而毫不迟疑地站在客人的立场进行换位思考。这样面对既有中外之分、南北之别，更有性格差异、禀赋不同的各种各样的客人，面对不同时间、不同场合发生的瞬息万

变的情况，可以因时、因地、因主客观条件，细心地观察客人的言行举止，掌握每个客人的特殊性，采取灵活的服务技巧，提供有针对性的个性服务。它要求服务员具有积极、主动为客人的服务意识，做到心诚、眼尖、口灵、脚勤、手快。

（二）酒店服务的标准化强调整体的形象和效率，定制化提倡主观能动性和效益

服务质量是面镜子，客人可以从这些具体服务中感知酒店的形象。服务的标准化使整个酒店的工作像工厂的流水线那样井然有序地运转，保证接待工作环环相扣，正常进行。在整个服务中都需要服务人员在各岗位、各项目上的标准规范操作，容不得哪个环节出现闪失。不难想象，客人在购买一次操作技能不规范、服务不周的酒店产品后，其抱怨情绪会是多么严重。同时，按照操作程序和标准的规范还可以提高服务效率，如酒店前台的迅速登记安排入住和迅速结账、餐厅在规定时间内上菜等。

定制化服务提倡的是更为主动的服务和酒店的效益。中国有句古话，"于细微处见精神"，若能在酒店服务工作中不放过细微之处，必将收到良好的效果。虽然从眼前的经济利益来看，个性服务花费的劳务成本远比标准化服务来得高，但它可以换取酒店良好的社会效果，由此可以获得酒店的长远利益。

（三）标准化服务需要鲜明的组织与群体观念，要求有强烈的责任心和严谨的工作态度；定制化服务需要浓厚的感情因素，要求有更强的情感投入

酒店制定了服务的标准、规范和程序后，就必须要求服务人员在服务过程中严格执行，以确保整个服务过程的连贯性和完整性。另外，酒店上级领导务必让每个员工明白，岗位职责还包括上下班的交接与同一班员工前后左右协调工作在内。所以，服务员在服务中需要鲜明的组织和群体观念，要求有强烈的责任心和认真严谨的工作态度，特别是关系到客人财产、人身安全的部门和环节，更要一丝不苟，容不得半点疏忽。

有了酒店服务规范和标准化操作，并不等于有了一流的服务，服务人员只有把自己的感情投入到一招一式、一人一事的服务中去，真正把客人当作有血有肉的人，真正从心里理解他们、关心他们，才能使自己的服务更具有人情味，让客人倍感亲切，使其从中体会到酒店的服务水准。

四、柔性策略的概述

随着高新技术迅速发展、顾客对服务需求的日益多样化和市场竞争的日益激烈，昔日用于制造战略中的制造柔性、战略柔性工具，被逐步引入服务管理和服务营销领域。从目前的情况来看，当今酒店服务业市场已从卖方为主转向买方为主，传统供不应求已让位于供过于求，市场竞争加剧，酒店的生存和发展由于竞争的加剧而受到更大威胁。只有主动出击、善于学习、灵活应变、适应力强的企业，才能在激烈竞争中获胜。在这种新时代背景下，作为服务方的我们，却常常以理性的、客观的想法来提供顾客想要的产品，而这标准离顾客的要求是那么的遥远。因此，酒店必须要摒弃循规蹈矩的作风，以灵活的、柔性的服务满足每一位慕名而来的顾客，为顾客提供更为关怀和体贴的服务。

（一）柔性服务及其作用

从战略意义上讲，柔性（flexibilety）服务指的是企业为顾客提供多种类型的产品以满足不同需求顾客的能力。几乎每个行业都想方设法为顾客提供更多样化的产品。如在汽车行业，别克的延续制使司机可以选择柔软舒适型和运动型汽车；在计算机行业，仅东芝就有 13 种不同的产品（并不仅仅是尺寸不同），而是能适合婴儿从刚出生到会走路的各成长阶段的不同需求。

酒店业作为更体现人情味和亲和力的行业，怎样满足顾客的不同需求则显得更有实际意义。同时，再加上服务产品的无形性，不稳定性等特征，决定了服务产品是无法储存的。譬如，酒店的床位、RTV 的包厢等，如果当天没有销售出去，那么它就永远地浪费了。因此，如能在酒店服务生产和运作过程中进行有效的柔性能力塑造和柔性能力安排，建立起柔性服务系统，那么就会收到良好的效果。当然，柔性服务系统并不是一成不变的，它在建立的同时，会出现一些新问题，关键是管理者怎样将存在的问题作为一个提高服务的契机，来真正体现"服务名牌"的战略。

在酒店经营服务过程中，实行柔性服务策略可以提高酒店对外界变化的迅速反应能力，积极适应顾客变化无常的需求，以在"第一时间"里为个性化、感性化的顾客提供满意的产品，获取第一行动的优势。同时，还可以使酒店以不变应万变，迅速发现市场机遇，或使酒店稍作调整即可适应环境，这样，每

位顾客想要的我们也就想到和做到了，酒店的服务产品得到了持续化的发展，保证了酒店的持续竞争优势。

（二）酒店实施柔性化服务的建议

1.服务产品柔性

随着竞争性产品在生命周期内的差别变得越来越小，通过服务来体现差异化优势是明智的选择。但是，酒店企业的差异化优势不可能简单模仿制造企业来开拓市场机会或者进行技术改进。相反，通过多种服务产品（特别是服务能力）储备，稳定服务组织的产品供应、技术支持等，是顾客满意服务的重要内容。柔性服务的本质，就是能够适应顾客偏好变化和市场需求波动，对酒店产品、产品组合进行调整和改变的能力。服务柔性由一系列的柔性能力类型构成，其中，服务产品柔性是指适应顾客或者市场需要，通过开拓市场机会或改进技术，以有效的成本方式及时开发多种服务产品或改进现有服务产品的能力。

根据服务产品柔性的观点，酒店企业的产品定位必须适应市场竞争和顾客需求变化的特点，在服务设计、服务产品多样性等方面表现出产品创新能力以及修改现有产品的能力。主要表现在：

（1）根据需求波动特点有效调整服务需求的能力。服务营销专家Lovelock认为，当需求波动大、高峰需求经常超过能力时，就必须改变需求方式或者供应能力，从而有效减少顾客等待的时间。这是因为，宾客对酒店的服务质量评价的一个基本要素是快速性，即应该迅捷地向宾客提供所需的服务。但因为各种主客观原因，服务的速度往往不能让宾客满意。比如，即使酒店按照规定在10分钟内上了第一道菜，但对一进餐厅就饥肠辘辘的宾客来说，还是不满意。因为心理等待时间与实际等待时间是不同的，前者是主观的，它受环境、气氛、消费者心理活动等诸因素的影响，是宾客的主观感受，而这种主观感受却可以从根本上影响他对服务质量的评价，造成"100-1=0"的后果。因此，在这种情况下，通过一些柔性技巧来减少宾客的心理等待时间就成了有效的工具。例如，在餐厅门口设置报架，让就餐的宾客随意读取，这就大大减少了宾客等待上菜的急迫感，提高了宾客的满意度；采用不同的服务生为一位宾客服务，虽然实际等待时间相同，而心理等待时间却能大大减少。第一位服务员点菜，第二位服务员倒茶水，第三位则询问所需的调料，让宾客感觉总有人在替自己服务，对服务质量的满意度就提高了。

（2）根据需求波动的特点有效控制服务供给的能力。由于需求方式难以改变，需要运作导向的策略去控制服务供应的水平。譬如，在需求旺季，可安排一定的兼职人员、钟点工等来做一些辅助性的服务，或者培训多技能的服务员工。

（3）根据需求的不同提供服务差异。酒店服务的专业性决定了酒店企业不仅可为在店顾客提供服务，同时还可以通过改变顾客消费的地点位置，来创造差异性的竞争优势。例如，北京一些大酒店将宴会摆到户外的风景名胜地，如长城酒店把宴会摆到了风景秀丽的白洋淀，这样，宾客在品尝佳肴的同时，又饱餐了山水秀色，这样高附加值的差异创造自然大受宾客欢迎。而宴会外卖从食品原材料到餐桌、桌布、灯光、音响等都要改变地点，这种对酒店实力的高要求又将其他试图模仿者拒之门外，从而创造出了较持久的差异优势。

2. 服务过程柔性

服务过程柔性是酒店企业在不确定性、不稳定性条件下，按照柔性服务定位的要求对服务传递系统进行的程序调整和再调整能力。其中，调整服务设计的能力是服务过程柔性的主要内容之一，它把战略定位转化为可以执行的操作程序。由于服务主要表现为一系列的问题解决能力，而不是有形的产品，在服务提供之前是没有服务产品的，只有一系列的服务设施、服务员工和服务过程设计等。服务过程柔性之所以是必要的，主要原因就在于服务过程是以向顾客提供价值为目标的无形商品提供过程。这种柔性能力是通过连续地消除在服务产品中导致延迟、浪费、不稳定、过度、附加的工作、不合格产品和劣质的顾客服务等约束条件来获得的。如果一个酒店的服务提供过程比另一个更加柔性，它就可以通过给顾客提供比竞争对手更加快速、便宜和高效率的定制化的、个性化的、创新的产品和服务，从而获得竞争优势。根据这一原理，酒店企业在服务过程中应做到以下几点。

（1）过程分析。过程分析是对服务过程中影响服务质量的各种因素进行分析，找出关键性因素，分析关键性因素的影响方式、影响程度，以及这些因素与服务质量特征之间的关系，建立过程因素的控制标准，为改进服务过程提供

标准依据和要求，包括不同服务流程、不同设备、不同时间、不同岗位以及不同的消费对象。

（2）过程改进。过程改进就是在过程分析的基础上，根据柔性服务的需要，对服务提供过程中有时需要变更的服务方式进行变更。如简化入住登记手续，调整宴会服务中的服务顺序等。改进的目的是提高服务系统的柔性能力，有效回应需求的不稳定性，提高过程能力，从而满足顾客的需求，增加顾客的满意度。

（3）过程控制。在服务过程改进中，出于种种原因，难免会产生一些偏差，如果不加以控制的话，反而达不到改进前的质量。因此，酒店企业需要制定服务过程所需要的各种程序和标准，包括服务程序和服务标准、物品标准、环境标准和设备保养标准等；并且建立一套灵敏、快捷的信息反馈系统，以掌握服务过程控制标准的实际执行结果及可能发生的情况，从而找出执行结果与原有服务之间所产生偏差的原因。

3.服务接触柔性

柔性服务除了要在产品和程序上打造柔性能力之外，在服务接触的关键瞬间表现出柔性能力必不可少。所谓服务接触柔性，是指在服务接触的关键时刻，为了减少服务不稳定性而对服务传递过程和构成要素进行的快速反应能力安排，主要通过对服务接触进行信息转换和能力调整来完成，包括与服务定位调整保持一致性和协调性的能力、改变服务接触时间的能力、改变服务接触实体证据的能力、扩展和补充服务传递系统的能力。

对于缺乏柔性能力的酒店来说，对服务接触的管理一般都是：一方面通过正向的努力试图提高服务质量，如服务质量保证；另一方面是通过对服务接触的失败进行补救，无论是正向管理还是事后补救，都离不开快速的顾客回应。就前者来说，快速回应可以使酒店及时发现顾客对服务的要求和调整服务提供，后者可以及时获得服务失败的信息并给予及时补救。然而，不少酒店的服务接触对于有效减少服务不稳定性方面表现出极大的局限性，原因之一是服务传递系统未能及时满足顾客对服务接触方式、接触时间的多种要求。因此，在服务接触中进行有效的柔性安排可以有效减少服务不稳定性。

根据这一原理，酒店企业在服务接触中应做到以下几点。

（1）安排多个可供选择的接触时间，使服务员工与顾客都可以选择适当的接触时机，这是确保服务接触成功的前提。譬如，有些酒店规定，当客人面前的酒水只剩 1/3 时，服务员应上前添水；当客人面前的骨碟稍满时，服务员应更换骨碟。然而，有一些服务是宾客不需要的服务，特别是当宾客希望独处或自由交流时，这时，服务员的殷勤和关注反而会令宾客感到拘谨和压抑，甚至觉得这是一种对隐私的侵犯。因此，服务员应在彬彬有礼的微笑服务中把握好距离感、分寸感，视宾客需要进行服务，从而让宾客获得一份无拘无束的自在之感。

（2）安排多种接触方式。譬如，酒店的公共信息触控查询系统，客房的点播电视、互联网接口、电话自动语音信箱、烫裤机、楼层的自动售货机、擦鞋机等。这种高质量的服务方式，对于讲究时间效率的顾客来说，大大提高了其满意度，并能减少服务失败的概率。

（三）案例分析：微笑服务也有错？ [①]

这天，一位男士提着行李缓缓走入酒店，脸上挂着沉重的表情。"服务员，麻烦你们订间单人房，标准间，住 5 天。""好的，请您稍等。"接线员一如既往地微笑和热情。"麻烦你们快点儿，我很累。"顾客一脸的不耐烦。进房后，服务员看到客人很劳累的样子，就沏了杯茶放在茶几上，说道："先生，请用茶。"接着她又用手示意，一一介绍客房的设施设备。这时，客人又不耐烦地说："行了，知道了，你出去吧，如果没有叫你，请不要进来打扰。"客人好像有点儿生气了，"砰"的一声，房门被重重地关上了。

第二天，他来到餐厅用餐时，服务员立即走上前，用愉悦的声音打着招呼："早上好，先生。能为您效劳吗？""我吃早餐时想清静一下，请不要打扰。"接下来一连串酒店的例行服务都被他拒绝了，服务员感觉非常尴尬。当服务员再次给他收拾房间时，尽量小心翼翼，而且怕客人生气，脸上的微笑也比以前看起来更加有亲和力。这位先生终于忍不住了："你们酒店的服务怎么这个样子？只会对顾客微笑，也不看顾客心情好不好。你就不能不笑？你们的服务太差劲了，我要投诉你们！"闻讯而来的客房部经理向客人表示了歉意。

---

① 案例链接：https://mp.weixin.qq.com/s/RWcF54L0-pq6ND6ptMUamA

了解后得知，这位先生在外地处理妻子的丧事回来，住酒店就是为了换一个环境，缓解一下痛苦。但每次看到服务员的微笑，他心里就更加不好受。在服务员的赔礼道歉中，终于平息了这位先生的怒气。

分析：案例中的服务员没有从客人对服务的反馈中获得客人的真实需求，而是一味地提供微笑服务，结果招惹客人的反感，并引来投诉。微笑服务并不只是对客人展露笑容，还应该是发自内心地关注客人、关心客人、站在客人的角度为客人着想，这需要服务员细心观察，适时、适当、适度地微笑。事实上，客人的情绪、心态甚至经历等均能对服务质量评价产生各种各样的影响，只有了解顾客心理，学会察言观色，注意观察客人反应的细节，主动与客人沟通，从而充分了解客人的需求，才能根据不同的需求提供适当的服务。由此可见，酒店的服务管理应该体现柔性化的特点，不应千篇一律，机械地引导员工执行一系列条条框框，而是应该根据服务对象的需求特征作相应的调整和改变，从而满足个性化的复杂需求。

第二节 互动服务的策略与创新

卓越的服务质量是酒店永恒的追求。酒店服务质量是在有形产品的基础上，通过员工的劳务服务及在宾客的参与下创造并表现出来的。酒店产品生产、销售、消费同时性的特点，决定了酒店服务质量与酒店服务人员、宾客及服务场景之间的互动有直接关联性。因此，服务的主体与客体之间整个互动过程是否完美，互动的效果如何，将直接影响服务质量。酒店经营管理者必须深刻认识到互动质量在整体服务质量中的关键作用，把促进客我的良好互动作为酒店经营服务的主要目标。

一、互动服务的概念及类型

互动服务即在服务过程中，由于宾客对服务过程的加入，使得每一个服务环节都由服务提供者、顾客及场景之间的相互交往及互动作用来实现的一种服务方式。互动服务的效果不仅取决于服务者的素质、专业知识，以及服务者是否被赋予了足够的自主权，还与宾客的个人行为特点密切相关。

要想保证互动服务质量，就必须首先明确酒店服务中存在的主要互动类型，这样才能更好地鉴别各服务体验的关键影响变量，找出并克服服务过程中的薄弱环节。酒店服务中存在的互动类型主要包括顾客与员工之间的互动、顾客与顾客之间的互动、员工与员工之间的互动，以及顾客、员工与服务场景之间的互动。

（一）顾客与员工之间的互动

顾客与员工之间的互动呈现出微妙多样性，包括友好互动、过于友好互动和不友好互动。友好互动的成果使得服务组织达到最佳状态，顾客不仅享受服务，还成为服务生产的合作者，从而促成成功的互动。例如，友好地对待服务人员、积极配合服务人员等。然而，这种友好互动需要适度把握，因为过于友好的顾客可能会使员工分心，延缓其他顾客接受服务的时间。比如，顾客与员工过度交谈、渴望与员工建立友谊等。对过于友好的顾客进行管理是一项颇具挑战的任务，因为他们的初衷通常十分良好。此外，员工通常积累了处理粗鲁或不友好顾客的丰富经验，但对于如何应对过于友好的顾客的经验相对有限，因此可能对服务体验产生一定影响。

在面对面的服务过程中，顾客的个性特点、知识水平、对酒店的期望、情绪状态、健康状况等，以及服务人员的行业意识、专业知识、技能、仪容仪表、心理状态、交际能力等因素，都有可能影响服务互动的走向。例如，服务人员不恰当的言论、不适宜的姿态或手势等具有挑衅性的行为，甚至顾客微小的情绪波动也可能引发不友好的互动，这可能对酒店的服务质量构成威胁。此外，这些情况还可能遵循"坏事传千里"的原则，损害酒店的公众形象，对其长期健康发展造成严重不良影响。

（二）顾客与顾客的互动

在接受服务的过程中，顾客之间的相互作用也是影响互动式服务质量的一个重要因素。首先，从顾客所扮演的角色来看，不论顾客的类型如何，他们都处于共同的环境中，很容易建立起一种认同感。因此，每位顾客的行为方式以及对服务质量的评价，都会对其他顾客产生影响。举例来说，在用餐过程中，如果旁边的顾客发现食物中有异物，其他顾客可能会不由自主地检查自己的食

物，并质疑餐厅卫生状况。其次，由于顾客的需求和偏好存在差异，具有不同需求的顾客可能会对彼此产生消极影响。例如，在同一餐厅内，一桌顾客喜欢宁静雅致的氛围，而另一桌顾客却在不停地碰杯劝酒，欢声笑语，气氛热烈。这可能会导致喜欢宁静环境的顾客感到不满，从而对整体服务体验产生消极影响。

（三）员工与员工的互动

所有的员工，既包括一线员工，也包括支持他们的幕后员工，对任何服务组织的成功都至关重要。单一的员工力量是有限的，只有在员工与员工之间保证积极、良好互动的前提下，才能更好地为顾客提供服务。因此，推动员工之间的沟通及互助，提高员工之间的团结合作精神，是酒店管理者的重要工作内容。

（四）顾客、员工与服务场景的互动

服务场景包括服务发生中的物理环境的各个方面，例如酒店外部特征（酒店标志、停车场地和周围景色等）、内部特征（酒店设计、布局和内部装潢等）。所有的社会交往都受其所处的有形环境的影响，酒店服务为交往性服务，在服务及消费过程中，顾客与员工都必须置身于同一服务场景中。服务场景的设计必须能够同时吸引、满足并有利于顾客与员工双方的活动。因此，对于服务场景也必须给予特别关注。

二、酒店实施互动服务的建议

（一）选定酒店目标顾客群

酒店首先要明确自己在市场中的定位，并选好相应的目标顾客群。并不是所有类型的顾客都会给酒店带来同样的收益。实际上，适合酒店定位的目标客户群会为酒店带来 80% 以上的利润。酒店对宾客的互动服务，首先是必须吸引合适的宾客参与互动，酒店应在其广告、人员推销和其他有关信息资料中，清楚地描述所期望的角色和相应的责任。这样会吸引那些和角色要求相适合的宾客，有利于同一宾客群形成良好的互动关系。

（二）设计服务表现

酒店可通过编写服务剧本来设计服务表现。服务在某种程度上类似于一场

互动演出，涉及人员、场景和道具等各个要素的协同合作。就像一场精彩的演出需要一个精心设计的剧本一样，要实现出色的效果，服务剧本则是其核心要素之一。确保高品质互动的达成，首要之务是精心构思服务剧本。服务剧本，从顾客视角出发，按照时间顺序详细描述服务呈现的各个步骤。服务剧本的复杂程度因服务而异，可以灵活调整。其次，酒店可通过描绘服务蓝图来设计服务表现。所谓服务蓝图，是指服务表现的关键构成要素的图形表现，内容包括：顾客、员工（前台与后台）、顾客与员工的接触点、员工与员工之间的接触点、前台有形证据与后台活动等。服务蓝图将这些要素综合呈现，展示它们如何协同作用以创造出完整的服务呈现。这有助于深化服务员工对整个服务流程的理解，帮助员工认识到在服务呈现中扮演的关键角色，从而更好地提供卓越服务。

（三）保证员工出色互动

一线员工因其直接与顾客互动，对互动质量的影响显得尤为重要。除了需要进行体力和智力劳动外，一线员工还需要在与顾客互动中展现友好、礼貌、体贴，并具备灵活应变的能力。这种情感劳动要求他们在工作中投入大量情感，同时常常需要抑制真实情感的表达。因此，酒店在选拔一线员工时应当慎重，优选那些能够有效处理情感压力的人才，并为他们提供必要的技能培训，使其具备处理各类情境的能力和方法。这包括培养聆听技巧、解决问题的能力，以及教导他们如何在不受负面顾客情绪影响的前提下，保持友好和热情。此外，可以考虑在要求最为严苛的一线工作岗位之间进行轮换，以缓解因过度情感付出而产生的压力。这种轮换不仅能够减轻员工的情感负担，还有助于提升他们的全面工作能力。

（四）现场服务的引导和监督

由于顾客直接参与酒店服务活动的过程，因此服务过程的质量无疑直接呈现在顾客面前。良好的执行将引发顾客的重复光顾，甚至他们可能会引荐更多的人前来，而低劣的执行则可能导致顾客的流失，同时也会产生口碑传播的不良效应。对于旅游企业而言，一位忠实的顾客蕴含着巨大的长期价值，特别是当这位忠实的顾客通过口碑传播为酒店吸引了新的客户时，其价值就会像金字塔一样逐渐叠加。值得强调的是，顾客在服务过程中扮演着合作伙伴的角色，他们的积极参与对服务的顺利开展至关重要。在推动那些较为复杂或全新的服务项目成功运营时，现场督导和引导显得不可或缺。当顾客遭遇超出一线员工授权范围的问题时，管理层的介入将表达出对顾客的高度重视，有助于问题的妥善解决。

（五）多与顾客沟通，重视宾客意见

顾客积极参与酒店产品的生产过程，可被视为酒店的"协作伙伴"，充当增强酒店生产能力的人力资源。顾客的参与将服务产品的数量和质量与他们的行为及评价紧密联系起来。将宾客视为"协作伙伴"，并通过设计不同的参与角色，可以最大限度地促进互动行为的协同，进而提升酒店的服务质量。当宾客对服务的需求和期望得到详细描述时，更有可能为他们提供满意的服务体验。因此，酒店应积极与宾客进行沟通，征询他们的意见，促进双方合作，共同实现高水平的服务质量。

三、案例分析：上海迪士尼乐园酒店神奇体验

迪士尼乐园酒店将主题互动融入顾客的整个住宿体验中。酒店员工以迪士尼角色的扮演者身份与顾客互动，为他们营造出迪士尼动画的童话世界[①]。

（1）充满神奇和想象力的设计风格。作为上海迪士尼度假区的标志性酒店，上海迪士尼乐园酒店设有 420 间房间，以高雅的"新艺术主义"为设计风格，并充满迪士尼的神奇和想象力，从装饰、墙面、窗帘到家具，到处都呈现着迪士尼的奇思妙想（图 7.3）。

图 7.3　上海迪士尼乐园酒店

---

① 案例链接：https://mp.weixin.qq.com/s/FO7EJxwbgXS9igGNau2ifA

（2）迪士尼明星欢迎你。酒店精心设计的神奇时刻将让宾客感受到浓浓的欢迎之意。在上海迪士尼乐园酒店，门廊处栩栩如生的米奇和米妮铜像仿佛说着"欢迎来我家玩！"（图7.4）。信步酒店中，你还有机会巧遇《小美人鱼》《美女与野兽》《灰姑娘》和《狮子王》等经典动画中的迪士尼明星。

图7.4 米奇和米妮铜像

（3）充满迪士尼故事的美食体验。民以食为天，上海迪士尼乐园酒店在提供高质量餐饮服务的同时，更将迪士尼主题故事带入美食体验中。宾客们可以在上海迪士尼乐园酒店的卢米亚厨房自助餐厅与迪士尼明星们共同进餐，也可以在绚景楼一边享用正餐，一边欣赏上海迪士尼度假区的壮丽景色。

（4）贴心细致的宾客服务。上海迪士尼乐园酒店秉承全球迪士尼度假区的世界级标准，准备好了以热情贴心的服务和一丝不苟的精神服务来打动每一位宾客。得益于与上海迪士尼乐园以及与星愿湖毗邻的优势，酒店将提供迪士尼独特的宾客服务，包括商品领取服务、行李寄存、迪士尼度假区穿梭巴士和轮渡等。

● 商品领取服务：宾客在乐园内购买的商品，可免费递送至下榻的迪士尼乐园酒店。

● 行李寄存：酒店宾客的行李可寄存于上海迪士尼乐园主入口或酒店内。

● 上海迪士尼度假区穿梭巴士：度假区内设有免费穿梭巴士，来往于上海迪士尼乐园和玩具总动员酒店。

● 上海迪士尼度假区轮渡：度假区内设有免费轮渡服务，来往于上海迪士尼乐园和上海迪士尼乐园酒店。

（5）融入中国元素，别具中国特色。在迪士尼独一无二的妙趣之中融入中国元素和中国的文化习俗也是乐园酒店的一大特色。在上海迪士尼乐园酒店的喷泉中央，还有一件别具中国特色的作品：独特的大型琉璃牡丹雕塑。这朵在上海制作的中国传统名花——牡丹，是中国最大的琉璃花卉雕塑之一。雕塑周围环绕着经典迪士尼精灵们，时时刻刻欢迎宾客们的到来。此外，为了更贴合中国宾客的喜好，乐园酒店不仅精心设计了令人愉悦的标志性香氛，还提供包括拖鞋和高级茶包等在内的符合亚洲宾客习惯的客房用品。

（6）各式各样的酒店设施，丰富多彩的特色活动。在各式各样的乐园酒店设施中，迪士尼的故事讲述同样无处不在，包括米奇儿童游乐室、"哈库拉玛塔塔"乐苑、川顿王游泳池等。迪士尼人物主题的房卡、洗漱用品、明信片和文具等让宾客完全置身于迪士尼的世界之中。两家酒店内的礼品店更提供琳琅满目的迪士尼精选商品，它们将和旅程中难忘的点点滴滴一起被宾客们珍藏。在上海迪士尼度假区尽情玩乐或是用餐之余，爸爸妈妈们还可以带着孩子们前往酒店内的家庭活动中心，参与各种以迪士尼或迪士尼·皮克斯为特色的互动活动、手工制作、儿童游戏以及讲故事时间。

上海迪士尼乐园酒店以其独特的主题互动和魔幻体验，为顾客创造了充满童话和奇幻的住宿环境。通过精心设计的装饰、角色扮演者的互动、丰富多彩的特色活动，酒店成功地将迪士尼的神奇世界融入每位顾客的入住体验中。这个酒店以其独特的设计风格、丰富多彩的美食体验、贴心的宾客服务和融入中国元素的特色，为顾客提供了一场无与伦比的奇幻之旅。上海迪士尼乐园酒店不仅是一个住宿场所，更是一个可以让顾客与迪士尼故事亲密互动的魔幻胜地，为每一位宾客留下了难忘的回忆和深刻的体验。

第三节　"人本"理念、策略与创新

随着顾客消费行为由理性消费到感性（感觉）消费，再到感情（感动）消费，其决定消费行为的判断标准相应由好/不好到喜欢/不喜欢。进入20世纪90年代，又过渡为满意/不满意，酒店以企业为中心的CI（Corporate Identity，企业形象识别）策略逐渐显出不足。而与酒店利益直接挂钩的诸多"人"的因素的重要性空前凸现，使顾客满意和使员工满意成为现代酒店经营管理所必须直面的第一要素。现代酒店的"人本"策略——CS（Customer Satisfaction，顾客满意）策略和 ES（Employee Satisfaction，员工满意）策略则应运而生。

一、"人本"策略——CS 与 ES 的内涵及关系

（一）内　涵

CS：企业以顾客为中心，提出"顾客就是上帝"，在考虑顾客需求的基础上，结合本身特点来决定经营方针，并以恰当的表达和沟通与顾客达成良好的认同，使顾客满意，是一种以顾客利益为本位的行为指向。

ES：ES 从"只有满意的员工，才能产生满意的顾客"角度出发，以员工为中心，注重感情投资，根据人本观念来理顺酒店、顾客与员工三者间的关系，把核心放在如何让员工满意上，从而具有良好的工作状态，由此产生真正意义上的顾客满意。

（二）CS 与 ES 的关系

从酒店经营的目的及生存与发展来说，宾客第一、宾客满意是首要的；而员工满意也是创造宾客满意、酒店盈利的一个非常关键的因素，两者缺一不可。总的来说，ES 是以 CS 为基础的并对 CS 的涵盖，两者不存在排序上的矛盾。CS 作为酒店营运的重心，它并不是以牺牲 ES 为代价，而是以注重 ES 方式进一步追求 CS，它要求酒店根据运作过程中顾客与员工的关系与行为模式而在经营中科学地各有侧重。

二、"人本"策略的作用

（一）CS 是酒店运作的终级目标，是酒店利益的真正供给者与决定者

酒店的收入来自客人的消费，即酒店必须从客人处求利益。想在消费者主导的市场上存活，酒店必须在招揽顾客、保持顾客，最大限度使游客满意的基础上追求利润。因为，顾客因"满意"而付钱。CS 是顾客对酒店的忠诚与信任，是酒店实现其全部利润的基础。当顾客满意时，他们就与酒店建立了心理联结，形成顾客网络，每多一个满意的顾客，就多一个获取利润的可能。CS

成为酒店获利能力的重要内容，而获利能力是酒店无形资产的重要组成部分，因此，CS 是酒店无形资产的重要内容。追求 CS 可以了解顾客对酒店提供的产品与服务的感觉，然后据此拟定新的经营策略，即可探求失去顾客的原因，以更好的策略去挽回顾客、留住顾客；使用 CS 还可与酒店同行及本身过去相比，明了自己长期在顾客心目中的评价及与竞争者相比较的结果，以此订出更有效的竞争策略。总而言之，借助 CS 联络、加强酒店与顾客的沟通，创造市场与企业的共有引力，找到互利点，产生主客观相依存的共益处，是酒店的生存之本，也是其发展的原动力。

（二）ES 将极大提高服务质量，是影响 CS 的最重要因素

（1）ES 有利于把服务中的"小质量"观念提高到"大质量"观念。"小质量"观念只考虑服务产品质量是否符合技术指导要求，而"大质量"观念指的是以服务产品为主体，包括工作与管理质量在内的酒店的整体的、系统的、综合的质量，要求资源、过程、结果兼顾。满意的员工由于有了精神驱动力量，工作动力大，内聚力增强，往往能够自觉自愿地认同"大质量"观点并把它转化为行为准则，积极主动而非消极被动地追求对酒店资源的调配和组合，最大限度地适应顾客需求，迎合他们的期望。

（2）ES 有利于员工由标准化服务向个性化服务推进。ES 使得员工把设定标准的目的放于心上，而站在客人的立场进行换位思考，他们会意识到标准即使一开始能完全代表顾客期望，也可能逐渐偏离，因为顾客的期望会随个人经验而起变化。可以说，ES 意味着员工是单纯地照手册工作还是努力塑造一位快乐顾客之间的差别。

（3）ES 有利于实行"零缺陷"服务，使员工从提供"good service"迈向"great service"。酒店服务是由一次次内容不同的具体服务组成，每项具体服务仅有一次性使用价值，这就要求服务一次到位，力求做到"零缺陷"。顾客的满足源于他所接受的服务产品为其带来身心愉快和享受，这除了要求员工有必要的服务知识外，更重要的是他们要通过个人觉悟改进工作态度。理想的员工导向过程是欢迎员工来到温暖、友好、相互关心的环境中，感到受欢迎与重视的员工将使顾客感到受欢迎与重视，这是将 ES 与 CS 连接起来的重要一步，它导致更少错误、更好服务、更高效率和更和谐氛围，由此丰富优质服务的内涵，使其变为一门富有灵活创造性的艺术。

三、"人本"策略在酒店经营中的应用

（一）CS 战略

宾客满意是宾客对酒店忠诚的基础和前提，宾客忠诚却不是宾客对酒店满意的必然结果。只有酒店坚持不懈地满足宾客独特的爱好与需求，让宾客在酒店中感受到家的温暖，才能将宾客满意转化为宾客的忠诚。

1. 建立"以顾客为中心"的理念与价值体系

理念与价值体系反映整个酒店的经营意识，要想获得满意的顾客，就要改变酒店的文化，使员工都认识到酒店与员工的成功均建立于 CS 之上。把"理念"与"满意""忠诚"联系在一起，能直接突出目标，以最合适的理念来统率集体行为，以便更好地为宾客服务。可以说，价值理解影响管理队伍的行为、个人激励及集体表现。因此，酒店应自上而下始终强调 CS 的重要性，只有建立了全面反映顾客价值理念和价值体系后，员工才会主动去全面了解和收集顾客发出的信息。没有观念的指导，就不会形成行为，机制也就不可能建立。

著名的里兹·卡尔顿酒店把酒店产品与服务的要求转化为里兹－卡尔顿黄金标准并向员工灌输，它包括一个信条、一项座右铭、三步服务和二十项基本要求，员工由此彻底了解酒店背景、价值与质量标准。而假日集团的子公司大使旅馆则把 CS 视为必须全体性严格执行的承诺。它们的成功给予我们一个启示：理念是 CS 的最基本动力。

2. 加强服务基础体系建设

服务基础体系是指人员网络、硬件设施及支持宾客服务的信息系统这三个实现 CS 策略所必需的基石。要建立一套有效的基础体系，首先要把所有服务要素安置就绪，然后谨慎规划整套基础体系的发展，尽量使其既适宜又有弹性。酒店要通过调研深入了解宾客到底需要什么，而不是向同行抄袭。

酒店选择、聘用适于服务行业的人员，并针对目标市场的需求，发挥和创造相对优势，最有效地利用本身的人力、财力、物力与信息资源，在同样的价格水平上为宾客提供更多的价值，投其所好地设置产品与酒店的硬件设施（如

商务酒店可应客人的需要而采用可移动式客房电话，而非固定装在传统的床头柜），并努力有所创新，为宾客提供新体验，从总体上创造良好的企业形象，从而提高产品和服务在宾客心目中的价值，提高 CS 度。

同时，宾客的需求往往有很大的差异并呈动态的变化状态，模式难以划一，因此追求成功经营的酒店就必须重视信息的收集、整理、解读和使用，随时为使宾客满意而作努力，这种努力永无尽期。许多酒店一旦正式投入营运，就满足于现状的维持，而疏于使基础体系随着现代潮流、宾客需求而不断改进，这样的酒店日久就将为宾客摒除于选择之外。例如，现代化酒店中电脑资讯系统的作用日益重要，通过网络，酒店把自己的广告（图片、文字介绍等）以及最新房态等信息资料传到网上，客人可以十分方便地了解酒店的各种设施、服务、房价，并可直接完成客房及各种服务项目的预订，酒店内部也可获得及时、有效的信息沟通，从而更好地完成宾客服务。而没有及时接受这一新事物的酒店在这一点上就明显地使其 CS 策略的实施处于劣势。

3. 注重服务过程，提高服务质量

要使顾客得到最大限度的满意，就必须要以顾客为中心，以服务产品为主线，构筑一个完整的服务质量管理系统，使整个系统的运作以顾客为中心。

为了完成这个系统，酒店除了制定员工手册、岗位职责、服务程序及检查制度等精细、强制性的行为准则外，还必须建立、实施教育和加强所期望行为的支持系统，以将概念转化为行为，它的对象就是员工。这就要对员工进行专业化训练，如福州外贸中心酒店就是在追求"科学化、标准化、程序化、制度化"的基础上强调"培训、培训、再培训"。良好的服务把服务系统的弹性提高到最高可能的程度，使它能随顾客需求的起伏而调整产能。

酒店服务还要求把"符合性质量"服务转变为"适用性质量"服务。这就要求酒店在推行全方位、全过程、全人员的全面质量管理体系之余，还应使员工树立质量意识，形成一套内在的行为准则，关注顾客的需求，投入感情，让他们在面对顾客时灵活运用，提高各自的服务工作带给顾客的满意程度。

4. 加强服务的反馈与分析，形成良性循环

顾客的意见是酒店改进服务质量的宝贵依据，认真进行顾客调查，进行信息的分析与使用将提高 CS 度，引导企业走向有利的竞争地位，这就需要酒店

发展出一套成熟的调查技术，辅以日常积累，并将信息汇总分析与解读，以便把握准确含义，了解酒店在顾客心目中的品质，并进行检验，寻找差距，有的放矢地调整自身。酒店还可建立常客项目或客史档案，追踪客人偏好，提供个性化服务，如马里奥特旅馆就擅长利用这种信息提供专门化服务，提高CS度，他们还利用所做笔记来描绘房客的期望，以此创造新的服务项目。

（二）ES 策略

ES 策略要求逐步减弱管理者权力对酒店运作的影响，实现员工不同层次的自主管理，以及逐步实现公平原则。其中主要涉及以下两个方面。

1. 人事政策

采用以员工为本的经营管理方式离不开不断完善的人事制度及其有效执行，它需要通过政策的确立才能有效地发挥作用。当员工觉得酒店的人事政策公平合理时，他们会因为满意而善待顾客。透明、公平、严格并与员工的思想演变和期望相适应的人事政策包括三方面内容。

（1）培训。培训提供了再次强调酒店理念的机会，它是 ES 的开始。教会员工知识技能，使每位员工资源含量得到扩充，有能力解决顾客的问题，并在顾客与酒店内部作业间扮演桥梁角色，由此也提高其自信与自尊。

（2）用人用工制度。一个鼓励员工参与决策的机制体现了对员工意见、价值观与能力的尊重与信任，适当放权可以提高服务水准与士气，并提高员工的工作能力与信心，激发隶属感情，从而依赖酒店，而这一点需要通过合理的用人用工制度来得到保障。酒店要创造平等、公平的竞争环境，使每个员工凭个人的才能和表现竞争上岗。通过合理搭配与职位变动，酒店为员工提供职业发展的机会，并使员工的工作最适于他们的才能，也使他们明白个人责任的范围和其行为的重要性，从而为自己的工作和职业而骄傲。

（3）分配机制。酒店发放工资奖金、解决福利待遇，除了满足员工的生活需求以外，更要看到它为员工带来的成熟与自尊感，将其作为激励的载体，尽量使员工觉得满意，调动起积极性，它的重点在于解决好员工的期望值与发放的公平、合理两个环节。报酬与责任大小、技能高低及强度挂钩，奖金福利与企业效益挂钩能切实解决这一问题。酒店应加大对员工日常考核力度，收入与贡献挂钩，打破平均主义，合理拉开收入差距，实行岗技工资体制，实现工资

分配层级化（如广州白天鹅宾馆的工资分配层级达到 13 个之多），以使员工走小步、不停步、眼中看到希望，过几年就可以上一个新台阶，但应注意在统一标准的基础上进行多层次、多渠道、多视角的考核。此外，只有当个人利益与集体利益挂钩，员工与酒店有共同认识，让员工明白其奖金福利与酒店效益的关系，工作有奔头，干好有甜头，才能使员工以发自内心的情感去发挥最大服务潜力。

2. 组织气候

对酒店业来说，CS 要求品质，卓越品质要求 ES，ES 要求绝对追求卓越的组织气候。CS 的决定因素——酒店的综合服务能力由有形设施和无形服务这两个基本因素构成，同样的，ES 所要求的组织气候也应由硬环境与软环境入手。

（1）硬环境：主要指员工生活与工作条件的好坏，没有令员工满意的工作环境，也就没有令顾客满意的享受环境。良好的工作环境可以避免员工身心健康受损、提高工效、减少事故发生、防止人际关系恶化等。只有当员工在工作环境中觉得舒适时，他才会将这种感情带到工作中，然后令顾客满意，因此酒店必须提供给员工良好的生活与工作条件，使员工得以全身心地投入工作。

（2）软环境：这是酒店为员工营造的一种正面气氛，意指要关心员工，尊重他们的人格，以及迅速、合理地解决他们的问题，使员工生活在充满信任与民主的氛围中，创造"同属一个大家庭，共尽一份家庭义务"的感情，建立自上而下共同分担优质服务承诺的队伍。酒店要关心员工，对其进行感情投资，建立员工档案，抓住员工关心的热点，为他们做一些具体的事，由被动地应付到主动地发现，解决其日常生活问题，要理解员工，以为员工顺气换取员工全心全意为顾客服务的思想，并以发展的眼光看待员工的失误处，给予其改正机会。酒店要营造愉快的组织气氛，设法在工作中及工作外创造乐趣，创造一个宽松、愉快的人际关系环境，如举办家庭日活动，筹建职工俱乐部，举行各类文艺比赛，丰富员工生活，陶冶其情操，营造"真情＋亲情＋温情"的氛围，以此来使员工产生向心力和依附感，团结一致地为达到企业目标而努力。

（3）沟通：好的交流产生最大限度的相互信任、尊重和对对方满意程度的共同关心。沟通渠道的顺畅程度，很大程度上影响着酒店与员工的理解角度与方式，从而影响组织气候的状况。由于现代酒店工作的复杂性质，即人员众多、管理层次分明、各部门班组分工较细，运作整体性强，内部沟通应是一种全通道式的沟通形式，使不同等级与不同流程之间的沟通简便易行，打破沟通通道之间的障碍，有助于提高员工的集体努力与协作程度，增强集体荣誉感，并因配合默契而提高生产力，员工满意度越高，酒店运作也越顺利，处于良好沟通状况下的员工也将致力于与客人的沟通。

（四）案例分析：多哈皇家艾美酒店——以人为本的员工幸福计划①

多哈皇家艾美酒店秉持以人为本的经营理念，通过一系列策略和举措，致力于提升员工的幸福感和职业满意度。这一独特的人本角度，不仅影响了员工的工作态度和效率，还在客户体验中得到了充分的体现。

（1）员工个人动力与职业成长。多哈皇家艾美酒店从员工的角度出发，深刻理解员工对于个人动力和职业成长的渴望。通过为员工提供有挑战性的工作任务和发展机会，酒店激发了员工的工作热情和自我实现感。这种人本关怀不仅提高了员工的幸福感，也为员工在职业道路上创造了更广阔的前景。

（2）平衡工作与生活。多哈皇家艾美酒店意识到员工的幸福不仅来源于工作，还与生活的平衡息息相关。因此，酒店引入了灵活的工作安排，例如远程工作，帮助员工更好地平衡工作与家庭等生活责任。这种人本关怀不仅关注了员工的工作需求，还关心了员工的生活品质。

（3）沟通与共鸣。酒店以开放和真诚的态度，加强了管理者与员工之间的沟通。这种人本关系的构建，使得员工可以畅所欲言，表达期望和需求。通过与员工保持紧密的联系，酒店更好地了解员工的情感和反馈，从而为员工创造更满意的工作环境。

（4）综合福利和娱乐活动。多哈皇家艾美酒店不仅为员工提供具有竞争力的薪酬和公平的管理待遇，还注重员工的全面福祉。通过举办团队建设活动、带薪郊游等休闲娱乐活动，酒店为员工创造了放松和愉悦的氛围。这种人本关怀不仅提高了员工的幸福感，还增加了工作的乐趣。

（5）客户评价的积极反馈。多哈皇家艾美酒店的人本关怀在客户评价中得

---

① 案例分析：https://mp.weixin.qq.com/s/uyoGl9ErRFGegbfoTF8mEA

到了充分体现。在各类评价平台上，酒店获得了大量正面的评价，其中很大一部分与员工的优质服务和态度密切相关。这一积极的反馈不仅展示了酒店的人本理念得到了客户的认可，也强化了酒店在市场中的良好声誉。

多哈皇家艾美酒店以人为本的员工幸福计划，体现了酒店在员工关怀和服务质量方面的卓越努力。通过关注员工的个人动力、职业成长、工作与生活平衡，以及提供全面的福利和娱乐活动，酒店创造了积极、有活力的工作环境。这一人本角度的经营理念不仅为员工带来了幸福感，还为客户提供了卓越的服务体验，成了多哈酒店业的典范。

第四节　服务补救、创益策略与创新

顾客的满意和忠诚是酒店服务的目标，酒店希望通过高质量的服务赢得顾客的满意。然而，正如人类的行为总有失误和过错一样，酒店的服务也不可能完美无瑕、一次成功，酒店的服务总有令人不满的地方，特别是与制造业相比，服务具有实时性、互动性、情境化等特征，而且更重要的是，服务无法进行事后检验，这就使酒店的服务"出炉"时，质量无法得到确切的保证。

酒店大多追求"一次成功"，如一些酒店提出"Do it first right"的口号。然而，由于服务缺陷的客观存在，承认错误，真诚道歉，采取补救措施反而更能令顾客体会到酒店对他的重视。在服务领域中，无论是售前服务还是售后服务，都有大量的事实证据表明，如果企业能追求"二次成功"，争取超越顾客的期望值，就可以赢得比"一次成功"更高的顾客满意度。因此，酒店应重视服务缺陷补救策略，制订计划对已发生或正在发生的服务缺陷进行控制和弥补，以挽回顾客对酒店的信任，重新赢得因服务失败而失去的顾客好感和满意。

一、服务补救的概念及作用

所谓服务补救，就是酒店在为顾客提供服务出现失败和错误的情况下，对顾客的不满和抱怨当即做出的补救性反应，其目的是通过这种反应，重新建立顾客的满意与忠诚。在现代酒店经营中服务补救具有十分重要的作用，主要体现在以下几个方面。

（一）提高顾客满意度

在提供服务的过程中，失误可能产生于各种原因，但服务失败会引起顾客的消极情绪和反应，如果问题不能得到有效的解决，可能导致顾客的离开。因此，有效地解决顾客投诉的问题，积极实施服务补救，将极大地影响顾客的满意度。

事实上，顾客的满意是一种心理活动，是顾客的需求被满足后的愉悦感。这主要是受三个因素的影响。一是顾客经历的服务质量，就是顾客对近期酒店消费经验的主观直觉；二是顾客预期的服务质量，就是顾客在对过去的消费经验和信息分析判断基础上，对酒店提供的服务质量的预测；三是顾客对服务感知的质量，就是顾客所感受的相对所付出的价格的服务质量。而无论哪个因素出现差错，都会造成顾客的不满。因此，通过一系列的服务补救性措施，纠正差错，可以使不满的顾客转变为满意的顾客。

（二）提高顾客忠诚度，实现经营利润

让顾客满意的经营思想是现代企业经营战略的选择，服务补救是顾客满意经营战略体系中不可缺少的组成部分，它是实现顾客忠诚的重要手段。由于服务的差异性和服务的不可分离性，"零缺陷"服务是不可能的，而顾客忠诚又是酒店实现高利润快速增长的重要前提。同时，长期以来，管理者总是认为市场份额是获得利润的原动力，而通过服务利润链分析可以看出，顾客忠诚的前提是顾客满意，因此，必须把顾客当作资产来重视，通过服务补救措施使顾客的忠诚度随着时间的推移而堆积起来。

（三）提高经营管理水平

顾客的投诉和抱怨虽然不是一件令人愉快的事，但酒店应将其看作是发现自身服务与管理漏洞的信息来源，看作是改进和提高酒店服务质量的重要途径。顾客抱怨是一种重要的市场信息，显示出酒店经营管理的弱点，通过分析顾客抱怨的原因，积极地进行服务补救，解决顾客的问题，就能促进服务业流程的改进，提高企业运作效率，从而降低酒店的经营成本，提高盈利。同时，通过投诉的处理，加强了酒店同客人之间的沟通，使酒店进一步了解市场

需求，改进服务，提高管理水平，争取更多的客源。但是，绝大多数不满意的顾客并不轻易投诉，他们往往会把不满遗留在心里，而拒绝下次光顾，这样就意味着酒店将永远失去这些客人。因此，酒店要重视和加强顾客投诉的管理工作，只有这样才能抓住机会，了解顾客的心理与需求，消除顾客的不满，改变客人对酒店的不良印象，重新赢得好感及信任。

二、酒店实施有效服务补救的建议

酒店接待服务中顾客的抱怨、投诉不可避免，关键问题是如何认识、如何处理和解决顾客的抱怨与投诉，如何通过服务补救使愤怒的、感到心灰的顾客变成忠诚的顾客。在实施服务补救时应注意以下几个方面的问题。

（一）制定服务补救的方针，增强"顾客满意"的意识

服务系统偶尔会出现失败，如何处理应成为酒店服务管理的重要内容。目前，许多酒店把解决顾客投诉看成是不得已而为之的事，不能真正认识到服务补救工作的重要意义，只是为了安抚顾客，大事化小，小事化了。事实上，酒店应重视服务补救，其目的是使每一位员工都清楚，顾客满意是一切经营活动的指南，服务补救是一件正常而且十分必要且重要的工作；同时也向顾客传递一条强有力的信息——酒店是十分重视顾客满意的。尽管大部分顾客愿意原谅失败，但如果酒店面对服务失误和顾客的不满不采取任何服务补救努力，那就不可原谅了。所以，酒店要高度重视服务补救工作，制定出服务补救工作的程序和达到标准的要求。

1. 道歉、争取理解

顾客的光临表达了对酒店的信任，酒店应尽一切努力提供其所需服务，当顾客感到不满时，应有人向其道歉。虽然一些服务失败是由服务的异质性的特点所决定的，服务失败的风险是服务企业固有的特征，但当顾客不满、抱怨时，要真诚地道歉，争取他们的谅解，及时与他们沟通相关信息。道歉、解释既是对顾客的一种尊重，也是与顾客很好沟通，重新赢得顾客信任的过程。

2. 分析服务差错产生的原因

酒店服务差错产生的原因有许多种：设施设备产生的原因、员工服务态度和服务技能产生的原因、部门之间的协调产生的原因等，管理人员可通过分析顾客意见书、顾客投诉记录等来了解，同时应加强同员工之间的沟通，因为员工直接与顾客接触，他们最知道顾客在哪些方面感到不满意，进而采取有针对性的补救性服务。

3. 紧急行动解决问题

顾客抱怨的目的是希望问题得到解决，道歉、解释并不是顾客最终所期望的。只有当酒店人员迅速采取行动，为纠正错误而努力时，才证明它对顾客的抱怨非常重视。假如酒店对客人的不满反应迟钝，或无法证明其对此采取一些行动，那么顾客就很容易感到酒店并不关心他们的事情，甚至会感到更加不满。一个未被解决的问题可能会使问题的严重性升级，但是如果员工积极迅速采取行动，并给客人以惊奇的解决方法，结果会变害为利。

4. 提供补偿使顾客满意

补偿是服务补救的最高层次策略，对某些服务失败时仅仅向顾客表示道歉、理解和同情，并提供协助，只能是缓解或消除顾客的不满情绪，但不能超出顾客的期望，不能使顾客十分满意。顾客由于服务失败而付出的时间或心理代价并没有得到补偿，所以酒店不仅应该解释、帮助他们，更应该提供一些补偿，向顾客表明酒店愿意为他的失望负责，愿意为它的服务失败承担一定的损失。虽然从表面上看增加了成本，但却提供了顾客重新评价酒店服务质量的机会，使顾客满意，实现顾客的忠诚，最终实现利润的持续增长。

（二）建立让顾客投诉不满的渠道

顾客的抱怨是我们获得市场信息的重要途径，使我们最快、最直接、最准确、最低成本了解市场信息，因此，我们应建立一套接受顾客抱怨的管理信息系统，告诉顾客如何投诉，使他们知道该跟谁讲、过程是什么、涉及什么等等。如果酒店采取一些措施让顾客知道不满应向谁诉说，既鼓励和方便不满意的顾客进行投诉，又给酒店一个改正的机会，还避免了不满意顾客在社会上的负面宣传。

（三）加强员工培训

采取服务补救措施时，员工面对的是不满意，甚至是愤怒的顾客，因此应加强对员工的培训，提高员工现场处理和解决问题的能力。

加强员工服务态度和服务技能的培训，教导员工认真倾听顾客的意见，站

在顾客的角度为他们考虑，真诚地承认服务过程中出现的差错，获得顾客的谅解。向顾客分析差错产生的原因，估计进行服务补救所需要的时间，提出合理解决方案。

及时、有效的服务补救措施，能够大大减轻服务补救的工作量，而快速、有效的应对措施，要求员工提高应变能力，因此管理人员应加强员工应变能力方面的培训，鼓励员工采用富有创造性的服务补救方案来解决问题。

（四）授权员工，确立服务补救安全边界

一般顾客首先会将不满向身边的服务人员诉说，因此，服务补救工作在很大程度上取决于接受顾客投诉的一线员工的工作。作为管理人员，要使每一位员工明白应该积极发现顾客的不满，积极解决顾客的投诉；使员工明确在服务补救中承担的角色、责任与权力，特别是解决好授权问题，良好的授权能够改善员工的工作态度，使他们不需向上级请示或向其他部门求助，根据顾客的不同情况与要求灵活处理，大大提高反应速度，从而增加顾客的满意程度。因此管理人员应适当向员工授权，使员工掌握一定的权力，例如，赋予员工一定的赔偿额权力、决策权力，从而提高服务补救的效率。但授权不当也可能引发问题，因此必须确定授权的边界——"安全边界"，即权限的范围、赔偿金额范围等。

（五）总结经验，重新设计酒店服务系统

使顾客抱怨的问题得到解决，不仅是有机会补救有缺陷的服务和加强客户关系，更重要的是有助于改进服务工作、提高服务质量的有价值信息来源。通过服务补救，我们能够获得一些在原有的服务体系中需要改进的信息，经过原因的分析，识别出问题的根源，进行改进和完善服务系统，确保类似情况不再发生，让顾客最终满意。例如，找出服务差错产生的根本原因；系统地记录、分析各种服务差错，对经常出现差错的服务工作，管理人员更应加强服务质量检查工作；利用高新科技成果，使用电子计算机记录顾客投诉的各种服务质量问题，使管理人员可以根据服务质量问题的类别和频率，研究具体的改进措施，提高服务的可靠性等。

三、创益策略的概念及作用

酒店的创益策略（Innovation Strategy）旨在通过引入创新和创造性的方法

来提升业务、增加竞争优势并满足不断变化的客户需求。创益策略在酒店业中起着重要作用，可以带来多方面的积极影响和效果。以下是创益策略的几个主要作用。

（一）提升客户体验

借助创益策略，酒店能够引入一系列新颖的服务、技术和体验，从而为客户带来独特而难忘的住宿体验。个性化服务是其中的重要组成部分。酒店可以根据客户的喜好和需求，为其量身定制服务，从而让每位客户感到倍感重视和关爱。此外，数字化体验也是创益策略的一大亮点。通过引入智能设备、虚拟现实技术等，酒店可以为客户创造更加便捷、丰富的互动体验，提升客户参与感和满意度。另外，特色活动如文化体验、艺术展览、独特的主题派对等也可以为客户带来别样的乐趣和愉悦，让他们在酒店的停留变得充实且充满意义。这些创新措施共同创造了独特、满意的客户体验，提升了客户对酒店的好感度，从而促进客户的忠诚度和积极口碑的传播。

（二）增加竞争优势

在当今激烈的酒店市场竞争中，拥有独特的竞争优势至关重要，而创益策略为酒店赋予了巨大的竞争优势。通过引入创新的服务、环境、设施和体验，酒店能够在竞争中脱颖而出，吸引更多客户的目光和兴趣。独特的服务是一个关键因素，酒店可以通过独具特色的礼宾服务、私人订制的行程规划、特殊的庆祝活动等，使客户感受到与众不同的待遇，从而在竞争中获得优势地位。此外，营造独特的环境和氛围也能为酒店带来竞争优势，如创意的室内设计、独特的主题装潢等，都可以成为客户选择的理由。创益策略还可以引入前沿的科技设施和数字化体验，为客户带来更先进、便捷的住宿体验，提升酒店在科技方面的竞争力。这些独有的特点和亮点将使酒店在竞争激烈的市场中独树一帜，吸引更多客户的关注和选择。

（三）拓展市场份额

引入创益策略，对于酒店来说，是一种有力的市场拓展手段。随着社会的不断变革和消费者需求的多样化，酒店需要不断寻找新的客户群体以扩大市场份额。通过创益策略，酒店可以有针对性地吸引各类客户，进而实现市场份额的扩展。如常见的创益策略是引入数字化体验，以吸引年轻一代客户。年轻人

对于科技和数字化体验的依赖日益增加，因此，酒店可以通过在客房内提供智能设备、推出在线预订和入住流程、开设虚拟现实娱乐等方式，吸引年轻客户的注意力。此外，社交媒体的广泛传播也为酒店拓展市场提供了便利，通过在社交媒体平台上展示创新的服务和体验，可以吸引更多潜在客户的关注和兴趣。另一个创益策略是针对关注健康生活方式的客户。现代人对于健康和福祉的重视越来越高，因此，酒店可以在健身设施、健康餐饮、瑜伽课程等方面进行创新，满足客户对于健康生活方式的需求。此外，为客户提供放松和舒缓的SPA体验，也可以吸引那些追求身心平衡的客户前来入住。

（四）提高客户满意度和忠诚度

客户满意度是酒店长期成功的关键因素之一，而创益策略通过提供独特而令人满意的服务和体验，可以有效地增强客户的满意程度。在创益策略的指导下，酒店可以不断挖掘客户需求，推出符合客户期待的服务。例如，通过个性化的欢迎礼物、定制化的客房布置等方式，让客户感受到特别的关爱和重视。同时，酒店可以通过培训员工，提升他们的服务意识和沟通能力，确保每位客户都能得到高品质的服务。除了提高满意度，创益策略还有助于促进客户的忠诚度。通过提供与众不同的服务和体验，酒店可以建立与客户之间的情感连接，使客户产生强烈的归属感和忠诚度。忠诚的客户更有可能成为回头客，不仅会再次选择酒店入住，还会成为酒店的"品牌大使"，向他人推荐优质的服务和体验。在竞争激烈的酒店市场中，提高客户满意度和忠诚度是至关重要的，而创益策略为酒店赢得客户的心并保持其长期支持提供了有效的途径。

（五）创造附加价值

通过引入独特的服务和体验，酒店可以为客户创造与众不同的附加价值，使客户感受到在其他酒店无法获得的特殊待遇和体验，如提供高级套餐。通过设计精心策划的套餐，酒店可以为客户提供一系列特别服务，如私人导游、专属用餐体验、豪华客房等，从而使客户感受到高品质的享受。这些高级套餐不仅为客户提供了额外的舒适和便利，还为酒店带来了增加收入的机会。此外，创益策略还可以在客户入住期间为其提供多样化的特色服务。例如，在酒店内开设特色工作坊、文化体验活动、美食品鉴等，可以让客户充分感受当地文化和特色。同时，酒店还可以为客户提供一些小而精致的额外服务，如免费的午茶时光、私人健身教练等，使客户在入住期间享受更多的惊喜和愉悦。

四、酒店实施创益策略的建议

酒店实施创益策略是提升竞争力和客户体验的关键步骤。以下是一些建议，可以帮助酒店有效地实施创益策略。

（一）深入了解目标客户群体

在制定创益策略之前，深入了解目标客户群体是确保成功的关键一步。只有通过深入洞察客户的需求、偏好和行为，酒店才能更准确地把握市场动态，为客户提供创新的、有价值的服务和体验。这种深入了解不仅涉及定性和定量的市场研究，还包括对客户行为数据的分析，从而可以更好地洞察客户在不同场景下的反应和期望。通过深入了解目标客户群体，酒店可以：

（1）满足精细化需求：不同客户群体在需求和偏好上可能存在差异，通过深入了解，酒店可以细化服务，满足不同客户的个性化需求，从而提升客户满意度。

（2）定制创新体验：深入了解客户的行为和期望，可以帮助酒店开发出更具创新性的服务和体验，使客户在酒店得到与众不同的感受。

（3）精准营销推广：了解客户的特点和喜好有助于精准定位和定制营销活动，提高营销效果和客户参与度。

（二）设定明确的目标

明确的目标是创益策略成功实施的基础，它为酒店提供了明确的方向和衡量标准。无论是提高客户满意度、增加市场份额，还是提高客户忠诚度，每个目标都应该具体、可衡量且与酒店的整体战略一致。设定明确目标的好处包括以下几点。

（1）指导决策制定：明确的目标可以为酒店的决策制定提供方向，确保资源的合理配置和战略的一致性。

（2）激发团队动力：目标的明确性可以激发员工的动力和积极性，使他们能够专注于实现既定目标。

（3）衡量成果效果：设定明确目标后，酒店可以通过具体的指标和数据来衡量策略的实施效果，及时调整和优化策略。

（三）注重创新

在竞争激烈的酒店行业，创新成为酒店保持活力和吸引客户的重要手段。创益策略的核心在于不断寻求新颖的服务、体验和技术，以赋予酒店独特的魅力，与竞争对手区别开来。创新不仅可以满足客户的期望，还能够引发客户的好奇心和兴趣，激发他们的参与和忠诚度。

（1）引入数字化技术：酒店可以利用先进的数字化技术来提升客户体验。例如，引入智能客房控制系统，让客户通过手机掌控房间温度、照明和娱乐设施。另外，虚拟现实和增强现实技术可以为客户创造沉浸式的体验，如虚拟旅行等。

（2）个性化服务：了解客户的偏好和需求，酒店可以提供个性化的服务。例如，客户可以在预订时选择房间风格、床铺软硬度、香氛等，从而在抵达时感受到独特的个性化体验。此外，根据客户的生日或特殊纪念日，酒店可以提供定制的欢庆服务，让客户感受到特别关怀。

（3）独特的主题活动：举办独特的主题活动可以吸引客户的兴趣和参与。例如，举办文化艺术展览、主题美食节、户外冒险活动等，为客户提供丰富多彩的住宿体验。这些活动不仅可以增加客户的满意度，还能够扩大酒店的知名度和影响力。

（四）员工培训与参与

员工是酒店创益策略成功实施的关键因素。他们是直接接触客户的重要角色，他们的积极性、专业素养和创造力直接影响着客户的体验和满意度。因此，酒店应该重视员工的培训和参与，使他们能够更好地理解和传递创益策略的核心理念。

（1）提供全面的培训：酒店可以为员工提供全面的培训，包括创益策略的背景、目标、具体实施措施等内容。培训还可以涵盖服务技能的提升，如沟通技巧、问题解决能力等，以确保员工能够在实际工作中更好地落实创益策略。

（2）激发员工创造力：鼓励员工参与创意和改进的提案，可以从员工的角度发现问题和机会，推动酒店的创新发展。开设创意分享会、设立奖励机制等方式，可以激励员工积极参与和贡献创新想法。

（五）市场推广和宣传

在实施创益策略后，酒店应该积极进行市场推广和宣传，向客户展示新的服务和体验。可以通过社交媒体、官方网站、广告等方式进行宣传，吸引更多客户的兴趣。

（1）社交媒体宣传：利用各种社交媒体平台，酒店可以发布创益策略的相关内容，包括新服务介绍、特色体验分享、客户互动等。通过有趣的内容吸引客户的注意，提高酒店曝光度。

（2）官方网站更新：在官方网站上设置专门的创益策略页面，展示创新服务、体验和活动，为客户提供详细信息和预订途径。

（3）广告宣传：制作有吸引力的广告宣传物料，如海报、宣传册等，将创益策略的核心理念和特点生动地传达给客户。

五、案例分析——客房设施问题处理

这天，酒店前台接到一位男性客人的电话："你们的热水怎么一点儿也不热，面盆水龙头的水也很小，我都要洗漱休息了，赶紧看一下。"这是一家三口的客人，稍有不慎便有可能引发客人投诉升级与差评[①]。

前台先是赶紧安抚了客人情绪："非常抱歉，我这就为您解决，您请稍等，我这就上去为您看一下什么原因。"工程师傅检查后的结论是，修理好需要时间较长。为不影响客人休息，酒店与客人沟通："先生，非常抱歉，对于此类事情我们一定会进行整改，这边给您免费升级家庭房可以吗？是一张 1.9 米大床和一张 1.35 米小床，住着肯定会更舒适一些。"

客人同意换房间，前台为客人升级了房型并重新制作新房卡，送到客人房间时再一次表达了歉意和房型升级的说明，最后主动帮客人拿着行李换到新房间。客人第二天退房时，前台再次为昨晚的事情道歉并提供了小礼物。

分析：处理关键——问题处理的及时性

对于客人投诉的处理，及时性十分重要，这位前台主管在考虑到携童客人与时间的特殊性，不是等待师傅修理完成，而是灵活选择了对客人最有效的方

---

① 案例分析：https://mp.weixin.qq.com/s/fOrVbqZlmvr5xivTr_Ys6Q

案，并以高水平的服务态度，安抚了客人的情绪。

在一家酒店，客房是客人停留时间最长的场所，也是他们在挑选酒店时最关注的信息。涉及客房的问题投诉通常分为两类，一类是上述的客房设施的问题，另一类是实际房型不如预期。对于第一类客房设施的问题，例如热水不热、空调不工作、噪声影响入眠等，导致客户入住体验非常糟糕，酒店要首先安抚客人情绪，及时解决掉问题。对于第二类实际房型不如预期的问题：常见的是无窗房型客人未能事先知晓，房型图片过度美化，网上显示的房型包含显示不存在的设施等。这些问题都会导致客人到店后产生心理落差，认为酒店存在欺诈，进而引发投诉等问题。为避免这类问题，酒店要保证房间图片准确性和真实性，尤其注意图片不要过度美化等。

▋本章小结

本章深入探讨了酒店高品质服务的策略与创新，强调了其在塑造酒店品牌形象、提升客户满意度以及赢得市场份额方面的重要作用。高品质服务不仅需要有效的策略，还需要不断的创新，以适应不断变化的客户需求和市场趋势。以下是本章各部分的具体内容要点和总结。

第一节探讨了酒店业中服务标准化、定制化和柔性化策略的策略与创新。通过深入剖析这些策略的概念、作用及实施方法，了解如何在不同情境下灵活运用这些策略，以提升酒店的服务质量和顾客满意度。同时，通过实例分析清楚了这些策略如何在实际操作中取得显著成效，为酒店业的进一步发展指明了有益的方向。

第二节阐述了互动服务的策略与创新。主要内容包括互动服务的概念及类型、酒店实施互动服务的建议等。通过实际案例，深刻理解了如何通过积极的互动策略在酒店中建立紧密的顾客关系，从而提升顾客满意度和品牌价值。

第三节聚焦于"人本"理念、策略与创新。主要内容包括"人本"策略、"人本"策略的作用、"人本"策略在酒店经营中的应用等。通过对"人本"策略的作用和实际案例的分析，认识到在酒店经营中关注员工和顾客的需求与体验对于提升服务质量和营业绩效具有显著的促进作用。

第四节介绍了服务补救、创益策略与创新。主要内容包括服务补救、创益策略的概念及作用、酒店实施有效服务补救和创意策略的建议等。通过了解服务补救的实施和创益策略的创新，酒店可以更好地应对挑战，提升客户体验，增加客户满意度，同时为酒店带来竞争优势和持续发展的机会。

综上所述，本章全面探讨了酒店高品质服务的策略与创新，强调了其对品牌塑造、客户满意度提升及市场份额获取的重要作用。通过深入分析服务标准化、定制化、柔性化、互动服务、"人本"理念、服务补救和创益策略等方面，了解到如何灵活应用这些策略，满足客户需求，创造卓越体验，提升酒店竞争力。这些战略不仅有理论支持，更以实际案例验证，为酒店业提供了全面而实用的指导，以应对日益变化的市场挑战，实现可持续增长。

项目策划：段向民
责任编辑：沙玲玲
责任印制：钱　宬
封面设计：武爱听

图书在版编目（ＣＩＰ）数据

酒店产品创新理论与实践 ／ 薛志荣编著 . -- 北京 ：
中国旅游出版社，2024. 11. -- ISBN 978-7-5032-7450
-3

Ⅰ . F719.2

中国国家版本馆 CIP 数据核字第 2024UN5581 号

书　　　名：酒店产品创新理论与实践

作　　　者：薛志荣　编著
出版发行：中国旅游出版社
　　　　　（北京静安东里 6 号　邮编：100028 ）
　　　　　https://www.cttp.net.cn　E-mail:cttp@mct.gov.cn
　　　　　营销中心电话：010-57377103，010-57377106
　　　　　读者服务部电话：010-57377107
排　　　版：北京旅教文化传播有限公司
经　　　销：全国各地新华书店
印　　　刷：三河市灵山芝兰印刷有限公司
版　　　次：2024 年 11 月第 1 版　2024 年 11 月第 1 次印刷
开　　　本：720 毫米 × 970 毫米　1/16
印　　　张：23.5
字　　　数：371 千
定　　　价：118.00 元
Ｉ Ｓ Ｂ Ｎ　978-7-5032-7450-3